International Tax Lecture Notes The CORE

국제조세 강의노트 The CORE

이경근 지음

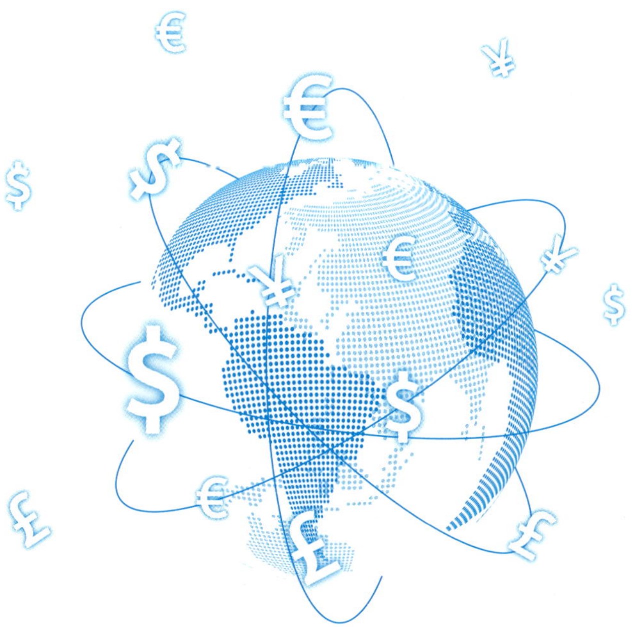

서울경제경영

머리말

필자가 국제조세 분야에 입문하게 된 것은 1992년 여름, 당시 국세청 국제조세2과 외국법인 원천징수 담당 사무관으로 임명되어 국제조세라는 넓은 분야의 일부 업무를 담당하면서 부터이다. 당시에 필자는 혈기 왕성한 30대 초반으로서 우리나라의 과세권을 확보하고 국제적 조세회피를 막겠다는 입장에서 의욕적으로 국고주의적 과세행정을 시도했던 것으로 생각된다.

그 후 수년 후에 필자는 기획재정부 (당시에는 재무부) 국제조세과 총괄사무관 업무를 맡아 조세조약 체결 · 개정협상, 국제조세조정에 관한 법률을 비롯한 국제조세 관련 국내세법의 제정과 개정 업무를 담당하게 된다. 이 시기에 필자는, 과세권 확보 뿐만 아니라 외국인투자를 유치하여 우리나라 경제발전도 도모해야 한다는 보다 거시적이 관점에서 국제조세를 바라보게 되었던 것 같다.

필자는 서기관 승진 후 OECD 재정위원회 사무국에 파견되어 3년동안 사무국 직원으로서 업무를 수행하였다. 이 기간 중에는 국제기구에서 각국의 이해관계를 조율해서 합의를 도출하는 일을 하였고 그 과정에서 국제조세에 대한 이해의 폭이 넓어졌으며, 과거보다 객관적인 시각에서 국제조세 이슈를 다룰 수 있게 되었다. 한편 이 기간 중에 필자는 파리 정치대학에서 경제학 박사를 취득했는데, 국제조세 관련 논문을 작성하면서 국제조세 지식을 학술적 관점에서 체계적으로 정리할 수 있는 기회도 갖게 되었다.

2002년 귀국 후 2007년까지 필자는 조세심판원 과장직 그리고 기획재정부(당시 재정경제부) 세제실 국제조세과장, 소득세제과장, 법인세제과장 등의 업무를 맡아 수행하면서 국제기구에서 습득한 외국제도에 대한 이해를 바탕으로 우리나라의 국제조세 법령개정 등을 적극 추진하였다.

2007년 말 필자는 뜻한 바 있어, 공직을 떠나 법무법인 율촌에서 국제조세팀장, 조세자문 부문장등의 역할을 수행하면서 약 15년 이상 납세자의 국제조세 사건 처리를 도와주었다, 이 과정에서 국제조세를 납세자 입장에서 깊이 이해할 수 있었고, 납세자 편에서 국제조세 사건들을 바라볼 수 있게 되었다.

이와 같이 오랜 동안 다양한 관점에서 국제조세 이슈들을 다루어 보았던 필자는, 그 동안 쌓았던 경험과 지식들을 후학들에게 잘 전수해주는 것이 의미가 있다고 생각하였던 차, 2022년부터 서울과학종합대학원 교수로 근무하면서 본격적으로 학문활동을 할 수 있는 기회를 갖게 되었다.

사실 필자는 1995년 "국제조세조정에 관한 법률"이 제정된 지 3년 후에 이 법률에 대한 해설서를 출간한 적도 있고, 2011년부터는 "국제조세의 이해와 실무"라고 하는 방대한 분량의 실무서도 집필하여 2년마다 개정을 해 오고 있다.

그런데 이들 저서들은 학술서라기 보다는 실무서적에 가까워 대학에서 교재로 사용하기에는 적합하지 않다는 생각이 들었다. 따라서 필자는 일반인도 편하게 볼 수 있고 대학교 강의교재로도 활용할 수 있도록 국제조세의 핵심적인 내용을 잘 간추려서 이 책자를 만들기 시작했다.

수 개월간의 작업 끝에 드디어 "국제조세 강의노트 – The Core"를 서울경제경영 출판사의 도움으로 이번에 발간하게 되었다. 아무쪼록 이 저서를 통해 많은 분들이 그 동안 너무 전문적이라서 가까이하지 못했던 국제조세 이슈에 쉽게 접할 수 있게 되기를 희망한다.

끝으로 이 책자와 같은 국제조세 입문서를 집필할 수 있도록 권고해주신 서울과학종합대학원의 조동성 발전위원장님과 최용주 부총장님 그리고 그 동안 수차례 출간 일정을 늦추었으나 이를 잘 이해하고 기다려 주신 출판사의 이민동부장님과 직원분들에게도 깊은 감사를 드리고 싶다.

2024년 3월

이 경근

서울과학종합대학원대학교 교수

목차

제1장 국제조세의 기초와 조세조약

제2장 외국기업의 국내원천소득에 대한 과세

제3장 BEPS 방지 프로젝트 관련 세제

제4장 해외투자시 고려해야 할 세무 이슈

제5장 국제조세 관련 세무행정

1 장

국제조세의 기초와 조세조약

1. 국제조세의 개념
2. 국제적 이중과세 방지 메카니즘
3. 국제적 이중비과세의 개념 및 최근의 국제적 대응 동향
4. 국제조세의 효율성을 평가하는 정책 기준
5. 조세조약의 주요 내용
6. 거주자 개념의 중요성 및 이중거주자 판정 기준
7. 조세조약과 국내세법과의 관계
8. 국제거래에 대한 실질과세원칙의 적용 문제
9. 국제조세조정에 관한 법률상 특수관계 판정
10. 조세조약과 세법에 반영된 이전가격세제

1 국제조세의 개념

"국제조세는 국제적인 거래와 관련된 세금으로, 국가 간에 세무 규정이나 세율을 조정하는 데 중요한 역할을 합니다. 국제조세는 주로 국가 간의 이중과세를 방지하고, 세무 회피와 탈세를 방지하기 위해 도입됩니다. 이를 위해 국제적인 세무 협정, 조약, 규제 등이 필요하며, 이를 통해 국가 간에 공정한 세무 환경을 조성하고, 경제적인 효율성을 높이며, 자금세탁 등 금융 범죄를 방지하는데도 도움을 줍니다. 국제조세는 국가별로 세율이나 세무 규정 등이 상이하기 때문에, 국제적인 거래를 할 때 이를 고려하여 세무 전문가나 법률 전문가 등의 전문 지식이 필요합니다."

위 문단은 필자가 이 글을 집필하던 2023.2.26. 저녁 ChatGPT에게 "국제조세는 어떤 세금인가?"라는 질문을 던진 후 불과 10초도 안되어 받은 답변이다. 일부 어휘의 선택이 부자연스러운 부분은 있지만, 놀라울 정도로 '국제조세'의 의미를 잘 요약하고 있다.

ChatGPT의 답변처럼 '국제조세'는 국제거래와 관련되는 세금인 것은 틀림없으나 그렇다고 '국제조세'라는 별도의 세목이 있는 것은 아니다. 일반적으로 국제조세는 국제거래와 관한 소득과세로 이해되고 있다. 다시 말해, 수출이나 수입과 같은 국제거래에 적용되는 부가가치세는 통상 '국제조세'라고 일컬어 지지는 않는다. 왜 그럴까? 부가가치세의 경우에는 소비지 과세원칙destination principle 즉, '소비가 이루어지는 국가에서 과세권을 행사한다'는 원칙이 부가가치세를 도입하고 있는 국가들 사이에 일반적으로 채택되어 적용하다 보니 국가간 이중과세 문제가 야기되지 않고 따라서 국가간 조세조정의 필요성이 일반적으로 발생하지 않는다.

위에서 ChatGPT가 "국제조세는 주로 국가 간의 이중 과세를 방지하고, 세무회피와 탈세를 방지하기 위해 도입됩니다."라고 답변했는데, 이는 소득과세인 소득세나 법인세에 관련된 내용이다. 전 세계 대부분의 국가들은 국제거래에 소득과세를 적용할 때, 자국에서 발생한 소득에 대해서는 일반적으로 그 귀속자를 가리지 않고 과세권을 행사한다. 이를 '원천지국 과세원칙source principle'이라고 한다. 또한 대부분의 국가들은 자국의 거주자 또는 내국법인의 전 세계 소득에 대해 과세권을 행사한다. 이를 '거주지국 과세원칙residence principle'이라고 부른다. 대다수의 국가들이 소득과세를 적용할 때 이 두가지 원칙을 모두 적용한다. 자국의 과세권을 가급적 확대하려고 하기 때문이다.

국제거래가 발생하면 그 거래의 양 당사국은 이들 원칙 중 어느 하나라고 적용이 가능하다면 과세를 하게 된다. 결과적으로 하나의 소득에 대해 국제적으로 과세권이 경합되어 이중과세가 발생하게 된다. 그런데 이중과세가 발생하게 되면 정상적인 국제거래나 국제투자를 행하는 기업이나 투자가의 세후 수익률은 현저하게 줄어들어 국제거래나 국제투자는 모두 사라지게 될 것이다. 따라서 '이중과세의 방지'는 소득과세를 두고 있는 국가들에게는 해결해야만 하는 가장 중요한 과제 중의 하나라고 할 수 있다. 이러한 문제를 해결하기 위해 세계 각국은 소득세법이나 법인세법에 '외국납부세액 공제제도'와 같은 이중과세 경감장치를 자체적으로 두기도 하고, 국가간에 과세권을 합리적으로 배분하면서 동시에 이중과세 문제도 효과적으로 해결하기 위해 조세조약을 체결하기도 한다.

이중과세가 발생하는 근본적인 이유

앞에서도 언급했듯이 이중과세가 발생하는 근본적인 이유 중의 하나는 각국이 과세권을 최대한 확보하기 위해 소득과세의 기본 원칙이라 할 수 있는 '원천지국 과세원칙'과 '거주지국 과세원칙'을 모두 채택하고, 두 원칙 중 어느 하나라도 적용할 수 있다면 과세를 하려고 하기 때문이다. 예를 들면, 우리나라의 법인세법은 법인에 대한 소득과세를 규정하고 있는데, 원천지국 과세원칙은 법인세법 중

제4장 '외국법인의 각 사업연도의 소득에 대한 법인세'에 반영되어 있다. 즉, 내국법인이 아닌 외국법인의 소득이라고 하더라도 우리나라 영토에서 발생한 소득(즉, 국내원천소득)은 우리나라에서 과세권이 있다는 전제하에서 각 소득별로 우리나라에서 과세되는 범위 및 그 과세방법이 법인세법 제4장에 규정되어 있는 것이다.

예를 들어, 일본의 어느 한 기업(P)이 우리나라에 지점branch를 두고 사업을 하고 있고 어느 한 사업연도에 100만불의 소득이 발생했다고 가정해 보자. 설명의 편의를 위해, P기업이 우리나라에서 24%의 단일 법인세율이 적용되고 일본에서 적용되는 법인세율은 30%라고 가정을 해보자.

[그림 I-1] 국가별로 서로 다른 과세원칙 적용결과 발생하는 이중과세 사례

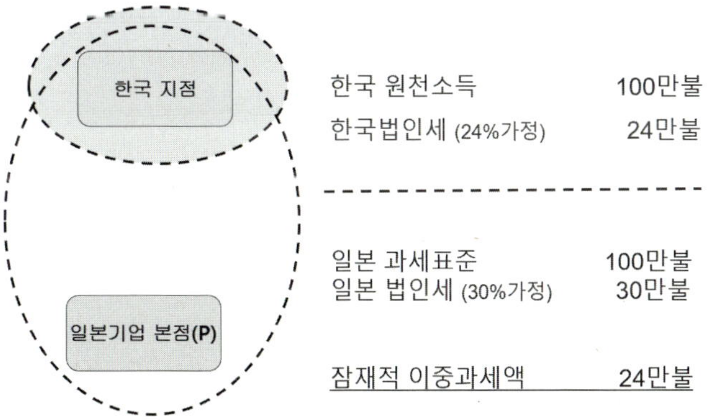

이러한 상황에서 우선 우리나라 과세당국은 P의 지점에서 창출한 소득 100만불에 대해 24%의 법인세율을 적용하여 24만불 만큼 과세를 하려고 할 것이다. 이는 우리나라 입장에서 보면, P가 자국에서 소득을 발생시켰으므로 원천지국 과세원칙을 적용하여 과세권을 행사하려는 것이다. 한편 일본도 P가 우리나라에서 창출한 100만불의 소득에 대해 30%의 세율을 적용하여 30만불을 과세하려고 할 것이다. 왜냐하면 P의 거주지국은 일본이므로 일본은 '거주지국 과세원칙'에 따라 과세권을 행사하려고 할 것이기 때문이다. 결과적으로 P가 우리나라에 지점을 세위 국제투자를 하여 사업소득 100만불을 창출했으나 이 하나의 소득에 대해 우리나라에서는 24만불의 법인세를 그리고 일본에서는 30만불의 법인세를 납부해야 하는 데 그 결과 전 세계적으로 총 54만불의 세금을 내야 한다. 결과적으로 P기업의 세후 소득은 45만불이 될 것이다. 만일 일본 거주 법인 P가 이와 같은 국제투자를 하지 않고 일본에 투자하여 100만불을 창출했다면 총 세부담은 일본에 납부해야 할 세금 30만불에 불과할 것이고 세후소득은 70만불이 되었을 것이다. 그런데 위에서와 같이 국제투자를 하는 경우, 우리나라와 일본 양국의 과세권에 노출되고 결과적으로 최소한 24만불 만큼 이중과세를 부담하여 세후소득이 현저히 줄게 되는 것이다.

그런데 경우에 따라서는 거주지국 과세원칙 하나만으로도 국제적 이중과세가 발생되는 경우가 있다. 일반적으로 어느 한 개인이나 법인이 자국의 거주자 resident 또는 내국법인으로 취급되는 경우 그 개인이나 법인이 어느 나라에서 소득을 창출했는지에 불구하고 그 소득에 대해 과세권을 가질 수 있게 된다. 따라서 세계 대부분의 국가들이 자국의 거주자 판정기준을 정할 때 주소, 거소, 경제적 이해관계등 복수의 기준을 법령에 규정하고 그 중 어느 하나에 해당되는 경우에 자국의 거주자로 취급할 수 있도록 하고 있다. 또한 자국의 내국법인 판정기준을 적용할 때도 법인 설립지, 실질적 관리장소 등 복수의 기준을 법령에 규정하고 그 중 어느 하나에 해당하는 경우 자국의 내국법인에 해당하는 것으로 취급하고 있다. 결과적으로 어느 한 국가의 개인이나 법인이 국제거래나 국제투자를 하게 되면 그 개인이나 법인은 양국 모두로부터 거주자나 내국법인으로 취급되어 소위 이중거주자dual residents에 해당되어 이중과세에 직면하게 될 수도 있다.

위 내용을 좀더 구체적으로 설명하면, 우리나라의 경우 소득세법 제1조의2에서 '거주자'를 '국내에 주소를 두거나 183일 이상의 거소居所를 둔 개인'으로 정의하고, '비거주자'를 '거주자가 아닌 개인'으로 정의하고 있다. 그런데 소득세법 시행령 제2조는, 국내에 거주하는 개인이 '계속하여 183일 이상 국내에 거주할 것을 통상 필요로 하는 직업을 가진 때' 또는 '국내에 생계를 같이하는 가족이 있고, 그 직업 및 자산상태에 비추어 계속하여 183일 이상 국내에 거주할 것으로 인정되는 때'에는 국내에 주소를 가진 것으로 본다고 규정하고 있다.

또한 소득세법 제3조 제1항에는 "거주자에게는 이 법에서 규정하는 모든 소득에 대해서 과세한다. 다만, 해당 과세기간 종료일 10년 전부터 국내에 주소나 거소를 둔 기간의 합계가 5년 이하인 외국인 거주자에게는 과세대상 소득 중 국외에서 발생한 소득의 경우 국내에서 지급되거나 국내로 송금된 소득에 대해서만 과세한다"라고 규정되어 있고, 제2항에는 "비거주자에게는 제119조에 따른 국내원천소득에 대해서만 과세한다"라고 규정되어 있다. 이들 규정을 통해서 확인할 수 있는 것은, 앞에서 설명한 '거주지국 과세원칙'이 우리나라 소득세법에 반영되어 있다는 점이다. 그런데 유념할 점은 이와 같은 규정이 우리나라뿐만 아니라 대부분의 국가의 소득세법에 포함되어 있다는 점이다. 따라서 구체적인 사실 관계에 따라 국제적인 비즈니스를 하는 어느 특정 개인이 여러나라의 거주자로 취급될 수도 있다.

예를 들어, 어느 한국의 사업가가 중국에 공장을 세워서 의류를 생산해서 이 제품을 일본으로 가져와서 일본의 쇼핑몰에서 제품을 판매함으로써 적지 않은 사업 소득을 창출했다고 가정하자.

[그림 I-2] 국가별로 자국 거주자로 판정하여 발생하는 이중과세 사례

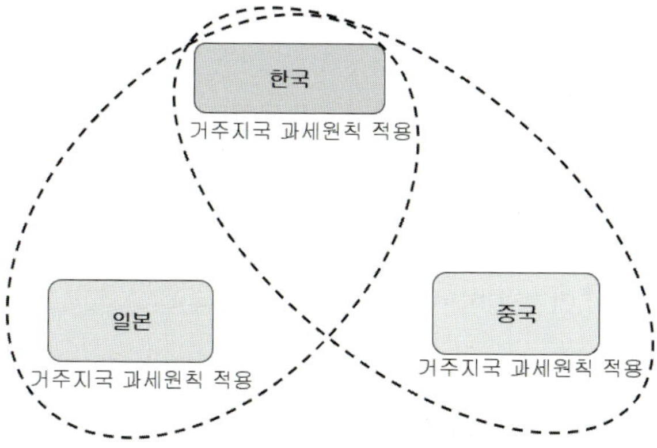

만일 이러한 상황에서 이 사업가가 가족들과 함께 한국에 거주하지만 (그 결과 소득세법상 한국 거주자로 볼 수도 있지만) 자주 중국과 일본에 출장을 가서 장기간 체류하거나 현지에서 활발하게 사업을 한다면 일본에서도 이 사업가를 자국의 거주자로 취급할 수도 있고 중국 과세당국도 이 사업가를 자국의 거주자로 취급할 수 있다. 이런 경우에는 각국은 모두 소득세법상 '거주지국 과세원칙'을 적용하여 이 사업가가 창출한 모든 소득에 대해 자국에서 소득세를 신고 납부해야 한다고 주장할 수도 있고, 결과적으로 하나의 소득에 대해서 일본, 중국, 우리나라의 세 과세당국에 의해 중복적으로 과세될 수도 있다. 이러한 상황에서 만일 관련 국가들이 이 사업가의 국제적 이중과세 문제(또는 삼중과세 문제)를 해결해주지 않는다면 이 사업가는 자신이 벌어들인 소득을 모두 세금으로 충당해야 할 지도 모르고 결과적으로 세후순이익이 현저히 적어져서 국제거래를 포기하려고 할 수도 있다.

이처럼 국제거래 또는 국제투자에 적용되는 소득과세는 그 기본 원칙상 이중과세 문제가 항상 내재되어 있어 이를 해결하기 위한 별도의 장치가 소득과세 체계내에 마련되지 않으면 '세금으로 인해 국제거래가 소멸하는 결과'가 초래된다. 따라서 소득과세를 도입하고 있는 전세계 대부분의 국가들은, 국제거래를 활성화시키려고 한다면 국가간 이중과세를 방지할 수 있는 장치를 마련해 주지 않으면 안된다. 이를 위해 세계 대부분의 국가들은 한편으로 이중과세 방지 방법을 자국세법에 규정하고 있고 다른 한편으로 이중과세방지협약(즉 조세조약)을 외국과 체결하고 있다.

우리나라의 국제조세 관련 법령

앞에서도 설명하였듯이, 우리나라의 경우 개인 거주자와 비거주자의 국제거래시 과세대상 소득의 범위와 이중과세 경감장치에 대해서는 소득세법에서 규정하고 있고, 내국법인과 외국법인의 국제거래시 과세대상 소득의 범위와 이중과세 경감장치에 대해서는 법인세법에서 규정하고 있다. 한편 국제거래에서 발생하는 특정 소득에 대해 조세정책적으로 비과세를 할 필요가 있는 경우에는 주로 조세특례제한법(이하 "조특법")을 활용하여 규정하고 있다. 예를 들어 조특법 제3절에서 규정하는 국제자본거래에 대한 조세특례 조항들은 국제거래에서 발생하는 특정 소득에 대해 조세정책적으로 비과세나 감면을 규정한 대표적인 사례라고 할 수 있다.

전 세계적으로 많은 계열회사를 두고 국제적 비즈니스를 행하는 다국적기업의 경우 특수관계기업 간의 거래이기 때문에 거래가격이나 거래조건을 제3자간의 거래와는 다르게 설정하여 다국적기업 그룹의 어느 한 기업에서 다른 기업으로 소득을 이전한다든지 어느 한 기업의 비용을 지나치게 높게 설정하여 그 기업의 과세소득을 인위적으로 줄이는 결과를 초래할 수도 있다. 경우에 따라서는 내국법인이 해외 조세피난처에 자회사를 세우고 이 회사에 소득을 집중시키면서 국내 모회사에는 배당을 하지 않으므로써 장기간 과세이연을 하는 방식으로 조세회피를 시도할 수도 있다. 이와 같은 다양한 형태의 잠재적인 국제적 조세회피행위에 대응하기 위해 우리나라는 1995년 국제조세조정에 관한 법률(이하 "국조법")을 제정하여 이전가격세세, 과소자본세제, 조세피난괴세제도, 글로벌최저한세 등의 세제를 운용하고 있다. 뿐만아니라, 국가간 조세협력, 상호합의절차, 해외자산의 신고 및 자료제출의무와 같은 국제조세와 관련한 행정사항도 국조법을 통해 규율하고 있다.

국조법과 다른 법률과의 관계

제4조(다른 법률과의 관계) 제1항에 따르면 국조법은 국세와 지방세에 관하여 규정하는 다른 법률보다 우선하여 적용한다. 또한 제2항에 따르면, 국제거래에 대해서는 「소득세법」 제41조와 「법인세법」 제52조를 적용하지 않는다(다만, 대통령령으로 정하는 자산의 증여 등에 대해서는 그렇지 않다). 소득세법 제41조와 법인세법 제52조는 '부당행위계산부인' 조항인데 제2항의 의미는 국제거래에 대해서는 국조법령에서 규정되는 제도가 적용되는 것이며 소득세법이나 법인세법상

의 '부당행위계산부인' 조항이 적용되지 않음을 천명한 것이다. 다만, 민법상의 증여와 같이 어느 한 당사자가 이전하는 재화나 용역에 대해 거래 상대방이 전혀 대가를 지급하지 않는 경우에는 비록 국제거래라고 하더라도 이전가격세제 등을 적용하기가 적절하지 않으므로 이러한 경우에 한하여 부당행위계산 법리를 적용할 수 있다는 의미가 함축되어 있는 것이다.

2 국제적 이중과세 방지 메카니즘

국제적으로 채택되고 이중과세 경감장치는 크게 외국소득면제방식exemption method, 외국납부세액공제credit method 그리고 손금산입deduction method으로 나눌 수 있다. 외국소득면제방법은 홍콩이나 싱가폴의 경우처럼 외국원천소득에 대해서는 소득의 종류를 가리지 않고 일반적으로 비과세하는 방식과 대다수의 유럽 국가에서 채택하는 바와 같이 소득면제의 적용 대상을 사업소득과 과점주주에게 지급되는 배당소득으로 한정하는 방식으로 나눌 수 있다. 후자의 경우는 거주자(내국법인)가 적극적으로 창출한 외국소득에 대해서 과세면제를 허용한다고 하여 참여면제방법participation exemption method이라고도 부른다. 따라서 이러한 참여면제방법의 적용대상이 되지 않는 소득은 아래 설명하는 외국납부세액공제를 적용받는다.

외국납부세액공제 방법은 거주지국에서 납부해야 할 세액계산 시 외국에서 납부할 세액 전체를 외국납부 세액으로 공제해주는 방법이다. 이 방법은 다시 직접외국납부세액공제제도direct foreign tax credit, 간접외국납부세액공제제도indirect foreign tax credit, 간주외국납부세액공제제도sparing credit로 세분할 수 있다.

여기서 직접외국납부세액공제제도는 우리나라 거주자나 내국법인이 우리나라에서 법인세 또는 소득세를 신고할 때 산출세액 중 일정한 한도 내에서 외국납부세액(신고납부 또는 원천징수)의 공제를 허용하는 제도이다. 예를 들어, 한국의 모회사가 중국에 100% 지분을 보유하고 있는 자회사가 있는 데, 2022 사업연도이 중국 자회사의 사업소득이 10억 위안이었고 이에 대해 25%의 중국 법인세율이 적용되어 2.5억 위안의 법인세를 납부했다고 가정하자. 만일 한국 모회사가 이 중국 자회사의 지분을 100% 소유하고 있다면 배당 가능 유보소득은 7.5억 위안이다. 만일 중국소재 자회사가 유보소득 7.5억 위안을 모두 배당을 하였다면 모회사는 배당을 받을 때 배당금 7.5억 중 중국세법과 조세조약에 따라 5%(37,500,000위안)은 현지에서 원천징수되어 중국 과세당국에 납부를 하게 될 것이다. 그렇다면 동 금액은 모회사가 한국에서 과세당국에 법인세 신고납부를 할 때 외국납부세액으로 공제를 받을 수 있다. 이처럼 모회사가 외국 과세당국에 납부한 세액 즉 37,500,000위안에 대해 모회사가 한국 과세당국에 법인세를 신고하는 과정에서 계산한 산출세액에서 공제 받는 것을 직접외국납부세액공제라고 부른다.

한편 간접외국납부세액공제제도란 내국법인이 외국 자회사로부터 배당을 받는 경우 그 배당소득에 대하여 거주자 등이 외국에 직접 또는 원천징수 방식으로 납부한 세금뿐만 아니라 배당을 지급하는 원천이라고 할 수 있는 외국 자회사의 사업소득에 대해 (외국 자회사가) 부담한 법인세까지도 공제해주는 제도를 말한다. 위 사례를 이용해 설명한다면 중국 자회사로부터 배당을 받을 때 중국 자회사가 중국에 납부한 2.5억 위안까지도 모회사가 한국 과세당국에 법인세를 신고하는 과정에서 계산한 산출세액에서 공제받을 수 있는데(만일 공제한도가 적용된다면 그 한도까지만 공제가능) 이를 간접외국납부세액 공제라고 부른다.

또한 간주납부세액공제제도는 조세조약에 근거 규정이 있는 경우에 한하여 적용되는데, 체약상대국에서 외국인 투자를 활성화할 목적으로 감면해준 세액에 대하여 체약상대국에서 납부를 한 것으로 간주하여 세액공제를 허용한다. 2014년 말까지는 한・중 조세조약에 따라 간주외국납부세액공제가 적용될 수 있었는데, 만일 2013년도에 중국자회사가 1억 위안의 배당금을 한국 모회사에게 배당하였고 이 때 중국 세법상 조세감면 조치로 인해 해당 배당금액에 대해 5%(즉 5백만 위안)의 원천징수를 면제 받았다고 가정하면 한국의 모회사는 원천징수가 면제된 5백만 위안에 해당되는 금액을 한국 과세당국에 법인세를 신고하는 과정에서 계산한 산출세액에서 공제받을 수 있는 것이다.

다음으로 국제적 이중과세 경감장치의 하나로서 손금산입deduction method 제도란 거주자 또는 내국법인이 외국에서 납부한 세액을 국내 과세소득에서 공제(즉, 손금산입)해주는 제도를 말한다. 이 제도는 위에서 설명한 두가지 제도보다 이중과세 경감효과가 상당히 작기 때문에 조세조약에서는 채택되지 않는 방법이다.

이제 위에서 언급한 세가지 방법의 이중과세 경감효과에 대해 사례를 들어 설명해본다.

[표 I-1] 이중과세 경감효과 사례

	외국소득면제방법	외국납부세액공제방법	소득공제방법
국외소득	100	100	100
외국납부세액(40%)	40	40	40
외국법인세 손금산입	-	-	40
국내 과세소득	-	100	60
산출세액 (50%)	-	50	30
(-) 외국납부세액	-	40	-
국내 납부세액	-	10	30
국내외 총세부담액	40	50	70

이 사례에서 국외소득은 100이고 외국 법인세율은 40% 국내 법인세율은 50%라고 가정한다. 먼저 외국소득면제방법의 경우에는 국외소득 100에 대해 외국에서 40%의 세율로 과세된다. 그런데 이렇게 외국에서 과세되는 소득에 대해서는 국내에서 익금불산입하므로 (즉 과세대상 소득으로 인식하지 않으므로) 국내 납부세액은 전혀 없고 국내외 총세부담액은 40이 된다.

다음으로 외국납부세액공제방법의 경우에는 국외소득 100에 대해 외국에서 40%의 세율로 과세되었다고 하더라도 일단 국내 과세소득은 다시 100으로 잡히고 이에 대해 산출세액은 50이 된다. 여기서 외국납부세액 40이 공제되고 국내 납부세액으 10이 된다. 따라서 국내외 총세부담액은 50 (= 40 + 10)이 된다.

한편 소득공제방법의 경우에는 국외소득 100에 대해 외국에서 40%의 세율로 과세되었다고 하더라도 일단 국내 과세소득은 다시 100이 된다. 그런데 외국 납부세액이 손금산입 되므로 (즉 국내 과세소득에서 외국 납부세액이 차감되므로) 국내의 과세표준금액은 60이 된다. 여기에 50%의 세율이 적용되므로 산출세액을 30이 된다. 이중과세 경감을 위해 일단 손금산입이 허용되는 경우에는 추가로 세액공제가 허용되지 않으므로 산출세액이 그대로 국내 납부세액이 된다. 따라서 이 경우 국내외 총세부담액은 70 (= 40 + 30)이 된다.

여기서 확인할 수 있는 점은, 손금산입의 경우 비록 이중과세 경감이 이루어진다고 하더라도 그 효과가 앞의 두가지 방법 만큼 크지 않다는 것이다. 이러한 이유로 조세조약에서는 이러한 방법이 채택되지는 않고 다만 국내 세법 운용시 외국납부 세액공제가 적용되지 못하는 상황에서 이 방법이 보완적으로 사용되기도 한다.

3 국제적 이중비과세의 개념 및 최근의 국제적 대응 동향

국제적 이중 비과세double non-taxation란 특정 국제거래에 관련되는 어느 국가에서도 과세를 하지 않는 현상을 가리킨다. 이러한 국제적 이중 비과세 현상은 국제적으로 관련 국가들이 이를 의도적으로 허용함으로써 발생하는 경우도 있고intended double non-taxation 이들 국가들이 의도하지 않았음에도 불구하고 발생할 수 있다unintended double non-taxation. 관련 국가들이 의도적으로 이중 비과세 발생을 허용하는 대표적인 사례는 조세조약을 통해 간주납부세액공제를 허용하는 경우에 발견된다. 즉, 조세조약 체결 협상 시 조약체결 당사국 중의 하나가 국제적 이중과세 경감장치로서 외국납부세액 공제제도를 운영하는 상황에서 상대국의 외국인투자 조세감면 제도가 그 실효성을 가질 수 있도록 하기 위해 간주외국납부세액 공제제도를 허용하는 경우 상대국에 외국인 투자를 하는 납세자는 해당 소득에 대해 자국과 상대국 모두에서 조세감면의 혜택을 받게 되어 이중 비과세 결과가 나타날 수 있다. 이러한 의도적 이중 비과세는 일종의 과세당국이 예정하는 조세부담 절감행위tax saving이라고 할 수 있으므로 그 자체로 크게 문제될 것은 없다.

국제적으로 문제가 되는 이중 비과세란, '의도하지 않은 이중 비과세'인데 이것은 다시 (ⅰ) 모든 거래 당사국들이 의도하지 않은 이중 비과세가 발생하는 경우와 (ⅱ) 원천지국(즉 소득발생지국)에서는 외국인 투자 등에 조세감면을 제공함으로써 이중 비과세를 잠재적으로 의도하였으나 거주지국에서 이를 수용하지 않아 문제가 제기되는 경우가 있다.[1] 이와 같이 관련 국가가 의도하지 않은 이중 비

1 후자와 같은 상황에서 거주지국은 원천지국의 일방적 조세감면 행위를 소위 '유해적 조세경쟁(harmful tax competition)'에 해당한다는 이유로 문제 제기를 하는 경우가 많다.

과세 현상은 적어도 이를 문제 삼는 국가 입장에서는 역외탈세 또는 국제적 조세회피라고 규정하고 이를 규제하는 입장을 취하기도 한다. 여기서 역외탈세라 함은 국제거래를 통한 탈세라고 할 수 있는 바, 명백한 조세법 위반tax evasion을 초래하는 국제적 거래나 약정을 말한다. 한편 국제적 조세회피tax avoidance란 국제거래를 통한 조세회피라고 할 수 있는 데, 세법이나 조세조약의 해당 규정의 형식적 요건을 위반한 것은 아니나 동 규정의 목적이나 취지를 감안하면 허용되지 말아야 할 조세감면의 혜택을 받게되는 국제적 거래나 약정을 의미하는 것이라고 할 수 있다.

국제적 이중 비과세에 대한 최근의 국제적 대응 동향

의도하지 않은 국제적 이중비과세 문제는 과거 국제거래가 시작된 초기 단계부터 존재했을 것이나 최근 정보통신기술의 급격한 발전과 함께 디지털 경제가 본격화됨에 따라 국제적 거래나 약정이 적은 비용으로 빠르고 손쉬운 방식으로 체결될 수 있게 되었다. 이에 따라 국제적 이중비과세가 좀더 계획적 또는 상업적 방식으로 발생하게 되었고 조세회피 규모도 대규모화하는 등 이중 비과세 문제가 날이 갈수록 심각해졌다. 이에 따라 2000년대부터는 그 반작용으로 국제과세 기준에 커다란 변화가 빠르게 나타나게 되었다.

우선 미국과 여타 OECD 국가들이 주도하여, 세계 대다수 국가들의 과세당국간 금융정보교환 체제와 운용을 획기적으로 개선하였다. 특히 2010년대 중반에는 미국과 OECD가 주도하는 금융정보 자동교환시스템 구축이 불과 수년 사이에 완성되어 각국의 과세당국들이 과세자료로 활용할 수 있는 비거주자 금융정보의 자동교환이 매년 활발하게 진행되고 있다. 이를 통해 그동안 상대국에 파악이 되지 않아 방치되었던 소위 역외탈세 행위가 급속히 빠른 속도로 각국의 과세행정망에 포착되게 된 것이다.

또한 2008년 글로벌 경제위기 이후 세계적으로 유명한 미국계 다국적 기업들에 의한 국제적 조세회피 사례들이 유럽 각국의 NGO, 언론 및 정치인들에 의해 비판대에 오르게 되었다. 급기야 OECD 회원국들과 G20 국가들의 과세당국은 특히 다국적기업의 이중 비과세 행위를 "세원잠식과 과세소득 이전행위Base Erosion and Profit Shifting : BEPS"라고 부르고 이에 대해 조직적으로 대응해 나가기 시작했다. BEPS는 국가 간의 상이한 조세제도 또는 기존 국제조세제도의 허점을 이용한 다국적 기업의 조세회피 또는 조세절감 행위를 의미한다. 다시 말해, 경제적으로 실질적인 행위가 발생한 국가(일반적으로 유효세율이 높은 국가)에서는 과세소득이 적게 발생하고 다양한 과세특례로 인해 유효세율이 낮은 국가에 과세소득이 많이 발생하도록 인위적으로 기업지배구조나 거래구조를 고안해내고 이를 이행 · 추진함으로써, 궁극적으로 다국적 기업 전체적인 차원에서의 세부담이 현저히 줄어들도록 하는 행위를 가리킨다.

이러한 BEPS 현상에 대해서 1990년대 이전까지는 개별국가 과세당국이 간헐적인 대응을 통해 규제하려고 했으나, 이에 대해 소기의 성과를 거둘 수 없게 되자 2000년대 들어서부터는 세계 주요 국가의 과세당국들이 긴밀하게 공동으로 대응해야만 제재의 실효성을 거둘 수 있다는 인식이 국제적으로 확산되어 갔다.

결국 2013년에는 OECD 회원국 및 G20 국가들은 다국적 기업들에 대한 과세기준 강화 필요성을 공공연히 천명하게 되었을 뿐만 아니라 국제적으로 과세당국들이 공동으로 다국적 기업들의 BEPS 시도를 방지해야 한다는 명분에 합의를 이루게 되었다. 이에 따라 OECD 및 G20국가들이 주도하는 전 세계적인 BEPS 방지 프로젝트가 추진되면서 OECD 및 UN이 주도하는 국제적 과세기준이 상당 부분 개정되고 각국의 국제조세 제도들도 국제적 조세회피를 방지하는 방향으로 빠르게 변화하고 있다. 이에 대한 상세한 내용은 제3장(BEPS 방지 프로젝트 관련 세제)에서 다룬다.

4 국제조세의 효율성을 평가하는 정책 기준

자본의 해외유출입에 큰 영향을 미치는 국제조세제도 기본원칙(또는 지도이념)은 '자본수출 중립성capital export neutrality'과 '자본수입 중립성capital import neutrality'이다.

자본수출 중립성

자본수출 중립성이란 자본을 수출하는 국가의 거주자(또는 내국법인)의 국외투자로부터 발생하는 소득에 대한 조세부담과 이들의 국내투자로부터 발생하는 소득에 대한 조세부담 사이에 중립성이 유지되는 상황을 가리킨다. 예를 들면, 우리나라 거주자와 내국법인의 경우는 전 세계에서 발생하는 소득을 모두 합산하여 산출한 과세표준에 소득세법 또는 법인세법의 세율을 적용하여 산출세액을 구한 후 해외에서 납부한 세액을 공제한다. 따라서 거주자나 내국법인의 해외투자소득에 대한 유효세율과 국내투자에서 발생하는 소득에 대한 유효세율이 동일해지며, 양 소득에 대한 조세중립성이 유지된다. 즉, 우리나라의 거주자와 내국법인에 적용되는 전 세계 소득 합산과세와 외국납부세액 공제제도는 자본수출 중립성의 달성을 목표로 하여 설계된 제도라고 할 수 있다. 이와 같은 종류의 제도를 두고 있는 국가들은 캐나다, 중국, 호주 등이다. 자본수출 중립성이 달성되는 상황에서는 해외투자와 국내투자 사이에 수평적 형평horizontal equity이 이루어진다. 또한 시장경제원리가 작동되는 한 자본수출 중립성이 이루어지면 조세에 의한 투자의사결정의 왜곡이 초래되지 않으므로 자원배분의 효율성efficiency이 달성된다.

자본수입 중립성

자본수입 중립성이란 자본수입국(즉, 국외로부터 투자를 받는 국가)에 거주하는 거주자 또는 내국법인의 조세부담과 그 국가에서 사업을 수행하는 비거주자 또는 외국법인(또는 그 사업장)이 부담하는 조세부담 사이에 중립성이 유지되는 상황을 가리킨다. 예를 들어, 해외의 특정 국가(A국)에 진출하는 B국의 기업이 A국에서 창출한 소득에 대해서는 A국의 소득세 또는 법인세가 부과되는 상황에서 만일 A국에서 자국의 거주자(또는 내국법인)에게 적용하는 과세방식과 세율을 B국 기업에게도 차별 없이 적용하고 B국에서는 이처럼 외국에서 기과세된 소득에 대해 추가적으로 과세하지 않는다면, A국에서 창출된 소득에 대해 자본수입 중립성이 달성된다. 이러한 상황에서는 B국 기업은 A국의 기업들과 과세상 수평적 형평성horizontal equity을 유지할 수 있게 되어 국제투자의 경쟁력을 갖출 수 있다.[2] 따라서 A국에 진출하는 B국 기업이 기술이나 생산성 측면에서 A국의 기업들보다 우위에 있다면 B국 기업은 A국에서 시장점유율을 높여 나감으로써 해외투자의 성과를 누릴 수 있다. 이와 같은 논리에 입각해서, 독일 · 프랑스 · 영국 · 네덜란드 · 벨기에 · 스위스 등 많은 유럽국가와 아시아의 일부 국가에서는 해외진출 기업의 해외창출 사업소득 및 관련 소득에 대해서 자국에서는 면제하는 제도를 도입하고 있다. 이러한 제도를 '참여소득 면제 제도participation exemption'라고 부른다. 이 제도에 따르면, 해외지점의 사업소득과 해외자회사의 사업에서 발생한 배당소득에 대해서는 국내의 거주자나 내국법인에게 소득세 또는 법인세를 과세할 때 이들 소득을 익금불산입(즉 과세 대상소득에서 제외)한다.

한편, 이들 국가들은 '무차별non-discrimination조항'이 포함되어 있는 조세조약을 해외 진출 대상국들과 적극적으로 체결함으로써 이들 국가들의 차별과세를 미연에 방지할 수 있다. 그런데 이들 국가들이 해외진출 기업의 모든 소득에 대해

2 한편, A국에서는 자국 기업과 외국 기업이 조세부담의 별 차이 없이 경쟁을 하게 되므로, A국이 시장경제 원리를 존중하는 한 A국의 소비자들은 자신들의 후생을 극대화할 수 있다.

비과세를 허용하는 것은 아니다. 적극적인 사업활동이 아니라 단지 재산이나 권리를 보유하여 생긴 소득(이자, 배당, 사용료소득 등), 이들의 간헐적인 양도를 통해 창출하는 양도소득 그리고 기타소득 등의 수동소득passive income은 외국에서의 국제경쟁력 확보를 위해 비과세를 허용할 필요가 없다. 오히려 국내의 다른 납세자들과의 조세중립성이 더욱 중요하므로, 이러한 소득들은 모두 합산하여 과세한 후 해외 현지에서 납부한 세액만 공제해주는 방식(외국납부세액공제방식)을 채택함으로써 자본수출 중립성이 이루어지도록 하고 있다.

요컨대, 이들 국가들은 해외 사업활동 과정에서 창출되는 능동소득active income에 대해서는 자본수입 중립성이 유지되도록 하되, 해외에서 발생하는 수동소득passive income에 대해서는 자본수출 중립성이 유지되도록 하고 있다. 이와 같은 '참여소득 면제 제도'는 국제경쟁력 제고라는 장점이 있기 때문에 일본은 2009년 해외자회사로부터 수취하는 배당에 대해 이와 같은 제도를 채택하였고 미국도 2017.12. 세제개혁시 해외자회사로부터 수령하는 배당에 대해 비과세하는 제도를 도입하였으며[3] 우리나라도 2023년부터 해외자회사로부터 수취하는 배당에 대해 익금불산입하는 제도를 도입하였다.

바람직한 국제조세 정책

세계 각국의 조세제도가 모두 다른 현실을 감안하면 자본수출 중립성과 자본수입 중립성을 동시에 달성하는 것은 사실상 불가능하다. 그리하여 각국은 자국의 국가이념과 경제정책 추진방향에 따라 둘 중 어느 하나를 우선하고 있다. 그러나 최근 세계 각국의 움직임을 보면 대체적으로 다음과 같은 추세를 보인다. 즉, 해외에서 발생하는 수동소득passive income에 대해서는 자본수출 중립성이 보다 철저히 유지되도록 노력하는 한편, 해외 사업활동 과정에서 창출되는 능동소득

3 미국은 2017.12. 세제개혁 당시 최고 35%였던 법인세율을 2018.1.1.부터 21%로 대폭 인하하고, 미국 기업이 10% 이상의 지분을 보유하고 있는 외국법인으로부터 받는 배당에 대하여 비과세하되 그에 대한 외국납부세액공제는 허용하지 않기로 하였다.

active income에 대해서는 가급적 자본수입 중립성이 유지될 수 있도록 제도 개선을 함으로써 자국 기업의 국제경쟁력을 증대하고 있다.

글로벌최저한세가 전세계적으로 도입되고 있는 상황에서 외국인 투자 촉진을 위해 자국세법에 외국인 투자에 대한 조세감면 제도를 도입할 것인지 여부 그리고 조세분쟁의 신속한 해결을 위해 조세조약에 중재arbitration 규정을 포함시킬 것인지 여부도 국제조세와 관련된 중요한 정책결정 사항이다.

또한 국제적 조세회피 방지를 위해 어떠한 수단을 채택할 것인지도 국제조세 정책 방향의 결정에 있어 중요한 사항이다. 즉, 이전가격세제, 이자공제 제한제도, 조세피난 방지제도, 국외전출세 등을 도입할 것인지 여부 그리고 이와 같은 개별적인 조세회피 방지제도만을 도입할 것인지 그에 추가하여 일반적인 조세회피 방지 규정General Anti-Avoidance Rule도 세법에 명문으로 규정할 것인지가 국제거래와 투자에 심대한 영향을 미치는 중요한 정책변수이다. 또한 이와 같은 제도의 근거를 국내세법에만 마련하여 운영할 것인지 아니면 조세조약에 마련할 것인지 여부도 중요한 정책결정 사항이라고 할 수 있다. 만일 조세조약에 이러한 규정을 마련한다면 조세조약과 국내세법의 충돌 문제를 합리적으로 해결할 수 있고 세무행정의 확실성이 더욱 높아지게 될 것이다.

5 조세조약의 주요 내용

조세조약이란 통상 「소득 및 자본에 관한 조세의 이중과세회피 및 탈세방지를 위한 협약」을 가리키며 이는 「이중과세방지협약」으로도 불리운다. 조세조약은 기본적으로 국제거래에 대해 과세되는 소득세 또는 법인세에 대하여 국가 간 이중과세를 방지하기 위한 목적으로 체결되며, 선진기술 및 자본도입 촉진, 기업의 대외진출 촉진, 기타 국제적 탈세방지 등도 부차적인 목적으로 언급된다. 우리나라의 경우 1970년 일본과 체결한 조세조약이 최초의 조세조약[4]이고 2023.3. 현재 94개의 조세조약이 시행되고 있다.

모델조세조약

1843년 벨기에와 프랑스가 조세조약에 서명한 이래 전 세계적으로 현재까지 약 4000개 이상의 조세조약이 체결 · 시행되고 있다. 일반적으로 조세조약은 WTO 협약과 같은 다자간 협약multilateral agreement의 형태보다는 양자간 협약bilateral agreement으로 체결되고 있다. 조세조약은 각국의 소득과세제도 및 국제조세정책의 특수성을 적절히 반영하여야 하는데, 이를 위해서는 다자간 협약보다 양자간 협약이 보다 적절하기 때문이다.

그런데 만일 조세조약이 각국 소득과세의 특수성만을 중시하여 용어, 적용범위, 체계 등에 관한 통일성을 상실하면 조세조약의 해석과 운용에 큰 혼란이 생기게 된다. 이와 같은 문제점을 해결하기 위해 1900년도 초반 국제연맹the League of

4 그러나 한 · 일조세조약은 그 후 1990년대 중반에 개정되어 1999년부터 개정조약이 발효 중이다. 조약시행일을 기준으로 현재 가장 오래된 우리나라 조세조약은 1979년 발효된 한 · 미조세조약이다.

Nations에서 처음 모델조세조약을 제정한 이후 OECD, UN 등에서 모델조세조약을 지속적으로 발전시켜오고 있다.

OECD 모델조세조약[5]은 1977년 처음 제정되고 1992년 이후 수시로 개정되고 있는데, OECD 국가 등 선진국간의 조세조약 체결 · 개정에 주로 사용되고 있다. 왜냐하면 OECD 모델조세조약은 일반적으로 자본과 노동의 자유로운 국제적 이동 및 국제투자의 증진에 주안점을 두고 있어 원천지국 과세권을 가급적 제한하면서 거주지국 과세권을 폭넓게 규정하고 있기 때문이다.

한편, UN 모델조세조약[6]은 1980년 처음 발간된 이후 지금까지 1999년, 2011년 및 2017년에 개정되었다. UN 모델조세조약은 선진국과 개도국간의 조세조약의 체결 · 개정에 주로 활용되고 있는데, UN 모델조세조약은 개도국의 과세권을 확대하기 위한 방법의 일환으로 OECD 모델조세조약보다 원천지국의 과세권을 강화하고 있기 때문이다.

[그림 I-3] OECD 모델조세 조약과 UN 모델조세조약

5 정확한 명칭은 'the OECD Model Tax Convention on Income and on Capital'이다.

6 정확한 명칭은 'the United Nations Model Double Taxation Convention between Developed and Developing Countries'이다.

조세조약의 체계와 주요 내용

우리나라가 체결한 조세조약은 대부분 OECD 모델조세조약 또는 UN 모델조약을 좇아 작성되었다. OECD 모델조세조약을 중심으로 주요 내용을 정리하면 아래 표와 같다.

[표 I-2] OECD 모델조세조약의 체계

제1장	조세조약의 적용범위	인적 범위(제1조), 대상 조세(제2조)
제2장	주요 용어	거주자(제4조), 고정사업장(제5조), 기타 용어(제3조)
제3장	소득에 대한 과세 (각종 소득에 대한 과세권 배분)	제6조(부동산소득), 제7조(사업소득), 제8조(국제운수소득), 제9조(특수관계기업), 제10조(배당소득), 제11조(이자소득), 제12조(사용료소득), 제13조(양도소득), 제14조(삭제), 제15조(고용소득), 제16조(이사의 보수), 제17조(예술인과 체육인), 제18조(연금), 제19조(정부용역), 제20조(학생), 제21조(기타소득)
제4장	자본에 대한 과세	제22조(우리나라가 체결한 조세조약에는 별도의 규정 없음)
제5장	이중과세방지	외국소득면제 방식 또는 외국납부세액공제 방식 (제23조)
제6장	특별 규정	무차별원칙(제24조), 상호합의절차(제25조), 정보교환(제26조), 징수협조(제27조), 외교관 및 영사(제28조), 적용지역 확대(제29조)
제7장	부 칙	조세조약의 발효(제30조), 조세조약의 종료(제31조)

조세조약상 혜택 부여를 위한 전제조건

일반적으로 외국 파트너십을 비롯한 외국 단체가 조세조약상의 혜택을 적용받기 위해서는 먼저 조세조약상 人person, 거주자resident, 수익적 소유자beneficial owner로서의 자격을 모두 구비해야 하고, 아울러 조세조약상 조약편승treaty shopping이나 조세조약 남용에 해당되지 않아야 한다.

人person에 해당해야 함

OECD 모델조세조약 제3조(일반적 정의)에 따르면 人person은 개인, 법인 및 그 밖의 人의 단체any other body of persons를 포함한다고 정의되어 있다. 이에 대한 OECD 모델조세조약의 주석서를 살펴보면, 파트너십은 人person에 해당된다고 규정하고 있다. 그 이유는, 파트너십이 법인에 해당할 수도 있고 그렇지 않은 경우에는 파트너십이 다른 人의 단체other body of persons를 구성하기 때문이다.

거주자Resident에 해당해야 함

OECD 모델조세조약 제4조(거주자)에 대한 주석서에 따르면, 파트너십을 과세목적상 무시해버리고disregard 투과단체로 취급하며 파트너에 대해 그 몫에 따라 과세하는 국가에서는 파트너십은 그 자체로는 '납세의무가 없으므로not liable to tax' 그 국가의 거주자가 될 수는 없다. 그런 경우에 파트너십의 소득은 그 국가의 국내세법에 의해 각 파트너에게 흘러가도록flow through 되어 있으므로 각 파트너가 해당 소득에 대해 납세의무가 있다liable to tax. 그래서 이 경우에는 파트너십이 아닌 이들 파트너들이 자신이 거주자인 국가의 조세조약을 사용하여 조세조약의 혜택을 주장할 수 있다.

수익적 소유자beneficial owner에 해당해야 함

OECD 모델조세조약 제10조 · 제11조 · 제12조는 배당소득 · 이자소득 · 사용료소득의 수익적 소유자beneficial owner를 기준으로 조세조약을 적용하도록 규정하고 있다. 또한 세계 여러 나라의 많은 조세조약 역시 OECD 모델조세조약을 본받아 비슷하게 규정하고 있다. 그러나 OECD 모델조세협약은 물론 구체적인 조세조약에서도 단지 수익적 소유자라는 용어를 사용하고 있을 뿐이고, 그 구체적인 의미를 정의하고 있지는 않다. 다만 OECD 모델조세조약 제10조에 관한 주석서Commentary에 따르면, 도관회사導管會社, conduit company가 형식적 소유자에 불과하고 해당 소득과 관련하여 매우 제한된 권한을 갖고 있을 경우에는 도관회사를 수익적 소유자로 볼 수 없다. 다시 말해, 수령한 소득을 타인에게 이전할 계약상 또는 법적 의무가 없는 경우에 비로소 소득 수령자를 그 소득의 수익적 소유자로 볼 수 있다는 것이다.[7] 위 의무 여부 판단에 있어, 계약서 등의 법률문서legal documents만이 아니라, 제반 사정facts and circumstances을 종합적으로 고려하여 배당금 등의 수령인이 실질적으로in substance 해당 소득을 타인에게 이전할 의무를 지고 있는지 여부를 판단해야 한다.

OECD 모델조세조약에 따르면 외국의 공모투자펀드의 경우에는 펀드 자체가 수익적 소유자로 취급될 수 있다. 그러나 그 외의 외국펀드와 외국 파트너십, 기타 외국단체의 경우에는 배당의 수취자인 이들 외국단체가 받은 지급금을 사용 · 향유할 수 있는 권리를 가지고 있는 반면 그 지급금을 다른 자에게 전달해주어야 하는 계약상 또는 법적 의무가 없는 경우 그 수취자인 외국단체는 해당 배당의 "수익적 소유자"라고 할 수 있다.

[대법원 2018.11.15. 선고 2017두33008 판결(씨제이이앤엠 판결)]

이 판결에서는 국내회사가 헝가리 소재 법인과 영화 등의 국내배포 관련 사용허여 계약을 체결하고 사용료를 지급한 것에 대하여 한 · 헝가리 조세조약이 적용되는지가 문제되었다. 대법원은, "조약 규정의 도입 연혁과 문맥 등을 종합할 때, 수익적 소유자는 당해 사용료 소득을 지급받은 자가 타인에게 이를 다시 이전할 법적 또는 계약상의 의무 등이 없는 사용 · 수익권을 갖는 경우를 뜻"한다고 개념을 해석하고, "이러한 수익적 소유자에 해당하는지는 해당 소득에 관련된 사업활동의 내용과 현황, 소득의 실제 사용과 운용 내역 등 제반 사정을 종합하여 판단하여야 한다."고 그 판단기준을 밝혔다. 그리고 이러한 법리에 따라 해당 사안을 보면, 헝가리 법인은 그 사용료 소득을 타인에게 이전할 법적 또는 계약상의 의무를 부담한 바 없이 사용 · 수익권을 향유하여 사용료 소득의 수익적 소유자에 해당한다고 볼 여지가 충분하다고 판단하였다. 이 판결은 조세조약상의 수익적 소유자의 개념을 해석하고 그 판단기준을 적극적으로 제시한 점에서 의의가 크고, 실질과세원칙과의 관계에

7 OECD 모델조세조약 주석서 12.4 문단은 수익적 소유자에 대해 '당해 소득을 타인에게 이전할 계약상 또는 법적 의무에 제약되지 않는 사용 수익권(the right to use and enjoy the income unconstrained by any contractual or legal obligation to pass on the payment to another person)의 유무에 의하여 수익적 소유자 여부가 정해진다'고 규정하고 있다.

대해서도 '국세기본법 제14조 제1항에서 규정하는 실질과세의 원칙은 법률과 같은 효력을 가지는 조세조약의 해석과 적용에 있어서도 이를 배제하는 특별한 규정이 없는 한 그대로 적용된다'는 기존 확립된 판례 법리를 재확인하면서 "사용료 소득의 수익적 소유자에 해당한다고 할지라도 국세기본법상 실질과세의 원칙에 따라 조약 남용으로 인정되는 경우에는 그 적용을 부인할 수 있다"는 점도 명확히 하였다.[8]

조약편승이나 조세조약 남용에 해당하지 않아야 함

OECD 모델조세조약은 조약편승Treaty Shopping을 포함한 여러 형태의 조세조약남용 및 그에 대한 대응방안에 대해 제1조에 관한 주석서에 "Improper use of the Convention"이라는 소제목하에 소개를 하고 있다. 만일 어느 조세조약이 이러한 대응방안에 포함된 각종 장치 중 일부를 동 조약에 포함했거나 국내 세법상의 일반적 조세회피방지 규정(실질과세 원칙 포함)에 따라 외국 단체가 이러한 조세조약 남용 방지 규정의 적용 대상이 되는 경우에는 위에 언급한 모든 기준을 다 통과한다고 하더라도 조세조약의 혜택이 부여되지 않을 수 있다.

8 이의영, "조세조약의 해석 - 비엔나협약의 기능과 한계, 국내법원 해석의 상호 발전", 『조세학술논집』, 제35집 제2호 (2019), 201~203면.

6 거주자 개념의 중요성 및 이중거주자 판정 기준

제1절(국제조세의 개념)에서도 언급했듯이 소득과세에 있어 국가의 과세권을 설정하는 2개의 주요 과세원칙이 원천지국 과세원칙source prinicple과 거주지국 과세원칙residence principle이다. 이중 '거주지국 과세원칙'의 개념을 좀더 살펴보면, 이 원칙은 어느 국가가 자국의 거주자 또는 내국법인에 대해서는 이들의 전 세계 소득에 대해 과세권을 행사할 수 있다는 원칙을 말한다.

조세조약에서 사용되는 용어인 resident라는 개념은 우리말로 번역하면 '거주자'이지만, 조세조약의 맥락에서는 개인 거주자 뿐만 아니라 법인 거주자(우리나라 세법의 개념으로는 내국법인)를 함께 지칭하는 개념이다. 조세조약 뿐만아니라 우리나라 소득세법과 법인세법도 '거주지국 과세원칙'을 채택하고 있기 때문에 거주자와 내국법인은 국내 원천소득 뿐만 아니라 국외 원천소득에 대해서도 포괄적인 납세의무를 부담하고 과세당국에 매년 전 세계에서 벌어들인 소득을 소득세 또는 법인세 과세표준에 포함시켜야 한다.

여기에서는 거주자와 비거주자의 과세취급상의 차이점을 살펴본 후 개인 거주자의 개념 및 조세조약상 이중과세 판정기준을 따져본다. 다음으로 법인 거주자(즉 내국법인)의 개념 및 조세조약상 이중과세 판정기준에 대해서 검토해 본다.

거주자와 비거주자의 과세취급상의 차이점

(1) 소득세 과세소득의 범위

거주자는 소득세법에서 정하고 있는 모든 소득에 대하여 무제한납세 의무를 진다. 즉 거주자는 종합소득(이자소득 · 배당소득 · 사업소득 · 근로소득 · 연금

소득 · 기타소득) · 퇴직소득 및 양도소득에 대하여 그 소득발생지에 관계없이 전세계소득에 대하여 무제한 납세의무를 진다. 다만, 해당 과세기간 종료일 10년 전부터 국내에 주소나 거소를 둔 기간의 합계가 5년 이하인 외국인 거주자에게는 과세대상 소득 중 국외에서 발생한 소득의 경우 국내에서 지급되거나 국내로 송금된 소득에 대해서만 과세한다.[9]

한편 비거주자는 국내원천소득, 즉 국내에 원천을 갖는 소득에 한정하여 제한 납세의무를 진다. 비거주자는 원천국가 과세원칙에 따라 국내에서 발생하는 이자소득 · 배당소득 · 사업소득 · 인적용역소득 · 근로소득 · 퇴직소득 · 양도소득 · 사용료소득 · 주식양도소득 및 기타소득에 한정하여 제한적인 납세의무를 지는 것이다. 그러므로 비거주자의 국외원천소득에 대해서는 소득세를 과세할 수 없다.

(2) 소득세 과세방법

거주자에 대해서는 원칙적으로 종합소득 · 퇴직소득 및 양도소득으로 구분하고, 해당 소득별로 종합하여 과세한다. 그러나 비거주자에 대해서는 국내원천소득을 종합하여 과세하는 경우와 분류하여 과세하는 경우 및 그 국내원천소득을 분리하여 과세하는 경우로 구분된다.[10] 국내사업장이 있는 비거주자나 국내원천소득 중 부동산 임대소득이 있는 비거주자에 대해서는 퇴직소득 및 양도소득을 제외한 그 밖의 국내원천소득을 종합하여 과세한다. 그리고 퇴직소득 및 양도소득은 종합과세에서 제외하여 거주자와 같은 방법으로 분류하여 과세한다.[11]

이에 비하여 국내사업장이 없고 국내원천소득 중 부동산임대소득이 없는 비거주자의 국내원천소득(퇴직소득과 양도소득은 제외)이나 국내사업장이 있는 비거주자의 국내원천소득 중 소득세법의 규정에 따라 원천징수되는 소득에 대해서는 국내원천소득별로 분리하여 과세한다. 그리고 국내사업장이 없고 국내원천소

9 소득세법 제3조
10 소득세법 제121조 제1항
11 소득세법 제121조 제2항

득 중 부동산임대소득이 없는 비거주자라 하더라도 퇴직소득 및 양도소득은 종합과세에서 제외하여 거주자와 같은 방법으로 각각 과세한다. 비거주자의 양도소득의 경우 1세대 1주택의 비과세에 관한 규정과 1세대 1주택에 대한 장기보유 특별공제에 관한 특례는 적용하지 아니한다. 그리고 양도소득에 대하여는 조세채권의 조기확보를 위하여 자산의 양수자가 양수대가를 지급할 때에 소득세를 예납적으로 원천징수 하도록 하고 있다.

(3) 소득금액의 계산 및 종합소득공제

거주자와 비거주자 사이에는 소득금액의 계산 및 종합소득공제의 범위 등에 있어서도 차이가 있다. 비거주자에 대해 종합과세하는 경우에 과세표준의 계산은 국내사업장에서 발생된 판매비 및 일반관리비와 기타의 경비 중 국내원천소득의 발생과 관련되지 아니하는 것은 필요경비에 포함하지 않는다.[12] 또한 비거주자의 국내사업장의 각 사업연도의 소득금액을 결정함에 있어서 그 본점 및 그 국내사업장을 관할하는 관련지점 등의 경비 중 공통경비로서 그 국내사업장의 국내 원천소득 발생과 합리적으로 관련되는 것은 국내사업장에 배분하여 필요경비에 산입한다.[13]

비거주자에 대해서는 본인에 대한 기본공제 및 추가공제 외의 다른 종합소득공제의 적용을 배제한다. 즉 비거주자에 대해서는 비거주자 본인에 대한 인적공제(기본공제 및 추가공제)만을 적용한다. 따라서 특별공제와 비거주자 본인 외의 자(배우자 및 부양가족)에 대한 인적공제는 적용하지 않는다.[14]

12 소득세법 시행령 제181조

13 소득세법 시행령 제181조의2

14 소득세법 제122조 제1항 단서

개인 거주자 개념 및 판정 기준

(1) 소득세법령상 거주자 판정기준

국내 소득세법상 거주자는 국내에 주소를 두거나 183일 이상의 거소居所를 둔 개인을 말하며, 비거주자는 거주자가 아닌 개인을 의미한다. 소득세법은 거주자 또는 비거주자가 되는 시기를 명시하고 있는데(소득령 제2조의 2), 비거주자가 거주자로 되는 시기는 국내에 주소를 둔 날, 국내에 주소를 가지거나 국내에 주소가 있는 것으로 보는 사유가 발생한 날, 국내에 거소를 둔 기간이 183일이 되는 날이다. 반대로 거주자가 비거주자로 되는 시기는 주소 또는 거소의 국외 이전을 위한 출국일의 다음날, 국내에 주소가 없거나 국외에 주소가 있는 것으로 보는 사유 발생일의 다음날로 규정하고 있다.

소득세법은 국내에 거소를 둔 기간의 계산에 대해서도 명시하고 있는데, 국내에 입국하는 날의 다음날부터 출국하는 날까지를 국내에 거소를 둔 기간으로 정하며, 1 과세기간에 걸쳐 183일 이상인 경우[15]에는 국내에 183일 이상 거소를 둔 것으로 본다.[16] 나만, 국내에 거소를 두고 있던 개인이 출국 후 다시 입국한 경우, 생계를 같이하는 가족의 거주지나 자산소재지 등에 비추어 볼 때 출국목적이 관광, 질병의 치료 등 명백하게 일시적인 것으로 인정되는 때에는 그 출국 기간도 국내에 거소를 둔 기간으로 본다. 반대로 재외동포가 입국한 경우, 생계를 같이 하는 가족의 거주지나 자산소재지등에 비추어 볼 때 입국목적이 관광, 질병의 치료 등 명백하게 일시적인 것으로 인정되는 때에는 해당 기간을 국내에 거소를 둔 기간으로 보지 않는 것으로 정하고 있다.[17] 주소 및 거소의 판정은 소득세법 시행령에서

15 과거에는 소득세법 시행령 제4조 제3항에 "2 과세기간에 걸쳐 183일 이상인 경우에는 국내에 183일 이상 거소를 둔 것으로 본다"고 규정되어 있었으나 2018.2.13. 소득세법 시행령을 개정하여 현행의 규정과 같이 개정한 것이다. 개정이유는 재외동포의 국내투자 촉진을 위해서라고 하며 동 시행일이 속하는 과세기간부터 새로운 규정이 적용된다.

16 소득세법 시행령 제4조

17 재외동포의 출입국과 법적 지위에 관한 법률, 제2조

다루고 있으며, 그 내용은 다음과 같다.[18]

> ① 주소는 국내에서 생계를 같이 하는 가족 및 국내에 소재하는 자산의 유무 등 생활관계의 객관적 사실에 따라 판정한다.
> ② 거소는 주소지 외의 장소 중 상당 기간에 걸쳐 거주하는 장소로서 주소와 같이 밀접한 일반적 생활관계가 형성되지 아니한 장소로 한다.
> ③ 국내에 거주하는 개인이 다음 중 하나에 해당하는 경우에는 국내에 주소를 가진 것으로 본다.
> • 계속하여 183일 이상 국내에 거주할 것을 통상 필요로 하는 직업을 가진 때
> • 국내에 생계를 같이하는 가족이 있고, 그 직업 및 자산상태에 비추어 계속하여 183일 이상 국내에 거주할 것으로 인정되는 때
> ④ 국외에 거주 또는 근무하는 자가 외국국적이나 외국 영주권을 가진 경우로서 국내에 생계를 같이하는 가족이 없고 그 직업 및 자산상태에 비추어 다시 입국하여 주로 국내에 거주하리라고 인정되지 아니하는 때에는 국내에 주소가 없는 것으로 본다.
> ⑤ 외국을 항행하는 선박 또는 항공기의 승무원의 경우 생계를 같이하는 가족이 거주하는 장소 또는 그 승무원이 근무기간 외의 기간 중 통상 체재하는 장소가 국내에 있는 때에는 당해 승무원의 주소는 국내에 있는 것으로 보고, 그 장소가 국외에 있는 때에는 당해 승무원의 주소가 국외에 있는 것으로 본다.

해외 현지법인에 파견된 임직원 및 공무원에 대한 판정은 별도로 규정하고 있는데, 거주자나 내국법인의 국외사업장 또는 해외현지법인(내국법인이 발행주식 총수 또는 출자지분의 100분의 100을 직접 또는 간접 출자한 경우에 한정함) 등에 파견된 임원 또는 직원이나 국외에서 근무하는 공무원은 거주자로 본다.[19]

(2) 조세조약상 거주자 판단기준

헌법 제6조 제1항에 따르면 조세조약은 국내세법과 같은 효력을 가진다고 할 수 있다.[20] 그런데 조세조약은 이중과세회피와 탈세방지를 주된 목적으로 하여 '체약국 간의 과세권의 배분문제'를 주요 대상으로 규정하는 것으로서 양 체약국

18 소득세법 시행령 제2조

19 소득세법 시행령 제3조

20 헌법 제6조 1항은 "헌법에 의하여 체결·비준된 조약과 일반적으로 승인된 국제법규는 국내법과 같은 효력을 지닌다"고 규정하고 있다.

의 거주자에 한정하여 적용된다. 또한 특정 소득에 대한 과세규정을 두고 있으므로 조세조약은 국내세법에 대한 특별법적 관계에 있다고 볼 수 있다.

우리나라가 각국과 체결한 조세조약은 상대 국가에 따라 그 내용이 조금씩 다른 것이 일반적이다. 그런데 우리나라가 체결한 조세조약 중에서도 거주자 Resident 관련 규정들은 대다수가 OECD 모델조세조약상 거주자 규정을 따르고 있으므로 OECD 모델조세조약을 살펴보는 것은 의미가 있다.

조세조약은 기본적으로 한 체약국 또는 양 체약국의 거주자인 사람persons에게 적용한다(OECD 모델 조세조약 제1조). 조세조약의 목적상 '한 체약국의 거주자'라 함은 개인의 경우 그 국가의 법에 따라 주소domicile, 거주지residence 또는 이와 유사한 성격의 다른 기준에 따라 그 국가에서 납세의무가 있는 사람을 가리키나 그 국가 내 원천source으로부터 발생한 소득에 대하여만 그 국가에서 납세할 의무가 있는 사람은 포함하지 않는다(OECD 모델 조세조약 제4조). 이와 같이 모델조세조약의 거주자에 관한 기본적 기준은 해당 체약국의 국내세법상의 거주자를 그대로 조세조약상 거주자로 취급하는 것이다. 그런데 각 국의 국내법상으로 거주자의 개념은 통일되어 있지 않고 서로 조금씩 다르다. 이러한 개념 정의상의 차이로 인해 특정한 경우 어느 한 사람이 양 체약국의 거주자가 되는 이중거주자가 생길 가능성이 있다. 또한, 조세조약 중 2개국 간에 체결되는 소위 양자조약bilateral treaty은 어느 특정 납세의무자가 한 국가에 있어서는 거주자이고 다른 국가에서는 비거주자인 경우, 다른 국가에서 소득이 발생한 경우를 상정하고 해당 소득에 대한 국가 간의 과세권 배분에 대한 규칙을 규정하는 구조로 되어있다. 이와 같은 이유에서 조세조약에서는 이중 거주자의 경우에 반드시 어느 국가의 거주자인지를 결정하는 규정을 두어야만 한다.

조세조약에 이러한 규정을 마련함에 있어, 대다수의 국가들은 OECD 모델조세조약에서 규정하고 있는 '이중거주자에 대한 최종 거주자 판정 기준tie-breaker rule'을 채택하고 있다. 이는 어느 개인이 조세조약 체결국의 국내법에 따라 양국의 이중 거주자에 해당하는 경우 조세조약 적용목적상 거주지를 판정하는 순위를 제시한 것이라고 할 수 있는데 그 내용은 다음과 같다.[21]

a) 개인은 그가 이용할 수 있는 항구적 주거permanent home[22]를 가지고 있는 국가의 거주자로 본다. 개인이 양 체약국 안에 모두 그가 이용할 수 있는 항구적 주거를 가지고 있는 경우, 개인은 그의 인적, 경제적 관계가 더 밀접한 국가의 거주자로 본다(중대한 이해관계의 중심지).
b) 개인의 중대한 이해관계 중심지가 있는 국가를 결정할 수 없거나 또는 어느 국가에서도 그가 이용할 수 있는 항구적 주거를 두고 있지 않은 경우, 그 개인은 그가 일상적 거소habitual abode를 두고 있는 국가의 거주자로 본다.
c) 개인이 일상적인 거소를 양 국가에 두고 있거나 혹은 어느 국가에도 일상적인 거소를 두고 있지 않은 경우, 그 개인은 그가 '국민'인 국가의 거주자로 본다.
d) 개인이 양 국가의 국민이거나 혹은 양 국가 중 어느 국가의 국민도 아닌 경우, 양 체약국의 관할당국이 상호합의에 의해 이 문제를 해결한다.

[그림 I-4] 개인 이중거주자의 판정 흐름도

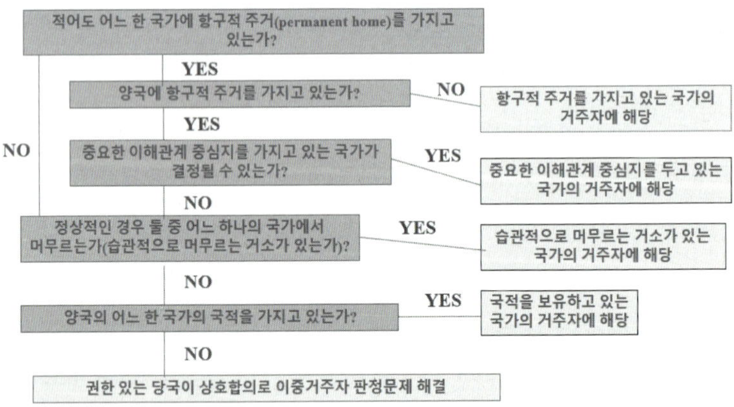

21 OECD 모델조세조약 제4조 제2항

22 주거의 개념에 관하여는 어떤 형태의 주거(당해 개인에 의해 소유되거나 임차된 주택 또는 아파트, 가구가 딸린 방)라도 대상이 됨을 유의하여야 한다. 그러나 주거의 항구성은 반드시 필요하다. 이것은 개인이 그 이유(오락으로서의 여행, 출장여행, 교육관계의 여행, 학교에서의 강의의 참가 등)를 위하여 필연적으로 단기간이 되는 체재를 목적으로 하는 데에 그치지 않고, 늘 계속하여 이용할 수 있도록 준비된 것을 의미한다(OECD 모델조세조약 제4조에 관한 주석서 13문단).

법인 거주자(내국법인) 개념 및 판정 기준

법인세법 제2조(정의) 제1호에서 『"내국법인"이란 본점, 주사무소 또는 사업의 실질적 관리장소가 국내에 있는 법인을 말한다.』라고 규정되어 있다. 또한 제3호에서는『"외국법인"이란 본점 또는 주사무소가 외국에 있는 단체(사업의 실질적 관리장소가 국내에 있지 아니하는 경우만 해당한다)로서 대통령령으로 정하는 기준에 해당하는 법인을 말한다.』라고 규정되어 있다,

우리나라는 법인세법이 제정된 이래 오랜동안 내국법인의 판정기준으로서 본점소재지[23]만 제시하고 있었으나 2005.12.31. 법인세법으로 개정으로 인해 본점소재지 뿐만아니라 '실질적관리장소'도 내국법인 판정기준으로 고려되어야 함을 명시한 것이다. 법령개정당시 기획재정부 세제실에서 발표한 '2005년 간추린 개정 세법' 에 의하면 우리나라가 체결한 대부분의 조세조약에서 거주자의 최종판정기준으로 사업의 실질적 관리장소가 포함되어 있으므로 현행 국내세법의 내국법인 판정기준에 동 기준을 포함하여 조세조약과의 균형을 유지하고자 한다는 개정 취시를 밝히고 있다.[24]

이와 같이 법인의 거주 여부를 판단함에 있어서 본점소재지주의와 관리지배지 주의를 병용하는 것은 이중 한 가지만 채택하게 되면 조세회피 우려가 있기 때문이다. 조세피난처에 명목회사paper company를 설립하고 실질적으로 관리행위가 국내에서 이루어지는 외국법인의 경우 본점소재지주의만을 택한다면 우리나라 조세를 회피할 수 있게 된다. 역으로 실질적 관리장소만을 법인의 거주지 판정요소로 삼는다면 세금을 부담하지 않고 관리장소를 변경함으로써 쉽게 조세회피를 시도할 수 있다.

많은 국가들이 우리나라와 마찬가지로 내국법인인지 여부를 판단하기 위해

23 이 경우 '본점소재지'는 등기부상 본점소재지로 이해되어 왔다.

24 기획재정부, "2005년 간추린 改正稅法 ", (기획재정부, 2006), 454면

형식적 기준과 실질적 기준을 병용하고 있다.

2017년 개정전 OECD 모델조세 조약의 제4조Resident 제3항과 우리나라가 체결한 대다수의 조세조약의 Resident 관련 조항에서는 조세약상 개인 이외의 人persons에 대한 거주자 판단의 경우 '실질적 관리장소'가 소재하는 국가의 거주자로 본다고 명시하여 동 개념이 이중거주 법인의 거주지를 판정하고 과세권을 배분하는 기준tie-breaker rule으로 활용되고 있다.[25]

2017년 개정전 OECD 모델조약 제4조에 대한 주석 24.3문단에 의하면 의사 결정의 단순한 형식적인 최종 승인이 이루어진 관할구역이 그러한 의사결정이 내려진 관할구역과 다른 경우 의사결정을 내린 장소가 실질적 관리장소가 된다. 단순한 최종 승인은 중요치 않고 실제적으로 중요한 관리 및 상업적 의사결정이 수행된 곳이 중요하다는 입장이다. 또한 주석 24.1 문단에서도, 실질적 관리장소의 판단은 사안별 접근방법case-by-case approach으로 결정되는 것이 가장 좋은 방법이라고 권고하고 있다.

각국에서 사용하는 실질적 기준으로서 '관리장소' 및 '중요한 관리 및 통제'는 하나 이상의 조세 관할권에 존재할 수 있지만, '실질적 관리장소'는 하나만이 존재한다는 것이 OECD의 입장이다.[26] OECD 모델조약상 '실질적 관리장소'는 국가간 과세권의 합리적 배분을 위한 거주지국 최종 판정기준으로서 취급되고 있으므로 이론상 실질적 관리장소는 하나만 존재한다고 표현한 것으로 보인다.[27]

25 2017년 개정된 OECD 모델조세조약에서는 개인 이외의 人의 경우 tie-breaker rule을 실질적관리장소 대신에 '권한있는 당국의 상호합의절차'를 판정 기준으로 제시하고 있다.

26 OECD, "Commentaries on the Articles of the Model Tax Convention on Income and on Capital", (Condensed version, 2010), paragraph (24) of the Commentary to Article 4(Concerning the Definition of Resident), p. 89.

27 한편 OECD 모델조세조약 주석서에 실질적관리장소(place of effective management)는 조세회피 목적상 쉽게 이용될 수 있고 우리나라의 법인세법상 실질적 관리장소에 대한 개념이 명확히 규정되어 있지 않다는 비판하는 논문도 다수 있다(다음 논문 참조: 양승경・박훈, "법인세법상 '실질적 관리장소'개념의 개정방안에 대한 소고", 조세학술논문집 제31집 제2호(2015), 47~100면).

7 조세조약과 국내세법과의 관계

우리나라의 경우 헌법에 의하여 체결 · 공포된 조약과 일반적으로 승인된 국제법규는 국내법과 같은 효력을 가지므로(헌법 제6조 제1항), 조세조약도 국내법과 동일한 효력을 갖는다. 헌법재판소도 우리가 가입한 국제조약이나 일반적으로 승인된 국제법규에서 인정하고 있는 권리와 의무가 있다면 이에 대해서는 우리나라에서도 그대로 법적인 구속력이 발생하게 된다고 판단[28]하고 있다. 조세조약은 법률인 국세기본법을 포함한 개별세법, 예를 들면 법인세법, 소득세법 등에서 규정하고 있는 사항들에 대해 변경을 가하여 새로운 법률효과를 나타내고 국민의 권리 의무에 영향을 주는 조약이므로 입법사항에 관한 조약일 뿐만 아니라, 일정 부분 국가의 과세권을 제한하여 과세고권이라는 국가의 주권을 제약하는 것이라 할 수 있고 주권의 제약에 관한 조약에도 해당된다고 판단되므로 국회의 비준동의가 필요한 조약에 해당된다. 따라서 국회의 비준동의를 거쳐 체결된 조세조약은 법률과 동등한 지위에서의 효력을 갖는다.

조세조약은 국내세법의 특별법일까?

그런데, '조세조약이 법률과 동등한 효력을 갖는다'는 규정만으로는 조세조약과 법률인 국세기본법을 포함한 개별세법 등과 충돌이 발생하는 경우에는 어떤 것을 우선순위로 적용할 것인가의 의문이 제기된다. 대법원은, 조세조약이 세법과의 관계에 있어 특별법적 지위에 있는지에 대해 현재까지 명시적으로 밝힌 바는 없지만, 서울고등법원은 조세조약에서 규율하고 있는 법률관계에 있어서는 당해

28 헌법재판소 2008헌가22, 2011.8.30.

조약이 국내법의 특별법적 지위에 있으므로 국내법보다 우선하여 적용된다고 판시한 바 있다.[29]

2018년 말까지 국조법 제28조는 "비거주자 또는 외국법인의 국내원천소득의 구분에 있어서는 소득세법 제119조 및 법인세법 제55조 제1항의 규정에 불구하고 조세조약의 규정이 우선하여 적용된다"라고 규정하고 있었으나 정부와 국회는 2018년 말 국조법 개정 시 동 조항을 삭제하였다. 기획재정부가 발표한 2018년 세법개정 보도자료(문답자료)[30]에 따르면 당시의 국조법 제28조는 조세조약의 법규성을 규정한 헌법 및 특별법 우선원칙을 '확인하는 규정'이므로 비거주자 · 외국법인의 국내원천소득과 관련하여 조세조약과 국내세법상 구분이 다른 경우 조세조약상 소득구분에 따라 국내세법상 과세권이 제한되는 것임을 전제하면서도, 이 경우 국내세법상 소득구분은 조약과 무관하게 효력이 있으며 조약상 소득구분이 국내 세법상 소득구분을 결정하는 것은 아니라는 입장을 표명하면서 위와 같은 취지의 대법원 판례(2015두2710, DBS은행 사건)[31]를 언급하고 있다. 아무튼 이를

29 (서울고등법원 2009누8009, 2010.8.19.) 헌법 제6조 제1항은 "헌법에 의하여 체결 공포된 조약과 일반적으로 승인된 국제법규는 국내법과 같은 효력을 갖는다"고 규정하고 있으므로, 국회의 동의를 얻어 체결된 조세조약은 법률에 준하는 효력을 가지고, 나아가 조세조약에서 규율하고 있는 법률관계에 있어서는 당해 조약이 국내법의 특별법적인 지위에 있으므로 국내법보다 우선하여 적용된다. 한편, 조세조약은 체약국 사이의 과세권이 문제될 때 이를 조정함으로써 이중과세와 조세회피를 방지함을 목적으로 체결되는 것이므로, 원칙적으로 조세조약은 독자적인 과세권을 창설하는 것이 아니라 체약국의 국내 세법에 의하여 이미 창설된 과세권을 배분하거나 제약하는 기능을 하는바, 조세조약의 적용이 문제되는 경우에 있어서는, 먼저 일정한 사실관계를 확정하고, 다음으로 일방체약국의 국내 세법을 적용하여 과세권의 발생 여부에 대하여 판정한 다음, 일방체약국의 국내 세법상 과세권이 인정되는 경우에는 조세조약을 적용하여 조세조약이 일방체약국의 국내 세법과 달리 정하는 사항에 대하여 타방체약국 사이의 최종적인 과세권의 소재 및 비과세 여부를 판정한 후, 과세권이 일방체약국이나 타방체약국 또는 체약국 쌍방에 있다고 인정되는 경우에는 조세조약상 제약규정을 참작하여 해당체약국의 국내 세법이 정하는 방법과 절차에 따라 과세하는 논리적 과정을 거치게 된다. 또한, 조세조약을 적용함에 있어서는 조세조약에서 달리 정의하지 않은 용어는 조세조약의 문맥상 달리 해석하여야 하는 경우가 아닌 한 원칙적으로 그 국가의 과세권의 근거가 되는 국내 세법의 규정에 내포된 의미에 따라 해석하여야 할 것이다.

30 기획재정부, 2018년 세법개정안 문답자료(보도자료 3), 2018.7.30., 80면.

통해 알 수 있는 바는, 2018년 법령개정으로 비록 구 국조법 제28조가 삭제되기는 했지만 그럼에도 불구하고 우리나라 행정부는 조세조약이 국내세법에 대한 특별법적 지위에 있다는 인식을 가지고 있다는 점이다. 실제로 구 국조법 제28조가 삭제된 이후 2020년 12월에 국세청이 발간한 국내원천소득 과세제도 해설서에 따르면 "조세조약은 국내세법에 대하여 특별법의 위치에 있으므로 조세조약이 체결된 국가의 거주자에 대하여는 특별법 우선의 원칙에 의거 조세조약이 국내세법에 우선 적용"됨을 밝히고 있다.[32]

한편 조약에 관한 국제법이라고 할 수 있는 비엔나 협약 제26조는 "유효한 모든 조약은 그 당사국을 구속하며 또한 당사국에 의하여 성실하게 이행되어야 한다"[33]라고 규정하고 있다. 동 규정의 의미에 대해 2017년 개정된 OECD 모델조세조약 제1조에 관한 주석서 제70문단은 다음과 같이 설명하고 있다.

"일반적으로 국내법 및 조세 협약의 조항 적용이 상반되는 결과를 가져오는 경우에는 조세협약 조항이 우선한다. 이는 조약 법에 관한 비엔나 협약 제26조에 편입되어 있는 "pacta sunt servanda" 원칙의 논리적 결과이다. 따라서, 국내법에서 발견된 개별적 조세회피 방지규정의 적용이 조세조약의 규정에 위배되는 조세 처분을 초래한다면, 이는 조세조약의 규정과 충돌하는 것이고 조약의 규정은 국제

31 외국법인의 국내지점에 대한 과소자본세제 한도 초과이자의 소득 구분이 문제된 사건에서 해당 대법원 판결(2018.2.28. 선고 2015두2710)은, 구 국제조세조정에 관한 법률(2018.12.31. 법률 제16099호로 개정되기 전의 것) 제28조에서 조세조약상의 소득 구분이 국내세법상의 소득구분보다 우선하여 적용된다는 점을 인정하였다. 왜냐하면 이러한 규정이 원천지국인 우리나라의 과세권 유무나 제한세율 등에는 영향을 미치기 때문이다. 그러나, 그로써 우리나라 국내세법상 일반적 과세 취급(예, 조세특례제한법상 외화표시채권이자소득에 대한 비과세 혜택)에까지 영향을 미치는 것은 아니라는 입장을 밝혔다. 즉, 국조법에서 해당 소득을 일단 배당소득으로 구분하면 조세조약에 영향을 받지 않는 조특법상의 규정을 적용할 때에는 국조법에 따라 배당소득으로 취급해야 하고 따라서 외화표시 채권이자소득에 대한 비과세 혜택은 적용될 수 없다는 내용의 판시를 하였다.

32 국세청, "2020 비거주자 · 외국법인의 국내원천소득 과세제도 해설", 2020.12. 8면

33 Article 26. "PACTA SUNT SERVANDA" : Every treaty in force is binding upon the parties to it and must be performed by them in good faith.

법에 따라 우선하여 적용되어야 한다." 위와 같은 OECD의 입장도 조세조약과 국내세법과의 관계 또는 관련 조항의 해석에 있어 유용한 지침을 제공한다고 할 수 있다. 또한 대법원은 판례를 통해 종래 "국제항공 운송에 관한 법률관계에 대하여는 일반법인 민법에 대한 특별법으로서 우리 정부도 가입한 1955년 헤이그에서 개정된 바르샤바협약이 우선 적용되어야 한다."고 판시[34]한 바도 있으므로 국조법 제28조의 삭제가 국내세법과 조세조약과의 관계에 대한 대법원의 향후 판결 태도에 변화를 보일 것 같지는 않다.

조세조약으로 과세권을 창설·확대할 수 있을까?

위 논의의 연장선에서, 조세조약의 규정이 국내세법의 규정보다 우선적으로 적용된다는 이유로 조세조약의 규정 내용이 국내세법의 규정보다 과세권을 강화하는 내용으로 되어 있는 경우에도 조세조약에 의해 과세권이 그만큼 창설 또는 확대된다고 할 수 있을지에 대한 의문이 제기될 수 있다. 대체적으로 우리나라의 학계 및 실무계에서는 한 · 미조세조약 제4조 제2항[35]에 내포되어 있는 소위 '유지보장preservation/reservation 원칙'[36]이 일반적으로 다른 조세조약에서도 적용되는 것으로 이해하고 있다. 다시 말해 우리나라 학계에서는, 국내세법은 과세규범인데 반해 조세조약은 과세권 행사를 제한하는 규범이므로 조세조약에 의해 우리나라의 과세권을 창설하거나 확대할 수는 없다는 입장을 취하고 있다. 또한 조세조

34 대법원 1986.7.22. 선고 82다카1372 판결 참조.

35 제4조[과세의 일반규칙] (2) 이 협약의 제 규정은 다음의 것에 의하여 현재 또는 차후에 부여되는 비과세, 면제, 비용공제, 세액공제 또는 기타의 공제를 어떠한 방법으로도 제한하는 것으로 해석되어서는 아니된다.
(a) 일방체약국에 의하여 부과되는 조세를 결정함에 있어서 동 일방 체약국의 법, 또는
(b) 양 체약국 간의 기타 합의

36 조세조약이 국내세법에 우선한다고 가정할 경우 조세조약의 적용결과가 국내세법상 감면조치 등 납세자에게 유리한 규정을 불리하게 바꾸는 결과가 되면 조세조약을 국내세법에 우선하여 적용할 수 없다는 원칙을 말한다(황남석, "조세조약에 의한 소득구분변경의 한계 - 국제조세조정에 관한 법률 제28조의 해석론을 소재로 하여", 『조세법연구』, 제24집 제2호, 2018.7., 230면).

약 체결국가의 거주자가 그렇지 않은 자에 비하여 불리한 취급을 받게 되는데, 이는 국제조약법상의 최혜국 대우원칙에도 반하는 결과가 된다는 논리도 이러한 입장을 지지하는 이유로 설명된다.[37]

아울러 국세청의 국제조세 집행기준 2-0-2 제3항(조세조약과 국내세법과의 관계)에 따르면 "헌법에 의하여 체결·공포된 조약 등 일반적으로 승인된 국제법규는 국내법과 동일한 효력을 가진다. 그러나 조세조약은 국내세법에 대하여 특별법의 위치에 있으므로 조세조약이 체결된 국가의 거주자에 대하여는 특별법 우선의 원칙에 따라 조세조약이 국내세법에 우선하여 적용된다."라고 규정되어 있고 다음과 같이 '국내세법과 조세조약의 과세범위 차이에 따른 국내 과세여부'에 대해 정리하고 있다.

[표 I-3] 국내세법과 조세조약의 과세범위 차이에 따른 국내 과세여부

국내세법	조세조약	국내 과세여부
과세대상	과세대상 아님	과세 안함
과세대상 아님	과세대상	과세 안함
과세대상	과세대상	과세함

또한 국세청이 2019년 발간한 『외국법인 및 외국인투자기업 납세안내』에서는 '조세조약과 국내세법간의 관계'를 설명하는 부분에서 "조세조약상 과세대상이더라도 국내세법상 과세되지 아니하는 경우에는 과세되지 아니하며, 조세조약상 과세대상이 아니면 국내세법상 과세대상이더라도 과세되지 아니합니다."라고 기술하고 있다.[38] 이는 과세당국과 실무계에서도 '유지보장preservation/reservation 원칙'이 보편적으로 수용되고 있음을 보여준다.

37 황남석, 앞의 논문, 235면.

38 국세청, 『외국법인 및 외국인투자기업 납세안내』, 2019, 40면.

국내세법상 과세방법 · 과세절차와 조세조약과의 관계

조세조약은 일반적으로 소득의 종류별로 소득 원천지국과 거주지국간에 과세권을 배분하는 것을 주된 내용으로 하고 있을 뿐, 구체적인 과세방법 · 과세절차 등에 대해서는 규정하지 않기 때문에 과세대상 소득 해당여부의 결정, 제한세율의 적용 등에 있어서는 조세조약이 우선 적용되는 것이나, 과세방법 · 과세절차 등은 일반적으로 국내세법상의 규정을 따르게 된다.[39] 한편, 조세조약에서 용어 및 문구에 대하여 정의하지 아니한 경우에는 국내 세법에서 정의하거나 사용하는 의미에 따라 조세조약을 해석 · 적용한다(국조법 제5조).

여기서 유념할 점은, 소득세법이나 법인세법에서 특별히 규정하는 경우에는 조세조약에서의 비과세 · 면제 또는 제한세율 규정에 불구하고 소득세법이나 법인세법상의 원천징수 세율을 우선 적용하여 원천징수를 해야 한다는 것이다.[40] 이 경우 원천징수의무자나 해당 소득의 수익적소유자(또는 실질소유자)는 조세조약의 적용을 위한 경정청구를 통해 관할 세무서장에게 조세조약 적용에 따른 환급을 신청할 수 있다. 이와 같이 일반적인 경우보다 조세조약 상의 비과세 또는 조세감면 혜택을 받을 수 있는 절차를 좀더 까다롭게 한 것은 조세조약의 효력을 부인한 것은 아니므로 조세조약의 규정에 배치되는 것은 아니다. 단지 조세조약의 남용방지를 위한 별도의 안전장치를 국내세법상 마련한 것으로 풀이된다.

---

39 국세청, "2020 비거주자 · 외국법인의 국내원천소득 과세제도 해설", 2020.12., 8면.

40 「소득세법」 제156조의 4(특정지역 비거주자에 대한 원천징수 절차특례) 제1항 또는 「법인세법」 제98조의 5(특정지역 외국법인에 대한 원천징수 절차특례) 제1항의 규정에 해당되는 경우에는 조세조약에서의 비과세 · 면제 또는 제한세율 규정에 불구하고 「소득세법」 제156조 제1항이나 「법인세법」 제98조 제1항에서 규정하는 세율을 우선 적용하여 원천징수해야 하는 예외가 적용된다. 또한 「소득세법」 제156조의 5(비거주 연예인등의 용역제공과 관련된 원천징수절차 특례) 제1항의 규정에 해당하는 경우에도 조세조약에서의 비과세 · 면제에 불구하고 동조 동항에서 규정하는 세율을 우선 적용하여 원천징수해야 한다. 한편 OECD 모델조약 제1조에 관한 주석서 109문단은, 이러한 조치들은 조세조약의 규정을 위배하거나 조세조약과 충돌하는 것이 아니고, 조세조약의 남용을 방지할 수 있는 절차적인 방안들 중의 하나라는 입장을 취하고 있다.

OECD 모델 조세조약과 이전가격 지침등의 법률적 성격

한편 특정 사건에 국내세법이나 조세조약을 적용하는 경우, OECD 모델조세조약과 그 주석서 또는 OECD 이전가격 과세지침등의 법률적 성격이 문제가 되는 경우가 있다. 이에 대한 법원의 대체적인 태도는, 동 문서들에 대해 법원성法源性은 인정하지 않지만 (즉, 동 문서들이 법적 효력이 있다고 인정하지는 않지만) 조약이나 법률해석에 있어서 권위있는 참고자료가 된다는 입장이다.

우리나라의 다수 판례의 입장은, OECD 모델조약의 주석서는 헌법 제6조 제1항에 의해 체결 공포된 조약이 아니고 일반적으로 승인된 국제법규라고 볼 수 없으므로 법적인 구속력이 인정될 수는 없는 것이지만, 해당 주석서는 OECD 회원국들 간에 체결된 조세조약의 올바른 해석을 위한 국제적으로 권위를 인정받는 기준으로서 OECD 회원국들 간의 조약 해석에 있어서 하나의 참고자료가 될 수 있다는 것이다(예: 서울고등법원 2009누8009, 2010.8.19.).

8 국제거래에 대한 실질과세원칙의 적용 문제

국조법 제3조는 '국제거래에 관한 실질과세 원칙'을 규정하고 있는데 그 내용은 사실상의 귀속자를 납세의무자로 한다는 '실질귀속의 원칙'과 그 형식상의 행위를 분석 · 검토하여 실질에 맞는 행위로 환원시켜 그 거래의 실질 내용에 따라 조세를 부과해야 하고, 나아가 조세조약 및 국내세법의 혜택을 부당히 남용하는 우회행위 또는 다단계행위를 인정하지 않겠다는 '실질계산의 원칙'으로 구분해 볼 수 있다. 이러한 내용은 국세기본법 제14조에 포함되어 있는데도 불구하고 동일한 원칙이 국조법에서도 규정되어 있는 이유는 무엇일까?

국조법 제3조의 규정은 2006년 국조법 개정시에 국조법에 도입되었다. 2006년 당시에는 내 · 외국인 투자가가 조세피난처 등에 조세회피목적으로 명목회사를 설립하여 우회적으로 국내에 투자하면서 조세조약의 혜택을 향유하는 사례가 적지 않게 발생하고 있었으며, 이에 관하여 납세자와 과세당국 간의 조세 마찰이 빈번히 발생하고 있었다. 이러한 문제를 해결하기 위해 과세당국은 국조법에 실질과세원칙을 분명하게 규정함으로써 납세자가 우회 거래 또는 다단계 거래를 통해 조세조약을 남용하거나 조세조약을 이용하여 조세조약상의 혜택을 부당하게 향유하려는 시도를 차단하려고 했던 것이다.

실질귀속의 원칙

실질귀속의 원칙은 소득의 거래의 귀속이 명의일 뿐이고 그 소득을 발생시킨 거래행위, 자산 등을 사실상 실질적으로 지배 · 관리하는 자가 따로 있는 경우 법형식 내지 외관적 형태만을 이유로 그 거래행위 또는 자산에서 발생한 경제적 이익을 다른 사람의 것이라 할 수 없으며, 그 경제적 이익을 실질적으로 지배·관리하는 자가 납세의무를 져야 한다는 것을 의미한다. 이는 명의자 과세와 대칭되는 개념이라 할 수 있다.

실질계산의 원칙

실질계산의 원칙 또는 거래내용의 실질주의는 과세표준의 계산에 있어 소득, 수익, 재산, 행위 또는 거래의 명칭이나 형식에 관계없이 그 실질 내용에 따라 조세를 부과하여야 한다는 것이다. 또한 거래내용의 실질주의는 "거래행위를 우회시킴으로써 조세를 회피 또는 경감시킬 수 없다" 혹은 "일개의 거래행위를 조세회피를 위하여 수개의 행위로 분해하는 것은 허용되지 않는다"는 법언과 같이 다단계 거래를 통한 조세회피를 방시하려는 내용으로 이해할 수 있다.[41]

OECD 모델조세조약 주석서의 견해

2017년 개정된 OECD 모델조세조약의 제1조에 관한 주석서의 내용을 살펴보면, 국내세법상 특정 조세회피방지규정Specific legislative anti-abuse rules, 국내세법상 일반 조세회피방지규정General legislative anti-abuse rules, 국내세법의 일부를 구성하는 법원의 판례원칙Judicial doctrines that are part of domestic law들은 조세조약의 혜택이 부적절한 상황에서 부여되는 것을 막을 수 있는 장치로 소개되고 있다. 한편 이러한 국내법상의 규정이나 판례원칙을 적용하는 것이 조세조약과 충돌될 수 있다는 점과 그런 경우에는 조세조약상의 규정이 우선적으로 적용되어야 한다는 입장을 피력하고 있다.

즉, 국내세법상 특정조세회피 방지규정이 조세조약의 규정과 부합하지 않는 과세취급을 초래하는 경우에는 조세조약과의 충돌 문제가 발생하고 이 경우에는

41 최명근, 조세법총론, 세경사, 2007, p.123.

국제공법에 따라under public international law 조세조약상의 규정이 우선적으로 적용되어야 한다는 입장을 분명히 하고 있는 것이다. 이러한 입장은 비엔나 협약 제26조에 포함된 계약준수 원칙pacta sunt servanda의 논리적 귀결이기 때문이다.[42]

한편 많은 국가들이 국내세법상 특정조세회피 방지규정 또는 판례원칙만으로는 조세회피에 적절하게 대응하지 못한다고 판단하여 국내세법상 일반적 조세회피 방지규정을 도입하는 경우가 있다. 앞에서도 언급했듯이 2017년 OECD는 모델조세조약 제29조 제9항에 조세조약상 일반적 조세회피 방지 규정General anti-abuse rules in tax treaties을 도입하고 동 규정의 활용을 BEPS 방지를 위한 최소기준의 하나로 제시하고 있는데 이 규정은 앞서 소개한 지도원리guiding principle를 조문화한 것이라고 할 수 있다. 국내세법상의 일반적 조세회피 규정이 이와 같은 지도원리와 부합하는 것이라면 조세조약과 국내세법상 일반적 조세회피 규정과는 충돌은 생기지 않는다는 것이 OECD 견해이다.

또한 2017년 개정된 OECD 모델조세조약 주석서는, '판례원칙에 따른 조세조약 혜택 배제'에 관해 논하면서 일반적으로 판례법은 조세조약과 충돌하지 않는다는 점을 언급하고 있다. 왜냐하면 조세조약의 해석은 비엔나 협약에서 규정하는 일반원칙들을 지켜야 하는데 이 원칙들은 판례법(원칙)을 조세조약의 해석에 적용하는 것을 막지 아니하기 때문이라는 것이다. 요컨대, 판례로 형성된 실질과세원칙, 경제적 실질 등의 개념의 적용으로 국제거래의 소득의 성격이나 귀속자가 재규정된다면 그 결과는 조세조약에도 적용된다는 것이다.

한편 국제거래를 통한 조세회피를 국내세법의 남용이라기보다는 조세조약의 남용으로 보는 견해를 가진 국가에서는, "조세조약을 합리적으로 해석한다면 조약을 남용하는 거래들에 대해 조세조약 혜택을 배제시킬 수 있다"는 입장을 취하

42 OECD, Model Tax Convention on Income and on Capital, OECD 2017, paragraph 70 of Commentary on Article 1.

고 있다. 이러한 해석은, 조세조약을 그 목적과 취지에 따라 선의로in good faith 해석해야 하는 의무를 규정한 비엔나 협약 제31조에 기초를 둔 것이다.[43]

결국 국제거래를 통한 조세회피를 국내세법의 남용으로 보는 입장이나 조세조약의 남용으로 보는 입장 중 어느 하나의 입장을 취해도 조세남용 거래에 대해서는 조약혜택을 배제하는 것이 타당하다는 결론이 도출된다는 것이 OECD 입장이다. 그러나 함부로 조약혜택을 배제하면 안 되고 앞서 언급한 지도원리guiding principle에 포함된 원칙을 준수해야 한다.

이제 위와 같은 논의를 종합적으로 정리하는 사례를 2017년 개정 OECD 모델조세조약 주석서 중에서 찾아 검토해 보자. 아래 사례는 국내세법상의 특정 조세회피 방지규정이 조세조약의 규정과 충돌하는 상황에서, OECD 모델조세조약의 일반적 조세회피 방지규정(또는 Guiding Principle)의 적용으로도 조세조약의 혜택을 배제할 수 없는 경우에는 국내세법상의 특정 조세회피 방지규정은 그 효력을 상실할 수 있음을 보여주는 사례이다.[44]

A국과 B국이 체결한 조세조약의 양도소득 조항이 OECD 모델조약 제13조 제5항을 채택했다면 주식양도소득에 대해서는 거주지국만 과세가능하다. 여기서 A국이 거주지를 바꾸어 자국의 주식양도소득을 피하려는 거주자의 조세회피를 방지하는 규정을 자국 세법에 도입했고 그 규정내용은 'A국 거주자였던 시점에 취득한 주식을 외국에 전출한 후 매각함으로써 생긴 양도차익에 대해서는 양도시점 이전 10년 중 7년 이상 기간 동안 A국의 거주자인 경우에는 A국에서 과세가능하다'는 것이라고 가정하자. 만일 조세조약상 일반적 조세회피 방지규정(또는 Guiding Principle)을 적용하는 경우에도 해당 조세조약 규정(즉, OECD 모델조세 조약 제13조 제5항)의 혜택을 부인할 수 없는 상황이라면 A국의 국내세법상 규정된 이 특정조세회피 규정은 조세조약과 충돌되어 그 효력을 상실한다.
그러나, 이 사례에서 만일 법원이 조세조약의 혜택을 판례법에 적용하거나 또는

43 *op. cit.*, paragraph 59.

44 *op. cit.*, paragraph 74.

조세조약의 합리적 해석에 의해 부인하는 경우에는, 설사 조약혜택의 배제가 국내세법상 특정 조세회피 규정의 적용의 결과라고 해도 동 규정의 적용은 조세조약과 충돌하지 아니한 결과가 된다.[45]

45 *op. cit.*, paragraph 75.

9 국제조세조정에 관한 법률상 특수관계 판정

국조법의 개요

국제조세조정에 관한 법률(이하 "국조법")은 제1조(목적)에서도 규정하고 있듯이, 국제거래에 관한 조세의 조정과 국가 간의 조세행정 협조, 해외자산의 신고 및 자료 제출에 관한 사항을 규정함으로써 국가 간의 이중과세 및 조세회피를 방지하고 원활한 조세협력을 도모함을 목적으로 하여 운용되고 있다. 국조법은 1996년 우리나라가 OECD 가입을 앞두고 우리의 국제경제환경의 변화에 부응하여 국가 간 과세원칙 및 과세방식의 차이로 발생되는 이중과세와 조세회피를 방지하고 원활한 조세협력을 도모하기 위해 제정된 것이다.

국조법은 제1장 총칙에서 동 국조법의 목적, 국조법에서 사용되는 주요 용어의 정의 등을 규정하고 있고, 제2장 제1절에서 이전가격세제, 제2절에서 과소자본세제 및 기타 이자공제 제한제도, 제3절에서 조세피난과세제도, 제4절에서 국외증여에 대한 증여세 과세특례, 제3장 제1절에서 국가간 조세협력, 제2절 상호합의절차, 제4장 제1절에서 해외금융계좌의 신고, 제2절에서 해외현지법인 등의 자료제출을 정하고 있다. 한편 2024.1.1.부터 시행되는 제5장은 글로벌최저한세의 과세를 규정하고 있다. 여기서 주목해야 할 점은 위에서 언급한 이전가격세제, 과소자본세제 및 기타 이자공제 제한제도, 조세피난과세제도, 국외증여에 대한 증여세 과세특례 그리고 글로벌최저한세 등의 제도가 모두 내국기업과 '국외 특수관계기업'들간의 거래에서 발생하는 조세회피 또는 인위적인 소득 이전 효과를 막기 위한 제도들이라는 것이다. 그래서 특수관계의 개념이 매우 중요한데 이에 대해서는 부제를 바꾸어 자세히 설명한다.

한편, '국제거래'란 거래당사자 중 어느 한쪽이나 거래 당사자 양쪽이 비거주자 또는 외국법인(비거주자 또는 외국법인의 국내사업장은 제외함)인 거래로서 유형자산 또는 무형자산의 매매 · 임대차, 용역의 제공, 금전의 대차貸借, 그 밖 거래자의 손익損益 및 자산에 관련된 모든 거래를 말한다(국조법 제2조 제1항 1호).

거래당사자의 양쪽이 거주자인 경우에는 비록 거래가 국경을 넘어 행해졌다고 하더라도a cross-border transaction 이는 국조법의 목적상 국제거래로 취급되지는 아니한다. 대표적인 예를 든다면, 우리나라에 본점을 두고 있는 법인이 외국의 지점과 재고자산 이전거래를 한 경우로서 이러한 거래는 국조법의 목적상 국제거래로 취급되지 아니한다. 또한 내국법인과 외국법인 국내 지점(고정사업장) 간의 거래도 국제거래로 취급되지 않는다.

한편, 2018년말 국세기본법(이하 '국기법')이 개정되면서 '역외거래'라는 개념이 도입되었다. 즉, 국기법 제26조의 2(국세의 부과제척기간) 제1항에서는 '역외거래'를 국조법 제2조 제1항 제1호에서 정의하는 국제거래 및 거래 당사자 양쪽이 거주자(내국법인과 외국법인의 국내사업장을 포함한다)인 거래로서 국외에 있는 자산의 매매 · 임대차, 국외에서 제공하는 용역과 관련된 거래로 정의하고, 이러한 역외거래에 대해서는 역외탈세를 방지하기 목적으로 부과제척기간을 일반 부과제척기간 보다 길게 설정하였다. 즉 역외거래에 대해서는 통상의 부과제척기간은 7년으로 하되 법정신고기한까지 무신고 하는 경우에는 10년, 사기나 그 밖의 부정한 행위로 국세를 포탈하거나 환급 · 공제받은 경우에는 부과제척기간을 15년으로 설정하였다.[46]

국조법상 '특수관계'의 주요 특징

국조법상 특수관계가 가지는 의미를 국조법의 전체 체계를 놓고 살펴보면 국

46 2019.1.1. 이후 납세의무가 성립하는 분부터 적용된다.

조법은 특수관계를 '제1장 총칙'에서 정하고 있고, 이 특수관계를 기본으로 하여 약간씩 변용한 형태를 '제2장 제1절 이전가격세제', '제2장 제2절 과소자본세제등 지급이자 공제 제한제도' 그리고 '제2장 제3절 조세피난과세(특정외국법인 유보소득 합산과세)제도'에서 사용하고 있다.

다시 말해 국조법 총칙에서 규정하는 특수관계는 이들 각각의 세제에 공통적으로 적용되는 공약수적 성격을 가지고 있는 것이다. 그 내용을 좀 더 상세히 설명해 보면 이전가격세제는 거주자 · 내국법인 또는 비거주자 · 외국법인의 국내사업장과 특수관계에 있는 비거주자 · 외국법인 또는 이들의 국외사업장(즉 국외특수관계인)들 사이에 적용되는 세제라 할 수 있다. 한편, 과소자본세제는 내국법인의 국외특수관계인 중 주주의 관계에 있는 일부를 한정하여 국외지배주주라는 개념을 설정한 후 이 내국법인과 국외지배주주 사이에 적용되는 세제라 할 수 있다. 한편, 조세피난과세제도는 거주자나 내국법인의 국외특수관계인 중 자회사 · 손자회사 또는 이들 거주자 · 내국법인의 지배를 받는 회사 사이에 적용되는 세제라 할 수 있다.

여기서 중요한 점은 이들 세제에서 적용되는 특수관계의 공통점은 ① 특수관계가 소유지분을 통해 결정되는 경우에는 50% 기준을 사용하며 간접소유비율 계산방식은 모두 동일하다는 점, ② 각 세제에 적용되는 특수관계는 모두 소유지분 이외의 사업방침을 실질적으로 결정하는 요인들도 특수관계 판정의 기준으로 삼고 있다는 점이다. 이렇게 본다면 국조법은 기본적으로 거주자 · 내국법인 및 비거주자 · 외국법인의 국내사업장과 어떠한 형태로든 특수관계에 있는 국외특수관계인에 대하여 주로 규율하는 특징을 가지고 있다고 할 수 있다.

국조법상 '특수관계'의 개념

국조법 제2조 제1항 제3호는 특수관계에 대한 정의하고 있는데, 아래의 어느 하나에 해당하면 특수관계가 성립하는 것으로 규정되어 있다.

① 거래당사자의 어느 한쪽이 다른 쪽의 의결권 있는 주식의 50% 이상을 직접 또는 간접으로 소유하고 있는 경우 그 거래 당사자 간의 관계

이러한 관계를 도식화하면 다음 두가지 경우가 이에 해당한다.

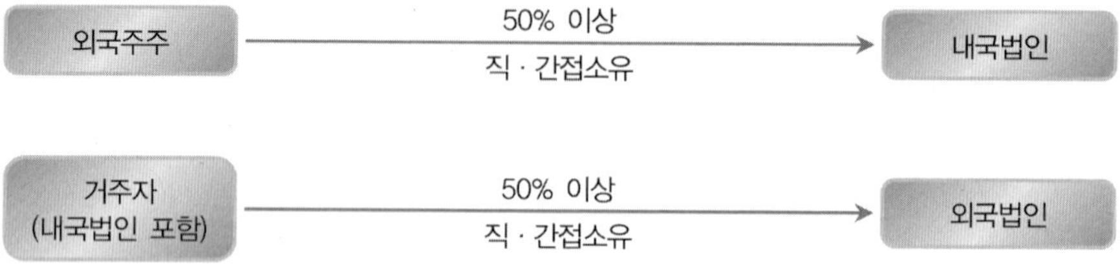

② 제3자와 그 친족 등 대통령령으로 정하는 자가 거래 당사자 양쪽의 의결권 있는 주식의 50% 이상을 직접 또는 간접으로 각각 소유하고 있는 경우 그 거래 당사자 간의 관계

이러한 관계를 도식화하면 다음과 같다.

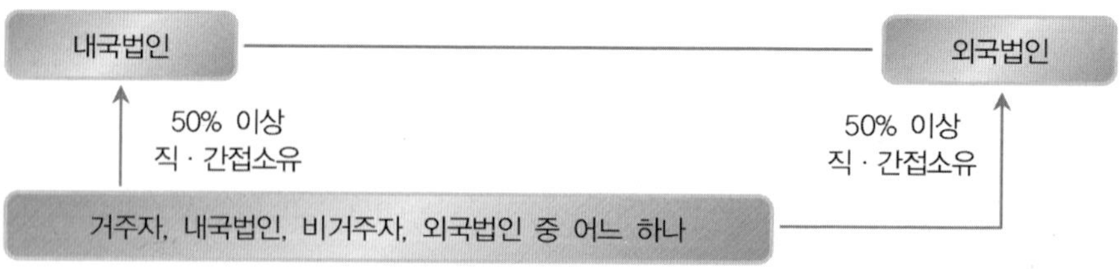

③ 거래 당사자 간에 자본의 출자관계, 재화·용역의 거래 관계, 금전의 대차관계 등에 따라 소득을 조정할 만한 공통의 이해관계가 있고, 거래 당사자 중 어느 한쪽이 다른 쪽의 사업방침을 실질적으로 결정할 수 있는 경우 그 거래 당사자 간의 관계

이러한 관계를 도식화하면 다음과 같다.

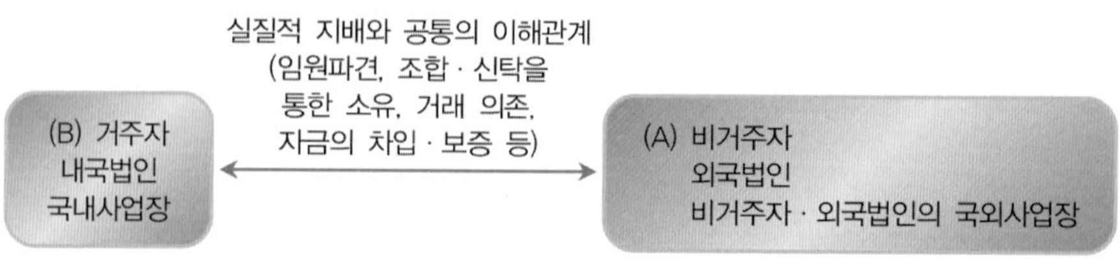

④ 자본의 출자관계, 재화·용역의 거래 관계, 금전의 대차관계 등에 따라 소득을 조정할 만한 공통의 이해관계가 있고, 제3자가 거래당사자의 양쪽의 사업방침을 실질적으로 결정할 수 있는 경우 그 거래당사자 간의 관계

이러한 관계를 도식화하면 다음과 같다.

국조법상 간접소유비율

국조법 시행령 제2조 제3항은 간접소유비율 계산방식을 규정하고 있는데, 그 내용을 살펴보면 다음과 같다.

① 어느 한쪽 법인이 다른 쪽 법인의 주주인 법인(주주법인)의 의결권 있는 주식의 50% 이상을 소유하고 있는 경우: 주주법인이 소유하고 있는 다른 쪽 법인의 의결권 있는 주식이 그 다른 쪽 법인의 의결권 있는 주식에서 차지하는 비율을 어느 한쪽 법인의 다른 쪽 법인에 대한 간접소유비율로 한다.
② 어느 한쪽 법인이 다른 쪽 법인의 주주법인의 의결권 있는 주식의 50% 미만을 소유하고 있는 경우: 그 소유비율에 주주법인의 주식소유비율을 곱한 비율을 어느 한쪽 법인의 다른 쪽 법인에 대한 간접소유비율로 한다

위 ①의 기준에 해당하는 사례를 그림으로 표현하면 다음과 같다.

여기서 어느 한쪽 법인은 주주법인을 50% 이상 소유하고 있으므로 지배권을 가지고 있다고 할 수 있고, 따라서 어느 한쪽 법인의 다른 쪽 법인에 대한 간접소유

비율은 60%가 된다.

또 다른 사례를 살펴보면 다음과 같다.[47]

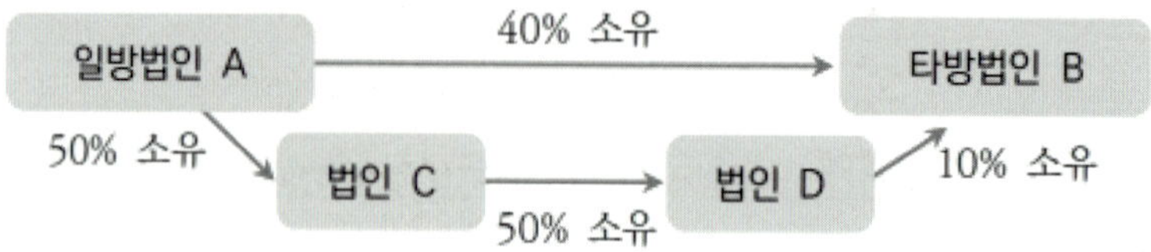

○ 직접 또는 간접소유비율 : 40% + 10% = 50%
- 직접 소유비율 : 40%
- 간접 소유비율 : 10% (= 1 × 1 × 10%)

한편 위 ②의 기준에 해당하는 사례를 그림으로 표현하면 다음과 같다.

이 경우는 어느 한쪽 법인이 주주법인의 의결권 있는 주식 50% 미만을 소유하고 있어 주주법인에 대한 지배를 하지 못하고 있다고 보고, 따라서 어느 한쪽 법인의 다른 쪽 법인에 대한 간접소유비율은 40%×60%=24%가 된다.

한편, 주주법인이 둘인 경우의 간접소유비율을 그림으로 예시하면 다음과 같다.

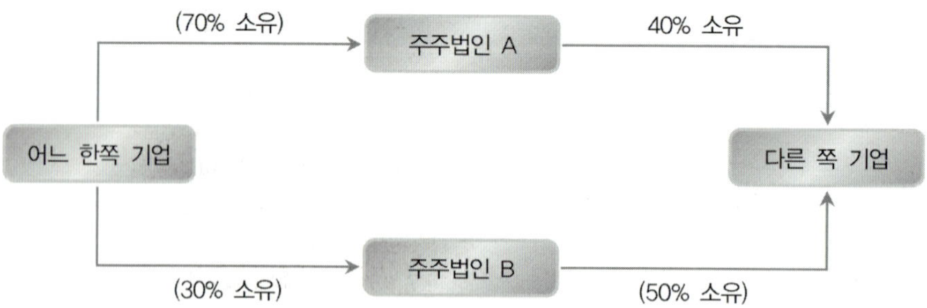

47 국세청, (2020 개정) 국제조세집행기준 2-2-4 (간접소유비율 계산)

상기의 예시에 주주법인 A를 통한 간접소유비율과 주주법인 B를 통한 간접소유비율을 각각 계산하여 이들의 합계를 어느 한쪽 법인의 다른 쪽 법인에 대한 간접소유비율로 본다. 즉 주주법인이 하나일 경우의 간접소유비율을 각각 계산하여 이를 합하는 것이다. 위의 경우 주주법인 A를 통한 간접소유비율은 어느 한쪽 법인의 주주법인 A에 대한 소유비율이 50% 이상이므로 주주법인 A의 다른 쪽 법인 소유비율 40%가 어느 한쪽 법인의 다른 쪽 법인에 대한 간접소유비율이 된다. 한편, 주주법인 B를 통한 간접소유비율은 어느 한쪽 법인의 주주법인 B에 대한 소유비율이 50% 미만이므로 어느 한쪽 법인의 주주법인 B의 소유비율 30%와 주주법인 B의 다른 쪽 법인 소유비율 50%를 곱한 15%가 어느 한쪽 법인의 다른 쪽 법인 소유비율이 된다. 따라서 주주법인 A와 주주법인 B를 통한 어느 한쪽 법인의 다른 쪽 법인 간접소유비율은 상기 각각의 합계인 55%(40%+15%)가 되는 것이다.

또 나른 사례를 살펴보면 다음과 같다.[48]

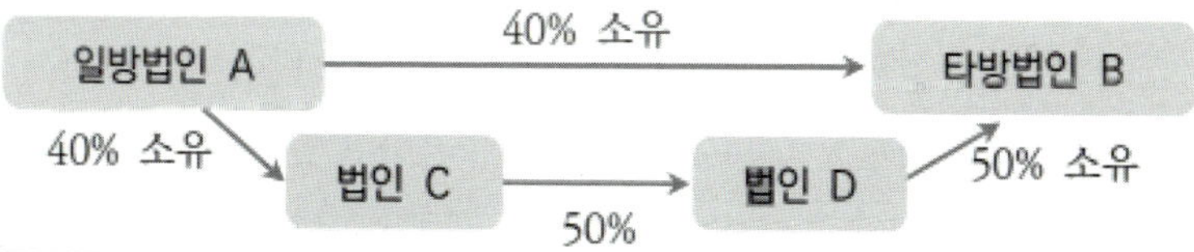

○ 직접 또는 간접소유비율 : 40% + 10% = 50%
- 직접 소유비율 : 40%
- 간접 소유비율 : 10% (= 40% × 50% × 50%)

48 국세청, (2020 개정) 국제조세집행기준 2-2-4 (간접소유비율 계산)

10 조세조약과 세법에 반영된 이전가격세제

기업조직이 성장함에 따라 효율적인 경영관리를 위해서는 각 사업부서(또는 계열회사)에 경영의사결정의 권한과 책임을 부여하는 분권화가 필요하게 된다. 일반적으로 분권화된 사업부들은 독자적인 사업영역을 구축하지만 경우에 따라서는 각 사업부 사이에 재화나 용역의 이전이 이루어지는데 이러한 거래를 이전거래transfer transaction라 하며, 내부 관리 목적으로 이전된 재화나 용역에 가격을 설정하기도 하는데 이 경우의 해당 재화나 용역의 가격을 이전가격transfer price이라고 부른다.

기술, 운송 및 통신 분야의 급속한 발전으로 인해 다국적 기업들은 세계 어디서나 기업 및 활동을 전개할 수 있는 유연성을 갖게 되었다. 다국적 그룹에 속한 기업들 간의 교역은 20세기 중반 이래 꾸준히 증가하고 있으며 이러한 교역은 현재 전 세계 국제 거래의 30% 이상을 차지한다. 이러한 국제적 사업환경에서는 이전가격은 단순히 기업조직 내부 또는 다국적 기업그룹의 계열기업의 경영성과측정 이상의 의미를 갖게 된다. 왜냐하면, 국제거래에 있어서는 국가 간 법인세·관세 및 환율 등 국내거래 이외에 추가로 발생하는 요인들에 의해서 이전가격이 결정될 수 있고 따라서 다국적 기업 그룹 전체 입장에서의 이익은 국내거래 시의 이전가격과 달라질 수 있을 뿐 아니라, 다국적 기업은 이전가격의 적절한 조절을 통해서 특정 계열기업의 기업가치를 인위적으로 증대시키거나 감소시킬 수 있기 때문이다. 예를 들어, 국가 간 세율에 차이가 있을 경우 이전거래로 인한 이익을 세율이 좀 더 낮은 국가로 이전한다면 이전거래를 통해서 다국적 기업 그룹 전체 차원에서의 세후 수익을 증대시킬 수 있는 것이다. 이전가격이 다국적 기업 그룹 전체 차원의 세후 수익에 미치는 영향을 이해하기 위해 아래 사례를 살펴보자.

[그림 I-5] 이전가격 적용사례

K라는 다국적기업그룹은 A국에 모회사 KP를 두고 있고 B국에 자회사 KS를 두고 있다. KP는 시계를 생산하여 전세계 판매법인을 통해 제품을 소비자들에게 판매하고 있다. KP의 제조원가가 시계 1개당 $500이라고 가정하고 B국에 있는 자회사 KS에게 제품을 공급하면, KS는 시계 1개당 $200의 판매 일반관리비를 지출하면서 최종소비자에게 개당 $1,500에 판매를 하고 있다. 이 경우 KP가 KS에게 시계를 공급하면서 가격을 책정해야 하는데 이와 같이 모·자회사와 같은 특수관계가 있는 회사들간의 거래를 특수관계 거래라고 부르고 그 특수관계 거래에서 책정되는 가격을 국제조세 실무에서는 이전가격transfer price이라고 부른다. 그리고 이전가격을 책정하는 행위는 transfer pricing이라고 부른다. 이 사례에서는 A국의 세율은 30%로 그리고 B국의 세율은 40%로 가정하는 데, KP와 KS사이에 이전가격을 얼마로 설정하는 것이 K그룹 전체로 볼 때 유리할 것인지 살펴보자.

[표 I-4] 이전가격 적용사례

이전가격	KP		KS		K-Group		선택
1,000인 경우	Sales	1,000	Sales	1,500	Sales	1,500	선택
	Cost	500	Cost	1,200	Cost	700	
	과세소득	500	과세소득	300	과세소득	800	
	세금(30%)	150	세금(30%)	120	세금(30%)	270	
	세후이익	350	세후이익	180	세후이익	530	
800인 경우	Sales	800	Sales	1,500	Sales	1,500	선택 안함
	Cost	500	Cost	1,000	Cost	700	
	과세소득	300	과세소득	500	과세소득	800	
	세금(30%)	90	세금(30%)	200	세금(30%)	290	
	세후이익	210	세후이익	300	세후이익	510	

〈표 I-4〉 왼편 상단에 기재된 이전가격은 KP의 KS에 대한 공급가격 (또는 수출가격)을 의미한다. 이 가격을 얼마로 설정할 것인지에 대해서는 물론 많은 선택 대안이 있을 수 있겠으나 여기서는 편의상 $1,000인 경우와 $800의 경우 두 가지 대안에 대해서만 비교해 보자.

위 표에서 알 수 있듯이 KP의 KS에 대한 시계 공급가격은 KP의 매출액이 되고 동시에 KS의 매입원가를 구성한다. 따라서 KP의 경우는 매출이 $1,000 그리고 비용이 $500가 된다. A국의 세율을 30% 가정했기 때문에 A국에서 납부할 세금은 $150이 되며 세후이익은 $350이 된다. 한편 KS의 경우는 최종소비자에게 판매하는 가격 $1,500이 매출액이 되고 KP로 부터 구매한 시계의 이전가격 $1,000가 매입원가를 구성하는데 여기서 판매 일반관리비 $200이 추가로 지출되므로 사업소득은 $300이 되어 세후이익은 $180이 된다. 이와 같이 이전가격이 $1,000로 책정된 경우에는 그룹전체적으로 발생되는 세금은 $270이고 세후이익은 $530이 된다.

한편 이전가격이 $800로 책정된 경우에는 위와 같은 방식으로 계산을 해보면 그룹 전체적으로 발생되는 세금은 $290이고 세후이익은 $510이 된다는 것을 확인할 수 있다.

위 표를 통해 확인할 수 있는 사실은, 다국적기업이 스스로 이전가격을 어떻게 설정하느냐에 따라 다국적 기업 그룹 전체의 세부담과 세후소득이 달라진다는 사실이다. 그렇다면 다국적기업 입장에서는 그룹 전체의 세후소득을 극대화하기 위해서 어떻게 해야 할 것인가? 합리적인 기업이라면 세율이 높은 국가에 가급적 과세소득이 적게 배분되도록 그리고 세율이 낮은 국가에 가급적 과세소득이 많이 배분되도록 이전가격을 설정하려고 할 것이다. 만일 K그룹이 세후 소득을 극대화하기 위해이전가격을 $1,300로 설정한다면 KS의 과세소득은 0이 되고 그룹전체의 세후이익은$560이 된다.

이제 다국적 기업이 아닌 해당 국가 입장에서 생각해 보자. 만일 B국이 이와 같은 상황을 방치한다면 어떻게 될 것인가? B국을 통해 거래하는 모든 다국적기업이 K그룹과 같은 생각을 하게 될 것이므로 결과적으로 B국 소재 기업들 중에 국제거래를 하면서 B국에 법인세를 납부하는 기업은 거의 없게 될 것이다. 그렇다면 과연 B국은 이러한 상황을 그대로 방치할 수 있을 것인가?

정상거래원칙arm's length principle

독립된 제3자들간의 거래에서는 상품의 공급자는 가급적 높은 가격으로 상품을 팔려고 하고 소비자는 가급적 낮은 가격에서 상품을 사려고 할 것이다. 이렇게 특수관계가 없는 독립된 자들간의 매매거래에서는 이해관계가 서로 충돌하기 때문에 거래 쌍방은 흥정이나 협상을 하여 가격을 결정한다. 이러한 가격을 영어로는 arm's length price라고 부르는 데 우리말 번역은 '정상(거래) 가격' 또는 '독립기업간 가격'이라고 할 수 있다. 이처럼 특수관계자 간의 거래에 대해 정상가격을 적용하는 원칙을 arm's length principle 즉 '정상거래원칙'이라고 부른다. 이 정상거래원칙은 이전가격세제 전반에 통용되는 가장 핵심적인 원칙이다.

앞의 사례에서 확인할 수 있듯이 특수관계기업들간의 거래에서는 독립된 제3자간의 거래에서와는 달리 거래 당사자들간의 이해가 서로 충돌하지 않기 때문에 정상가격과는 다른 가격을 설정하여 거래함으로써 '다국적기업 전체의 세후순이익의 극대화'를 추진할 수도 있다. 여기서 중요한 점은 모든 다국적 기업들이 실제로 세후순이익 극대화만을 위해 행동하지는 않는다고 하더라고 그럴 수 있는 개연성이 충분히 있다는 점이다.

그래서 세계의 대부분의 국가들은 자국의 과세권에 기초한 적정한 세수를 확보하기위해 대응책을 마련하였는데 그것이 바로 '이전가격세제'이다. 우리나라도 1995년 국제조세조정에 관한 법률(이하 '국조법')에 이전가격세제를 정식으로 도입했다. 그리고 이 법에서 정상가격을 "거주자 · 내국법인 또는 국내사업장이 국외특수관계인이 아닌 자와의 통상적인 거래에서 적용되거나 적용될 것으로 판단되는 가격"으로 규정하고 특수관계자간의 거래에서 채택한 이전가격이 정상가격과 다를 때에는 정상가격에 의해 과세조정을 할 수 있는 권한을 과세당국에게 부여하고 있다. 참고로 1979년 OECD 사무국이 발간한 이전가격보고서에 따르면 정상가격을 "공개된 시장의 동일 또는 유사한 조건 아래 동일 또는 유사한 거래에서 특수관계 없는 자 사이에 합의하였을 가격"으로 정의하고 있다.

OECD 이전가격 과세지침Transfer Pricing Guidelines과 UN 이전가격 매뉴얼Transfer Pricing Manual

OECD 모델조세조약 제9조를 구체적으로 적용하는 지침으로서, OECD는 회원국들 간의 합의하에 정상거래원칙Arm's Length Principle을 세부적으로 규정한 이전가격 과세지침Transfer Pricing Guidelines[49]을 1995년에 제정하였고 그 이후 동 지침을 수차례 업데이트하였다. 한편 UN은 UN 모델조세조약 제9조를 구체적으로 적용하는 지침으로서 OECD 이전가격 과세지침을 유보사항 없이 그대로 수용하였다. 다만, 2013년에 개도국 세무공무원의 편의를 위해 OECD 이전가격 과세지침을 실제 상황에 쉽게 적용할 수 있도록 이전가격 매뉴얼[50]을 작성 · 배포한 후 동 매뉴얼을 지속적으로 업데이트하고 있다.

세계의 대다수의 국가들은 자국의 이전가격세제 도입 시 OECD 이전가격 과세지침을 그대로 채택하거나 그중 일부를 법제화하여 운용하고 있다. 우리나라도 1995년 국제조세조정에 관한 법률과 시행령등을 제정하면서 OECD 이전가격 과세지침의 중요 부분을 법제화하여 운용하고 있다.[51]

49 정확한 명칭은 OECD Transfer Pricing Guidelines for Multinational Enterprises and Tax Administrations이다.

50 정확한 명칭은 United Nations Practical Manual on Transfer Pricing for Developing Countries이다.

51 이전가격세제에 대한 상세한 이해를 하려면 아래 졸저(본인 저서)를 참고하기 바란다.
"궁금증을 풀어주는 이전가격과 디지털세 Guide Book", 조세통람사, 2023.8.
"국제조세 이해와 실무(개정 7판)", 조세통람사, 2022.4.

2장

외국기업의 국내원천소득에 대한 과세

1. 외국법인의 판단 기준 및 조세조약의 적용
2. 우리나라의 외국법인 과세체계
3. 외국법인의 국내원천소득 범위
4. 노하우와 인적용역에 대한 과세상 구분 기준
5. 소프트웨어 대가를 사용료(로얄티) 소득으로 취급하는 기준
6. 한 · 미조세조약상 사용료(로얄티) 소득의 원천지국 판단기준
7. 조세조약상 원천징수 관련 혜택을 적용받기 위한 절차
8. 외국계 펀드의 실질소유자(수익적 소유자) 판정에 대한 주요 판례 분석
9. 고정사업장의 종류 및 판정 기준
10. 고정사업장 관련 주요 판례 분석

1 외국법인의 판단 기준 및 조세조약의 적용

외국법인의 국내진출 방법은 크게 둘로 나누어 볼 수 있는데, 하나는 우리나라에 현지법인(외국인투자기업)을 설립하는 방법과, 또 다른 하나는 지점과 같은 고정사업장을 설치하는 방법이다. 외국법인의 국내 현지법인 설립을 통한 투자는 외국인투자촉진법 및 상법의 규정이 적용되며 외국법인의 현지법인은 법인세법상 내국법인이다. 외국인이 외국인투자기업으로 등록할 수 있는 법인을 설립하려면 투자금액이 1억 원 이상이어야 한다.[52]

한편, 외국회사가 국내에 현지법인을 설립하지 않은 채 통상적인 영업활동을 수행하기 위해서는 국내지점의 대표자를 임명하고 외국환거래법에 의한 지점 설립 절차를 밟아야 하며 법원의 등기가 필요하다. 지점branch은 국내에서 수익을 발생시키는 영업활동을 영위하기 때문에 조약상 고정사업장permanent establishment으로 인정되며, 국내에서 영위한 사업에서 발생한 소득에 대해서는 일반 내국법인과 동일한 법인세율이 적용된다. 외국인투자기업과 외국 기업 국내지점을 비교 · 정리하면 아래와 같다.[53]

52 외국인투자촉진법 시행령 제2조

53 국세청, 외국법인 및 외국인투자기업 납세안내, 2023.3., 4면 (저자 일부 수정)

[표 II-1] 외국인투자기업과 외국 기업 국내지점 비교

구 분	외국인투자기업	외국 기업 국내지점
근거법률	외국인투자촉진법	외국환거래법
법인의 성격	내국법인	외국법인
동일체 여부	외국인투자가와 외국인투자기업이 별도의 인격체(회계 · 결산이 독립적임)	본점과 지점이 동일인격체(회계 · 결산이 동일체임)
신고수리 및 허가기관	Invest KOREA(KOTRA) 또는 외국환은행 본 · 지점	외국환은행지점(신고) 기획재정부(금융업 등 허가)
최소(최대) 투자금액	최소 : 건당 1억 원 최대 : 한도 없음	금액제한 없음
납세의무	국내외 모든 소득에 대하여 납세의무 있음 법인세율(2023.1.1. 이후 개시 사업연도) – 2억 원 이하 9%, – 2억 원~200억 원 이하 19% – 200억 원~3,000억 원 이하 21% – 3,000억 원 초과 24%	국내원천소득에 대해서만 납세의무 있음 법인세율 : 좌측과 동일 ✔ 지점세 납부 의무(프랑스, 모로코, 브라질, 인도네시아, 캐나다, 카자흐스탄, 필리핀, 파나마, 태국, 페루, 인도)

외국법인 판단 기준

만일 외국 단체가 법인세법상의 법인이 아니라면, 국내원천소득의 귀속자 또는 법인세 납세의무자가 될 수 없다. 그러므로 그 단체에게는 법인세를 부과할 수 없고, 단체의 구성원을 납세의무자로 보아 소득세를 과세하여야 한다. 여기서 외국 단체가 법인세법의 법인인지 여부를 판단할 기준이 필요하나, 2013년 법인세법 개정 전에는 이에 관한 아무런 규정이 없었다. 2013년 개정 전 법인세법은 외국법인을 '외국에 본점 또는 주사무소를 둔 법인'으로 정의하면서도, 정작 '법인이 무엇인가?'에 관해서는 별다른 규정을 두지 않았다. 그 결과 외국법인 여부에 관한 기준은 법원의 해석에 맡겨져 있었다.

한편 1990년대 말 외환위기 당시 한국 부동산 또는 한국 기업 주식에 대한 해외투자가 이루어진 이래 외국법인의 판단 기준은 국제조세 분야의 중요한 쟁점 중 하나가 되었다. 당시 한국에 투자한 여러 해외 투자펀드들이 미국 · 버뮤다 · 케이만군도 등의 유한 파트너십limited partnership을 통하여 한국에 투자하면서, 이들이 세법상 외국법인인지 여부가 과세실무에서 자주 다투어졌기 때문이다.

(1) 대법원 판결

대법원에서 법인 여부가 다투어진 외국 단체는 미국 델라웨어주State of Delaware에서 설립된 유한 파트너십limited partership과 영국령 케이만군도Cayman Islands의 유한 파트너십limited partership이었다. 대법원은 "외국의 법인격 없는 사단 · 재단 기타 단체가 설립된 국가의 법령 내용과 단체의 실질에 비추어 우리나라의 사법私法상 단체의 구성원으로부터 독립된 별개의 권리의무의 귀속주체로 볼 수 있는지 여부에 따라 판단하여야 한다"라고 판시하면서, 위 유한 파트너십을 모두 외국법인으로 보았다.[54]

대법원이 제시한 판단 근거는 ① 고유한 투자목적을 가지고 자금을 운용하는 점, ② 구성원들과 별개의 재산을 보유하고 고유의 사업활동을 하는 영리 목적의 단체인 점, ③ 구성원들과 별개로 권리의무의 주체가 될 수 있는 독자적 존재로서의 성격을 가지고 있는 점으로 요약된다. 특히 주목할 점은 외국 단체에게 법인격이 없더라도 구성원과 구별된 별개의 권리의무가 귀속될 수 있으므로 외국법인으로 인정하였다는 것이다.

(2) 국내세법령 및 예규

법인세법에 의하면, 외국법인은 "본점 또는 주사무소가 외국에 있는 단체(사업의 실질적 관리장소가 국내에 있지 아니하는 경우만 해당)로서 아래에서 정하

54 대법원 2010두5950, 2012.1.27.; 대법원 2010두25466, 2012.10.25.; 대법원 2011두3159, 2013. 4.11.; 대법원 2011두12917, 2013.9.26.

는 기준 중 어느 하나에 해당하는 법인"을 말한다.[55]

1. 설립된 국가의 법에 따라 법인격이 부여된 단체
2. 구성원이 유한책임사원으로만 구성된 단체
3. 삭제
4. 그 밖에 해당 외국 단체와 동종 또는 유사한 국내의 단체가 「상법」 등 국내의 법률에 따른 법인인 경우의 그 외국 단체

2014년 2월 법인세법 시행령 개정 시에는 위에서 언급한 대법원 판결을 토대로 제3호에 "구성원과 독립하여 자산을 소유하거나 소송의 당사자가 되는 등 직접 권리 · 의무의 주체가 되는 단체"라는 규정을 포함하여 운영하였으나, 2019년 2월 동 규정을 삭제하면서 그 효과가 2020.1.1.부터 발생되도록 하였다.

위와 같은 법인세법 시행령상의 개정과 함께 소득세법 제2조 제3항 내지 제5항도 다음과 같은 취지로 개정하였다. 즉, 단체의 구성원 간 이익 분배비율이 정해져 있고 해당 구성원별로 이익의 분배비율이 확인되는 경우와, 구성원 간 이익 분배비율이 정해져 있지 않으나 사실상 구성원별로 이익이 분배되는 것으로 확인되는 경우에는 각 구성원별로 소득세 또는 법인세를 과세한다.[56] 그런데, 전체 구성원 중 일부의 분배비율만 확인되거나 일부의 구성원에게만 이익이 분배되는 것으로 확인되는 경우 해당 구성원별로 과세하고, 나머지 부분에 대해서는 해당 단체를 1거주자(또는 비거주자)로 보아 소득세를 과세한다.[57]

이와 같은 개정 결과 2019.1.1. 이후에는 국외에서 설립된 LP(Limited Partnership, 상법상 합자조합과 유사) 등은 법인이 아닌 단체로 분류되면서 소득세법의 적용대상이 되도록 하였다. 위 개정내용을 도식화하면 아래와 같다.[58]

55 법인세법 제2조 3호, 법인세법 시행령 제2조 제2항 각 호

56 소득세법 제2조 제3항.

57 소득세법 제2조 제4항.

58 기획재정부, 2018년 세법개정안 문답 자료, 2018.7.30. 57쪽.

[그림 II-1] 외국 단체 구분 및 납세의무

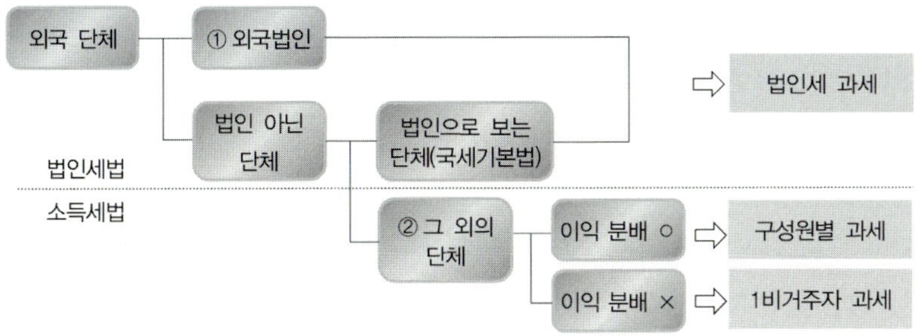

✔ 개정효과 예시 : 국외 LP(Limited Partnership) ① → ②로 분류

기획재정부는 위 법령개정 내용이 아직 발효되기 전인 2019.12.에 '케이만 군도에 설립된 유한파트너십은 외국법인에 해당하지 않는다'는 내용의 예규를 생산하였는 바,[59] 이 예규는 2013.2. 법인세법 시행령 개정으로 4가지 외국법인 판단기준이 제시된 이후 약 7년 만에 나온 첫 행정해석으로 향후 유사한 사건에 지침으로 활용될 가치가 높다.

외국 단체의 분류 문제는 외국인의 국내투자 시에 주로 발생하는 문제이지만 우리나라 기업의 해외진출outbound 시에도 발생되기도 한다. 예컨대, 내국 기업이 미국에서 유한책임회사LLC를 설립하고 해당 LLC가 미국 내 주식이나 부동산에 투자하여 소득이 발생한 경우 미국에서 납부한 세액이 국내에서 외국납부세액공제가 가능

59 기획재정부－585, 2019.12.31.로 전문은 다음과 같다.

> 1. 귀 질의에서 제시된 영국령 케이만군도의 법률(The Exempted Limited Partnership Law)에 따라 설립된 유한파트너십(Limited Partnership)은 「법인세법 시행령」(2019.2.12., 대통령령 제29529호로 개정되기 전의 것) 제1조 제2항에서 정한 4개의 외국법인 판정기준 중 어느 하나에 해당하지 아니하는 단체이므로 원칙적으로 외국법인으로 보지 아니하는 것입니다.
> 2. 다만, 해당 유한파트너십 계약 및 이와 관련된 실제 법률행위의 양상 등을 고려할 때 위 케이만군도의 법률 규정에 부합하지 않는 사실관계가 있는 경우에는 위와 달리 판단할 수 있는 것입니다.
> 3. 한편, 귀 질의 중에서 국내원천소득의 실질귀속자 판단 사안에 관해서는 우리부의 기존 예규(국제조세제도과－12, 2016.1.11.)를 참고하시기 바랍니다.

한지 여부를 판정할 때 미국에 설립한 LLC가 외국법인에 해당하는지 여부가 문제가 된다. 만일 위 LLC의 미국 내 투자에서 손실이 발생하였다면 내국 기업이 우리나라에서의 과세 소득계산 시 해당 손실을 손금으로 공제받을 수 있는지를 판단하기 위해서도 위 LLC가 외국법인에 해당하는지 여부를 판단해야 하기 때문이다.

이와 같은 내국 기업의 해외진출 거래와 관련하여 앞서 소개한 법인세법 시행령의 외국법인 판단기준이 적용되는지에 대하여 국내 세법령상 명확한 규정은 없으나, 현행 세법의 규정 체계에 따르면 그렇게 해석하는 것이 합리적이라고 할 수 있다.

조세조약의 적용

외국 단체 분류문제를 논의할 때, 논의의 핵심은 단체와 관련된 소득을 실제로 그 '단체의 소득'으로 볼 것인지 여부에 집중되어 있다. 즉, 세법에서 외국 단체 분류를 시도하는 이유는 기본적으로 외국 단체가 창출한 소득을 단체와 구성원 중 누구에게 귀속시킬지를 정하기 위한 것이기 때문에 결국 '단체 분류'의 문제는 곧 '소득 귀속'의 문제라고도 할 수 있다.[60] 이와 같은 문제의식 하에서 외국 단체 분류문제와 조세조약의 혜택적용 문제를 포괄적으로 다룬 대표적인 연구물로서 1999년 발표한 OECD의 파트너십 보고서(이하 "파트너십 보고서")를 들 수 있다. 이 보고서에 따르면, OECD는 1993년 파트너십, 신탁, 기타 법인 이외의 단체들에 대한 조세조약 적용문제를 연구하기 위한 실무작업반을 편성하고 이에 대한 첫 번째 연구결과로서 1999년 파트너십에 대한 보고서를 발간하였다. 동 보고서는 비록 연구대상을 파트너십에 한정하였지만 동 보고서에서 언급되는 원칙들은 파트너십 이외의 단체들에게도 적용될 수 있을 것이라는 입장을 피력하고 있다.[61]

60 윤지원, '단체 분류(Entity Classification)'에 관한 대법원 판례와 경제협력개발기구(OECD)의 '파트너십 보고서(Partnership Report)'의 조화(調和) 가능성에 관한 검토 : 해석론과 문제점을 중심으로, 조세학술논집(한국국제조세협회), 제30집 제1호 2014.2., pp.244-245.

61 OECD, *The Application of the OECD Model Tax Convention to Partnership, January* 1999, p5.

세계 각국이 외국 단체에 대한 분류방식 및 그에 따른 과세취급을 서로 달리하게 됨에 따라 국가 간에 이중과세double taxation 또는 이중비과세double non-taxation가 발생하게 된다.

(1) 이중과세 문제

[그림 II-2] 혼성단체의 이중과세 사례

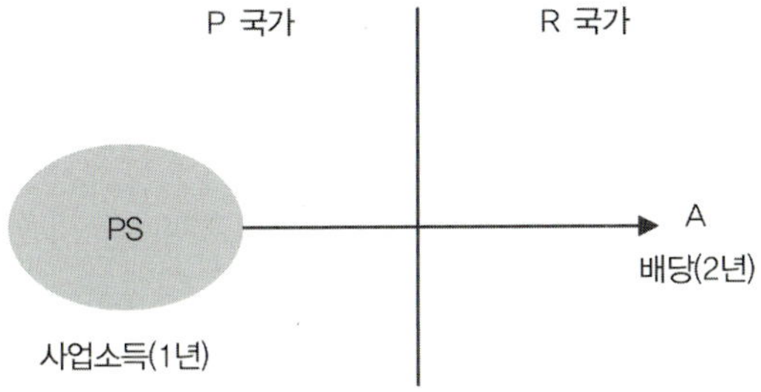

위 그림에서 A는 파트너, PS는 파트너십, P 국가는 파트너십 소재지국, R 국가는 파트너 거주지국이다. P 국가는 PS를 과세단체taxable entity로 보지만, R 국가는 PS를 투과단체로 본다. PS는 1차연도에 소득을 얻고, 이를 2차연도에 A에게 배당한다. 이 사안에서 소득이 발생한 1차연도에는 P 국가는 파트너십을 과세단체로 취급하므로, 파트너십이 소득을 얻었다는 이유로 전체 소득에 대해 과세한다. R 국가는 PS를 투과단체로 취급하므로 P 국가에서 발생한 소득을 A에게 귀속시켜서 전체 소득에 대해 역시 과세를 한다. 2년도에 PS가 잔여 소득을 A에게 송금하면, P 국가는 이를 배당으로 보아 과세하고, R 국가는 이를 1차연도에 과세당한 소득의 송금으로 보고 과세하지 아니한다. 1차연도에 이루어진 P 국가와 R 국가의 과세는 납세자를 달리하지만, 동일한 소득에 대한 과세이므로 국제적인 이중과세에 해당한다. 또한 2차연도에 이루어진 P 국가의 과세도 A의 입장에서는 1차연도에 이루어진 소득에 대한 과세이므로 이 역시 이중과세에 해당한다.

실제로 우리나라에서 최근 수년전부터 생산된 대법원 판례 및 2013년 개정된 법인세법의 외국법인 판단 기준에 따라, 영미법계의 파트너십 또는 독일의

GmbH & Co. KG 등 대부분의 해외 투과과세단체가 우리나라 법인세법상 외국법인으로 취급되어 왔는데, 이러한 불합리성을 해결하기 위해 2019년 법령 개정이 이루어진 것이다. 법령 개정 전에는 실체가 부인되지 않는 한 해외 투과과세단체가 종종 국내원천소득의 귀속자가 취급되었다.

대부분의 조세조약은 체약상대국의 거주자resident가 국내원천소득을 얻을 경우 소득에 따라 비과세되든지 국내 세법보다 낮은 제한세율을 적용할 수 있는 혜택들 부여하고 있다. 그런데 이러한 조세조약의 혜택은 적용대상이 적어도 어느 한 체약 당사국의 거주자에 해당되어야 한다. 그런데 OECD 모델조세조약과 전 세계 대다수의 조세조약은 어느 외국 단체가 그 설립지국의 거주자로 취급되기 위해서는 해당 국가에서 납세의무를 부담하는 것liable to tax을 요건으로 하고 있다. 그 결과 어느 외국 단체가 우리나라 법인세법상 외국법인으로 분류되어 국내원천소득의 귀속자가 취급된다고 하더라도 상대국에서 투과과세단체look-through entity로 취급된다면 해당 조세조약의 혜택을 받지 못하는 결과가 발생한다. 외국법인인 해외 투과과세단체에 대한 조세조약 적용이 문제되는 이유는 바로 여기에 있다.

(2) 이중비과세의 문제[62]

[그림 II-3] 혼성단체의 이중비과세 사례

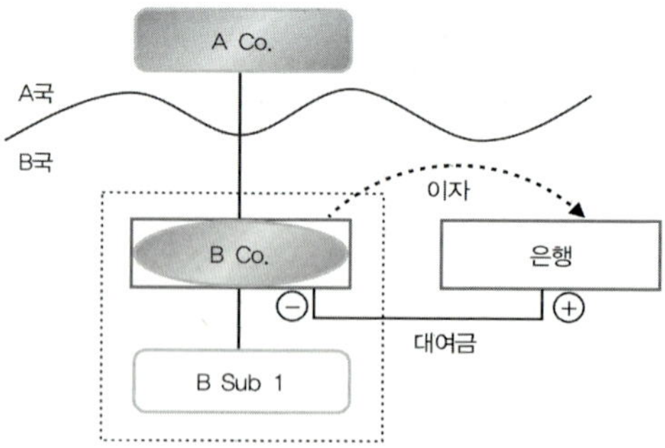

62 OECD, (Public Discussion Draft) *Neutralise the Effects of Hybrid Mismatch Arrangements (Recommendations for Domestic Laws)*, March 2014, p44.

B국에 있는 B Co는 A국의 거주자인 A Co가 100% 소유하는 자회사이나 A국에서는 투과단체로 취급되고 B국에서는 과세실체로 취급된다고 가정한다. B Co는 은행으로부터 차입금을 융자하여 이에 대한 이자를 지급한다. 만일 B Co의 소득은 없다고 가정하면, A국에서는 B Co를 투과단체로 취급하기 때문에 A Co가 은행으로부터 직접 차입을 한 것으로 간주하여 당초 B Co가 은행에게 지급한 이자를 A Co의 과세목적상 공제할 수 있도록 허용한다. 한편 B국에서 B Co는 자신의 100% 자회사인 B Sub 1과 함께 연결납세제도를 적용하여 세무신고를 함으로써, 은행에 지급한 이자만큼을 과세목적상 공제받는다. 결국 하나의 소득을 A국과 B국에서 각각 공제받는 이중공제double deduction가 발생하고 그에 따라 국제적 이중비과세가 발생한다. 이런 경우에는 조세조약을 통해서 이중비과세가 발생하지 않도록(즉, 상대방에서 과세가 이루어지도록) 하는 권한을 조세조약이 부여하는 장치를 BEPS Action 2 보고서[63]에서 권고하고 있다. 한편 법인세법 시행령 제2조 제4항에서는 "제2항 각 호에 따른 외국법인 기준의 적용은 조세조약 적용대상의 판정에 영향을 미치지 아니한다"고 규정하고 있다.

63 "Neutralise the Effects of Hybrid Mismatch Arrangements"라는 제목의 BEPS Action 2 보고서에서는 외국 혼성단체에 대한 이중비과세 문제 및 그 해결방안을 국내세법 개정 사항 및 조세조약 개정사항으로 나누어 권고하고 있다.

2 우리나라의 외국법인 과세체계

과세대상 소득

내국법인이 국내외 소득에 대하여 법인세를 납부하여야 하는 반면, 외국법인은 국내원천소득이 있는 경우에만 우리나라에서 법인세 납세의무를 부담한다. 또한 외국법인 중 비영리 외국법인은 국내원천소득 중 수익사업에서 생기는 소득에 한하여 법인세를 납부한다.

한편, 법인세법 제93조는 각 호에서 국내원천소득을 열거하고 있으므로, 법인세법 제93조에 명시적으로 열거되지 않은 소득은 국내에서 발생하였더라도 우리나라의 법인세 납세의무 대상이 되지 않는다. 과세대상인 국내원천소득은 이자소득(제1호), 배당소득(제2호), 부동산소득(제3호), 선박 등 임대소득(제4호), 사업소득(제5호), 인적용역소득(제6호), 부동산 등 양도소득(제7호), 사용료소득(제8호), 유가증권 등 양도소득(제9호), 기타소득(제10호)이다.

과세방법

외국법인의 납세의무는 국내사업장[64]의 존재 여부, 국내원천소득과 국내사업장의 관련성 등에 따라 각기 다른 방식으로 과세된다. 국내사업장을 가진 외국법인 또는 부동산소득이 있는 외국법인은 국내원천소득을 종합하여 신고 · 납부를 하여야 한다. 다만, 국내사업장을 가진 외국법인이라도 국내사업장과 실질적으로

64 조세조약의 고정사업장을 법인세법에서는 국내사업장이라고 지칭하고 있다. 여기에서는 두 용어를 문맥에 따라 혼용한다.

관련되지 않거나 국내사업장에 귀속되지 않는 경우에는 각 국내원천소득별로 분리과세방식에 따라 원천징수된다. 국내사업장·부동산소득이 없는 외국법인의 국내원천소득은 각 국내원천소득별로 원천징수된다.

한편 국내사업장이 없는 경우 국내원천소득은 지급자가 법인세를 원천징수하는 것이 원칙이나 경우에 따라서는 외국법인이 해당 원천소득과 법인세를 국내에서 신고·납부해야 하는 경우도 있다.

예컨대 국내사업장이 없는 외국법인이 국내 소재 부동산 등 자산의 양도소득을 가진 경우 해당 양도소득은 원천징수되지만, 양도소득귀속자인 외국법인이 다시 법인세를 신고·납부를 하여야 하고, 이때 원천징수세액은 기납부세액으로 공제받는다. 그 밖에 동일한 내국법인의 주식 등을 2회 이상 양도하여 조세조약에서 정한 과세기준을 충족한 경우에는 국내사업장이 없더라도 일정한 세액을 신고·납부하여야 한다. 또한 국내사업장이 없는 외국법인에게 국내원천 인적용역소득이 발생한 경우 그 외국법인은 원천징수 방식과 신고·납부 방식 중 하나를 선택하여 법인세를 납부할 수 있다. 이상의 내용을 그림으로 요약하면 다음과 같다.[65]

65 국세청, 외국법인 및 외국인투자기업 납세안내, 2023.3., 25면.

[그림 II-4] 혼성단체의 이중비과세 사례

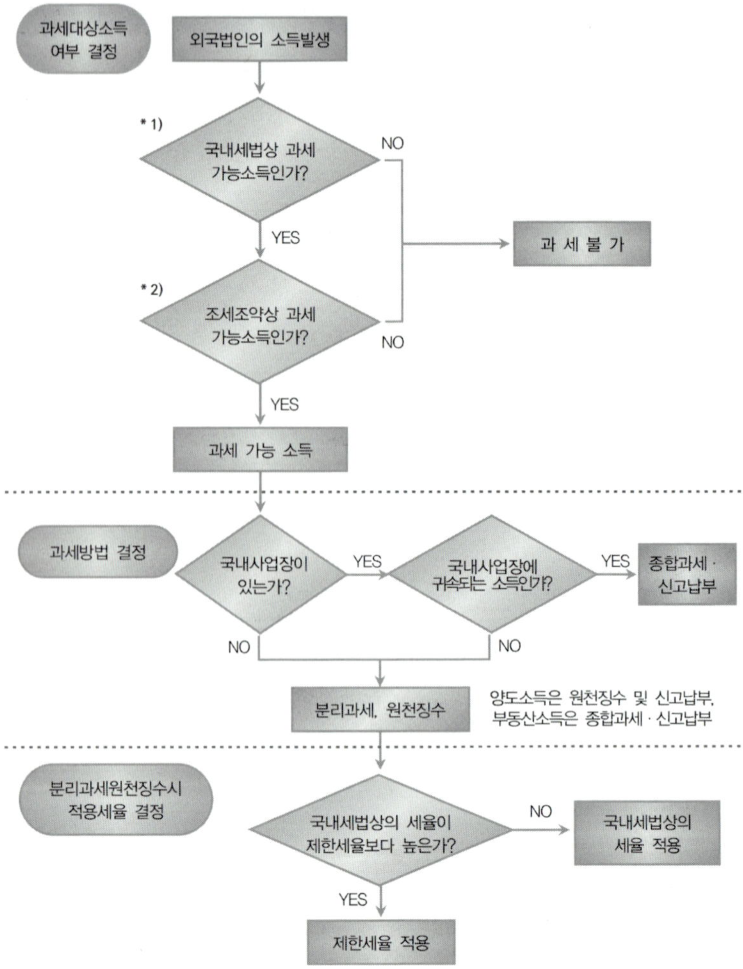

* 1) 국내세법상 과세 가능소득 : 국내원천소득에 해당하고, 비과세 · 면제되지 않는 소득
* 2) 조세조약상 과세 가능소득 : 국내원천소득에 해당하고, 원천지국(우리나라)에 과세권이 있는 소득

[표 II-2] 외국법인 과세방법(조세조약이 없는 경우)

<table>
<tr><th colspan="2">국내원천소득의 종류</th><th>국내사업장 등이 있는 외국법인*</th><th colspan="2">국내사업장 등이 없는 외국법인</th></tr>
<tr><td>제5호</td><td>사업소득</td><td rowspan="4">• 국내사업장 귀속분 : 신고납부 · 종합과세
• 국내사업장에 귀속되지 않는 소득 : 우측과 같이 원천징수 · 분리과세</td><td rowspan="4">분리과세 · 원천징수</td><td>• 2%</td></tr>
<tr><td>제1호</td><td>이자소득</td><td>• 20%(채권 14%)</td></tr>
<tr><td>제2호</td><td>배당소득</td><td>• 20%</td></tr>
<tr><td>제8호</td><td>사 용 료 소 득</td><td>• 20%</td></tr>
<tr><td>제3호</td><td>부 동 산 임대소득</td><td rowspan="2">• 신고납부 · 종합과세</td><td colspan="2" rowspan="2">(신고납부 · 종합과세)
• 원천징수(10%, 20%), 신고납부</td></tr>
<tr><td>제7호</td><td>양도소득</td></tr>
<tr><td>제4호</td><td>선박 등의 임대소득</td><td rowspan="4">• 국내사업장 귀속분 : 신고납부 · 종합과세
• 귀속되지 않는 소득 : 우측과 같이 원천징수 · 분리과세</td><td rowspan="4">분리과세 · 원천징수</td><td>• 2%</td></tr>
<tr><td>제6호</td><td>인적용역소득</td><td>• 20%</td></tr>
<tr><td>제9호</td><td>유가증권 양도소득</td><td>• 10%, 20%</td></tr>
<tr><td>제10호</td><td>기타소득</td><td>• 20%(15%)**</td></tr>
</table>

* "국내사업장 등이 있는 외국법인"이란 국내사업장이 있거나 부동산소득이 있는 외국법인 지칭
** 국외 특허권 침해 보상대가는 15% 적용(2020.1.1. 이후 지급하는 소득 분부터 적용)

[표 II-3] 외국법인 과세방법(조세조약이 있는 경우)

국내원천소득의 종류		국내사업장 등이 있는 외국법인	국내사업장 등이 없는 외국법인
제5호	사업소득	• 귀속주의 – 국내사업장에 귀속되는 소득만 신고납부 종합과세 – 귀속되지 않는 소득 : 과세 제외	• 과세제외
제1호 제2호 제8호	이자소득 배당소득 사 용 료 소 득	• 국내사업장 귀속분 : 조세조약상 제한세율이 적용되지 아니하고 신고납부 · 종합과세 • 국내사업장에 귀속되지 않는 소득 : 조세조약상 제한세율을 한도로 원천징수 · 분리과세	• 조세조약에서 정한 세율을 제한세율로 하여 원천징수 · 분리 과세
제3호 제7호	부 동 산 임대소득 양도소득	• 신고납부 · 종합과세	
제4호 제6호 제9호 제10호	선박 등의 임대소득 인적용역 소득 유가증권 양도소득 기타소득	• 국내사업장 귀속분 : 신고납부 · 종합과세 • 귀속되지 않는 소득 : 원천징수 · 분리과세	분리과세 · 원천징수

✔ 다음의 국내원천소득은 국내사업장에 귀속되는 경우에도 원천징수해야 함. 다만, 그 국내사업장이 사업자등록을 한 경우에는 제외(법인세법 제98조 제8항)

– 건축, 건설, 기계장치 등의 설치 · 조립 기타의 작업이나 그 작업의 지휘 · 감독 등에 관한 용역 및 법인세법 제93조 제6호(인적용역소득)의 용역의 제공으로 인하여 발생하는 국내원천소득

✔ 2013.1.1. 이후 조세조약에서 장비 등 임대소득을 사용료 소득으로 분류한 경우 사용료에 대한 제한세율(0~15%)을 적용(법인세법 제93조 제8호)

3 외국법인의 국내원천소득 범위

법인세법 제93조에 포함되지 않는 국내원천소득은 애당초 과세대상이 아니므로 법인세법 제93조는 국내원천소득의 판단에 관하여 중요한 의미를 지닌다. 그런데 법인세법 제93조 각 호의 국내원천소득이라고 하여 언제나 외국법인의 납세의무에 포함되는 것은 아니다. 외국법인의 과세대상을 규정하는 법규범으로는 법인세법 제93조 외에 조세조약이 있기 때문이다. 외국법인의 국내원천소득에 관한 한 조세조약이 법인세법 제93조의 특별법으로서 우선 적용된다.

한편, 일반적으로 조세조약은 외국법인에 대한 구체적인 과세방법이나 절차에 대해서는 정하고 있지 않다. 그래서 조세조약에 따라 해당 국내원천소득의 종류 또는 적용세율이 결정되더라도 해당 소득에 대한 구체적인 과세방법과 절차는 국내세법을 따른다.

이자소득

법인세법 제93조 제1호의 이자소득은 소득세법 제16조 제1항에 따른 이자소득(같은항 제7호 소득은 제외)으로서 국가, 지방자치단체, 거주자, 내국법인, 외국법인의 국내사업장, 비거주자의 국내사업자가 지급하거나, 외국법인이나 비거주자로부터 지급받는 소득으로서 그 소득을 지급하는 외국법인 또는 비거주자의 국내사업장과 실질적으로 관련되어 그 국내사업장의 소득금액을 계산할 때 필요경비 또는 손금에 산입되는 것을 말한다.

조세조약상 이자소득을 수취하는 외국법인이 국내 고정사업장을 가지고 있고, 이자소득을 발생시키는 자산 또는 권리가 국내 고정사업장과 실질적으로 관련

계된 경우에는 이자소득에 관한 조세조약 규정에 의하여 그 이자소득에 대한 과세를 함에 있어 이자소득 관련조항의 제한세율을 적용하지 않고, 사업소득으로 보아 사업소득에 관한 조세조약 조항을 적용하여 과세한다.

OECD 모델조세조약 제11조 제1항은 외국법인의 거주지국이 이자소득에 대하여 과세할 수 있다고 정하고 있다. 그러나 거주지국의 배타적 과세권을 뜻하지는 않으며, 이자소득의 원천지국도 국내세법에 따라 이자소득을 과세할 수 있다. 우리나라가 체결한 조세조약 중 상당수는 원천지국의 과세권을 인정하였으나, 헝가리 등과 체결한 일부 조세조약은 거주지국의 과세권만 인정하고 있다.

OECD 모델조세조약의 이자소득은 담보권 또는 채무자의 이익에 대한 참여권 여부와 관계없이 모든 종류의 채권에서 발생한 소득을 말한다. 국채 · 사채 · 예금과 이에 수반하는 프리미엄이나 장려금 등이 그 대표적인 예이나 이자소득의 범위는 이에 한정되지 않고 포괄적이다. 이익참가부사채 또는 전환사채의 이자 역시 원칙적으로 이자소득에 해당한다.

반면 OECD 모델조세조약은 이자율 스왑 같은 파생금융상품의 이익을 일반적으로 이자로 취급하지 않는다. OECD 모델조세조약은 연체이자를 이자소득에서 제외하고 있으나 체약국 사이의 합의에 따라 이자소득으로 볼 수 있다.

법인세법 제93조 제1호 본문은 원칙적으로 지급지를 기준으로 이자소득의 국내원천소득 여부를 결정하고 있다. 예컨대 외국법인의 이자소득으로 과세되기 위해서는 이자소득의 지급자가 국가, 지방자치단체, 거주자, 내국법인, 외국법인의 국내사업장이어야 한다. 외국법인 또는 비거주자가 지급하는 이자소득의 경우 국내사업장과 실질적으로 관련되어 국내사업장의 필요경비 또는 손금에 산입되어야 한다. 반면 국외에서 받는 예금의 이자는 국내원천소득인 이자소득에서 제외된다.

한편, 거주자 또는 내국법인의 국외사업장을 위하여 그 국외사업장이 직접 차용한 차입금의 이자는 국내원천소득인 이자소득에서 제외된다. 이는 이자소득의 원천지국 판단기준으로 사용지를 보완적으로 적용하는 것으로 볼 수 있다.

OECD 모델조세조약 제11조는 지급지를 기준으로 이자소득의 원천지국을 판단하고 있다. 우선 이자소득은 이자를 지급하는 자가 소재하는 체약국에서 발생한 것으로 본다. 한편 이자지급자가 체약국 내에 이자지급의 원인인 된 채무와 관련된 고정사업장 또는 고정시설을 두고 위 고정사업장 또는 고정시설이 이자지급을 부담할 경우 이자지급자가 체약국의 거주자인지 여부와 무관하게 고정사업장 또는 고정시설 소재지국을 이자발생지로 본다

배당소득

외국법인의 국내원천 배당소득은 내국법인 또는 법인으로 보는 단체나 그 밖에 국내에 소재하는 자로부터 지급받는 배당 또는 배당에 준하는 소득이라고 말할 수 있나.

OECD 모델조세조약의 배당소득은 주식 등을 비롯하여 법인의 이익분배에 참여할 수 있는 권리로부터 발생한 소득뿐 아니라 배당수령자의 거주지국법에 의하여 배당소득으로 동일하게 취급되는 각종 소득을 포함한다. 배당의 핵심 요소는 법인의 이익분배에 대한 참여에 있다. 따라서 자금의 대여자가 실질적으로 법인의 위험을 부담하는 경우에는 그 이자에 대하여 과소자본세제를 적용하여 배당으로 취급한다. 다만, 파트너십의 이익배분은 파트너십 소재지국의 세법이 파트너십을 주식회사처럼 취급하지 않는 한, 배당으로 보지 않는다.

법인세법 제93조 제2호는 배당소득의 지급지 또는 지급주체를 기준으로 배당소득의 국내원천소득 여부를 결정하고 있다. OECD 모델조세조약 제10조 역시 지급주체를 기준으로 배당소득의 원천지국을 판단하고 있다. 예컨대 OECD 모델조세조약 제10조 제1항과 제2항은 배당소득의 지급주체인 법인이 일방체약국의 거

주자임을 전제하고 있다.

OECD 모델조세조약 제10조 제2항은 제한세율을 5%(외국법인의 내국법인에 대한 지분율이 25% 이상인 경우)와 15%(외국법인의 내국법인에 대한 지분율이 25% 미만인 경우)로 정하고 있으나, 위 제한세율은 개별 조세조약 체결 시 체약당사자국 간의 협상결과에 따라 달리 결정될 수 있다. 우리나라가 체결한 조세조약 중에는 배당소득의 수령자가 개인 또는 법인인지, 수령자가 얼마만큼의 지분율을 보유하고 있는지 등에 따라 다른 제한세율을 규정하고 있는 경우가 있다. 따라서 외국법인의 배당소득이 문제될 때에는 구체적인 사안에 맞게 조세조약을 검토해야 한다.

부동산소득

법인세법에서 정한 외국법인의 부동산소득은, 국내에 있는 부동산 또는 부동산상의 권리와 국내에서 취득한 광업권, 조광권粗鑛權, 토사석土砂石 채취에 관한 권리 또는 지하수의 개발 · 이용권의 양도 · 임대 또는 그 밖의 운영으로 인하여 발생하는 소득을 말하며 부동산 양도소득은 제외된다.

OECD 모델조세조약의 부동산소득은 부동산의 직접 사용, 임대, 그 밖의 어떠한 방식으로든지 부동산을 사용함으로써 발생한 소득을 말한다. 부동산 여부의 판단은 부동산 소재지국의 법령에 따르되, 선박 · 항공기 등은 제외된다. 부동산소득은 소득의 원천지국 또는 부동산의 소재지국에서 과세할 수 있는데, 이는 부동산소득이 원천지국 또는 소재지국과 경제적으로 밀접한 관계에 있기 때문이다.

법인세법 제93조 제3호는 부동산소득의 원천지국을 해당 부동산의 소재지국으로 보고 있다. OECD 모델조세조약 역시 같은 입장이다.

부동산소득이 있는 외국법인은 부동산소득을 포함한 국내원천소득 총 합계액을 과세표준에 산입하여 법인세를 신고 · 납부하여야 한다.

선박·항공기 등 임대소득

국내세법에서 말하는 외국법인의 선박 · 항공기 등 임대소득에는, 거주자, 내국법인 또는 비거주자 · 외국법인의 국내사업장에게 선박, 항공기, 등록된 자동차나 건설기계 또는 산업상 · 상업상 · 과학상의 기계 · 설비 · 장치, 운반구 · 공구 · 기구 및 비품을 임대함으로써 발생하는 소득이 포함된다.

OECD 모델조세조약은 법인세법 제93조 제4호의 선박 · 항공기 등 임대소득을 별도의 소득항목으로 구별하고 있지 않다. 따라서 이 소득은 체약상대국과의 조세조약에 따라 임대목적물별로 사업소득, 사용료소득, 국제운송소득으로 구분되고 있다.

요컨대 법인세법 제93조 제4호의 선박 · 항공기 등 임대소득은 외국법인의 거주지국과 조세조약이 체결되지 않은 경우에 적용되며, 선박, 항공기 등 임대소득이 문제될 때에는 구체적인 상황에 맞게 조세조약을 검토하여야 한다.

선박 · 항공기 등 임대소득의 원천지국은 지급자를 기준으로 판단한다. 선박 · 항공기 등은 수시로 이동하거나 이동가능성이 높으므로 선박 · 항공기 등의 소재지는 원천지국 판단기준으로 적절하지 않기 때문이다.

국내사업장이 없거나 선박 · 항공기 등 임대소득이 국내사업장에 귀속 또는 실질적으로 관련되지 않는 경우 해당 선박 · 항공기 등 임대소득은 법인세법 제98조 제1항에 따라 분리과세되어 완납적으로 원천징수된다. 이때 외국법인의 거주지국과 조세조약이 체결되어 있지 않다면 지급액의 2%가 적용된다. 외국법인의 거주지국과 조세조약이 체결된 경우에는 국내세법의 세율과 조세조약의 제한세율 가운데 낮은 세율을 적용한다. 다만, 조세조약에서 산업상 · 상업상 · 과학상의 기계 · 설비 · 장치등의 임대료를 사용료소득으로 구분하는 경우에는 사용료소득에 적용되는 세율로 원천징수된다. 그러나 선박 · 항공기 등 임대소득을 조세조약에서 사업소득으로 취급한다면 해당 소득에 대해서는 해당 선박 항공기 등이 국내사업장으로 취급되지 않는 한 원천징수를 할 수 없다. 우리나라가 체결한 조세조약은 국내사업장이 없는 사업소득을 우리나라의 과세대상 소득에서 제외하고 있기 때문이다.

사업소득

법인세법 제93조 제5호의 사업소득이란 외국법인이 경영하는 사업에서 발생하는 소득으로서 소득세법 제19조에서 열거하는 사업소득과 조세조약에 따라 국내원천 사업소득으로 과세할 수 있는 소득을 포함하지만, 인적용역소득은 사업소득에서 제외된다. 그런데 법인세법 시행령 제132조 제3항은 " …… 국외에서 발생하는 다음 각 호의 소득으로서 국내사업장에 귀속되는 것은 법 제93조 제5호의 규정에 의한 소득에 포함되는 것으로 한다"라고 규정함으로써, 국내사업장에 귀속되는 일부 국외원천소득에 대하여 사실상 과세할 수 있도록 하고 있다.[66]

외국법인의 사업소득이 국내사업장에 귀속된다면 당연히 국내원천 사업소득으로 과세된다. 그런데 대부분의 경우 외국법인은 국내 · 외에 걸쳐 사업을 영위하고 있고, 해당 사업의 주된 영위장소와 예비적 · 보조적 행위의 수행장소가 다를 때도 있어 국내원천사업소득 여부를 판단하기는 쉽지 않다. 법인세법 시행령 제132조 제2항 이하는 국내사업장에 귀속되는 사업소득의 범위와 원천지국 판단기준을 규정하고 있다.

외국법인의 국내사업장의 각 사업연도 소득금액을 결정할 때, 국내사업장과 국외의 본점 및 다른 지점 사이의 거래에 따른 국내원천 소득금액은 법인세법에서 달리 정하는 것을 제외하고는 국조법 제8조(정상가격의 산출방법)에 따른 방법을 준용하여 계산한 정상가격에 의하여 계산한다. 2010년 개정된 OECD 모델조세조

66 이에 따라 법인세법 제97조(신고 · 납부 · 결정 · 경정 · 징수)에서는 외국법인 국내사업장에 대한 소득에 대하여도 외국납부세액공제(법인세법 제57조 제1항 및 제2항)를 허용하고 있다.

약 제7조는 고정사업장에 귀속되는 사업소득을 계산할 때 정상가격원칙을 따르도록 정하였는데 우리나라도 법인세법 시행령을 개정하여 이러한 원칙을 수용하였다.

한편 외국법인의 국내원천사업소득은 외국법인의 본점이나 다른 지점과의 내부거래에서 비롯되는 경우가 많다. 또한 본점이나 다른 지점의 경비 중 일부가 일종의 공통경비로서 국내원천 사업소득의 발생과 관련되기도 한다. 외국법인의 국내사업장의 각 사업연도 소득금액을 결정할 때 본점 등의 경비 중 공통경비로서 그 국내사업장의 국내원천소득의 발생과 합리적으로 관련된 것은 국내사업장에 배분하여 손금에 산입한다.

사업소득에 관한 OECD 모델조세조약 제7조는 1977년에 그 틀을 갖추었으며, 고정사업장에 귀속되는 사업소득의 계산방법을 다루고 있다. 그런데 OECD 모델조세조약의 기존 내용에 대해서는 사업소득에 대한 법적 정의가 명확하지 않거나 사업소득 계산방법이 일관되지 않는다는 비판이 있었다. OECD는 위와 같은 문제점을 해결하기 위한 작업을 진행하였고, 2004년과 2006년에 각각 Discussion Draft I과 Report on the Attribution of Profits to Permanent Establishment를 발표하면서 이른바 '공인된 OECD 접근방법'Authorized OECD Approach, 이하 'AOA'을 제시하였다. 이후 OECD는 AOA에 기초하여 2010년 7월 OECD 모델조세조약 제7조를 개정하고, 주석서Commentary의 수정내용을 발표하였다.

국내사업장에 귀속되거나 국내사업장과 실질적으로 관련된 사업소득은 외국법인의 다른 국내원천소득과 함께 법인세 과세표준에 산입되어 종합과세된다. 한편 국내사업장이 없거나 국내사업장에 귀속 · 관련되지 않은 사업소득에 대해서는 조세조약이 체결되어있는지 여부에 따라 과세취급이 달라진다.

우리나라가 체결한 대부분의 조세조약에 의하면, 일방체약국의 법인이 타방체약국 소재 고정사업장을 통하여 얻은 사업소득은 해당 고정사업장에 귀속되지 않는 한 고정사업장이 소재한 타방체약국의 과세권에서 제외된다. 따라서 외국법인의 거주지국이 우리나라와 조세조약을 체결하였다면, 국내사업장이 없거나 사업소득이 국내사업장에 귀속·관련되지 않을 경우 사업소득은 우리나라에서 과세되지 않는다.

반면 외국법인의 거주지국이 우리나라와 조세조약을 체결하지 않았다면, 국내사업장이 없을 경우의 사업소득 또는 국내사업장에 귀속·관련되지 않은 사업소득은 분리과세되어 완납적으로 원천징수되는데 이 경우 원천징수세율은 지급액의 2%이다.

국제운수소득

법인세법에 따르면 선박과 항공기에 의한 국제운수소득을 사업소득의 하나로 규정하고 있다. 먼저 외국법인이 국내 및 국외에 걸쳐 선박에 의한 국제운송업을 영위하는 경우에는 국내에서 승선한 여객이나 선적한 화물에 관련하여 발생하는 수입금액을 기준으로 하여 판정한 그 법인의 국내업무에서 발생하는 소득을 국내원천사업소득으로 본다. 외국법인이 국내 및 국외에 걸쳐 항공기에 의한 국제운송업을 영위하는 경우에는 국내에서 탑승한 여객이나 적재한 화물과 관련하여 발생하는 수입금액과 경비, 국내업무용 유형·무형자산의 가액 그 밖에 그 국내업무가 해당 운송업에 대한 소득의 발생에 기여한 정도 등을 고려하여 작성된 공식에 의해 국내원천소득을 계산한다.

한편 OECD 모델조세조약 제8조는 선박·항공기의 운행에 따른 국제운수소득을 사업소득과 구별하여 별개의 소득 항목으로 규정하고 있다. 국제운수소득의 범위에는 선박 또는 항공기의 직접적 운행뿐 아니라 이와 관련된 추가적·보조적 활동까지 포함된다. 예를 들어 다른 기업을 위하여 탑승권 등을 판매하거나 공항과 시내를 이어주는 버스를 운행하는 등의 사업 활동은 국제운수소득의 범위의 일종이다. OECD 모델조세조약 제8조 제1항은 해당 기업의 실질적인 관리장소가 있는 체약국에 국제운수소득의 과세권을 부여하고 있다.

인적용역소득

국내세법에서 정하는 외국법인의 인적용역소득은 국내에서 다음의 인적용역을 제공함으로써 발생하는 소득을 말한다.

① 영화 · 연극의 배우, 음악가 기타 공중연예인이 제공하는 용역
② 직업운동가가 제공하는 용역
③ 변호사 · 공인회계사 · 건축사 · 측량사 · 변리사 기타 자유직업자가 제공하는 용역
④ 과학기술 · 경영관리 기타 분야에 관한 전문적 지식 또는 특별한 기능을 가진 자가 해당 지식 또는 기능을 활용하여 제공하는 용역

한편 인적용역 소득의 범위에 대한 규정을 살펴보면, 인적용역을 제공받는 자가 인적용역의 제공과 관련하여 항공회사 · 숙박업자 또는 음식업자에게 항공료 · 숙박비 또는 식사대를 실제로 지급(인적용역을 제공하는 자를 통해 지급하는 경우를 포함)한 사실이 확인되면 그 항공료 · 숙박비 또는 식사대를 제외한 금액을 인적용역소득으로 한다.

종래 OECD 모델조세조약 제14조는 독립적 인적용역소득independent personal services income을 규정하였으나, 2000.4.29. 삭제되어 현행 OECD 모델조세조약에는 관련 조항이 없다. 우리나라가 체결한 조세조약의 정의에 따르면, 일반적으로 독립적 인적용역소득은 의사 · 변호사 · 엔지니어 · 건축가 · 치과의사 · 회계사의 독립적인 활동뿐 아니라 독립적인 학술 · 문학 · 예술 · 교육과 교수활동을 아우르고 있다.

그러나 구체적인 내용은 조세조약마다 다를 수 있다. 대표적인 예가 법인에 대

한 독립적 인적용역소득의 인정 여부와 추가적인 과세요건의 존재 여부이다. 먼저 한 · 미 조세조약은 개인에 대해서만 독립적 인적용역소득을 인정하고, 법인에게는 독립적 인적용역소득을 적용하지 않고 있다. 이 경우에는 외국법인의 독립적인 인적용역 소득은 사업소득으로 분류된다. 예를 들면 내국법인이 미국에 진출하기 위하여 미국 전문 컨설팅 회사로부터 투자기업의 가치평가 등의 지원을 받고 지급하는 대가는 사업소득에 해당한다

다음으로 일부 조세조약에 의하면, 추가적인 과세요건이 충족되어야 우리나라에서 독립적 인적용역소득을 과세할 수 있다. 예컨대 한 · 일 조세조약에 따르면 고정시설의 보유, 독립적 인적용역소득의 고정시설 귀속, 해당 과세연도 중 총 183일을 초과한 국내 체재 등의 요건을 갖추어야 우리나라에서 독립적 인적용역소득을 과세할 수 있다. 이처럼 조세조약 별로 독립적 인적용역소득의 판단기준이나 범위가 다르므로 실무에서는 구체적인 사안에 따라 조세조약을 자세히 검토하여야 한다.

법인세법과 조세조약에 따르면 독립적 인적용역소득의 원천지국은 용역제공장소이다. 즉 독립적 인적용역이 제공되는 장소가 국내라야 국내원천소득으로 과세될 수 있다. 따라서 건설공사와 관련된 설계용역이 국외에서 수행되고 감리용역은 국내에서 수행되는 경우, 국외에서 수행되는 설계용역이 국내에서 행하는 사업의 일부분으로서 필수적으로 부수되는 것이라면 국외용역대가는 국내원천소득에 해당한다.

국내사업장이 없거나 독립적 인적용역소득이 국내사업장에 귀속 또는 실질적으로 관련되지 않는 경우 해당 독립적 인적용역소득은 법인세법에 따라 분리과세되어 완납적으로 원천징수된다. 만약 외국법인의 거주지국과 조세조약이 체결되어 있지 않다면 지급액에 대하여 22%(법인세율 20%와 지방소득세율 2%)의 세율이 적용된다.

국내원천소득이 귀속되는 외국법인은 국내용역 제공기간(용역 제공기간이 불분명할 때에는 입국일부터 출국일까지의 기간)에 발생한 독립적 인적용역소득에서 그 소득과 관련된다고 입증된 비용을 뺀 금액을 과세표준으로 하여 용역 제공기간 종료일부터 3개월 이내에 원천징수의무자의 납세지관할세무서장에게 신고 · 납부할 수 있다. 이때 원천징수의무자가 이미 원천징수하였다면 해당 원천징수세액은 기납부세액으로 공제한다.

부동산 등 양도소득

국내세법에서 말하는 외국법인의 부동산 등 양도소득은 토지 또는 건물, 부동산에 관한 권리, 콘도 이용권등과 같은 기타자산, 및 비상장 부동산 주식의 양도소득을 말한다.

여기서 주목할 점은 정부는 2019년 말 법인세법 개정 시 제93조 제7호 나목 후단에 "조세조약의 해석 · 적용과 관련하여 그 조세조약상대국과 상호합의에 따라 우리나라에 과세권한이 있는 것으로 인정되는 부동산 주식 등도 전단의 부동산 주식 등에 포함한다."라는 규정을 신설하였다는 것이다. 2019.7. 발표한 기획재정부의 세법개정안 보도자료에 따르면 이러한 개정은 '부동산 과다보유법인의 주식("부동산 주식")의 과세권에 대한 한 · 미 조세조약의 해석 · 적용을 명확화'하기 위함이라고 한다. 따라서 동 규정은 새로운 과세권을 창설하는 규정이라기보다는 기존의 과세권을 명확히 하는 확인적 규정이라고 할 수 있다. 위 세법개정안은 '한 · 미 양국은 1999년 상호합의를 통해 조세조약상 '부동산 주식'의 양도소득 원천지를 부동산 소재지국으로 합의했다'는 점을 언급하고 있다. 이 상호합의 내용은 미국 국세청 공고 2001-34를 통해 일반에게 공개된 것으로서, 이러한 상호합의가 이루어진 경위와 내용 및 그 효력에 대해서 대법원이 론스타 사건 판결문에서 판시하고 있는 내용을 소개하면 다음과 같다.

" ~ 한국과 미국 사이에 한국 소재 부동산을 과다보유한 법인 주식의 양도소득에 대한 한국의 과세권 행사에 관하여 상호합의절차가 개시되어 한국 원천소득으로 합의하였다면, 합의는 한·미 조세조약 제27조 제2항 (c)호가 예정한 조약의 적용, 특히 특정 소득항목의 원천을 동일하게 결정하는 데 관하여 발생하는 곤란 또는 의문을 해결하기 위한 상호합의에 해당하여 유효하므로 한국은 그에 따라 한국 소재 부동산을 과다보유한 법인 주식의 양도소득에 대하여 과세할 수 있고, 이 경우 국내에서 따로 조약 개정에 준하는 절차를 밟지 않았다고 하여 효력을 부인할 것이 아니다."

OECD 모델조세조약 제13조는 자본이득capital gain이라는 제목 아래 자산양도에 따른 소득을 포괄적으로 규정하면서 소득의 원천지국 또는 부동산의 소재지국의 과세권을 인정하고 있다. 이 가운데에는 부동산 양도소득(OECD 모델조세조약 제13조 제1항), 영업권 · 사용권 등 무형자산을 포함하는 동산의 양도소득(OECD 모델조세조약 제13조 제2항), 주식가치의 50% 이상이 부동산으로부터 직 · 간접적으로 발생하는 주식의 양도소득(OECD 모델조세조약 제13조 제4항) 등이 있다. 다만 구체적인 조세조약에 규정된 자본이득의 과세대상이나 범위는 체약국별로 다르므로, 부동산 등 양도소득의 적용 여부가 문제될 때에는 해당 조세조약을 주의 깊게 확인하여야 한다. 예를 들면 국내사업장 없는 일본법인이 내국법인이 발행한 골프회원권 양도 시 법인세법에 의해 국내원천 양도소득에 해당하나 한 · 일 조세조약에 따라 국내에서 과세되지 않는다.

국내사업장에 귀속되거나 국내사업장과 실질적으로 관련된 부동산 등의 양도소득은 외국법인의 다른 국내원천소득과 함께 법인세 과세표준에 산입되어 종합과세된다. 이 경우 양도소득 금액은 해당자산의 양도가액에서 취득가액과 토지 등을 양도하기 위해 직접 지출한 비용을 차감하여 구한다.

국내사업장이 없거나 부동산 등 양도소득이 국내사업장에 귀속되지 않거나 실질적으로 관련되지 않는 경우 해당 외국법인은 부동산 등 양도소득에 대한 법인세를 분리과세하여 신고 · 납부하여야 한다. 반면 부동산 등 양도소득의 지급자는 부동산 등 양도소득을 지급하면서 원천징수를 하여야 한다. 이 경우 법인세법 제98조 제1항 제5호의 세율이 적용된다. 즉 부동산 등 양도소득의 지급자는 원칙적으로 그 지급액의 10%를 원천징수하되, 양도한 자산의 취득가액 및 양도비용이 확인되는 경우에는 그 지급액의 10%에 상당하는 금액과 그 자산의 양도차익의 20%에 상당하는 금액 중 적은 금액을 원천징수한다. 외국법인의 거주지국과 조세조약이 체결되어 있고 해당 조약이 별도의 제한세율을 규정하고 있는 경우에는 조세조약의 세율이 적용된다. 위와 같이 원천징수된 세액은 해당 외국법인이 부동산 등 양도소득을 신고 · 납부할 때 기납부세액으로 공제한다.

사용료소득

법인세법상 사용료소득은, 다음의 어느 하나에 해당하는[67] 권리 · 자산 또는 정보를 국내에서 사용하거나 그 대가를 국내에서 지급하는 경우의 그 대가와 권리 등을 양도함으로써 발생하는 소득을 말한다.

① 학술 또는 예술상의 저작물(영화필름을 포함)의 저작권, 특허권, 상표권, 디자인, 모형, 도면, 비밀스러운 공식 또는 공정(工程), 라디오, 텔레비전 방송용 필름 및 테이프, 그 밖에 이와 유사한 자산이나 권리
② 산업상 · 상업상 · 과학상의 지식 · 경험에 관한 정보 또는 노하우

OECD 모델조세조약 제12조 제2항에 의하면, 사용료소득은 영화필름을 포함한 문학 · 예술 · 과학에 관한 저작권, 특허권, 상표권, 의장이나 신안, 도면, 비밀공식이나 비밀공정의 사용 및 사용권 또는 산업 · 상업 · 과학적 경험에 관한 정보

67 법인세법에는 사용지를 기준으로 국내원천소득을 규정하는 조세조약에 대한 특례를 추가로 규정하고 있으나 여기서는 그에 대한 설명을 생략하고 후술하는 '4. 한미조세조약상 사용료소득의 원천지국 판단기준은 무엇이고 특별히 어떤 점을 고려해야 할까?'에서 상세히 설명한다.

의 대가로서 지급받는 일체의 금전을 뜻한다. 사용료소득의 대상은 등기 여부와 무관하며, 부정하게 복제하거나 침해한 행위에 대한 보상금까지 사용료소득에 포함된다. 외국법인이 체약상대국 소재 고정사업장에서 사업을 영위하거나 고정시설을 통하여 권리 · 자산 · 정보 등을 제공하면서 사용료의 지급원인이 된 권리 또는 재산이 고정사업장 또는 고정시설과 실질적으로 관련되는 경우에는 조세조약 적용 시 사용료소득이 아니라 사업소득 또는 독립적 인적용역소득으로 취급한다.

우리나라가 체결한 조세조약은 체약국에 따라 사용료소득의 범위가 달라질 수 있다. 예를 들어 한 · 미 조세조약은 특허권의 양도소득을 사용료소득에 포함시키고 있으나(법인세법 제93조 제8호와 같은 입장), 다른 나라와의 조세조약에서는 특허권의 양도소득을 사업소득 · 양도소득 · 기타소득 중 어느 하나로 보고 있다. 따라서 실무에서 사용료소득이 문제될 때에는 외국법인의 거주지국과 체결한 조세조약을 살펴보아야 한다.

특히 한 · 미 조세조약 제14조 (4)(b)항은 무형자산의 양도대가 중 "재산 또는 권리의 생산성, 사용 또는 처분에 상응하는 부분contingent on the productivity, use, or disposition or such property or rights"을 사용료의 범위에 포함하고 있는데, 상표권의 양도대가가 정액으로 지급된 경우 해당 양도대가를 사용료소득으로 볼 수 있는지 여부가 종종 다투어진다. 우리나라 국세청은 오랫동안 관행적으로 정액으로 지급한 금액까지도 사용료로 보아 과세해왔는데 2021년말 서울고등법원은 이러한 관행을 부인하는 판결[68]을 내려 주목을 받고 있다.

유가증권 양도소득

외국법인의 유가증권 양도소득은 외국법인이 주식 등(자본시장과금융투자업에관한법률에 따라 상장된 부동산주식 등 포함)과 그 밖의 유가증권(자본시장과

68 서울고등법원 2021. 12. 29. 선고 2021누42131 판결

금융투자업에관한법률 제4조에 따른 증권 포함)을 양도함으로써 발생하는 소득을 말한다.

유가증권 양도소득의 과세범위는 유가증권의 종류와 양도인인 외국법인에게 국내사업장이 있는지 여부에 따라 다음과 같이 달라진다.

[표 II-4] 유가증권 양도소득의 과세대상

양도인(외국법인)의 국내사업장	양도대상	과세대상
있 음	주식 또는 출자증권	과세(법인세법 시행령 제132조 제8항 제1호)
	주식 또는 출자증권 이외의 유가증권	과세. 다만, 유가증권 양도 당시 이자소득으로 과세되는 소득 제외(법인세법 시행령 제132조 제8항 제3호)
없 음	주식 또는 출자증권	외국법인 또는 특수관계인이 주식 또는 출자증권의 양도일이 속하는 연도와 그 직전의 5년 기간 동안 계속하여 발행법인의 발행주식총수 25% 이상을 소유한 경우에만 과세(법인세법 시행령 제132조 제8항 제2호)
	주식 또는 출자증권 이외의 유가증권	양수인이 내국법인, 거주자, 비거주자 · 외국법인의 국내사업장인 경우에 과세. 다만, 유가증권 양도 당시 이자소득으로 과세되는 소득 제외(법인세법 시행령 제132조 제8항 제4호)

OECD 모델조세조약 제13조는 '자본이득capital gain'이라는 제목 아래 자산양도에 따른 소득을 포괄적으로 규정하고 있다. 주식, 출자증권, 기타 유가증권의 양도이익은 OECD 모델조세조약 제13조 제5항의 적용 대상으로서 양도인의 거주지국에서만 과세된다. 한편, 부동산이 법인 자산 가치의 50% 이상인 주식의 양도소득은 원천지국에서 과세할 수 있다. 우리나라가 체결한 다수의 조세조약은 OECD 모델조세조약을 기초로 하여 체결되어 주식양도소득에 대해서는 별다른 조항을 두고 있지 않다.

한편 UN 모델조세조약에서는 주식양도소득에 대하여 별도의 항을 두어 일정한 지분율을 가진 주주의 주식양도차익에 대해서는 주식발행 법인의 소재지국에서 과세할 수 있도록 하고 있다. 우리나라가 체결한 조세조약 중 약 1/3은 이러한 규정을 두고 있다. 예컨대 일본 회사 A가 하나의 과세연도 중 어느 때라도 한국 회사 B의 총 발행주식 중 25% 이상을 소유하고 같은 과세연도 안에 B 회사의 총발행주식 중 5% 이상을 양도한 경우 그 양도소득은 한・일조세조약에 따라 한국에서 과세될 수 있다. 따라서 실제 사례에서는 각 조세조약의 구체적인 내용을 확인하여야 한다.

법인세법에 따르면 유가증권 발행법인의 거주지국 또는 유가증권의 발행장소를 원천지국 판단기준으로 삼고 있다. 내국법인이 발행한 유가증권은 발행법인을 기준으로 원천지국의 과세권을 인정한다. 반면 외국법인이 발행한 유가증권의 경우에는 발행장소가 원천지국 판단기준이다. 예를 들어 외국법인이 발행한 주식 등은 「자본시장과 금융투자업에 관한 법률」에 따른 증권시장에 상장된 것으로 한정되고, 그 밖의 유가증권은 외국법인의 국내사업장이 발행하여야 유가증권 양도소득에 해당한다. 다만, 국내사업장이 없는 외국법인이 「자본시장과 금융투자업에 관한 법률」에 따른 장내파생상품의 거래를 통하여 취득한 소득은 국내원천소득으로 보지 않는다.

우리나라가 체결한 조세조약은 대부분 유가증권 발행법인의 거주지국을 원천지국으로 보고 있다. 그러나 이러한 원천지국 판정의 경우는 UN 모델조세조약과 같이 원천지국에서 동 소득에 대해서 과세권을 행사할 수 있는 경우에 의미가 있다.

국내사업장이 없거나 유가증권 양도소득이 국내사업장에 귀속 또는 실질적으로 관련되지 않는 경우 해당 유가증권 양도소득은 지급액 등에 100분의 10을 곱한 금액을 법인세로 원천징수한다. 다만 법인세법 제92조 제2항 제1호 단서에 따라 해당 유가증권의 취득가액 및 양도비용이 확인된다면, 그 지급액 등의 10%에 상당하는 금액과 양도차익 (즉 유가증권 양도로 인한 수입금액에서 해당 유가증권의 취득가액과 양도비용을 공제한 금액)의 100분의 20에 상당하는 금액 중 적은 금액으로 한다.

국내사업장이 없는 외국법인 또는 국내사업장이 있더라도 국내사업장과 실질적으로 관련되지 아니하거나 귀속되지 아니하는 유가증권 양도소득을 가진 외국법인이 동일한 내국법인의 주식 또는 출자증권을 동일한 사업연도에 2회 이상 양도함으로써 조세조약에서 정한 과세기준을 충족한 때에는 양도 당시 원천징수되지 아니한 소득에 대한 원천징수세액을 양도일이 속하는 사업연도의 종료일부터 3월 이내에 해당 유가증권을 발행한 내국법인의 소재지 관할세무서장에게 신고·납부하여야 한다.

기타소득

기타소득이란 법인세법 제93조 제1호부터 제9호까지의 규정에 따른 소득 외의 소득으로서 제10호에서 규정한 것에 해당하는 소득을 말한다. 제10호에는 보험금·부상금 또는 손해배상금, 국내에 있는 자산을 증여받아 생기는 소득, 국내에서 지급하는 상금·현상금·포상금, 국내법에 따른 면허·허가, 그 밖에 이와 유사한 처분에 의하여 설정된 권리와 부동산 외의 국내자산을 양도함으로써 생기는 소득 등이 규정되어 있다.

OECD 모델조세조약 제21조는 여타의 조항에서 별도로 규정되지 않은 나머지 소득(기타소득)을 다루고 있다. OECD 모델조세조약 제21조 제1항은 거주지국에게 기타소득의 배타적 과세권을 부여하고 있다. 다만, 외국법인이 타방체약국 소재 고정사업장을 통해 사업을 수행하거나 고정시설을 통해 인적용역을 제공하고, 기타소득이 고정사업장 또는 고정시설과 실질적으로 관련된 경우에는 해당 기타소득은 사업소득 또는 독립적 인적용역소득으로 본다. 우리나라가 체결한 조세조약은 대체로 OECD 모델조세조약 제21조 제1항처럼 기타소득을 폭넓게 정하고 있으나 체약상대방에 따라 기타소득의 범위나 과세권이 다를 수 있다.

한편 UN 모델조세조약에서는 소득 발생지국의 기타소득에 대한 과세권을 인정하고 있는 데(UN 모델조세조약 제21조 제3항), 이러한 조항을 좇아 체결된 조세조항이 다수 있다. 따라서 기타소득이 문제될 때에는 해당 조세조약과 법인세법 제93조 제10호를 검토하여 과세 여부를 판단해야 한다.

우리나라가 체결한 조세조약 중에는 기타소득 조항이 포함되지 않은 조세조약도 있다. 예를 들면 우리나라가 미국, 네덜란드, 덴마크, 싱가포르와 체결한 조세조약은 기타소득 조항을 두고 있지 않다. 이 경우에는 국내세법상의 기타소득 조항을 적용하는 것이 우리나라의 관행이다.

국내세법상 기타소득으로 규정하였으나 조세조약에서는 기타소득과는 다른 소득으로 구분될 수 있는 경우 우리나라에서는 조세조약이 국내세법에 대해 특별법적 지위에 있으므로 조세조약의 규정이 국내세법의 규정 보다 우선 적용된다.

국내사업장이 없거나 기타소득이 국내사업장에 귀속 또는 실질적으로 관련되지 않는 경우 해당 기타소득은 법인세법 제98조 제1항에 따라 분리과세되어 완납적으로 원천징수된다. 만약 외국법인의 거주지국과 조세조약이 체결되어 있지 않다면 22%(법인세법상 20%의 세율 및 지방소득세법상 2%의 세율)이 적용된다. 외국법인의 거주지국과 조세조약이 체결되어 있고 조약에서 제한세율을 규정하고 있는 경우에는 조세조약에 따라 우리나라에서 비과세되거나 22%의 세율과 조세조약의 제한세율 중 낮은 세율이 적용된다.

국내사업장이 없는 외국법인이 국내에 있는 자산을 국내사업장이 없는 비거주자나 외국법인으로부터 증여받아 소득이 발생하는 경우에는 해당 금액을 증여받은 날이 속하는 달의 말일부터 3개월 이내에 해당 자산의 소재지(유가증권인 경우에는 유가증권을 발행한 내국법인의 소재지)를 관할하는 세무서장에게 외국법인증여소득신고서를 작성하여 신고 · 납부하여야 한다.

4 노하우와 인적용역에 대한 과세상 구분 기준

법인세법은 사용료소득의 범위에 산업상 · 상업상 · 과학상의 지식 · 경험에 관한 정보 또는 노하우 등을 포함시키고 있다. 한편, 독립적 인적용역 소득 중에는 과학기술 · 경영관리 기타 분야에 관한 전문적 지식 또는 특별한 기능을 가진 자가 해당 지식 또는 기능을 활용하여 제공하는 용역이 포함된다. 이 처럼 사용료소득과 독립적 인적용역소득은 서로 비슷해 보인다. 그런데 사용료소득 또는 독립적 인적용역소득 중 어디에 해당하는지에 따라 원천지국 판단기준이나 세율 등이 달라진다. 따라서 노하우와 인적용역에 관한 구별기준은 실무에서 매우 중요하다.

노하우의 개념

OECD 모델조세조약 주석서Commentary에 정의된 노하우란, 특허권 또는 다른 지적재산권의 범주로 분류될 수 없는 과거의 경험에 기초한 산업적 · 상업적 · 과학적 성격을 가진 비공개 정보로서 사업 영위 과정에 실제로 적용될 수 있고 그 활용을 통하여 경제적 효용을 누릴 수 있는 것을 말한다. 일반적으로 다른 형태의 지적재산권 범주에 포함되지 않는 정보가 노하우의 대상이 되며, 과거의 경험이 아닌 용역제공 과정에서 포함되는 정보에 대해서는 사용료소득의 규정이 적용되지 않는다. 노하우계약에서 노하우를 제공하는 계약 당사자는 계약 상대방의 노하우 사용 과정에서 직접 어떠한 역할을 할 필요가 없고, 일정한 결과를 보장하지도 않는다. 반면 기술용역계약은 계약 당사자 일방이 자신의 통상적인 기술을 사용하여 계약 상대방을 위한 용역을 스스로 실행하는 것을 의미한다.

법인세법 기본통칙에 의하면, 노하우란 지적재산권의 목적이 될 수 있는지 여부와 관계없이 제품 또는 공정의 산업적 재생산을 위하여 필요한 모든 비공개 기술정보로서 동 정보를 제공하기 전에 이미 존재하는 것을 말한다. 위와 같은 정의는 기본적으로 앞서 본 OECD 모델조세조약의 입장에 터 잡은 것이다.

노하우와 인적용역의 구별기준

OECD 모델조세조약은 다음과 같은 관점에서 노하우사용계약과 인적용역계약을 구별하고 있다.

[표 II-5] 노하우와 인적용역의 구별기준

노하우사용계약	인적용역계약
산업상 · 상업상 · 과학상의 지식 · 경험 등에 관한 정보를 상대방에게 제공하면서 기밀유지에 관한 조항을 포함한 계약체결	인적용역 제공자 자신의 지식 · 기술 · 전문지식이 사용될 수는 있으나 이들을 상대방에게 이전하지는 않음
노하우 제공자는 현존 정보의 제공 또는 현존하는 물질의 재생산에 관한 정보 제공 외에는 특별한 역할을 수행하지 않음	인적용역 제공자는 대개의 경우 용역제공 업무과정에서 많은 봉급, 임금 기타 비용 등이 소요됨

법인세법 기본통칙 93－132…7은 다음과 같은 요소를 노하우 해당 여부 판정 시 고려하도록 하고 있는데, 이는 OECD 모델조세조약 제12조에 관한 주석서와 같은 맥락이다.

① 비밀보호규정이 있거나 제3자에게 공개되지 못하게 하는 특별한 장치가 있는지 여부
② 기술용역제공대가가 해당 용역수행에 투입되는 비용에 통상이윤을 가산한 금액을 상당히 초과하는지 여부
③ 사용자가 제공된 정보 또는 노하우를 적용함에 있어서 제공자가 특별한 역할을 수행하도록 요구되는지 또는 제공자가 그 적용결과를 보증하는지 여부

국세청 국제조세 집행기준은 사용료소득과 인적용역소득을 구별에 대해 다음과 같이 정리하고 있다.

[표 II-6] 사용료소득과 인적용역소득 구분

구 분	사용료소득	인적용역소득
① 개념	무형의 가치	신체에 부수되어 제공되는 노무, 기능 및 기술
② 원천지 기준	사용지국(지급지국)	수행지국
③ 소득성격	창출된 가치에 대한 대가	서비스에 대한 대가
④ 제공자의 책임	결과에 대한 보증의무 없음	일정 기간 동안 용역 결과에 대해 보증의무 있음
⑤ 대가지급방법	• 해당대가가 제공된 기술이나 공업소유권을 사용한 회수, 기간, 생산 또는 시용에 의한 이익에 대응해서 산정됨 • 창출된 가치를 위하여 지출된 비용에 통상이윤을 가산한 금액을 훨씬 초과하여 지급됨	해당 용역에 대한 대가가 해당 용역 제공을 위하여 지출된 비용에 통상이윤을 가산한 금액으로 결정됨
⑥ 설계용역 대가의 경우	• 불특정인을 위하여 작성된 설계도면을 사용하고 지급하는 반복 사용 또는 복제권리의 대가 • 공개되지 않은 기술적 정보 즉 노하우(know-how)가 포함된 도면 • 설계용역이 공개되지 않은 기술적 정보를 전수하는 경우와 같이 노하우(know-how)를 제공하는 것일 경우 설계도면의 납품을 통해서 이루어지더라도 사용료에 해당 • 용역의 상대적 가치가 큰 경우에는 사용료소득에 해당됨.	• 설계사가 제공하는 용역과 같이 정형화된 전문직업적용역(그 성질이 용역수행자가 통상적으로 보유하는 전문적인 지식 또는 특별한 기능을 활용하여 용역을 제공함) • 설계사가 전문직업인으로서 지식을 활용하여 제작한 도면 • 개발에 소요되는 직·간접적 비용을 실제 부담한 경우 • 개발의 성공 여부에 따른 위험과 책임을 도입자가 부담하는 경우
⑦ 기타 기술용역	특허권 등이나 노하우(know-how) 제공에 필연적으로 부수되는 용역대가	용역제공에 따른 인적·물적 비용으로 실제로 소요된 비용

구 분	사용료소득	인적용역소득
⑧ 인적용역 대가와 사용료가 혼합된 경우	인적용역 부분이 보조적이며, 그 금액이 크지 않은 경우에는 전체를 사용료로 봄	인적용역 부분이 합리적으로 구분 가능하고 그 인적용역 부분이 사용료의 보조적이 아니며, 금액이 큼
⑨ 기계장치의 도입에 따른 설치, 제작, 조립 운전을 위한 부수적인 도면		기계장치에 부수되는 단순한 설계 도면은 인적용역임(단, 계약서상 기계 대가에 설치 및 조립, 도면, 시운전을 위한 비용이 포함된 경우에는 기계장치가액으로 봄)

5 소프트웨어 대가를 사용료(로얄티) 소득으로 취급하는 기준

소프트웨어란 특정의 결과를 얻기 위하여 컴퓨터 등 정보처리능력을 가진 기계장치 내에 직접 또는 간접적으로 사용되는 일련의 지식 또는 명령(프로그램) 및 위 프로그램과 관련되어 사용되는 설명서, 기술서 및 기타 보고서 등을 말한다. 소프트웨어를 도입하는 계약 내용이나 도입방식은 구체적인 상황에 따라 다양하므로, 소프트웨어 도입대가의 소득구분 역시 개별적인 계약 내용이나 도입방식을 고려하여 판단하여야 한다. 우리나라가 체결한 조세조약에서는 소프트웨어 도입대가의 소득구분에 관한 명확한 판단기준을 찾기 어렵다. 따라서 아래에서는 법인세법 기본통칙 및 법원 판례를 중심으로 소프트웨어 도입대가의 세무처리 기준을 살펴본다.

법인세법 기본통칙의 기준

법인세법 기본통칙 93－132…8 제2항은 소프트웨어의 도입계약 내용에 따라 소프트웨어 도입대가의 소득을 구분하고 있다. 먼저 소프트웨어 저작권자로부터 해당 소프트웨어의 저작권을 양수하고 지급하는 대가와 소트프웨어의 복제권·배포권·개작권 등의 사용 또는 사용할 권리의 대가는 사용료소득으로 본다(법인세법 기본통칙 93－132…8 ② 1호). 또한 해당 소프트웨어의 비공개 원시코드source code가 제공되거나 원시코드가 제공되지 않더라도 국내도입자의 개별적인 주문에 의해 제작·개작된 소프트웨어가 제공되거나 소프트웨어의 지급대가가 해당 소프트웨어의 사용형태 또는 재생산량의 규모 등 소프트웨어의 사용과 관련된 일정 기준에 기초하여 결정되는 경우에는 역시 사용료소득에 해당한다(법인세법 기본통칙 93－132…8 ② 2호).

소프트웨어의 국내도입자가 외국의 소프트웨어 개발업자에게 도입자의 비용과 책임으로 자기가 원하는 소프트웨어를 개발하여 제작할 것을 의뢰하고 도입한 것으로서 국내도입자가 소프트웨어에 대한 포괄적인 권리(저작권 포함)를 원시적으로 취득하고 지급하는 대가는 법인세법 기본통칙 93－132…8 제2항 제2호에서 규정하는 사용료소득에 해당하지 않는다(법인세법 기본통칙 93－132…8 ④).

만약 소프트웨어가 하드웨어와 함께 도입되고 소프트웨어의 가격과 하드웨어의 가격을 분리할 수 있다면 소프트웨어 대가만 원천징수한다(법인세법 기본통칙 93－132…8 ③ 1호). 반면 소프트웨어를 담고 있는 매체나 용기의 가격비중이 전체 도입대가에 비하여 미미한 경우에는 그 매체나 용기의 가액을 포함한 전체 도입대가에 대하여 원천징수한다(법인세법 기본통칙 93－132…8 ③ 2호).

우리나라 정부는 OECD 가입협상시 위와 같은 입장을 토대로 '소프트웨어 대가를 사업소득으로 취급해야 한다'는 지침을 제시한 OECD 모델조약 제12조에 관한 주석서 제14문단에 대해 다음과 같이 유보를 하였다.[69]

[제12조에 관한 주석서 31.1문단]

14문단과 관련하여, 한국은 해당 문단이 컴퓨터 소프트웨어의 형태로 노하우가 이전될 수 있다는 사실을 간과할 수 있다는 의견을 가지고 있다. 따라서, 한국은 비거주자가 소프트웨어 또는 컴퓨터 프로그램을 통해 전수한 노하우는 제12조에 따라 취급되어야 한다고 생각한다.

외국법인에게 지급하는 소프트웨어 도입대가의 소득구분에 대하여 국세청 국제조세 집행기준은 다음과 같이 정리하고 있다.

69 그 결과 OECD 모델조약 제12조에 관한 주석서 31.1문단이 다음과 같이 기술되었다.
31.1 With respect to paragraph 14, Korea is of the opinion that the paragraph may neglect the fact that know-how can be transferred in the form of computer software. Therefore, Korea considers know-how imparted by non-residents through software or computer program to be treated in accordance with Article 12.

국제조세 집행기준 93 - 132 - 7 【외국법인에게 지급하는 소프트웨어 도입대가】

<table>
<tr><td>소프트웨어의 정의</td><td colspan="3">소프트웨어라 함은 특정의 결과를 얻기 위하여 컴퓨터 등 정보처리능력을 가진 기계장치 내에 직접 또는 간접적으로 사용되는 일련의 지시 또는 명령(이하 '프로그램'이라 한다) 및 동 프로그램과 관련되어 사용되는 설명서, 기술서 및 기타 보고서 등을 말한다.</td></tr>
<tr><td rowspan="5">소프트웨어 도입 대가의 소득구분</td><td rowspan="4">사용료</td><td>「법인세법」 제93조 제8호 가목</td><td>소프트웨어 저작권자로부터 해당 소프트웨어의 저작권을 양수하고 지급하는 대가 및 소프트웨어의 복제권, 배포권, 개작권 등의 사용 또는 사용할 권리의 대가</td></tr>
<tr><td rowspan="3">「법인세법」 제93조 제8호 나목</td><td>해당 소프트웨어의 비공개 원시코드(Source code)가 제공되는 경우</td></tr>
<tr><td>원시코드가 제공되지 않는 경우에는 국내도입자의 개별적인 주문에 의해 제작 · 개작된 소프트웨어가 제공된 경우</td></tr>
<tr><td>소프트웨어의 지급대가가 해당 소프트웨어의 사용형태 또는 재생산량의 규모 등 소프트웨어의 사용과 관련된 일정 기준에 기초하여 결정되는 경우</td></tr>
<tr><td colspan="2">인적용역소득 또는 사업소득</td><td>소프트웨어의 국내도입자가 외국의 소프트웨어 개발업자에게 도입자의 비용과 책임으로 자기가 원하는 소프트웨어를 개발하여 제작해 줄 것을 의뢰하고 도입한 것으로서 자기가 그 도입한 소프트웨어에 대한 포괄적인 권리(저작권을 포함한다)를 원시적으로 취득하고 지급하는 대가</td></tr>
<tr><td rowspan="2">소프트웨어 대가의 범위</td><td colspan="3">하드웨어와 함께 도입되는 소프트웨어로서 당해 소프트웨어의 가격이 하드웨어의 가격과 분리 가능한 경우는 소프트웨어 대가 부분만 원천징수한다.</td></tr>
<tr><td colspan="3">소프트웨어를 담고 있는 매체나 용기의 가격비중이 전체 도입대가에 비하여 미미한 경우는 그 매체나 용기의 가액을 포함한 전체 도입대가에 대하여 원천징수한다.</td></tr>
</table>

법원 판결의 일반적 태도

실제 사례에서 지급한 대가가 사용료에 해당되는 지 여부를 정확히 판단하는 것은 어렵다. 소프트웨어는 첨단기술의 집약체로서 그 제작 및 개발 단계에서부터 고도의 공학적 기술과 노하우, 숙련된 지식과 경험, 전문 인력이 투입되게 마련이고, 이를 범용화 · 상용화하여 상품으로 판매하는 때에도 그 소프트웨어에 담긴 기술과 노하우가 함께 전수되는 것은 아닌지 의문이 들 수 있기 때문이다. 이처럼 소프트웨어와 같은 하이테크 제품에는 정도의 차이는 있을지언정 어느 것이나 제작자의 기술과 노하우가 반영되어 있게 마련이므로 단순히 그 제품을 정하여진 용법에 따라 '사용'하였다는 이유만으로는 그 기술과 노하우를 '전수'받은 것으로 평가할 수는 없다.[70] 즉, 기술과 노하우가 담긴 결과물을 '사용'하였다는 사정만으로 기술과 노하우를 '전수'받았다고 볼 것은 아니다. 그러므로 완성된 소프트웨어를 공개된 기능 그대로 사용하는 경우는 '상품의 수입'으로 보아야 하고, 소프트웨어 제작기법 또는 일반에 공개되어 있지 않은 영업 또는 경영상의 기술과 노하우를 전수하는 정도에 이르러야 '기술과 노하우의 전수'가 있었던 것으로 평가하여 해당 대가를 사용료로 볼 수 있을 것이다.

70 조인호, "외국으로부터 도입한 소프트웨어의 대가와 법인세법상 원천징수대상인 국내원천소득으로서의 사용료 소득", 「대법원판례해설」 제34호, 2001. 6., 595면

6 한 · 미조세조약상 사용료(로얄티) 소득의 원천지국 판단기준

한·미 조세조약상 사용료(로얄티)에 대한 원천지국 판단기준

우리나라 조세조약 중 한 · 미 조세조약은 다른 조세조약과는 달리 사용지를 기준으로 국내원천소득 해당 여부를 판정하고 있다. 예를 들어, 설령 내국법인이 무형자산이나 권리의 사용을 허락한 미국법인에게 사용료(로얄티)를 지급했다고 하더라도 무형자산이나 권리를 국내에서 사용하지 않는 경우에는 동 소득은 미국법인의 국내 원천소득으로 볼 수가 없어 우리나라에서 과세권이 없다는 결과에 이르게 된다.

이와 관련하여 특히 문제가 되는 이슈는, 국내에는 미국법인의 특허권이 등록되어 있지 않으나 미국 등 여타 국가에는 등록된 경우, 내국법인이 미국법인에게 특허권 사용료를 지급하면서 동 특허권이 국내에서 사용된 것으로 보아 (즉, 국내원천이 있다고 보아) 해당 소득에 대해 원천징수를 해야 하는 것인지에 대해 우리과세당국과 미국 과세당국 (또는 납세자) 사이에 오랫동안 다투어 왔다는 점이다. 이에 대한 쟁점은 지금까지도 완전히 정리가 되지 않은 것으로 보인다.

2008년 정부의 세법개정 이전의 대법원 판결 논리

대법원은 91누6887 판결(1992.5.12. 선고)의 판결문에서 "특허권은 국가에 의한 특허처분에 의하여 특허출원인에게 부여되는 권리로서 각국의 특허법과 그 법에 따라 특허를 부여할 권리는 각국에 있어서 독립적으로 존재하여 지역적 제한을 지니게 되므로 특허권자가 특허물건을 독점적으로 생산, 사용, 양도, 대여, 수입 또는 전시하는 등의 특허실시에 관한 권리는 특허권이 설정 등록된 국가의 영역 내에서만 그 효력이 미치는 것이라고 할 것"이라고 보았다. 그리고 이에 따라서 "외국법인의 특허권이 등록되어 있지 않은 대한민국에서 당해 특허제품이 생산되어 특허권이 등록된 외국으로 수출, 판매되는 경우에 있어서 특허권의 사용 혹은 침해문제는 특허권을 가진 외국법인이 그 특허권의 효력이 미치는 외국 내에서 위 특허제품의 수입, 판매에 대하여 가지는 특허실시권의 사용, 침해에 관한 문제일 뿐 대한민국 내에서의 특허제품 사용 자체에 관한 문제와는 관계가 없는 것이다"는 판단을 하였다.

이 판결과정에서 피고인 종로세무서장은 "특허권의 침해 내지 사용은 현지법인의 미국 내로의 자동차의 수입 및 판매과정에서 문제가 되는 것이지만 그 실질에 있어서는 원고가 국내에서 자동차를 생산하는 과정에서 이를 사용하였다 할 것이고 …"라고 하여 국세청의 전통적인 과세논리를 피력하였으나 이러한 논리는 대법원에 의해 수용되지 않았다.

또한, 대법원은 2007년에 특허침해소송에 따른 화해금 및 특허실시료 지급약정이 문제된 대우전자 사건에서, 다시 한 · 미조세조약 제6조와 제14조 상의 특허권의 "사용"의 정의를 다루었다.[71] 이 판결에서 대법원은, "특허권의 속지주의 원칙상 특허권자가 특허물건을 독점적으로 생산, 사용, 양도, 대여, 수입 또는 전시하는 등의 특허실시에 관한 권리는 특허권이 등록된 국가의 영역 내에서만 그 효력이 미치는 것이므로, 구 법인세법 제93조 제9호 (가)목에서 외국법인의 국내원천소득의 하나로 규정하고 있는 '특허권을 국내에서 사용하는 경우에 당해 대가로 인한 소득'이나 한미조세협약 제6조 제3항, 제14조 제4항에서의 '특허권에 대한 사용료는 어느 체약국 내의 동 재산의 사용 또는 사용할 권리에 대하여 지급되는 경우에만 동 체약국 내에 원천을 둔 소득으로 취급된다'는 규정의 의미는 외국법인 혹은 미국법인이 대한민국에 특허권을 등록하여 대한민국 내에서 특허실시권

71 대법원 2007.9.7. 선고 2005두8641 판결

을 가지는 경우에 그 특허실시권의 사용대가로 지급받는 소득을 의미한다"고 판시하였다. 이러한 논리를 기초로 대법원은 "원고가 DECA를 통하여 I.P. Global에게 지급한 위 실시료 및 화해금 상당액은 DECA가 원고로부터 수입하여 미국 내에서 판매하는 전자제품이 I.P. Global의 미국 내에서의 위 특허실시권을 침해 또는 사용한 데에 기인한 것이지 원고가 위 특허실시권 내지 특허기술을 대한민국에서 사용한 대가로 지급된 것은 아니고, 또한 미국 내에서 특허등록되면서 공개된 이 사건 특허기술이 구 법인세법 제93조 제9호 (나)목 소정의 '정보 및 노하우'에 해당하지 않는다"고 한 원심의 사실인정 및 판단은 정당하다고 하면서 해당 법인의 특허실시료 상당액이 국내원천 사용료 소득에 해당하지 않는다고 판시하였다.

2008년 정부가 발의한 세법개정 내용

이와 같이, 국내 미등록 특허권에 대하여 내국법인이 외국법인에게 지급한 사용료가 국내원천소득이 아니라는 대법원의 판례가 반복되자, 과세당국은 당초의 과세 관행을 정당화할 수 있는 법인세법개정안을 2008년 국회에 제출하였고, 국회는 같은 해 12월말에 동 개정안을 수용하여 통과시켰다. 이때 개정된 법인세법 제93조 제9호에 따르면 "특허권, 실용신안권, 상표권, 디자인권 등 권리의 행사에 등록이 필요한 권리(이하 이 호에서 "특허권 등"이라 한다)는 해당 특허권 등이 국외에서 등록되었고 국내에서 제조 · 판매 등에 사용된 경우에는 국내 등록 여부에 관계없이 국내에서 사용된 것으로 본다"라는 규정을 신설함으로써 국내 원천 사용료소득의 원인이 되는 특허권의 사용 개념을 확장하였다. 즉 국외에서 등록된 특허도 국내에서의 제조나 판매와 관련하여 사용되었다면 등록지와 무관하게 한국 내에서 사용된 것으로 본다고 규정한 것이다. 그러나 납세자들은 이러한 세법 개정에도 불구하고 여전히 미국법인이 내국법인으로부터 지급받은 국내 미등록 특허권의 사용대가가 국내원천소득에 해당하지 않는다는 주장을 계속하였기 때문에, 이 이슈는 한 · 미 과세당국 간의 상호합의절차에서도 계속적으로 중요한 의제로 남게 되었고, 대법원에서도 개정된 법인세법하에서 이 쟁점에 대한 판결을 다시 내리지 않으면 안 되게 되었다.

2008년 세법개정 이후의 대법원의 판결 논리

2008년 정부가 발의한 세법개정 이후에도 대법원은 종전의 입장을 견지한 채 국가 패소 판결을 지속적으로 내렸다. 예를 들면, 특허침해소송 종료 및 실시권 허여에 관한 화해계약이 문제된 사건에서 대법원은 정부의 세법개정에도 불구하고 다음과 같이 종전의 입장을 고수하는 내용의 판결을 내렸다.[72]

> "법인세법 제93조 제9호 단서 후문은 외국법인이 특허권 등을 국외에서 등록하였을 뿐 국내에서 등록하지 아니한 경우라도 그 특허권 등이 국내에서 제조·판매 등에 사용된 때에는 그 사용의 대가로 지급받는 소득을 국내원천소득으로 보도록 정하였으나, 국조법 제28조는 "비거주자 또는 외국법인의 국내원천소득의 구분에 관하여는 소득세법 제119조 및 법인세법 제93조에도 불구하고 조세조약이 우선하여 적용된다."고 규정하고 있으므로, 국외에서 등록되었을 뿐 국내에는 등록되지 아니한 미국법인의 특허권 등이 국내에서 제조·판매 등에 사용된 경우 미국법인이 그 사용의 대가로 지급받는 소득을 국내원천소득으로 볼 것인지는 한미조세협약에 따라 판단하지 아니할 수 없다. 그런데 한미조세협약 제6조 제3항, 제14조 제4항은 특허권의 속지주의 원칙상 특허권자가 특허물건을 독점적으로 생산, 사용, 양도, 대여, 수입 또는 전시하는 등의 특허실시에 관한 권리는 특허권이 등록된 국가의 영역 내에서만 그 효력이 미친다고 보아 미국법인이 국내에 특허권을 등록하여 국내에서 특허실시권을 가지는 경우에 그 특허실시권의 사용대가로 지급받는 소득만을 국내원천소득으로 정하였을 뿐이고(대법원 2007.9.7. 선고 2005두8641 판결 등 참조), 한미조세협약의 해석상 특허권이 등록된 국가 외에서는 특허권의 침해가 발생할 수 없어 이를 사용하거나 그 사용의 대가를 지급한다는 것을 관념할 수도 없다. 따라서 미국법인이 특허권을 국외에서 등록하였을 뿐 국내에는 등록하지 아니한 경우에는 미국법인이 그와 관련하여 지급받는 소득은 그 사용의 대가가 될 수 없으므로 이를 국내원천소득으로 볼 수 없다."

이와 같은 입장은 이후의 후속 사건에서도 계속적으로 유지되었는데, 대법원 2014.12.11. 선고 2013두9670 판결, 대법원 2015.12.24. 선고 2015두52418 판결

72 2014.11.27. 선고 2012두18356 판결(세미컨덕터 사건)

과 대법원 2016.6.9. 선고 2016두33667 판결에서도 기존 입장을 분명히 확인하여, "내국 법인이 국내 미등록 특허에 대하여 지급한 사용료는 국내원천소득이 아니다"라는 법리는 확고해졌다고 할 수 있다.

더욱이 대법원은, 특허권침해에 따른 손해배상 및 특허권 허여에 관한 양해각서가 문제된 사건에서 기존의 법리를 그대로 유지하면서도 미등록 특허사용료 또는 합의금이 국내원천소득이 될 수 없다는 이유로 한미 조세조약의 해석상 특허권이 등록된 국가 외에서는 특허권의 침해가 발생할 수 없이 이를 사용하거나 그 사용의 대가를 지급한다는 것을 관념할 수도 없어 국내원천소득으로 볼 수 없다는 점을 명시하였다(대법원 2018.12.27. 선고 2016두42883 판결).

2019년 말 법인세법 개정 내용

기획재정부는 2008년의 법인세법 개정을 통해 국내 미등록 특허의 사용대가에 대한 과세권 확보를 시도하였으나, 이에 대한 대법원의 반복적인 국가패소 판결로 인해 그 시도가 무위로 돌아갔다고 할 수 있다. 그러자 기획재정부는 국내 미등록 특허의 사용대가에 대한 과세권 확보를 위해 다시 한 번 법인세법 개정을 추진하였다. 즉, 개정 법인세법에 따르면, 국내 미등록 특허 사용대가를 두 가지로 구분하여 그 중 (ⅰ) 국내 미등록 특허 사용대가를 '특허권'이 아닌 '기타 이와 유사한 재산 · 권리의 사용대가인 국내원천 사용료 소득으로 규정하고, (ⅱ) 과거 특허침해로 인한 배상금, 보상금, 화해금 등은 '특허사용료'가 아닌 국내원천 '기타소득'으로 규정하였는데, 그 상세한 내용은 다음과 같다.

(1) 국내 미등록 특허 사용대가에 관한 과세체계 변경

정부가 2019.8.29. 국회에 제출한 "법인세법 일부개정법률안(의안 번호 22210)"의 내용에 따르면 국내 미등록 특허의 사용대가에 대한 과세권 확보를 위해 국내원천 사용료 소득을 규정하는 현행 제93조 제8호에서 단서를 삭제하는 대신, 아래와 같은 다목을 추가하도록 하였다.

> 다. 사용지(使用地)를 기준으로 국내원천소득 해당 여부를 규정하는 조세조약(이하 이 조에서 "사용지 기준 조세조약"이라 한다)에서 사용료의 정의에 포함되는 그 밖에 이와 유사한 재산 또는 권리[특허권, 실용신안권, 상표권, 디자인권 등 그 행사에 등록이 필요한 권리(이하 이 조에서 "특허권 등"이라 한다)가 국내에서 등록되지 아니하였으나 그에 포함된 제조방법 · 기술 · 정보 등이 국내에서 제조 · 생산과 관련되는 등 국내에서 사실상의 실시되거나 사용되는 것을 말한다]

이는 한 · 미 조세조약과 같이 사용지를 기준으로 국내원천소득 해당 여부를 규정하는 조세조약을 적용하는 경우, 국내 미등록 특허권 등에 포함된 제조방법 · 기술 · 정보 등이 국내에서 제조 · 생산 등 사실상의 실시 또는 사용에 관련된다면 해당 지급대가를 한 · 미 조세조약의 사용지 정의에 포함되는 "그 밖의 이와 유사한 재산 또는 권리"에 해당한다고 보아 그 대가를 국내원천 사용료소득으로 취급한다는 것이다.

(2) 국내원천 기타소득 범위에 '미등록 특허의 침해로 인한 지급대가' 포함

한편, 사용대가 이외에 특허 침해로 발생한 피해에 대해 지급하는 손해배상금 · 보상금 · 화해금 등 지급대가의 경우는 법인세법 제93조 제10호에 차목을 신설함으로써 사용료소득이 아닌 기타소득으로 구분하였는데, 개정 조문의 내용은 다음과 같다.

> 차. 사용지 기준 조세조약상대국의 법인이 소유한 특허권 등으로서 국내에서 등록되지 않고 국외에서 등록된 특허권 등을 침해하여 발생하는 손해에 대하여 국내에서 지급하는 손해배상금 · 보상금 · 화해금 · 일실이익 또는 그 밖에 이와 유사한 소득. 다만, 해당 특허권 등에 포함된 제조방법 · 기술 · 정보 등이 국내에서 제조 · 생산과 관련되는 등 국내에서 사실상 실시되거나 사용되는 것과 관련되어 지급하는 소득으로 한정한다.

또한 위 법인세법 개정 규정은, 위에서 규정한 기타소득에 적용되는 원천징수 세율은 기타소득에 일반적으로 적용되는 20%의 세율과는 달리 한・미 조세조약상 사용료 소득에 적용되는 15%가 적용되도록 하고 있다(법인세법 제98조 제1항 제8호 단서).

이 개정 규정은, 특허권 등의 침해로 발생한 피해에 대한 배상금 등이 한・미 조세조약상 사용료 소득의 정의에 명확하게 규정되어 있지 않다는 점과 조세조약상 규정되지 않은 용어의 정의는 과세하는 국내법 규정에 따른다는 한・미 조세조약 제2조 제2항[73] 및 국조법 제5조(세법과 조세조약의 관계)의 규정을 근거로 국내세법의 기타소득의 범위에 위에서 언급한 배상금 등을 포함시킴으로써 외국법인의 해당 소득에 대한 과세권을 확보하려는 것으로 이해된다.

현재까지는 위에서 설명한 2019년 말 법인세법 개정내용이 적용된 사용료 사건에 대해 대법원이 판결을 한 적은 없다. 그러나 이는 시간 문제이므로 머지 않아 대법원이 2019년 말 법인세법 개정내용을 전제로 한 사용료 사건에 대해 판결을 내릴 것으로 보인다. 대법원이 과연 어떤 입장을 취할 것인지 귀추가 주목된다.

73 해당 조세조약상의 조문은 다음과 같다.
(2) 이 협약에서 사용되나 이 협약에서 정의되지 아니한 기타의 용어는, 달리 문맥에 따르지 아니하는 한, 그 조세가 결정되는 체약국의 법에 따라 내포하는 의미를 가진다. 상기 규정에 불구하고 일방 체약국의 법에 따른 그러한 용어의 의미가 타방 체약국의 법에 따른 용어의 의미와 상이하거나, 또는 그러한 용어의 의미가 어느 한 체약국의 법에 따라 용이하게 결정될 수 없는 경우에 양 체약국의 권한 있는 당국은 이중과세를 방지하거나 또는 이 협약의 기타의 목적을 촉진하기 위하여 이 협약의 목적상 동 용어의 공통적 의미를 확정할 수 있다.

7 조세조약상 원천징수 관련 혜택을 받기 위한 절차

2012.7.1. 조세조약상 제한세율 적용을 위한 원천징수절차 특례제도가 도입되기 전에는 국내원천소득에 조세조약상 제한세율을 적용할 때 소득수령자가 미리 특별한 신청을 할 필요 없이, 원천징수의무자 스스로의 책임과 판단 아래 제한세율을 적용하면 되었다.[74]

또한 2014.1.1. 법인세법 개정 전에는 비거주자나 외국법인 등이 조세조약에 따라 비과세 · 면제 혜택을 받고자 하면 소득지급자를 경유하여 다음달 9일까지 비과세 · 면제신청서를 제출하면 되었다. 이 경우 신청서에는 거주지국의 권한 있는 당국이 발급한 거주자증명서와 비과세 · 면제의 근거에 관한 계약서 등의 자료를 첨부하도록 하였고, 신청 후 계약내용의 변경 등으로 비과세, 면제 신청 내용이 바뀌면 새로 비과세 · 면제 신청을 추가로 제출해야 했다.

한편 2000년대 중반 이후 국내사업장이 없는 비거주자 · 외국법인들이 이자 · 배당 · 사용료 등을 수령할 때 실질귀속자가 아님에도 불구하고 부당하게 조세조약 혜택을 받는 사례가 빈번하게 발생하였다. 당시 과세당국이 원천징수의무자에게 본세와 가산세를 부과하면서 원천징수의무자의 불만이 커지자, 조세조약상 제한세율 적용을 위한 원천징수 절차 및 조세조약에 따른 비과세 · 면제 신청 절차를 보다 합리적이고 체계적으로 규정할 필요성이 높아지게 되었다.

때마침 OECD는 2010년 적격 집합투자기구의 요건 및 원천징수 절차 등을 다룬 보고서를 발간하면서, 집합투자기구에 조세조약상 혜택을 부여하는 문제에 대

74 다만 벨기에, 네덜란드와 체결한 조세조약에 규정된 배당, 이자, 사용료의 제한세율을 적용할 때에는 국세청 고시에 따라 세무서장에게 '거주자증명서'를 제출하여 확인받아야 했다.

한 국제적 기준이 제시되었다. 이처럼 종전 원천징수제도를 개선하기 위한 여건이 마련되자, 정부는 OECD 보고서 내용을 토대로 제한세율 적용을 위한 원천징수 절차와 조세조약에 따른 비과세 · 면제 신청 절차를 다음과 같이 개정하였다.

국내원천소득이 실질귀속자에게 바로 지급되는 경우

2017.7.1.부터 소득의 실질귀속자인 비거주자나 외국법인이 조세조약에 따른 제한세율을 적용받으려면, 해당 국내원천소득을 지급받기 전까지 원천징수의무자에게 국내원천소득 제한세율 적용신청서 및 국내 원천소득의 실질귀속자임을 증명하는 서류(이하 "제한세율적용신청서 등")를 제출해야 하는 것으로 제도가 개정되었다. 개정된 제도에 따르면 실질귀속자가 제한세율 적용신청서 등을 한 번 제출하면 최초로 제출한 날부터 3년 이내에는 다시 제출하지 않아도 된다. 다만, 그 내용에 변동이 있는 경우에는 변동사유가 발생한 날 이후 최초로 국내원천소득을 지급받기 전까지 그 변동 내역을 제출해야 한다.

또한 2014.1.1.부터 소득의 실질귀속자인 비거주자나 외국법인이 조세조약에 따라 비과세 또는 면제를 적용받으려면, 실질귀속자는 비과세 · 면제신청서 및 국내원천소득의 실질귀속자임을 증명하는 서류(이하 "비과세 · 면제신청서 등")를 국내원천소득을 지급하는 자(소득지급자)에게 제출하고, 해당 소득지급자는 소득을 지급하는 날이 속하는 달의 다음 달 9일까지 그 신청서를 소득지급자의 납세지 관할 세무서장에게 제출하도록 제도가 개정되었다.

소득지급자는 제한세율 적용신청서 등 또는 비과세 · 면제신청서 등 관련 자료를 법인세법 제98조 제1항에 따른 원천징수세액의 납부기한 다음날부터 5년간 보관하여야 한다. 이 경우 소득지급자의 납세지 관할 세무서장이 제출을 요구하면 이를 제출해야 한다.

국내원천소득이 국외투자기구를 통하여 지급되는 경우

국내원천소득이 국외투자기구를 통하여 실질귀속자에게 지급되는 경우 먼저 실질귀속자는 국외투자기구에 제한세율 적용신청서 등 또는 비과세 · 면제신청서 등을 제출해야 한다. 국외투자기구는 제한세율 적용신청서 등을 또는 비과세 · 면제신청서 등을 제출받아 국외투자기구 신고서에 실질귀속자 명세를 첨부하여 국내원천소득을 지급받기 전까지 원천징수의무자에게 제출해야 한다.

여기서 국외투자기구란, 투자권유를 하여 모은 금전 등을 재산적 가치가 있는 투자대상자산의 취득, 처분 또는 그 밖의 방법으로 운용하고 그 결과를 투자자에게 배분하여 귀속시키는 투자행위를 하는 기구로서 국외에서 설립된 기구[75]를 말한다.

국외투자기구가 제한세율 적용신청서 등 또는 비과세 · 면제신청서 등을 제출하면 최초로 제출한 날부터 3년 이내에는 다시 제출하지 않아도 된다. 다만, 그 내용에 변동이 있는 경우에는 변동사유가 발생한 날 이후 최초로 국내원천소득을 지급받기 전까지 그 변동 내역을 제출해야 한다. 소득지급자 및 국외투자기구는 제한세율 적용신청서 등 또는 비과세 · 면제신청서 등 관련 자료를 법인세법 제98조 제1항에 따른 원천징수세액의 납부기한 다음날부터 5년간 보관하여야 하고, 원천징수의무자의 납세지 관할 세무서장이 그 제출을 요구하는 경우에는 이를 제출해야 한다.

다수의 국외투자기구가 연속적으로 투자관계에 있는 경우에는 투자를 받는 직전 국외투자기구를 1차 국외투자기구로, 투자하는 국외투자기구를 2차 국외투자기구로 본다. 1차 국외투자기구에 2차 국외투자기구가 투자하고 있는 경우 1차 국외투자기구는 2차 국외투자기구로부터 실질귀속자 명세(해당 2차 국외투자기구가 국외공모집합투자기구인 경우에는 이를 확인할 수 있는 서류와 해당 국외투

75 국외에 설립된 공모 투자펀드와 사모 투자펀드를 모두 포함한다.

자기구의 국가별 실질귀속자의 수 및 총투자금액 명세를 말함)를 첨부한 국외투자기구 신고서를 제출받아 함께 제출하여야 한다.

한편 국외공모집합투자기구가 국외공모집합투자기구 해당 요건을 확인할 수 있는 서류와 해당 국외투자기구의 국가별 실질귀속자의 수 및 총투자금액 명세를 국외투자기구 신고서에 첨부하여 제출한 경우에는 투자자들로부터 제한세율 적용신청서 등 또는 비과세 · 면제신청서 등을 제출받지 아니하거나 국외투자기구 신고서에 실질귀속자 명세서를 첨부하지 않아도 된다.

여기서 공모집합투자기구란 다음 각 호의 요건을 모두 갖춘 국외투자기구이다.

① 「자본시장과 금융투자업에 관한 법률」에 따른 집합투자기구와 유사한 국외투자기구로서, 체약상대국의 법률에 따라 등록하거나 승인을 받은 국외투자기구
② 증권을 사모로 발행하지 아니하고 직전 회계기간 종료일(신규로 설립된 국외투자기구인 경우에는 국외투자기구 신고시 제출일) 현재 투자자가 100명(투자자가 다른 국외투자기구인 경우에는 그 국외투자기구를 1명으로 본다) 이상일 것
③ 조세조약에서 조약상 혜택의 적용을 배제하도록 규정된 국외투자기구에 해당되지 아니할 것

결과적으로 다음의 사유에 해당하는 경우에는 원천징수의무자는 비과세나 면제 또는 제한세율을 적용하지 않고 법인세법이나 소득세법에서 규정하는 원천징수 세율을 적용하여 원천징수를 해야 한다.

① 제한세율 적용신청서 등이나 비과세 · 면제신청서 등 또는 국외투자기구 신고서를 제출받지 못한 경우
② 제출된 제한세율 적용신청서 등이나 비과세 · 면제신청서 등 또는 국외투자기구

신고서에 기재된 내용의 보완 요구에 응하지 아니하는 경우(사유가 발생한 부분에 한정)

③ 제출된 제한세율 적용신청서 등이나 비과세·면제신청서 등 또는 국외투자기구 신고서를 통해서는 실질귀속자를 파악할 수 없는 경우(사유가 발생한 부분에 한정, 국외공모집합투자기구는 제외)

비과세·면제를 적용받지 못했거나 제한세율을 적용받지 못한 실질귀속자는 법인세법 제98조 제1항 각 호의 금액을 원천징수된 날이 속하는 달의 다음 달 11일부터 5년[76] 이내에 납세지 관할 세무서장에게 경정청구할 수 있다. 다만, 「국세기본법」 제45조의 2 제2항 각 호의 어느 하나에 해당하는 사유(즉, 후발적 경정사유)가 발생하였을 때에는 그 사유가 발생한 것을 안 날부터 3개월 이내에 경정을 청구할 수 있다.

76 2017.1.1. 이후 경정청구하는 분부터 적용한다. 그 전에는 경정청구기한이 3년에 불과했다.

8 외국계 펀드의 실질소유자(수익적 소유자) 판정에 대한 주요 판례 분석

1997년 우리나라에 외환위기가 찾아오자 경제 전체적으로 유동성이 부족하게 되었고 국내 부동산과 기타투자자산 및 기업의 전반적 가치가 급격히 하락하였으며 원화의 가치는 그 전의 약 70% 수준으로 폭락하였다. 이에 따라 우리나라에는 수많은 외국계 사모투자펀드가 국내에 진출하여 저평가된 국내기업의 주식을 인수하거나 합병을 하여 경영권을 장악하였고, 2000년대 중반까지 기업의 성과를 빠르게 향상시킨 후 배당을 실시하거나 해당 기업의 주식을 제3자에게 양도함으로써 양도차익을 실현하기도 하였다.

이러한 펀드들에 대하여 국세청은 과세권 확보차원에서 공격적으로 과세를 하였고 그 결과 그동안 많은 사건들이 법원에서 다투어져 왔다. 그 결과 2010년 초부터 약 10여년 동안 외국계 펀드들에 대한 중요 사건들이 대법원의 최종 판결을 받게 되었는데, 시간이 지남에 따라 대법원 판결의 태도 또는 주안점이 조금씩 변화해 갔다. 생각건대 2010년 초에는 법원도 이러한 유형의 국제조세 사건들에 대한 선결정례 또는 판결 경험이 별로 없었기 때문에 국내 세법 또는 사법私法의 일반 원칙에 입각한 판결이 주종을 이루었으나, 시간이 흐름에 따라 판례가 축적되면서 법원은 조세조약에 대한 보다 폭넓은 이해를 하게 된 것으로 보이고 OECD와 같은 국제적 과세기준을 보다 존중하는 방향으로 판결 태도가 진화해 간 것으로 보인다.

스타타워 판결[77]

(1) 사실관계 및 과세경위

2011년 이전까지는, 외국에서 유한 파트너십으로 설립된 사모펀드의 국내원천소득에 대하여, 해당 파트너십이 설립된 국가가 해당 파트너십을 투시사업체(fiscally transparent entity)로 취급함으로써 해당 소득이 파트너십에 귀속되지 아니하고 각 파트너에게 귀속되는 경우에는, 과세당국은 일관되게 소득이 귀속되는 파트너들을 납세의무자로 보아 국내세법 및 조세조약을 적용해왔다. 즉, 2011년 이전까지는, 과세당국의 입장은 설립지국의 과세상 취급을 존중하는 것이었다. 위와 같은 과세당국의 입장을 뒤엎고 외국의 유한 파트너십을 외국법인으로 본 최초의 대법원 판결이 스타타워 판결[78]이다. 이 판결들은 스타타워빌딩을 소유하는 국내법인의 주식매각이라는 하나의 사실관계의 관련 당사자들이 각각 별도의 소송을 제기함으로써 별개의 사건으로 처리된 것이며, 이를 종합적으로 정리하면 아래와 같다.

사모투자펀드의 설정, 관리, 운용을 주된 사업으로 하는 자산운용사private equity firm인 Lone Star Funds는 2000년 7월 한국 및 일본의 부동산투자를 주된 투자목적으로 2개의 쌍둥이 사모투자펀드인 Lone Star Fund III (U.S.), L.P. (이하 "LS미국 파트너십")와 Lone Star Fund III (Bermuda) L.P.(이하 "LS버뮤다 파트너십")를 설정하였으며, 이 쌍둥이 펀드를 총칭하여 'Lone Star III펀드'라고 명명한 후 이들을 사실상 하나의 펀드로 관리해왔다.

---

77 이미현, "국외투자기구의 소득에 대한 조세조약의 적용-유한 파트너십인 사모투자펀드를 중심으로", 조세학술논문집 제31집 제1호(2015) 167~172면.

78 대법원 2012.1.27. 선고2010두5950판결(Lone Star Fund III (U.S.) L.P.관련 판결) 및 대법원 2012. 1. 27. 선고 2010두19393판결(Lone Star Fund III (Bermuda) L.P.관련 판결을 합하여 여기서는 스타타워 판결이라 부른다.

[그림 II-5] 론스타 펀드 III의 투자 구조

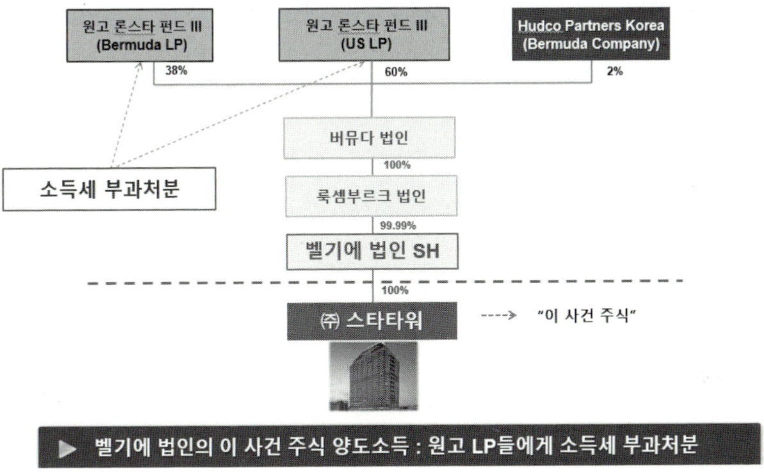

Lone Star Fund III는 〈그림 II-5〉에서 보는 바와 같이, 4 단계의 매개체 intermediary를 거쳐서 내국법인인 ㈜스타타워의 주식을 보유하다가 2004.12.28. 그 주식 전부를 싱가폴 투자자에게 매각하였지만, 한-벨기에 조세조약을 적용하여 양도소득세를 납부하지 않았다.[79]

과세당국은, 버뮤다 지주회사 이하 벨기에 법인까지의 모든 당사자들은 도관회사에 불과하므로 양도소득은 Lone Star Fund III에게 실질적으로 귀속된다고 보아 한-벨기에 조세조약을 적용하지 않고 Lone Star Fund III에게 양도소득세를 부과하였다. 과세당국의 종전 입장에 따른다면, 파트너들에게 양도소득세를 부과하였어야 하지만, Lone Star Fund III가 끝까지 파트너들의 명세를 공개하지 않았기 때문에 과세당국은 Lone Star Fund III를 구성하는 각각의 유한 파트너십을 소득세법상 각 '1거주자'로 보아 소득세를 부과한 것이다.

79 한-벨기에 조세조약에 따르면 주식양도차익에 대한 과세권은 해당 소득 창출자의 거주지국에서만 과세하도록 규정하고 있다.

(2) 법원 판결

소송과정에서의 주된 쟁점은 (i) 벨기에 법인이 과연 도관인가 및 (ii) 파트너쉽을 1거주자로 보아 소득세를 부과할 수 있느냐 하는 점이었다. 이에 대해 1、2심 법원은 벨기에 법인인 Star Holdings와 그 상위지주회사들이 스타타워 빌딩에 대한 투자목적 이외에 그 거점국에서 실질적인 경제활동을 하였다는 구체적인 자료가 없을 뿐 아니라, 오히려 증거에 의해 인정되는 여러 사실관계에 따르면, 론스타펀드 III가 실질귀속자에 해당한다고 판단하였다.

이러한 사실관계에서 근거하여 1심 법원은 (i) ㈜스타타워 주식 취득에 사용된 자금은 Lone Star Funds III의 자금이라는 점 및 (ii) 거래구조의 기획을 비롯해서 실제 스타타워 주식매수와 스타타워 빌딩의 취득 및 그 이후의 관리, 스타타워의 주식양도에 이르기까지 전 과정을 사실상 론스타펀드 III의 임원이나 론스타펀드 III의 지배관리하에 있는 한국내 자산관리회사의 임원등이 주도적으로 담당하였다고 결론지으며, 따라서 ㈜스타타워 주식양도와 그 이익의 귀속주체는 그 형식적인 거래명의나 이익의 귀속자에 불구하고 실질적으로 론스타펀드III이라고 판시하였고, 이에 따라 이 사건에는 한-벨기에 조세조약이 적용될 수 없다고 하였다. 나아가 유한책임사원limited partner과 무한책임사원general partner으로 구성되며 무한책임사원이 일상적인 업무집행을 하는 유한파트너쉽은 한국법상 합자회사에 유사하여 법인세법상 외국법인에 해당하므로, 소득세법상 1거주자로 볼 수 없다는 이유로 과세처분을 취소하라는 판결을 하였다.

이에 대하여 과세당국이 항소하였으나 2심 법원 역시 같은 이유로 항소를 기각하였다. 과세당국의 상고이유는 유한 파트너쉽을 소득세법상 1거주자로 볼 수 있느냐에 집중되었고, 대법원은 해당 유한 파트너쉽이 구성원들과는 별개로 권리、의무의 주체가 될 수 있는 독자적 존재로서의 성격을 가지고 있으니, 법인세법상 외국법인에 해당한다는 이유로 상고를 기각하였다. 과세당국만 상고를 한 까닭에, Lone Star Fund III가 실질귀속자이냐 여부는 상고심에서는 다투어지지 않았으므로, 대법원 판결에서는 실질과세원칙에 근거하여 조세조약의 적용을 부인할 수 있느냐에 대한 직접적인 언급은 없지만, 일단 이사건의 사실관계는 Lone Star Fund III가 실질귀속자인 것으로 확정되었다.

요컨대, 이 사건은 과세당국의 패소로 끝났지만, Lone Star Fund III을 실질 귀속자로 인정받았으므로 과세당국이 승리한 셈이다. 양도소득세 부과처분이 취소되기는 하였지만, 이 판결을 근거로 과세당국은 실질귀속자로 취급된 LS유한파트너쉽과 LS버뮤다파트너쉽에게 각각 법인세를 다시 부과하였기 때문이다.

라살레 판결[80]

(1) 사실관계 및 과세경위

영국의 유한 파트너십limited partnership인 원고들(영국 LP 1과 영국 LP 2)은 한국 내 부동산에 대한 투자를 위하여 설립되었다. 원고들은 룩셈부르크에 법인을 각각 세우고 이들을 통해 벨기에에 '벨기에 법인 1'과 '벨기에 법인 2'를 설립하였다.

이 벨기에 법인들은 2002.2.1. 자산유동화에 관한 법률에 의하여 설립된 LARF 노스게이트 유동화전문유한회사(이하 '노스게이트'라 한다)의 주식 전부(이하 '이 사건 주식')를 약 47억 원에 인수한 다음 노스게이트를 주체로 내세워 서울 종로구 적선동 66 토지 및 그 지상의 현대상선빌딩(이하 '이 사건 부동산')을 매수하여 보유하던 중 2004. 9. 9. 이 사건 주식을 영국법인인 푸르덴셜에게 약 430억 원에 매각함으로써 양도소득을 얻었다.

이 사건 주식의 양수인인 푸르덴셜은 한·벨 조세조약 제13조 제3항에 의하여 주식양도로 인한 소득은 양도인의 거주지국에서만 과세되도록 규정되어 있다는 이유로 벨기에 법인들에 대한 이 사건 주식 양도대금의 지급시 양도소득에 관한 법인세를 원천징수하지 아니하였다.

80 대법원 2012. 4. 26. 선고 2010두11948 판결

그러자 피고는 2006. 12. 18. 벨기에 법인들은 조세회피목적을 위해 설립된 명목상의 회사에 불과하여 이 사건 양도소득의 실질적인 귀속자가 될 수 없고 영국법인인 원고들이 그 실질적인 귀속자이며 그들에게는 한·벨 조세조약 제13조 제3항이 적용될 수 없다는 이유로 양도소득에 대한 법인세로 원고 1에 대하여 7,638,984,440원을, 원고 2에 대하여 2,672,391,460원을 각각 부과하였다.

[그림 II-6] 라살레 펀드의 투자 구조

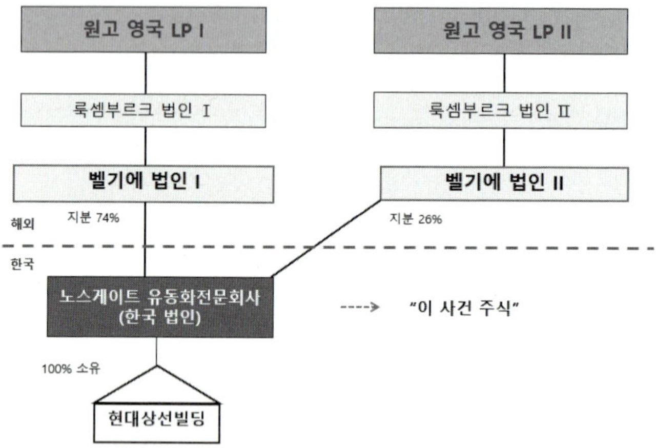

▶ 벨기에 법인의 이 사건 주식 양도소득 : 영국 LP에게 법인세 부과처분

(2) 법원 판결

이 사건은 영국의 유한 파트너쉽이 벨기에 법인을 매개체로 해서 부동산이 주된 자산인 내국법인의 주식을 취득하였다가 처분한 경우로, 기본적인 사실관계는 스타타워 사건과 유사하며, 그러한 사실관계에 기초하여 1심 법원은 이 사건 주식양도와 그 이익의 귀속주체는 실질적으로 영국의 유한 파트너쉽이라고 인정하였다.

다만, 이 사건에서는 과세당국이 처음부터 영국의 유한 파트너쉽을 영국법인으로 보아 한-영 조세조약을 적용하여 법인세를 부과하였기 때문에 하급심에서 스타타워 판결의 경우와는 달리 과세관청이 승소하였다. 원고들의 주된 상고 이

유중 하나는 실질과세의 원칙을 이유로 조세조약의 혜택을 박탈할 수 없다는 것이었으나, 대법원은 실질과세원칙은 조세조약의 해석과 적용에 있어서도 이를 배제하는 특별한 규정이 없는 한 그대로 적용된다고 판시함으로써, 실질과세원칙의 적용에 의해 조세조약 혜택을 박탈할 수 있음을 명시적으로 확인한 첫 번째 대법원 판결이 되었다. 스타타워 판결의 경우와 마찬가지로, 영국의 유한 파트너십이 실질귀속자에 해당하느냐 여부는 상고심의 쟁점은 아니었다.

만도 판결[81]

(1) 사실관계 및 과세경위

케이만군도의 유한 파트너십인 CVC Capital Partners Asia Pacific L.P.이하 'CVC Asia'라 한다는 케이만군도 법인인 MHN Ltd.를, MHN Ltd.는 룩셈부르크 법인인 MHN Luxembourg S.A.R.L.이하 'MHN Luxembourg'라 한다을, MHN Luxembourg는 벨기에 법인인 Mando Holdings N.V.이하 'Mando Holdings'라 한다를 각각 100% 출자하여 설립하였다. 그 후 Mando Holdings는 컨소시엄을 구성하여 만도기계 주식회사의 사업부분 일부를 인수하여 내국법인인 원고(위니아 만도(주))를 설립하였다.

원고는 Mando Holdings에 배당금을 지급한 다음, Mando Holdings가 벨기에 소재 법인이라는 이유로 한-벨기에 조세조약 상의 제한세율을 적용하여 배당소득에 대하여 원천징수분 법인세를 납부하였다. 한편 Mando Holdings는 내국법인인 주식회사 만도홀딩스에게 자신이 보유하고 있던 원고의 주식을 양도하였는데, 주식회사 만도홀딩스는 한국과 벨기에 사이의 조세조약이 적용됨을 이유로 Mando Holdings의 양도소득에 대한 법인세를 원천징수하지 아니하였다.

이에 대해 과세관청은 벨기에 법인인 Mando Holdings와 룩셈부르크 법인인 MHN Luxembourg는 조세회피목적으로 설립된 명목상의 회사에 불과하여 이 사

81 대법원 2010두25466, 2012.10.25. 선고

건 각 배당소득 및 양도소득의 실질적인 귀속자가 될 수 없고, 케이만군도에 설립된 유한 파트너십인 CVC Asia가 그 실질적인 귀속자이므로, 위 각 소득에 관련하여서는 한-벨기에 조세조약이 적용될 수 없다는 이유로, 원고에게 이 사건 각 배당소득에 대해서는 2004 사업연도 귀속 원천징수분 법인세와 2005 사업연도 귀속 원천징수분 법인세를 추가로 납세고지하고, 이 사건 양도소득에 대해서는 주식회사 만도홀딩스의 납세의무를 승계한 원고에게 2005 사업연도 귀속 원천징수분 법인세로 000원을 납세고지 하였다. 따라서 이 사건의 쟁점은 누가 투자소득(배당소득 및 양도소득)의 실질 귀속자인지 여부이다.

위 사건의 원고인 위니아만도(주)는 CVC Asia의 최종 투자자를 밝히지 않았고, 관련 펀드 홈페이지 상의 투자자들의 거주지국과 투자비율만 밝히면서, 최종 투자자들 중 93%(영국 46%, 미국 29%, 아랍에미리트 15%)가 한국과 거주지국과의 조세조약에 따라 주식 양도소득에 대하여 비과세 혜택을 받아야 한다고 주장하였다. 그러나, 과세당국은 케이만군도 파트너쉽인 CVC Asia를 배당소득 및 양도소득의 실질 귀속자로 보고 법인세법상 원천징수처분을 원천징수의무자인 위니아만도(주)에게 하였다.

[그림 II-7] CVC Asia 펀드의 투자 구조

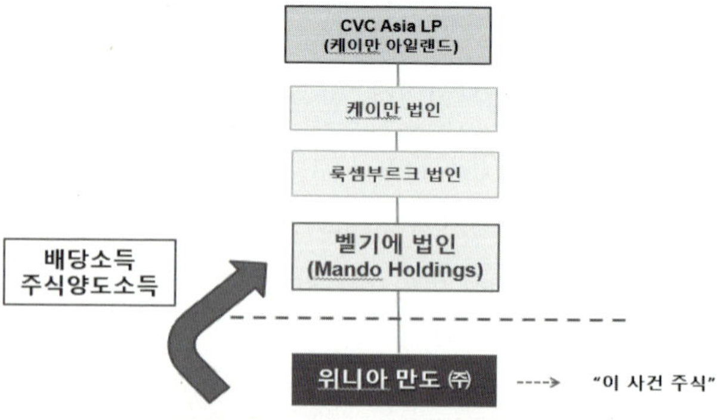

▶ <납세자> 위니아만도의 배당소득 및 양도소득 : 한-벨기에 조세조약 적용
<과세> CVC Asia LP(케이만)를 BO로 판단 → 법인세법 적용하여 징수처분함

(2) 법원 판결

대법원은 원고 설립 과정에서 CVC Asia와 Mando Holdings의 관여 정도, Mando Holdings의 설립 경위와 목적, 투자자금의 원천, 배당소득에 대한 지배·관리 정도, Mando Holdings의 의사결정과정, 인적·물적 조직과 사업 활동 내역 등을 고려하여, 벨기에 법인인 Mando Holdings는 사업부분의 인수와 주식의 양도에 관하여 형식상 거래당사자의 역할만을 수행하였을 뿐 그 실질적 주체는 CVC Asia이고, 룩셈부르크 법인인 MHN Luxembourg 역시 명목상의 회사에 불과하다고 보았다. 또한 이러한 형식과 실질의 괴리는 오로지 조세회피의 목적에서 비롯되었으므로, 배당소득과 양도소득의 실질적인 귀속자 또는 배당소득에 대한 한국과 벨기에 사이의 조세조약의 수익적 소유자를 CVC Asia로 보아야 하며, 위 회사가 케이만군도에 설립된 이상 위 각 소득에 대해서는 한국과 벨기에 사이의 조세조약이 적용될 수 없다는 원심의 판단이 정당하다고 판시하였다.

뉴브리지 캐피털 판결[82, 83]

(1) 사실관계 및 과세경위

미국의 '사모투자회사'인 Newbridge Capital Group LLC.이하 'NB'의 계열사인 홍콩 소재 Newbridge Capital Limited는 제일은행 주식 매입과 관련하여 우리나라 정부와 1998.12.31. 양해각서를, 1999. 9.17. 투자약정서를 각각 체결하였고, 그 모든 절차는 Newbridge Capital Limited의 임원이 주도하였다. 그 후 NB의 미국내 계열사인 Newbridge Capital LLC등은 제일은행 주식의 인수에 투자할 펀드 투자자들을 모집하고, 2000.1.14.경 케이만 유한 파트너십KFB LP을 Newbridge Holdings라는 법인을 설립하여 이를 통해 제일은행 주식을 인수하였다.

한편, 제일은행 주식을 취득한 라부안 법인은 2005.4.15. 이를 매각하였으나,

82 대법원 2013.7.11. 선고 2010두20966판결

83 이미현, 전게논문 172~177면.

양수인은 한·말레이시아 조세조약을 적용하여 법인세를 원천징수하지 않았다. 이에 과세당국은 라부안 법인은 조세회피목적으로 설립된 명목상의 회사에 불과하여 이 사건 양도소득의 실질적인 귀속자가 될 수 없고, 그 실질적인 귀속자는 KFB LP에 대한 투자자 281명이라는 이유로, 그들 중 우리나라와 조세조약을 체결하지 않았거나 체결하였다고 하더라도 주식의 양도로 인한 소득에 대하여 원천지국 과세권을 규정하고 있는 국가에 거주하는 총 8개국 40명의 투자자들이 얻은 양도소득(이 사건 양도소득의 24.8092%)에 대하여 원천징수분 소득세 43,010,717,520원을 양수인인 Standard Chartered Bank에게 부과하였다.

[그림 II-8] New Bridge Capital의 투자 구조

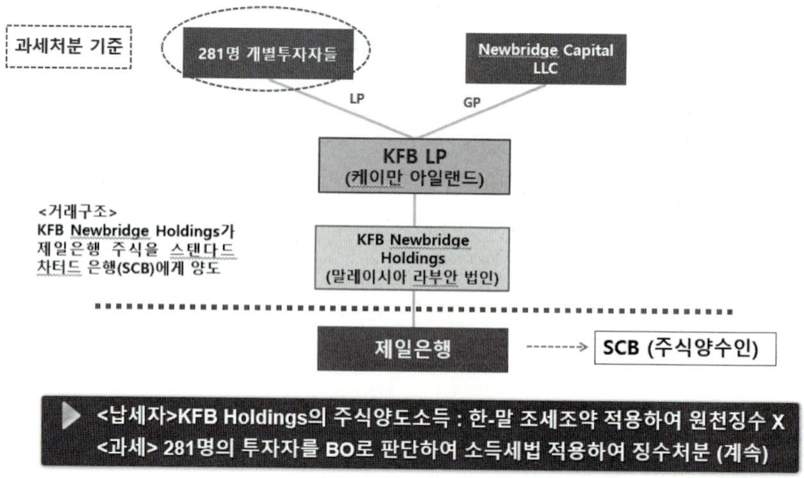

(2) 법원 판결

1심 및 2심 법원은 케이만과 라부안의 법인들이 형식적인 거래당사자라는 과세관청의 주장을 받아들여 원고청구를 기각 하였고, 이에 원고는 상고를 하였다. 원고의 상고이유의 핵심은 라부안 법인을 실질귀속자로 인정하여 한·말레이시아 조세조약을 적용해달라는 것이었다. 만일 라부안법인에 대한 조세조약이 부인되는 경우에는 281명의 투자자들을 기준으로 조세조약이 적용된다는 점에 대하여

서는 원고와 피고간에 다툼이 없었다.

대법원 역시 라부안법인이 실질귀속자가 아니므로 한・말레이시아 조세조약이 적용될 수 없다는 점에는 이견이 없었다. 하지만, 281명의 투자자를 실질귀속자로본 원심과는 달리 대법원은 케이만 유한파트너십인 KFB Newbridge Investment L.P.는 "공동사업을 통한 이익의 분배를 목적으로 설립된 단체로서 일상업무를 집행하며 무한책임을 지는 파트너General Partner와 투자한도 내에서만 책임을 지는 파트너(Limited Partner)로 구성되어 있는 사실, 소외 회사가 이 사건 주식을 취득한 후 KFB LP가 제일은행의 실질적인 지배주주로서 자신에게 우호적인 인물들을 사외이사로 선임하여 제일은행의 경영에 참여한 점 등을 종합하여 보면, KFB LP는 이 사건 주식의 인수를 통하여 제일은행의 경영에 참가하여 그 기업가치를 증대시킨 다음 이 사건 주식을 양도하는 방법으로 높은 수익을 얻으려는 뚜렷한 사업목적을 가지고 설립된 영리단체로서, 오로지 조세를 회피할 목적으로 설립된 것으로 볼 수는 없으므로 KFB LP가 이 사건 주식을 실질적으로 지배・관리할 능력이 없는 명목상의 영리단체에 불과하다고 할 수 없다."는 이유로 케이만 유한파트너십인 KFB LP 자체를 실질귀속자로 보았다. 따라서, KFB LP가 그 설립지인 케이만군도의 법령 내용과 단체의 실질에 비추어 법인세법상 외국법인으로 볼 수 있는지 여부를 심리하여 해당 단체를 납세의무자로 하여 법인세를 징수할 것인지 아니면 해당 단체의 출자자들을 납세의무자로 하여 그 출자자들의 지위에 따라 소득세나 법인세를 징수하여야 하는지를 판단해야 함에도 불구하고, 원심은 이에 대한 판단을 누락하였다는 이유로 원심을 파기환송하였다.

DM Food 판결[84, 85]

(1) 사실관계 및 과세경위

영국령 케이만군도의 유한 파트너십Limited Partnership인 CVC Capital Partners Asia Pacific L.P.이하 'CVC Asia'와 미국의 유한책임회사Limited Liability Company인 Asia Investors L.L.C.이하 'AI'는 각 66.7%와 33.3%의 비율로 공동 출자하여 룩셈부르크에 Korea Dairy Luxembourg S.A.R.L이하 'KDL'을 설립하고, 다시 KDL과 내국법인인 DM Food 주식회사이하 'DMF'의 경영진이 각 88.75%와 11.25%의 비율로 공동 출자하여 1999. 12. 10. 벨기에 법인인 Korea Dairy Holdings N.V.이하 'KDH'를 설립하였다. KDH는 1999. 12. 21. 덴마크 축산개발 주식회사 등으로부터 DMF의 발행 주식 전부를 매입한 다음, 2005. 7. 20. 이를 원고[(주)동원엔터프라이즈]에게 170억원에 매각하였는데, 원고는 한·벨 조세조약 제13조 제3항을 적용하여 KDH의 주식양도소득에 관한 법인세를 원천징수하지 않았다.

이에 피고는 KDH와 KDL이 한·벨 조세조약 등을 이용하여 대한민국 내에서의 조세를 회피할 목적으로 설립된 명목상의 회사에 불과하여 이 사건 주식의 양도소득에 관한 실질귀속자가 될 수 없고, 이 사건 주식양도소득 가운데 DMF 경영진에 귀속되는 11.25%를 제외한 KDL 지분비율에 해당하는 부분인 88.75%는 CVC 아시아가 그중 66.7%의 실질귀속자에 해당하고, AI의 주주들인 미국의 Travelers Property Casualty(지분 20%)와 Metlife(지분 20%) 및 홍콩의 Citicorp Secrurities Asia Pacific Ltd.(지분 60%, 이하 'CSAP')가 그중 33.3%의 실질귀속자에 해당한다고 보았다. 이러한 전제하에서 원고에게 우리나라와 조세조약이 체결되지 아니한 영국령 케이만군도의 CVC 아시아 및 홍콩의 CSAP에 귀속된 양도소

84 2014. 6. 26. 선고 2012두11836 판결

85 김필용, 2014년 국제조세 관련 판례 회고, (사)한국국제조세협회 춘계학술대회 자료집, 3~8면.

득 부분에 관하여 원천징수분 법인세를 부과하는 처분을 하였다.

[그림 II-9] DM Food 주식에 대한 투자 구조

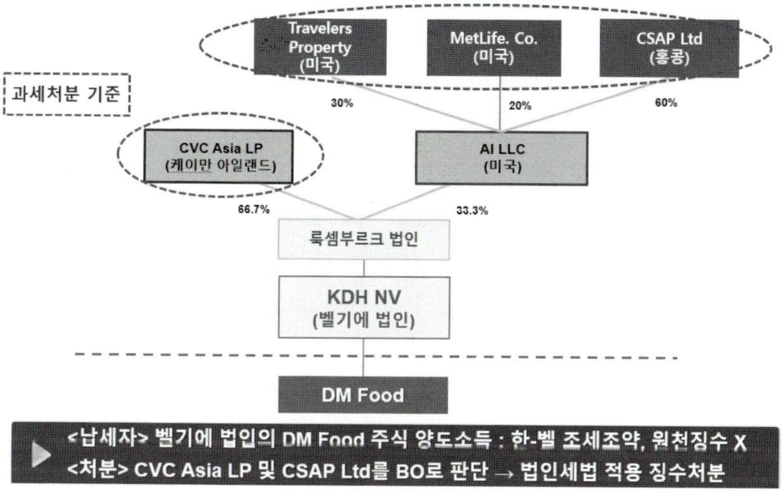

(2) 법원 판결

1심과 2심 판결은 모두 KDH와 KDL가 조세회피 목적으로 설립된 도관회사에 불과하여 주식 양도소득의 실질귀속자가 될 수 없고, 그 결과 위 주식 양도소득에 대해 한 · 벨 조세조약이나 한 · 룩셈부르크 조세조약이 적용될 수 없다고 판시하고 있다. 또한, 1심과 2심 판결은 CVC Asia와 같이 외국에 설립된 단체가 법인세법상 외국법인에 해당하는지 여부는 그 단체의 사법私法적 성질에 비추어 우리나라의 사법상 단체의 구성원으로부터 독립된 별개의 권리 · 의무의 귀속주체로 볼 수 있는지에 따라 판단하여야 한다고 하면서, CVC Asia는 구성원과는 별개로 권리 · 의무의 주체가 될 수 있는 독자적 존재로서의 성격을 가지고 있으므로 외국법인으로 볼 수 있고, 따라서 이 사건 주식 양도소득 중 CVC 아시아의 지분에 해당하는 만큼은 CVC Asia에게 실질적으로 귀속된다고 판단하였다.

다만, AI의 지분에 해당하는 부분에 대해서는 1심과 2심의 판단이 달랐는데, 1

심 판결은 미국의 LLC가 미국 세법상 파트너쉽과 동일하게 취급되어 LLC 자체에 세금이 부과되지 않고 그 구성원에게 각자의 지분에 따라 소득세가 부과되는 점에 비추어 볼 때 AI가 아닌 AI의 주주들이 양도소득의 실질적인 귀속자라고본 반면, 2심 판결은 AI의 사법적 성질상 AI는 법인세법상 외국 '법인'에 해당하고, AI가 미국 세법상 구성원과세를 선택했다고 해서 외국 '법인' 해당 여부가 달라질 수 없으므로, AI의 지분에 해당하는 양도소득은 AI에 실질적으로 귀속되었고 그 주주를 실질귀속자로 볼 수 없다고 판단하였다. 그 결과 1심 판결은 AI의 주주들 중 미국 거주자가 아닌 CSAP에 귀속된 소득에 대해서는 한 · 미 조세조약이 적용되지 않는다고 본 반면, 2심 판결은 AI에 귀속된 소득 전부에 대해 한 · 미 조세조약을 적용할 수 있다고 보았다.

2심 판결에 대해 대법원은, 외국에 설립된 단체가 법인세법상 외국 '법인'에 해당하는지는 설립된 국가의 법령 내용과 단체의 실질에 비추어 우리나라의 사법상 단체의 구성원으로부터 독립된 별개의 권리 · 의무의 귀속주체로 볼 수 있는지 여부에 따라 판단하여야 한다는 기존 대법원 판결(대법원 2012. 10. 25. 선고 2010두25466 판결등)을 인용하여, 원심(2심)이 CVC Asis 및 AI를 법인세법상 외국 '법인'에 해당하는 것으로 보아 주식 양도소득의 실질귀속자로 본 것은 정당하다고 판시하였다. 그러나, 대법원은 다음과 같은 이유로 AI에 귀속된 소득 전부에 대해 한 · 미 조세조약이 적용된다고 본 원심판결을 파기하였다.

> "한·미 조세조약 제3조 제1항 (b)호 (ii)목 단서는 문언과 체계상 미국의 거주자 중 조합과 같이 미국법인에 이르지 아니하는 단체 등과 관련된 규정으로 보이는 점, 위 단서는 조약의 문맥에 비추어 볼 때 미국 세법에 따라 어떠한 단체의 활동으로 얻은 소득에 관하여 단체가 아니라 구성원이 납세의무를 부담하는 이른바 투과과세 단체(Fiscally Transparent Entity)의 경우 원칙적으로 한·미 조세조약의 적용을 받을 수 있는 미국의 거주자가 될 수 없으나 구성원이 미국에서 납세의무를 지는 경우 예외적으로 단체에게 조세조약의 혜택을 부여하려는 특별규정으로 이해할 수 있는 점, 조합과 유한책임회사 등 조합의 형식을 취하지 아니한 단체가 미국 세법상 투과과세 단체로서 취급이 같은 이상 조합의 형식을 취하지 아니한 단체를

위 단서 규정의 적용대상에서 배제할 만한 뚜렷한 이유를 찾기 어려운 점, 그 밖에 한·미 조세조약의 체결목적이 소득에 대한 이중과세의 방지라는 점 등을 종합하여 보면, 위 단서가 규정한 '미국의 조세 목적상 미국에 거주하는 기타의 인' 중 '조합원으로서 행동하는 인'이란 미국 세법상 조합원 등의 구성원으로 이루어진 단체의 활동으로 얻은 소득에 대하여 구성원이 미국에서 납세의무를 부담하는 단체를 뜻한다고 보아야 하고, '그러한 인에 의하여 발생되는 소득은 거주자의 소득으로서 미국의 조세에 따라야 하는 범위에 한한다'는 의미는 그러한 단체의 소득에 대하여 구성원이 미국에서 납세의무를 부담하는 범위에서 단체를 한·미 조세조약상 미국의 거주자로 취급한다는 뜻으로 해석함이 옳다.
따라서 우리나라의 사법상 외국법인에 해당하는 미국의 어떠한 단체가 우리나라에서 소득을 얻었음에도 미국에서 납세의무를 부담하지 않는 경우 구성원이 미국에서 납세의무를 부담하는 범위에서만 한·미 조세조약상 미국의 거주자에 해당하여 조세조약을 적용받을 수 있고, 단체가 원천지국인 우리나라에서 얻은 소득 중 구성원이 미국의 거주자로 취급되지 아니하는 범위에 대하여는 한·미 조세조약을 적용할 수 없다."

위와 같이 대법원은, 외국에 설립된 단체의 법인 해당 여부는 그 단체의 사법적 성질에 비추어 구성원으로부터 독립된 권리의무능력이 있는지에 따라 판단해야 한다는 기존의 대법원 판결의 법리를 그대로 따르면서, 한 · 미 조세조약상 거주자 조항의 해석을 통해 미국에서 납세의무를 부담하지 않는 파트너쉽은 원칙적으로 조세조약상 거주자로 인정되지 않지만, 거주자에 관한 제3조 (b)항 단서의 해석상 제한적으로 거주자로 인정될 수 있다고 판시하였다.

위 판결은, 특정단체의 설립지국에서 투과fiscally transparent과세 되는 경우 조세조약상 '거주자'로 볼 수 있는지에 대해 대법원 판결로서는 처음 언급한 것으로서, 외국에 설립된 투과과세 단체에 대한 조세조약 적용과 관련해 많은 시사점을 주고 있는 판결로 평가되고 있다.

TMW 판결[86]

(1) 사실관계 및 과세경위

TMW Fund GmbH & Co. KG이하 'TMW Fund'는 독일의 유한합자회사로서 독일 세법상 투시과세단체이다. TMW Fund는 독일 · 룩셈부르크 · 오스트리아의 최종투자자들로부터 투자자금을 모은 후, 한국 부동산 투자 목적으로 독일 유한회사 TMW Hansol GmbH이하 'TMW Hansol'를 설립하였다. TMW Hansol은 TMW Fund의 출자금으로 한국 회사인 타이거 유동화전문 유한회사(이하 '타이거')를 설립하였고, 타이거는 한솔빌딩을 취득하였다. 타이거는 100% 주주인 TMW Hansol에게 배당금을 지급하면서, 한 · 독 조세조약의 5% 세율을 적용하여 원천징수하였다.

[그림 II-10] TMW 펀드의 투자 구조

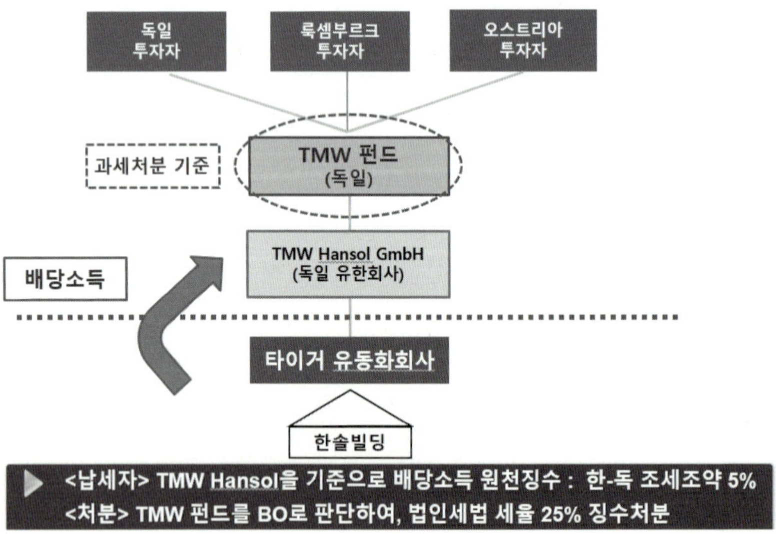

86 대법원 2015. 3. 26. 선고 2013두7711 판결

과세당국은 TMW Hansol의 실체를 부인하고, TMW Fund를 배당금의 실질귀속자로 보았다. 과세당국은 한 · 독 조세조약 제27조 제2항의 조세회피방지규정을 근거로 한 · 독 조세조약의 15% 세율마저 배제한 다음, 이 사건 당시의 법인세법상의 원천징수세율 25%를 적용하여 원천징수의무자 타이거에게 원천징수처분을 하였다.

(2) 법원 판결

제1심 법원(서울행정법원)은 원고의 주장을 받아들여 이 사건 징수처분을 전부 취소하는 판결을 선고하였다. 제1심 법원의 입장은 기본적으로 실질과세 원칙을 적용하더라도 이 사건 배당소득은 TMW 유한회사에 귀속한다는 것이고 따라서 한 · 독 조세조약을 적용하는 데에도 별다른 문제가 없다는 것이었다. 제2심(서울고등법원)은 제1심 판결을 거의 그대로 인용하였다.

이에 대해 대법원은 TMW Hansol은 원고의 발행주식이나 이 사건 배당소득을 지배 · 관리할 능력이 없고 TMW가 TMW Hansol에 대한 지배권 등을 통하여 실질적으로 이를 지배 · 관리하였으며, 우리나라의 법인세법상 '외국법인'에 해당하는 TMW가 직접 이 사건 배당소득을 얻는 경우에는 한 · 독 조세조약에 따른 5%의 제한세율이 적용되지 아니하여 그와 같은 명의와 실질의 괴리가 오로지 조세를 회피할 목적에서 비롯된 것으로 볼 수 있으므로, 이 사건 배당소득의 실질귀속자는 TMW Hansol이 아니라 TMW이라고 판단하였다.

결과적으로 이 사건에서 대법원은 사실관계를 살펴볼 때 한 · 독 조세조약 제27조 제2항[87]을 적용하여 한 · 독 조세조약상의 혜택을 완전히 배제하고 국내세법

87 제27조 (특별한 사안에서의 협정의 적용)
"2. 제1항의 규정에 따를 것을 조건으로, 제10조(배당) 제2항, 제11조(이자) 제2항, 제12조(사용료) 제2항 및 제21조(기타소득)의 규정에 언급된 제한은, 배당지급에 관한 주식 또는 기타 권리의 창설이나 부여, 또는 이자지급에 관한 채권의 창설이나 부여, 또는 사용료 지급에 관한 권리의 창설이나 부여, 또는 기타소득의 지급에 관한 권리의 창설이나 부여에 있어서 관련 사업운영에 대한 적정한 경제적 이유 없이 그 창설이나 부여에 의하

상의 세율을 적용하는 것은 타당하지 않고 다만 국내세법상 실질과세원칙을 적용할 때 실질귀속자는 TMW이므로 조세조약상 TMW에게 적용되어야 할 15%의 원천징수 세율을 적용하는 것이 타당하다고 판단한 것이다.

이 판결에서 대법원은 "해외 투과과세단체가 거주지국에서 포괄적인 납세의무를 부담하지 않더라도 구성원이 해외 투과과세단체의 소득에 대하여 해외 투과과세단체의 거주지국에서 포괄적인 납세의무를 부담하는 범위에서는 해외 투과과세단체가 조세조약상 거주자로 인정될 수 있다"라고 판시하였다. 달리 말하면 대법원은 해외 투과과세단체가 거주지국에서 납세의무를 부담하지 않더라도 조세조약상 거주자로 인정될 수 있는 길을 열어둔 것이다. 이 판결은 한·미 조세조약 제3조 제1항 (b)호 (ⅱ)목 단서에 관한 대법원 2012두11836 판결(즉 DM Food 판결)의 판시를 다른 조세조약에까지 확대 적용한 것으로 이해할 수 있다.

여 제10조(배당), 제11조(이자), 제12조(사용료) 및 제21조(기타소득)를 이용하는 것이 관계인의 주요한 목적일 경우에는 적용하지 아니한다."

9 고정사업장의 종류 및 판정 기준

법인세법상 '국내사업장'이라고 칭하는 고정사업장permanent establishment은 외국법인이 국내에 사업의 전부 또는 일부를 수행하는 고정된 장소를 말한다. 우리나라가 외국과 체결한 조세조약의 한글본에서는 국내사업장 대신 '고정사업장'이라는 용어를 사용하고 있다.

OECD 모델조세조약 제5조 제1항과 각국의 조세조약은 '기업의 사업이 전적으로 또는 부분적으로 영위되는 일정한 장소'를 고정사업장으로 정의하고 있다. 우리나라가 외국과 체결한 조세조약은 모두 고정사업장 조항을 두고 있으나 조약에 따라 그 규정 내용이 조금씩 차이가 있다. 우리나라의 조세조약은 대체로 OECD 모델조세조약의 규정을 따르고 있으나 UN 모델조세조약의 규정을 따르고 있는 조세조약도 적지 않다. 경우에 따라서는 OECD 모델조세조약 또는 UN 모델조세조약에도 포함되어 있지 않는 규정을 포함하고 있는 조세조약도 발견된다.

국내사업장의 존재 여부는 외국법인의 과세제도에서 중요한 의미를 갖는다. 첫째, 국내사업장을 가진 외국법인은 국내사업장에 관련되거나 귀속된 국내원천소득을 합산하여 법인세를 신고 · 납부하여야 하는 반면 국내사업장이 없는 외국법인은 각 국내원천소득별로 분리 · 완결적으로 원천징수됨으로써 법인세 납세의무를 마치게 된다.

둘째, 조세조약이 체결되지 않은 경우 국내사업장이 없는 외국법인의 사업소득은 2%의 세율로 원천징수되나, 조세조약이 체결된 경우에는 조세조약의 규정에 따라 고정사업장에 귀속되는 소득은 다른 국내원천소득과 함께 신고 · 납부해야 한다. 우리나라가 체결한 조세조약은 예외 없이 "한쪽 체약국의 기업이 다른 쪽 체약국 내에 고정사업장을 가지고 있지 않는 한 다른 쪽 체약국에서 발생한 그 기업의 사업소득에 대하여 그 다른 쪽 체약국은 과세할 수 없다"고 규정하고 있다.

제1장에서도 언급했듯이 우리나라에서는 조세조약이 국내세법보다 우선 적용되므로 결과적으로 조세조약이 체결된 경우 국내사업장이 없는 외국법인의 사업소득은 국내에서 과세되지 않는다.

고정사업장은 그 개념상 다음과 같이 5가지로 나누어 볼수 있다.

i) 고정된 장소를 갖춘 고정사업장fixed place of business("FPOB") PE
ii) 건설 고정사업장Construction PE
iii) 간주고정사업장Deemed PE
iv) 서비스 고정사업장Service PE
v) 전자상거래의 경우 고정사업장

아래에서는 각 고정사업장의 내용과 그 판정기준을 살펴본다.

고정된 장소를 갖춘 고정사업장FPOB PE

2014년 개정된 OECD 모델조약 제5조(고정사업장)는 다음과 같이 규정되어 있다.[88]

1. 본 조약의 목적상, "고정사업장"이란 기업의 사업이 전적으로 또는 부분적으로 수행되는 고정된 사업장소를 말한다.
2. "고정사업장"이란 특히 다음을 포함한다.
   a) 관리장소
   b) 지점

88 우리나라의 조세조약은 대부분 2017년 개정되기 전 OECD 모델조세조약 또는 현행 UN 모델조세조약을 따르고 있으므로 여기서는 2014년 개정된 OECD 모델조세조약의 내용을 중점적으로 소개한다.

c) 사무소
d) 공장
e) 작업장, 그리고
f) 광산, 유정 또는 가스정, 채석장 또는 천연자원을 채취하는 그 밖의 모든 장소

3. (생략)
4. 본 조 전항의 규정에도 불구하고, "고정사업장"은 다음을 포함하지 아니하는 것으로 간주된다.
   a) 기업 소유의 재화 또는 상품의 저장, 전시 또는 인도만을 목적으로 한 시설의 사용
   b) 저장, 전시 또는 인도만을 목적으로 한 기업 소유의 재화 또는 상품의 재고 보유
   c) 다른 기업에 의한 가공만을 목적으로 한 기업 소유의 재화 또는 상품의 재고 보유
   d) 기업을 위한 재화 또는 상품의 구입이나 정보의 수집만을 목적으로 한 고정된 사업장소의 유지
   e) 기업을 위하여 그 밖의 모든 예비적 또는 보조적 성격의 활동의 수행만을 목적으로 한 고정된 사업장소의 유지
   f) a)호부터 e)호까지에 언급된 활동들의 어떠한 조합만을 목적으로 하는 고정된 사업장소의 유지로서 그러한 조합으로부터 발생하는 고정된 사업장소의 전반적인 활동이 예비적이거나 보조적인 성격인 경우

우리나라 법인세법 제94조 제1항에서는 "외국법인이 국내에 사업의 전부 또는 일부를 수행하는 고정된 장소를 가지고 있는 경우에는 국내사업장이 있는 것으로 한다"라고 규정하고 있으므로 법인세법상의 국내사업장 개념과 조세조약상의 고정사업장 개념은 사실상 같다고 할 수 있다.

고정사업장의 개념은 OECD 모델조세조약 제5조에 관한 주석서Commentary에 자세히 기술되어 있는데, 이에 따르면 고정사업장의 정의는 아래의 요건을 포함하고 있다. 이는 다시 말해 고정사업장의 판단기준이라고 할 수 있다.

① 사업장소place of business. 즉, 건물 또는 어떤 경우에는 기계나 장비와 같은

시설이 존재함

② 고정fixed된 사업수행 장소. 즉, 고정사업장은 별개의 장소에 일정 수준의 영속성을 보유함

③ 고정사업장을 통해 실제 사업이 수행될 것. 이는 곧 고정사업장이 위치한 국가에서 다른 기업(혹은 자연인)에 소속된 인person이 사업을 행하는 것을 의미함

위 고정사업장 판단기준을 상술하면 아래와 같다.

(1) 사업장소

국내사업장에 해당하기 위해서는 먼저 사업장소가 존재하여야 한다. 여기서 말하는 사업장소는 외국법인이 우리나라에서 사업을 영위하기 위하여 사용하는 장소 또는 공간을 뜻한다. 해당 장소 또는 공간이 반드시 외국법인의 소유일 필요는 없고, 외국법인이 점유하거나 사용하는 것으로 충분하다. 건물 또는 시설 등이 대표적인 예이나 반드시 이에 한정되지는 않는다. 예컨대 외국법인의 기술자가 국내에서 하천 또는 취수지점 측량 등을 하고 이에 대한 설계보고서를 작성하는 등의 역무를 수행하는 경우에는 국내사업장이 있는 것으로 본다(법인통칙 94-0…1).

2014년 OECD 모델조세조약 제5조에 관한 주석서(이하 "2014 OECD 주석서")에 따르면, 어느 한 회사의 종업원이 다른 회사의 본사에 있는 사무실을 장기간 사용하는 경우에 그 종업원이 소속된 회사의 "사업장place of business"이 존재한다고 할 수 있다. 즉, 이 종업원이 어느 한 회사의 사업과 관련된 활동을 수행하면서 다른 회사의 본사에서 자신이 임의로 사용할 수 있는at his disposal 사무소에서 충분히 오랫동안 활동을 한다면, 그 사무실이 종업원의 고용주인 회사의 고정사업장에 해당된다고 할 수 있다. 또한, 사업을 수행하기 위한 부지premises가 없거나 필요하지 않은 경우라고 하더라도 단지 사업 수행을 위해 어느 정도의 공간을 임의

로 사용할 수 있다면 '사업장'이 존재할 수 있다고 규정하고 있다.

해당 건물, 시설 또는 설비를 외국 기업이 소유한 것인지, 임차한 것인지 아니면 다른 형태로 사용하는 것인지는 중요하지 않다. 즉, 외국 기업이 사업 활동에 사용되는 일정한 공간을 임의로 사용할 수 있다는 사실만으로도 사업장을 구성하기에 충분하다. 어떤 장소를 외국 기업의 고정사업장으로 볼 수 있는 지 여부는, 그 기업이 그 장소를 사용할 수 있는 실질적인 힘effective power을 보유하는 있는지 여부와 그 기업의 존치 정도 및 활동 정도에 따라 달라질 것이다. 예를 들어, 외국 기업이 다른 회사에 속한(아니면 많은 기업들이 사용하는) 특정 장소를 사용하는 것이 허용되고, 해당 외국 기업이 사업활동을 그 장소에서 상당한 기간 동안 during an extended period of time 지속적이고 또한 정규적인 방식으로 수행하는 경우에는 고정사업장이 존재한다고 할 수 있다. 그러나 기업이 어떤 장소에 존치할 권리가 없고 실제로 그 장소 자체를 사용하지 않는 경우에는 그 장소는 해당 기업이 임의로 사용할 수 있는 상태에 있다고 할 수 없다.

(2) 사업장소의 고정성

사업장소가 장소적 개념이라면 사업장소의 고정성은 시간적 개념이다. 즉 사업장소의 고정성은 외국법인이 일정한 기간 동안 우리나라에 사업장소를 두는 것을 뜻한다. 일정 기간 동안 우리나라에 사업장소가 존재하는 이상 사업장소가 일정한 장소에 한정되어야 하는 것은 아니다. 즉 사업장소가 이동하더라도 국내에서의 이동이라면 사업장소의 고정성이 인정된다.

2014 OECD 주석서 제5조에 관한 주석서 제6문단에 따르면 사업활동이 임시적인 성격을 지닌 채 수행되는 경우에 있어서 영속성permanency에 대해서 다음과 같은 지침을 제공하고 있다.

> "6. 사업을 행하는 장소는 고정되어야fixed하므로, 고정사업장은 사업을 행하는 장소가 어느 정도의 고정성permanency을 갖고 있는 경우, 즉, 단순히 일시적인 성질의 것이 아닌 경우에만 존재하는 것으로 볼 수 있다. 그러나, 사업을 행하는 장소는 실제 매우 단기간만 존재하는 경우에 있어서도, 고정사업장은 있다. 사업의 성질이 단기간 내에만 행하여지는 것인 경우이다. 동 내용의 타당성 여부는 간혹 결정하기 곤란한 경우가 있다. 각 회원국의 기간 요건에 관한 실무상 관행이 일관되지 않았던 반면, 경험적으로 봤을 때 통상 사업이 특정 국가에서 6개월도 유지되지 않은 장소를 통하여 행해진 경우에는 고정사업장은 존재하지 않는다고 본다(반대로, 실무 관행상 사업의 장소가 6개월 이상 유지되고 있는 경우에는 고정사업장이 존재한다고 본 다수의 사례가 있다). 다만, 예외적으로 활동이 반복적인 성질을 갖는 경우에는 당해 장소가 사용된 각각의 기간은 당해 장소가 사용된 횟수와 함께 고려될 필요가 있다(이와 같은 사용은 여러 해에 걸칠 수 있다). 또 다른 예외로는 단기간에 수행되는 사업이라 하더라도 동 사업에 대한 대부분의 활동이 특정 국가에서 수행되는 경우의 사업을 들 수 있다. 이러한 상황에서는 당해 사업은 그 성질 때문에 단기간밖에 존속하지 않지만, 전체가 특정 국가에서 행해지기 때문에 특정 국가와의 연계는 보다 강하다고 할 수 있다. 집행의 용이를 위해서, 각국은 단기간만 존재하는 사업의 특정한 장소가 고정사업장을 구성하는가 여부에 대한 의견 불일치를 해소하고자 할 때에 이러한 사업 관행을 고려할 수도 있다."

이와 같은 OECD의 해석기준은, 법인세법 제94조 제2항 제5호의 규정 즉, "용역의 제공이 계속되는 12개월 중 총 6개월을 초과하는 기간 동안 용역이 수행되는 장소" 또는 "용역의 제공이 계속되는 12개월 중 총 6개월을 초과하지 아니하는 경우로서 유사한 종류의 용역이 2년 이상 계속적 · 반복적으로 수행되는 장소"를 고정사업장으로 보는 것과 맥을 같이 한다고 볼 수 있다.

(3) 사업 전부 또는 일부의 수행

외국법인이 국내사업의 전부 또는 일부를 고정된 사업장소에서 수행하여야 한다. 고정된 사업장소에서의 사업활동은 반드시 고용인 등을 통하여 수행될 필요는 없고, 각종 설비를 통하여 재화나 용역을 제공하더라도 무관하다. 다만, 고정된 사업장소에서 수행되는 사업활동은 외국법인의 전체 사업활동 중 본질적이고 중요한 부분을 구성하고 있어야 한다.

국내에 미국법인의 고정사업장이 존재한다고 하기 위하여는 미국법인이 처분권한 또는 사용권한을 가지는 국내의 건물, 시설 또는 장치 등과 같이 사업상의 고정된 장소를 통하여 미국법인의 직원 또는 그 지시를 받는 자가 예비적이거나 보조적인 사업활동이 아닌 본질적이고 중요한 사업활동을 수행하여야 하며, 본질적이고 중요한 사업활동인지 여부는 그 사업활동의 성격과 규모, 전체 사업활동에서 차지하는 비중과 역할 등을 종합적으로 고려하여 판단하여야 한다(대법원 2009두19229, 2011.4.28.). 고정된 사업장소에서의 영업활동이 외국법인사업의 예비적 · 보조적 활동에 불과한 경우에는 국내사업장으로 인정되지 않는다.

법인세법 제94조 제4항에 따르면 국내에서 자산의 단순구입, 업무연락, 광고 · 선전, 정보의 수집 · 제공, 시장조사 등은 예비적 · 보조적 활동이므로 그 국내사무소는 국내사업장에 해당하지 않는다. 그러나 위와 같은 활동이 해당 외국법인을 위한 것이 아니라 타인(법인세법 시행령 제87조의 특수관계인을 포함)을 위하여 행해진 경우에는 그 국내사무소는 외국법인의 국내사업장으로 본다(법인세법 기본통칙[89] 94−0…2 ①). 위에 언급한 예비적 · 보조적 활동도 타인에게 제공하여 그에 상응한 대가를 받는 경우에는 그 자체가 중요한 영업활동으로 취급될 수 있기 때문이다.

외국법인의 국내사무소가 수행하는 활동이 사업의 예비적 · 보조적 활동인지의 여부는 그 국내사무소가 수행하는 활동이 해당 외국법인의 전체 사업활동 중 본질적이고 중요한 부분을 구성하고 있는지 여부에 의하여 판단한다. 예를 들어 외국법인 국내사무소의 일반적인 활동목적이 해당 외국법인의 전반적 사업목적과 동일한 경우에는 그 외국법인의 국내사무소가 수행하는 활동은 사업의 예비적 · 보조적 활동이 아니다(법인통칙 94−0…2 ②). 외국법인의 국내사무소가 해당 외

89 이하 "법인통칙"이라고 칭함

국법인이 국내 고객에게 판매한 자산과 관련하여 부품을 공급하거나 그 판매한 자산을 유지 · 보수하는 등 애프터서비스 활동을 수행한다면 애프터서비스에 대한 대가 수령과 관계없이 외국법인의 국내사업장에 해당한다(법인통칙 94–0…2 ③).

2017년 OECD 모델조세조약이 개정되기 이전의 과거 OECD 모델조세조약 제5조에 관한 주석서 제24문단과 제25문단에서는, 예비적 · 보조적 활동을 예시한 OECD 모델조세조약 제5조 제4항이 '특정 활동 장소에서 실질적으로 예비적 · 보조적 성격의 업무를 하는 경우에 한하여 해당 장소가 고정사업장에 해당하지 않다는 것'이라고 그 의미를 밝히고, 이를 뒷받침하는 여러 가지 사례를 제시하고 있다. 즉, 어느 기업의 수행하는 사업의 주된 성격이 예비적 · 보조적인 활동인 경우라고 하더라도(예를 들어 재화의 보관, 전시, 인도delivery 등), 해당 회사의 사업의 범위에 이런 활동들이 포함되는 경우에는(예를 들어, 지주회사, 창고회사, 물류회사의 경우) 이들 활동은 예비적 · 보조적 활동으로 볼 수 없다는 점을 피력하고 있다.

건설고정사업장Construction PE

건설고정사업장은 외국법인이 국내 특정 장소에서 일정기간 건설용역을 제공하는 사업장으로서 큰 그림으로 보면 '고정된 장소를 갖춘 고정사업장FPOB PE'의 한 종류라고도 할 수 있다. 건설고정사업장은 건설 작업이 진행되는 도중에는 분명 고정된 장소에서 중요한 사업활동이 수행되는 고정사업장으로서의 성격을 갖추고 있으나, 건설 작업이 완료되면 사업장이 더 이상 존치하지 않게 되므로 '고정된 장소를 갖춘 고정사업장FPOB PE'의 주요 판단기준 중의 하나인 '사업장소의 고정성'이 매우 취약한 성격을 가지고 있다. 그런데 건설고정사업장을 통해 제공되는 건설용역의 대가는 통상 거액이므로 사업 수행지국 입장에서 보면 사업장소의 고정성이 취약하다는 이유만으로 과세권을 포기하기 어렵다. 이와 같이 현실적인 '과세 필요성'과 동시에 취약한 성격의 '사업장소의 고정성'이 함께 발견되는 건설고정사업장은, 일반 고정사업장 즉 '고정된 장소를 갖춘 고정사업장FPOB PE'의 요건만으로 그 존치 유무를 판단하게 하면 과세당국과 납세자 사이에 끝없는 조세분쟁이 야기될 수 있다. 이러한 문제를 해결하기 위해 각국의 국내세법과 조세조약은 통상적으로 건설고정사업장에 대한 별도의 규정을 둠으로써 과세요건의 명확성을 높이고 있다.

법인세법 제94조는 건설고정사업장에 대해 다음과 같은 규정을 두고 있다.

> ① 외국법인이 국내에 사업의 전부 또는 일부를 수행하는 고정된 장소를 가지고 있는 경우에는 국내사업장이 있는 것으로 한다.
> ② 제1항에 따른 국내사업장에는 다음 각 호의 어느 하나에 해당하는 장소를 포함하는 것으로 한다.
>
> ⋮
>
> 4. 6개월을 초과하여 존속하는 건축 장소, 건설 · 조립 · 설치공사의 현장 또는 이와 관련되는 감독 활동을 수행하는 장소

법인세법 시행규칙 제67조는 건설고정사업장 존속기간 계산 방법에 대해 다음과 같은 규정을 두고 있다.

법인세법 시행규칙 제67조【건설공사현장 등의 존속기간 계산방법】

> 법 제94조 제2항에 따른 국내사업장 해당 여부를 판정할 때에 외국법인이 국내에서 건축, 건설, 조립 또는 설치공사나 이들 공사와 관련한 감리, 감독, 기술용역의 활동(이하 이 조에서 "건설공사 등"이라 한다)을 수행하는 경우 그 건설공사 등의 존속기간은 다음 각 호의 방법으로 계산한다.
> 1. 건설공사 현장의 존속기간은 외국법인이 국내에서 건설공사의 작업에 착수한 날부터 해당 작업을 완료하거나 영구적으로 포기한 날까지의 기간으로 한다. 이 경우 건설공사의 작업에 착수한 날은 해당 공사를 위한 설계사무소를 설치하는 등 준비작업을 한 날로 한다.
> 2. 날씨가 고르지 못한 등 계절적 요인이나 자재 또는 노동력 부족 등으로 공사의 진행이 일시적으로 중단되는 경우의 건설공사의 존속기간은 그 일시적으로 중단된 기간을 합하여 계산한다.

3. 건설공사 등의 도급을 받은 외국법인이 그 공사의 전부 또는 일부를 다른 법인에게 하도급한 경우 도급을 받은 외국법인의 건설공사 현장의 존속기간은 해당 외국법인이 수행한 작업기간과 외국법인으로부터 하도급 받은 다른 법인이 수행한 작업기간을 합하여 계산한다.

그런데 위와 같은 건설고정사업장의 범위와 기간에 관한 법인세법상의 규정은 현실적으로 그대로 적용되지는 않는다. 왜냐하면 건설고정사업장의 범위와 기간에 대해서는 우리나라의 경우 조약에 따라 매우 다양하기 때문이다.[90]

2017년까지 체결·발효된 조세조약상 건설고정사업장 범위에 관한 규정들은 다음과 같이 정리할 수 있다.[91]

[표 II-7] 조세조약상 건설고정사업장 범위

건설고정 사업장 범위	건축현장이나 건설 또는 설비공사 –– (1)	(1)에 조립공사 추가–– (2)	(1)에 건설 관련 감독활동이나 자문활동 추가–– (3)	(1)에 (2)와 (3)을 모두 추가
조세조약 수	21	9	8	37

2017년까지 체결·발효된 조세조약상 건설고정사업장 범위에 관한 규정들은 다음과 같이 정리할 수 있다.[92]

90 제1장에서 언급하였듯이 우리나라에서는 조세조약이 국내세법의 특별법적 지위에 있다고 보고 있으므로 조세조약 규정이 국내세법의 규정과 다른 경우에는 일반적으로 조세조약이 우선적으로 적용된다.

91 아래 자료를 토대로 저자가 추가로 정리하였다.
이상엽 외 4인, "우리나라의 조세조약 체결 현황 분석 및 정책적 시사점", 한국조세재정연구원, 2017.3. 111면

92 아래 자료들을 토대로 저자가 추가로 정리하였다.
이상엽 외 4인 전게서, 113면

[표 II-8] 조세조약상 건설고정사업장 기간

건설고정 사업장 기간	18개월	12개월	9개월	270일	8개월	6개월	183일
조세조약 수	1	30	14	1	1	23	4

참고로 ECD 모델조세조약 제5조 제3항과 UN 모델조세조약 제5조 제3항은 건설고정사업장에 대해 각각 다음과 같은 규정을 두고 있다.

OECD 모델조세조약 제5조 제3항	UN 모델조세조약 제5조 제3항
3. 건축현장이나 건설 또는 설비공사는 12개월을 초과하여 존속하는 경우에만 고정사업장이 된다.	3. "고정사업장"이란 용어는 다음을 포함한다 : (a) 건축현장, 건설, 조립이나 설비공사 또는 그와 관련된 감독활동. 다만 그러한 현장, 공사나 활동이 6개월 이상 계속되는 경우에 한정됨

위에서 알 수 있듯이 건설고정사업장과 관련 법인세법상의 규정은 UN 모델조세조약의 규정과 유사하다.

우리나라는 1996년 OECD에 가입 시 OECD 재정위원회에 제시한 OECD 모델조세조약에 대한 유보사항 중의 하나로서 '건설고정사업장에 대해 OECD 모델조세조약 보다 더 넓은 범위로 과세할 수 있는 권한'을 유보reservation한 바 있다.[93] 이와 같은 유보가 의미하는 바는, 우리나라가 OECD 국가들과 조세조약 개정협상을 하는 경우 건설고정사업장에 관하여는 설령 OECD 모델조세조약보다 범위를 넓혀 감리업무를 포함하거나 건설고정사업장 기간 규정을 6개월로 수정하여 제안한다고 해도 OECD 회원국으로서 의무위반을 했다고 취급되지는 않는다는 것이다.

93 2017 OECD 모델조세조약 제5조에 관한 주석서 제203문단에서 다음과 같은 우리나라의 유보사항을 확인할 수 있다.
"203. Korea reserves its position so as to be able to tax an enterprise which carries on supervisory activities for more than six months in connection with a building site or construction or installation project lasting more than six months."

2017 OECD 모델조세조약 제5조에 관한 주석서 제57문단에 따르면, 세무상 투과단체로 취급되는 파트너십의 경우 12개월 테스트는 파트너십 자체의 활동과 관련하여 파트너십 단계에서 적용되어야 한다. 만약 파트너와 파트너십의 근로자가 현장에서 보낸 기간이 12개월을 초과한다면, 이에 따라 파트너십이 수행한 사업은 국내사업장을 가지는 것으로 볼 수 있다. 각 파트너는 파트너 자신이 현장에서 보낸 시간과 관계없이, 파트너십이 창출한 사업이익에서 파트너 몫의 과세 목적상 고정사업장을 가진 것으로 볼 수 있기 때문이다.

간주고정사업장Deemed PE

소득발생지국에 고정된 장소를 갖춘 고정사업장에 대해서만 원천지국 과세권을 인정하게 되면, 외국법인은 소득발생지국에서 사업소득 과세를 회피하기 위해 고정된 장소를 갖추지 않고도 사업을 수행하는 방안을 모색하게 될 것이다. 가장 손쉽게 취할 수 있는 방안은, 외국법인이 소득발생지국에서 제조나 판매활동과 같은 중요한 사업활동을 직접 영위하지 않고 대신 종속대리인dependent agent을 두고 그를 통해 사업을 수행하는 방안이다. 즉, 현지국에서 종속대리인을 통해 사업을 영위함으로써 외국법인은 해당 국가에 굳이 고정된 시설 또는 장소를 두지 않아도 사업을 할 수 있게 되고 결과적으로 고정사업장 과세를 피할 수 있게 될 것이다. 이와 같은 행위를 방치하는 경우 사실상 원천지국 과세권은 형해화될 수 있기 때문에 이를 막기 위한 방안으로서 우리나라와 세계 각국의 세법과 조세조약에는 종속대리인을 고정사업장으로 간주하는 규정이 포함되어 있다.

(1) 법인세 법령상 간주고정사업장 규정

법인세법 제94조는 제3항에 다음과 같은 간주고정사업장 규정을 두고 있다.

법인세법 제94조【외국법인의 국내사업장】

③ 외국법인이 제1항에 따른 고정된 장소를 가지고 있지 아니한 경우에도 다음 각 호의 어느 하나에 해당하는 자 또는 이에 준하는 자로서 대통령령으로 정하는 자를 두고 사업을 경영하는 경우에는 그자의 사업장 소재지(사업장이 없는 경우에는 주소지로 하고, 주소지가 없는 경우에는 거소지로 한다)에 국내사업장을 둔 것으로 본다.

1. 국내에서 그 외국법인을 위하여 다음 각 목의 어느 하나에 해당하는 계약(이하 이 항에서 "외국법인 명의 계약 등"이라 한다)을 체결할 권한을 가지고 그 권한을 반복적으로 행사하는 자
   가. 외국법인 명의의 계약
   나. 외국법인이 소유하는 자산의 소유권 이전 또는 소유권이나 사용권을 갖는 자산의 사용권 허락을 위한 계약
   다. 외국법인의 용역제공을 위한 계약
2. 국내에서 그 외국법인을 위하여 외국법인 명의 계약 등을 체결할 권한을 가지고 있지 아니하더라도 계약을 체결하는 과정에서 중요한 역할(외국법인이 계약의 중요사항을 변경하지 아니하고 계약을 체결하는 경우로 한정한다)을 반복적으로 수행하는 자

위 법인세법 규정은 2018년 세법개정 시 2017년 OECD 모델조세조약 제5조의 개정내용을 국내세법에 수용한 것인데, 외국법인이 고정사업장 과세를 인위적 회피하는 행위를 방지하기 위하여 법인세법상의 종속대리인의 범위를 확대한 것이 그 주요 개정 내용이다. 즉, 개정 전에는 종속대리인을 '비거주자 · 외국법인을 위하여 계약을 체결할 권한을 가지고 그 권한을 반복적으로 행사하는 자'로 한정하였으나, 개정 후에는 '계약 체결권한이 없는 대리인이 계약 체결과정에서 중요한 역할을 반복적으로 수행하고 비거주자 · 외국법인이 계약의 중요사항을 수정하지 아니하고 계약을 체결하는 경우'의 해당 대리인도 종속대리인의 범위에 포함시켰다. 또한 종속대리인 판정 시 적용되는 계약에 대한 내용도 개정하였는데, 개정 전에는 해당 계약의 종류에 대하여 명시적 규정을 두지 않았으나 개정 후에는 이러한 계약의 종류를 다음과 같이 명확히 하였다.

- 비거주자 · 외국법인 명의의 계약
- 비거주자 · 외국법인 소유자산의 소유권 이전 또는 사용권 허락 계약
- 비거주자 · 외국법인의 용역 제공을 위한 계약

이는, 어느 대리인이 비거주자 · 외국법인을 위하여 재화의 판매거래에서 중요한 역할을 수행하는 경우뿐만 아니라, 무형자산의 사용권 허락거래[94] 또는 용역 제공 거래[95]에 개입하여 계약체결 과정에서 중요한 역할을 수행하는 경우에도 해당 대리인을 종속대리인으로 취급할 수 있음을 명확하게 한 것이다.

한편 외국법인의 대리인 또는 특수관계인의 범위에 대해서는 법인세법 시행령 제133조에서 다음과 같이 규정하고 있다.

법인세법 제133조【외국법인의 대리인 등의 범위】

① 법 제94조 제3항 각 호 외의 부분에서 "대통령령으로 정하는 자"란 다음 각 호의 어느 하나에 해당하는 자를 말한다.
1. 외국법인의 자산을 상시 보관하고 관례적으로 이를 배달 또는 인도하는 자
2. 중개인 · 일반위탁매매인 기타 독립적 지위의 대리인으로서 주로 특정 외국법인만을 위하여 계약체결 등 사업에 관한 중요한 부분의 행위를 하는 자(이들이 자기사업의 정상적인 과정에서 활동하는 경우를 포함한다)
3. 보험사업(재보험사업을 제외한다)을 영위하는 외국법인을 위하여 보험료를 징수하거나 국내소재 피보험물에 대한 보험을 인수하는 자

② 제1항의 외국법인에는 해당 외국법인의 과점주주, 해당 외국법인이 과점주주인 다른 법인, 그 밖에 해당 외국법인의 특수관계인을 포함한다.

위 법인세법과 법인세법 시행령 규정을 종합하면, 우리나라 국내세법상 고정사업장으로 간주되는 자의 범위에는 소위 계약체결대리인뿐만 아니라, 재고 보유 · 인도 대리인, 특정요건을 충족하는 독립대리인 및 보험 대리인도 포함될 수

94 이와 같은 거래의 대가로 통상 royalty(사용료)가 지급된다.

95 이와 같은 거래의 대가로 통상 service fee(수수료)가 지급된다.

있다. 이와 같은 간주고정사업장 규정으로 말미암아, 외국법인이 설령 국내에 고정된 시설이나 장소를 갖추지 않아도 동 외국법인의 대리인의 사업장 소재지 또는 주소지 소재지가 외국법인의 고정사업장으로 취급될 수 있다.

그런데 위와 같은 대리인 등의 범위에 관한 법인세법상의 규정은 현실적으로 그대로 적용되지는 않는다. 왜냐하면 이에 대해서는 우리나라의 경우 조약에 따라 다양하기 때문이다.[96]

(2) 조세조약상 간주고정사업장

우리나라의 조세조약은 개별조항의 특수성 또는 조약체결 상대국의 따라 각 조항별로 OECD 모델조세조약 또는 UN 모델조세조약상의 규정을 혼용하여 채택하고 있으나 최근에는 우리나라가 자본수출국이라는 입장에서 OECD 모델조세조약의 규정을 위주로 하여 조세조약을 체결하고 있다. 아래 표들은 우리나라가 체결한 조세조약 중 간주고정사업장 범위에 대해서 어떠한 규정을 두고 있는지에 관하여 그 현황을 요약한 것이다.[97] 다만 아래 표들에서 간주고정사업장 규정이 OECD 모델조세협약의 규정과 동일한 조세조약(즉 간주고정사업장을 계약체결 대리인에 한정한 조세조약)들은 포함하지 않았다.

[표 II-9] 조세조약상 간주고정사업장 범위

계약체결권한에 협상권을 추가	재고보유대리인 추가	협상권과 재고보유 대리인 모두 추가
아제르바이잔	영국 알바니아, 우크라이나,방글라데시, 인도네시아, 파키스탄, 필리핀, 태국, 싱가포르, 인도,사우디아라비아,미국	아랍에미리트, 쿠웨이트

96 제1장에서 언급하였듯이 우리나라에서는 조세조약이 국내세법의 특별법적 지위에 있다고 보고 있으므로 조세조약 규정이 국내세법의 규정과 다른 경우에는 일반적으로 조세조약이 우선적으로 적용된다.

97 이상엽외 4인 전게서(일부 수정), 114면

한 · 미 조세조약의 간주고정사업장 규정에 따르면, 계약체결권한을 가진 대리인뿐 아니라 재고보유 · 인도대리인 또는 주문취득대리인도 고정사업장으로 간주할 수 있도록 규정하고 있다.

한편 UN 모델조세조약에 제5조 제7항에 규정에 따라, ⅰ) 어느 한 외국 기업을 위해 전적으로 혹은 거의 전적으로 활동하거나 ⅱ) 그 기업과 대리인이 체결하였거나 부여된 조건이 독립기업들 간의 조건과 다른 경우로 이에 해당되면 독립대리인으로 보지 않는다는 내용이 포함된 조세조약이 상당수 있다.[98]

또한, UN 모델조세조약에 제5조 제6항에 규정에 따라, 보험대리인을 간주고정사업장으로 규정하고 있는 조세조약도 상당수 있다.[99]

UN 모델조세조약에서 규정된 간주고정사업장의 범위를 살펴보면, 그 내용이 앞서 소개한 법인세법 시행령 제133조에 규정된 간주고정사업장의 범위와 유사하다.

(3) 간주고정사업장 판단기준

간주고정사업장은 법인세법 제94조 제1항(즉, '고정된 장소를 갖춘 고정사업장FPOB PE')에 대하여 2차적 · 보조적인 지위에 있다. 따라서 외국법인이 자기의 사업과 관련하여 국내에 보유하고 있는 사무소, 기타 영업소 또는 대리인 등이 이들의 국내활동상황, 종업원의 구성, 외국소재 본점과의 업무관계 등 제반사항을 종합하여 법인세법 제94조 제1항 또는 제2항의 국내사업장에 해당할 때에는 간주국내사업장의 적용 여부가 별도로 문제되지 않는다(법인통칙 94－133…2 ④).

98 우리나라가 라트비아, 리투아니아, 스리랑카, 인도네시아, 파키스탄, 필리핀, 몽골, 태국, 인도,모로코, 가봉, 칠레, 콜롬비아, 파나마, 오만, 이란, 쿠웨이트와 체결한 조세조약에 이와 같은 규정이 포함되어 있다.

99 우리나라가 그리스, 필리핀, 파키스탄, 인도네시아, 네팔, 미얀마, 아제르바이잔, 인도, 튀니지, 모로코, 멕시코, 베네수엘라, 에콰도르, 페루, 콜롬비아, 우즈베키스탄, 아랍에미리트, 카타르와 체결한 조세조약에 이와 같은 규정이 포함되어 있다.

간주고정사업장으로 취급되는 종속대리인은 해당 외국법인의 종업원이나 제3자일 수도 있고 개인이나 법인일 수도 있다(법인통칙 94－133…2 ②). 또한 비록 법인세법 규정에는 명확한 규정은 없으나 일반고정사업장의 경우와 마찬가지로 종속대리인의 권한은 예비적 · 보조적 활동을 넘어 사업활동에 본질적이고 중요한 것이어야 한다. 여기서 '본질적이고 중요한 사업활동'인지 여부는 사업활동의 성격과 규모, 전체 사업활동에서 차지하는 비중과 역할 등을 종합적으로 고려하여 판단하여야 한다(대법원 2014두8896, 2016.1.14.).

계약체결대리인이란 외국법인을 위하여 계약을 체결할 권한을 가지고 그 권한을 반복적으로 행사하는 자를 뜻한다(법인세법 제94조 제3항). 계약체결대리인에 해당하기 위해서는 ① 계약의 체결, ② 계약체결에 관한 권한 보유, ③ 계약체결 권한의 반복적 행사라는 요건을 갖추어야 한다.

먼저 계약은 외국법인의 고유사업과 관련하여 체결하는 것을 말한다. 외국법인의 사무실의 임차 또는 종업원의 고용 등 기업의 내부적인 경영 · 관리활동과 관련하여 체결하는 계약은 여기에 포함되지 않는다(법인통칙 94－133…2 ⑤ 1호).

2017년 개정되기 전 OECD 모델조세조약 제5조에 관한 주석서 제32.1문단에 의하면, 대리인이 계약체결과정에서도 중요한 역할을 수행하고 대리인을 통해 사업을 영위한 외국 기업이 그 계약에 단지 형식적으로 서명을 한 경우에는 그 대리인을 종속대리인으로 보아 해당 대리인을 고정사업장으로 간주할 수 있다고 규정하고 있다. 즉, 당시 OECD 모델조세조약 주석서는 '계약 체결 권한'의 의미를 '계약체결을 할 수 있는 실질적 권한을 보유하고 있는 것'까지 확대하여 해석하고 있었다.

이러한 관점에서 보면 2017 개정 OECD 모델조세조약 제5조 제5항은, 기존에도 실질과세 원칙 적용 측면에서 주석서에서 적극적인 해석을 통해 규제해왔던 '고정사업장 지위의 인위적인 회피 행위에 대한 방지'를 보다 확실하게 규제하기 위해 조세조약 자체에 명문화한 것이라고 볼 수도 있다. 이와 견해를 뒷받침할 수 있는 우리나라의 기존 법인세법 기본통칙상의 규정을 정리하면 다음과 같다.

계약체결에 관한 권한은 해당 대리인이 외국법인을 구속할 수 있는 계약의 중요하고 세부적인 사항에 관하여 상담·협의할 수 있는 권한을 뜻한다. 해당 대리인이 그 계약체결 권한을 가지고 있다면 설령 외국법인이나 그 외국법인 소재국의 제3자가 계약서에 서명 또는 날인할지라도 그 대리인이 우리나라에서 계약체결 권한을 행사한 것으로 본다(법인통칙 94-133…2 ⑤ 2호).

계약체결 권한의 반복적 행사에는 장기 대리계약에 의하여 계약체결권을 계속적·반복적으로 행사하는 경우뿐 아니라 2개 이상의 단기 대리계약에 의하여 계약체결 권한을 계속적·반복적으로 행사하는 경우까지 포함한다(법인통칙 94-133…2 ⑤ 3호). 이와 같은 맥락에서 개정된 법인세법 제94조 제3항은 새로운 법률효과를 창설하는 규정이라고 보기보다는 기존의 법률효과를 보다 명확히 하기 위한 확인적 규정이라는 주장도 가능할 것으로 보인다.

독립대리인은 중개인·위탁매매인 등이 자신의 통상적인 사업 과정에서 외국법인을 위하여 외국법인의 사업활동을 수행하는 자로서, OECD 모델조세조약 제5조 제6항에 따르면 독립대리인은 고정사업장에 해당하지 않는다고 규정하고 있다. 현행 법인세법은 독립대리인에 관한 명문의 규정을 두고 있지 않은 채 단지 법인세법 기본통칙 94-133…3에서 요건과 판단기준을 정하고 있다.

독립대리인에 해당하기 위해서는 ① 대리인이 본인인 외국법인으로부터 법적 또는 경제적으로 독립된 지위에 있을 것과 ② 대리인이 외국법인을 위하여 수행하는 행위가 대리인 자신의 통상적인 사업으로 수행될 것이라는 두 가지 요건을 갖추어야 한다. 위와 같은 요건을 갖춘 독립대리인은 외국법인의 국내사업장으로 보지 않는다(법인통칙 94-133…3 ①).

독립대리인이 외국법인으로부터 독립적 지위에 있는지 여부를 판단할 때에는

① 업무감독의 정도, ② 사업상의 위험부담, ③ 전속대리인 여부를 고려하여야 한다(법인통칙 94-133…3 ②).

먼저 대리인이 외국법인을 위한 활동을 하면서 해당 외국법인으로부터 세부적인 지시나 통제를 받을 경우에는 독립대리인으로 볼 수 없다(업무감독의 정도). 또한 대리인이 외국법인을 위한 사업활동을 하는 과정에서 발생한 사업상 위험을 대리인이 아닌 외국법인이 부담한다면 대리인의 독립성을 인정할 수 없다(사업상 위험 부담). 나아가 비록 대리인이 외관상으로는 독립적 지위에 있다고 하더라도 대리인이 전적으로 또는 거의 전적으로 특정 외국법인을 위하여 활동하는 경우에는 대리인의 독립적 지위를 인정하기 어렵다(전속대리인 여부).

내국법인 갑이 국내사업장이 없는 외국법인 을로부터 세부적인 지시나 통제를 받지 않고 사업상 위험을 을이 부담하며 갑이 전적으로 을을 위해 활동하지 않은 경우, 갑은 을의 국내사업장에 해당하지 않는다(서면2팀-51, 2008.1.9.).

서비스 고정사업장Service PE

(1) 조세조약상 서비스 고정사업장 규정

UN 모델조세조약 제5조 제3항은 다음과 같이 규정되어 있다.

> 3. '고정사업장'이라는 용어는 또한 아래 것을 포함한다 :
> (a) (…)
> (b) 어느 기업이 종업원 또는 다른 인원을 통해 자문용역 등의 용역을 제공하는 것. 다만 해당 과세연도에 시작하거나 끝나는 어느 12개월 기간 중 총 183일을 초과하는 기간 동안 한 체약국에서 계속 수행하는 경우에만 해당된다.

우리나라가 체결한 조세조약 중 이러한 규정을 가지고 있는 조약은 우리가 중국, 인도, 인도네시아[100] 등과 체결한 조약이다. 위 조항의 의미는, 외국 기업이 자신의 종업원 또는 제3의 인력을 상대국에 파견하여 183일 이상 용역을 제공하게 하고 그에 대한 대가를 수령하는 경우 해당 종업원(또는 제3의 인력)이 비록 어느 한 고정된 장소에서 근무를 하지 않는다고 하더라도 상대국에 해당 기간 동안 체류하면서 용역을 수행하기만 한다면 고정사업장에 해당된다는 것이다. 이와 같은 규정은 2017 OECD 모델조세조약 제5조 본문에는 존재하지 않으나 제5조에 관한 주석서 제144문단에 다음과 같은 조문을 예시하면서 체약상대국들이 원한다면 이와 같은 규정을 자유롭게 조세조약에 포함시킬 수 있다는 입장을 표명하고 있다.

> 제1항, 제2항 및 제3항의 규정에도 불구하고, 한쪽 체약국의 기업이 다른 쪽 체약국에서 용역을 행하는 경우에는 관련된 용역이
> a) 어느 12개월의 기간에 있어서도 총 183일을 초과하여 당해 다른 쪽 체약국내에서 체재하는 개인을 통하여 행해지고 당해 기업의 관련된 기간에 있어 능동적 사업활동에 귀속하는 총 수익의 50%를 초과하는 것이 당해 개인을 통하여 당해 다른 쪽 체약국에서 행해지는 용역으로부터 발생하는 때, 또는
> b) 어느 12개월의 기간에 있어서도 총 183일을 초과하여 행해지고 동일 또는 상호 관련을 갖는 계획을 위해, 당해 다른 쪽 체약국에 체재하고 당해 용역을 행하고 있는 1인 이상의 개인을 통하여 행해지는 때에는 당해 용역을 행하는 때에 당해 다른 쪽 체약국에서 수행되는 활동은 당해 다른 쪽 체약국에서 소재하는 기업의 고정사업장을 통하여 수행되는 것으로 본다. 다만, 관련된 용역이 제4항에서 정한 용역이고, 사업을 행하는 고정된 장소를 통하여 행해지는 경우에는 동항의 규정에 기초하여 당해 사업을 행하는 고정된 장소를 고정사업장으로 볼 수 없는 것에 한정되는 경우를 제외한다. 이 규정에 관해, 어떤 기업을 위하여 어떤 개인이 행한 용역은 당해 개인이 용역을 수행하는 방식을 다른 기업이 지휘, 명령 또는 감독하는 경우를 제외하고, 당해 개인을 통하여 당해 다른 기업이 수행한 것으로는 보지 않는다.

OECD 모델조세조약 주석서에 포함된 서비스 PE에 관련 규정은 UN 모델조세조약 본문에 포함된 규정에 비해 원천지국 과세권을 보다 제약하고 있다. 즉, 상대

100 인도네시아와 체결한 조세조약의 경우에는 12개월 중 3개월을 초과하는 기간 동안 용역을 제공하면 고정 사업장으로 취급된다.

국에서 용역을 제공하는 자가 창출하는 소득이 총 사업소득의 50% 이하이면서 동시에 체류기간 동안 제공하는 용역이 동일하지 않거나 상호관련성이 없는 경우에는 용역제공자가 6개월 이상 상대국에서 체류한다고 해도 상대국은 해당 소득에 대해 과세권을 가지지 못한다.

일반 고정사업장의 경우 '고정된 장소를 갖추는 것'이 고정사업장에 해당하는지 여부를 판단하는 데 중요한 요건이 되는데, 위와 같은 '서비스 PE' 규정은 특정 상황에서는 '고정된 장소'라는 장소적 제약을 받지 않고도 고정사업장으로 취급할 수 있는 효과를 갖게 한다. 이러한 의미는 위 주석서 제146문단에 다음과 같이 잘 설명되어 있다.

146. 이 규정은 별도로 정하지 않는 한, 제1항이 정하는 정의 또는 제2항의 예시하에서 고정사업장이 존재하지 않는 것이 되는 경우에도 고정사업장의 존재를 의제하는 효과가 있다. 따라서 제1항 및 제2항에도 불구하고, 이 규정은 적용된다. 제5항의 경우와 동일하게, 이 규정은 기업이 어떤 국가에서 고정사업장을 갖는다고 인정하는 경우에 대한 추가적인 요건을 정하고 있다. 예를 들면, 컨설턴트가 어떤 국가에서 장기간 용역을 제공하는데도 그 제공 장소가 달라지기 때문에 하나 이상의 고정사업장을 구성하는 제1항의 요건을 충족하지 않는 경우에, 이 규정을 적용할 수 있다.

(제4항의 규정의 적용을 전제로 하여) 제1항 및 제2항의 의미에 따라 고정사업장을 당해 기업이 갖고 있다고 볼 수 있다면, 고정사업장의 존재를 인정하기 위해 이 규정을 적용할 필요는 없다. 이 규정은, 이 규정이 없었다면 고정사업장이 존재하지 않는 것으로 되는 경우에 고정사업장을 창출하는데 그치므로, 고정사업장 개념의 대체적 정의를 하는 것은 아니고, 제1항의 정의 또는 제2항의 예시의 범위를 한정하는 것은 물론 될 수 없다.

위 주석서의 내용을 요약하여 설명한다면, 외국 기업의 종업원이 국내 183이상 체류하여 어느 한 장소에서 지속적으로 용역을 제공하는 경우에는 앞의 항에서 설명한 '고정된 장소를 갖춘 고정사업장FPOB PE' 해당하므로 굳이 '서비스 PE' 규정을 두지 않아도 그 장소를 고정사업장으로 취급할 수 있다. 이와 같은 맥락에서 우

리나라 법인세법 제94조 제2항 제5호의 규정은 용역을 제공하는 고정된 장소를 예시한 것이다.[101]

이와 같이 '서비스 PE'의 의미를 정리한다면, 우리나라의 국내세법에는 서비스 PE에 해당하는 규정은 찾을 수 없다. 그럼에도 불구하고 과세실무에서는, 법인세법 제94조 제2항 제5호의 예시 규정이 동조 제1항의 고정사업장의 정의 규정[102]에 포함된 '고정된 장소'라는 장소적 제약을 벗어날 수 있는 것처럼 해석하고 이를 토대로 집행을 하는 사례가 발견되기도 하는데 이는 현행 국내세법 규정을 오인하고 있는 것이므로 속히 시정될 필요가 있다.

2017 OECD 모델조세조약 제5조에 관한 주석서 제144문단에서 규정하고 있는 또 한 가지 중요한 점은 서비스 PE의 경우에도 OECD 모델조세조약 제5조 제4항에서 규정하는 예비적이거나 보조적인 활동에 해당하는 경우에는 고정사업장에 해당되지 않는다는 것이다.

전자상거래 관련 고정사업장 판정기준

(1) OECD 모델조세 조약 주석서의 기준

2017 OECD 모델조세조약 제5조에 관한 주석서 제122문단부터 제131문단까지는 전자상거래와 관련된 판정기준을 다음과 같이 제시하고 있다.

---

101 5. 고용인을 통하여 용역을 제공하는 경우로서 다음 각 목의 어느 하나에 해당되는 장소
가. 용역의 제공이 계속되는 12개월 중 총 6개월을 초과하는 기간 동안 용역이 수행되는 장소
나. 용역의 제공이 계속되는 12개월 중 총 6개월을 초과하지 아니하는 경우로서 유사한 종류의 용역이 2년 이상 계속적 · 반복적으로 수행되는 장소

102 ① 외국법인이 국내에 사업의 전부 또는 일부를 수행하는 고정된 장소를 가지고 있는 경우에는 국내사업장이 있는 것으로 한다.

① 서버Server가 고정사업장에 해당되는지 여부

기업이 특정장소에서 컴퓨터 설비를 운영하는 경우 그 장소에 기업의 직원이 필요하지 않은 경우에도 고정사업장은 구성될 수 있다. 그 장소에서 사업활동을 수행하는 데 사실상 직원이 필요치 않다면, 기업이 전체적으로 또는 부분적으로 사업을 수행하는지 여부를 검토하는 데 직원의 존재는 반드시 필요한 것은 아니다. 예를 들면, 천연자원 탐사에 사용되는 자동펌프 설비 같이 자동적으로 운영되는 설비와 관련된 활동의 경우 직원이 없어도 고정사업장을 구성한다고 할 수 있는데, 이 원칙은 전자상거래에도 마찬가지로 적용될 수 있다.[103]

자동화 설비automated equipment가 어느 한 기업에 의해 운영되는 장소는 그것이 소재하는 국가에서 고정사업장에 해당되지만, 일정 장소에 설립되어 일정 조건하에 고정사업장을 구성하게 되는 컴퓨터 설비와 그 설비에 의해 사용 또는 저장되는 정보data나 소프트웨어는 구분할 필요가 있다. 인터넷 웹사이트는 소프트웨어와 전자적 정보가 합쳐진 것으로서 그 자체로는 유형자산에 해당하지 않는다. 따라서 웹사이트를 구성하는 소프트웨어와 정보만을 놓고 볼 때 '설물 또는 일련의 기계장치나 설비'가 없기 때문에 '사업장place of business'을 구성하는 '장소a location'는 가지고 있지 않다. 한편, 웹사이트가 보존되고 그것을 통해 당해 웹사이트를 액세스할 수 있는 서버는 물리적 장소를 갖는 설비의 부분이므로, 당해 서버를 조작하는 기업의 "고정된 사업장"을 구성한다.[104] 웹사이트를 통하여 사업을 행하는 기업이 임의로 처분할 수 있는 서버를 갖고는 있는 경우, 예를 들면, 웹사이트가 보존되고 사용되는 서버를 소유(또는 임차)하고, 이를 운영하고 있는 경우에는 당해 서버의 소재지는 제5조의 다른 요건이 충족된다면 당해 기업의 고정사업장을 구성한다.[105]

103 OECD 모델조세조약 제5조에 관한 주석서 제123문단
104 OECD 모델조세조약 제5조에 관한 주석서 제123문단
105 OECD 모델조세조약 제5조에 관한 주석서 제124문단

일정 장소에 있는 컴퓨터는 고정성 요건requirement of being fixed을 충족하는 경우에만 고정사업장이 될 수 있다. 서버의 경우에 고정사업장에 해당되는지 여부를 판단함에 있어 중요한 요소는 서버의 '이동 가능성'이 아니고 '서버가 실제로 이동되었는지'이다. 즉, 어느 서버가 고정사업장를 구성하기 위해서는 고정성이 있다고 판단될 정도의 충분한 기간 동안 일정 장소에 서버가 소재해야 한다. 또한 서버 등의 장비를 자기 처분 하에 둔 장소에서 사업의 전부 또는 일부가 수행되는지를 사례별로 검토해야 한다. 즉 이러한 장비로 인해, 사업기능이 수행되는 곳에 기업은 자신이 처분권을 가진 설비를 가지고 있다고 할 수 있는지를 검토해야 한다.[106]

② 웹사이트가 고정사업장에 해당되는지 여부

서버를 운영하는 기업과 웹사이트를 통해 사업을 수행하는 기업은 서로 다를 수 있으므로 웹사이트 자체와 웹사이트가 저장되고 사용되는 서버의 구분은 중요하다. 예를 들면 어떤 기업이 사업을 수행하는 웹사이트가 인터넷 용역공급자 Internet Service Provider: ISP의 서버에 탑재되는 경우는 흔한 일이다. 이러한 계약에서 인터넷 용역공급자에게 지급하는 수수료가 웹사이트에 필요한 정보나 소프트웨어를 저장하는 데 사용되는 디스크 공간에 따라 정해지지만, 웹사이트 운영기업이 웹사이트를 특정장소의 특정서버에 탑재하도록 결정할 수 있었다 해도 이 계약으로 인해 필연적으로 서버나 서버소재지가 그 웹사이트 운영기업의 처분에 맡겨지는 것being at the disposal of the enterprise이라고 할 수는 없다. 이 경우 웹사이트는 유형적인 것이 아니므로 웹사이트 운영기업은 그 장소에 물리적 실재a physical presence가 있다고 할 수 없다. 따라서 웹사이트 운영기업이 서버 탑재 계약에 의해 사업장소를 가진 것으로 보아서는 안 된다. 그러나 웹사이트를 통하여 사업을 운영하는 기업이 자신의 처분하에 서버를 소유하고 있는 경우, 즉 그 기업이 웹사이트를 저장하고 사용하는 서버를 소유(또는 임차)하여 운영한다면 서버

106 OECD 모델조세조약 제5조에 관한 주석서 제125문단

가 소재하는 장소는 기업의 국내사업장을 구성한다.[107]

③ 예비적·보조적 활동에 해당되는지 여부

어느 한 국가의 일정 장소에서 컴퓨터 설비를 통하여 수행되는 전자상거래 활동이 예비적 또는 보조적인 활동에 한정되는 경우 고정사업장이 존재하는 것으로 볼 수 없다. 일정 장소에서 수행되는 특정 활동이 예비적 · 보조적인지 여부는 그 설비를 통하여 기업이 수행한 다양한 기능을 감안하여 구체적 사실에 따라 검증되어야 하나 일반적으로 예비적이고 보조적인 것으로 간주되는 활동사례는 다음과 같다.

- 전화선과 같이 공급자와 고객 간 통신연결망 제공
- 재화나 용역의 광고
- 보안 및 효율 제고를 위하여 미러서버mirror server를 통한 정보전달
- 기업을 위한 시장 자료data 수집
- 정보information 제공

그러나 위 기능들이 그 자체로 기업 전체 사업활동의 필수적이고 중요한 부분이거나 또는 기업의 다른 핵심적 기능이 컴퓨터 설비를 통하여 수행되는 경우, 이들은 예비적 · 보조적인 활동범위를 넘어선 것이므로 설비가 기업의 고정된 장소를 구성한다면 국내사업장이 존재하게 된다.[108] 특정기업의 핵심기능이 무엇인지는 그 기업이 수행하는 사업의 성격에 따라 좌우된다. 예를 들면 어떤 인터넷 용역공급자ISP들은 다른 기업의 웹사이트나 기타 응용프로그램을 탑재할 목적으로 자

107 이와 관련하여, UN모델조세조약 제5조에 관한 주석서는, 외국의 사업자가 사실상 서버를 소유하여 자신의 처분하에 두면서도 인터넷 용역공급자(Internet Service Provider)를 형식적으로 서버를 소유하도록 함으로써 전체적 상황으로 보아 외국 기업의 국내사업장이 존재함에도 불구하고 계약조건을 조작하여 국내사업장의 구성을 회피하는 경우가 있음을 지적하고 있다.

108 OECD 모델조세조약 제5조에 관한 주석서 제129문단

체 서버를 운용하는 사업을 한다. 이들 인터넷 용역공급자들에게는 고객에게 용역을 제공하기 위해 자신의 서버를 운영하는 것이 사업활동의 필수적이므로 서버 운영은 예비적 또는 보조적 활동으로 볼 수 없다. 또 다른 예로서 "이테일러e-tailor"로 불리는 인터넷을 통하여 제품의 판매사업을 행하는 기업이다. 이 경우, 당해 기업은 서버를 운영하는 사업에 종사하고 있지 않고, 소정의 장소에서 그러한 활동을 행하는 것이 가능하다는 단순한 사실만으로는 당해 장소에서 행하는 활동이 준비적 또는 보조적인 것에 그치지 않는다는 결론을 내리는 데에는 충분하지 않다. 이러한 경우에는 당해 장소에서 수행되는 활동의 성질을, 당해 기업에 의해 수행되는 사업에 비추어 검증하여야 한다. 이러한 활동이 인터넷의 제품판매 사업에 있어 단지 준비적 또는 보조적인 경우(예를 들면, 당해 장소가 잠재적인 고객에 대한 광고, 제품 카탈로그의 전시 또는 정보의 제공을 위한 것에만 사용되는 웹사이트를 탑재하는 서버를 운영하기 위해 이용되고 있는 경우), 예비적 또는 보조적 활동을 수행하는 것으로 판정할 할 수 있고 따라서 당해 장소는 고정사업장을 구성하지 않는다. 그러나, (예를 들면, 고객과의 계약의 체결, 지급의 절차 및 제품의 인도가 당해 장소에 소재하는 당해 설비를 통하여 자동적으로 행해지고 있는) 판매와 관련을 갖는 전형적인 기능이 당해 장소에서 수행되는 경우, 그러한 활동을, 단순히 준비적 또는 보조적인 것으로 볼 수는 없다.[109]

④ 인터넷 용역공급자Internet Service Provider가 간주고정사업장deemed PE에 해당되는지 여부

인터넷 용역공급자가 다른 기업의 웹사이트를 자신의 서버에 탑재하여 용역을 제공하는 경우, 당해 인터넷 용역공급자를 웹사이트를 통해 전자상거래를 행하는 기업의 고정사업장을 구성하는 것으로 간주하는 것은 매우 특별한 상황에서만 타당할 뿐 일반적으로는 타당하지 않다. 왜냐하면 당해 인터넷 용역공급자는 웹사이트를 운영하는 기업의 이름으로 계약을 체결하는 권한을 갖지 않고, 또한

109 OECD 모델조세조약 제5조에 관한 주석서 제130문단

그러한 계약을 규칙적으로 체결하지도 않기 때문이다. 이 인터넷 용역공급자가 많은 기업의 웹사이트를 호스트한다는 사실이 또한 인터넷 용역공급자가 독립대리인을 구성한다는 점을 뒷받침한다.[110]

⑤ 웹사이트가 간주고정사업장deemed PE에 해당되는지 여부

어느 사업이 수행되는 웹사이트는 그것 자체로서는 제3조에서 정의된 "인person"이 아니기 때문에, 이 웹사이트를 해당 기업의 대리인으로 봄으로써 동 웹사이트에 대해 간주고정사업장이 존재하는 것으로 볼 수는 없다.[111]

(2) 우리나라 과세당국의 유권해석

우리나라의 과세당국의 유권해석 내용을 살펴보면, 국내에서 영위하는 사업의 전부 또는 일부가 국내의 서버를 통해 수행되기만 하면 동 서버에 대한 해당 외국법인의 통제권 보유여부에 관계없이 동 서버의 소재지를 해당 외국법인의 고정사업장으로 취급한다. 위에서 살펴본 OECD의 과세기준에 따르면, 원천지국에 소재하는 서버에 대한 외국법인의 통제권 보유를 고정사업장 판정의 필요조건 중의 하나로 취급하는 반면 우리나라 과세당국은 이러한 통제권 여부는 고려하지 않고 단지 서버만 국내에 소재하면 고정사업장이 있는 것으로 보고 있다. 그러나 이러한 서버가 외국 기업의 국내에서의 사업활동에 대해 예비적 또는 보조적 기능만을 수행하는 경우에는 고정사업장으로 보고 있지 않다.

구체적인 유권해석 사례를 몇개 살펴보면 아래와 같다.

- 일본법인이 국내에 게임을 제공하는 서버를 두고 내국법인의 인터넷 포털사이트 내 플랫폼을 통해 국내 최종소비자에게 게임아이템을 판매하는 경우, 일본법인은 국내사업장을 통하여 발생되는 「법인세법」 제93조 제5호 및 「한 · 일 조세조약」

110 OECD 모델조세조약 제5조에 관한 주석서 제131문단

111 OECD 모델조세조약 제5조에 관한 주석서 제131문단

제7조에 따른 국내원천 사업소득에 대하여 국내에서 납세의무가 있는 것임(서면법규과-941, 2013.9.2.).

- 미국법인이 다수의 국내 인터넷 종합쇼핑몰에 상품판매자로 등록한 후 해당 쇼핑몰을 통하여 국내소비자로부터 주문받은 상품을 미국에서 직배송하는 방법으로 상품을 판매함에 있어, 국내에서 인터넷 종합쇼핑몰을 운영하는 내국법인이 해당 외국법인의 국내 상품판매를 위하여 대금정산, 반품처리, 고객상담, 광고, 기타 판매와 관련된 부수용역을 수행하는 경우, 동 용역수행장소는 「법인세법」 제94조 및 「한 · 미 조세조약」 제9조에 따른 국내사업장에 해당하는 것임(법규국조 2013-163, 2013.5.28.).
- 상품판매의 중요하고도 본질적인 기능인 고객과의 계약체결, 대금의 회수, 상품의 전달 등의 일체의 기능이 인터넷서비스제공자Internet Service Provider의 서버Sever에 위치하여 이를 통하여 계속적이고 반복적으로 수행되는 경우에는 동 서버Sever가 위치하는 장소는 「법인세법」 제94조의 규정에 의하여 외국법인의 국내고정사업장에 해당되며, 동 국내사업장에 귀속되는 소득은 「법인세법」 제93조 및 「한·미 조세조약」 제8조의 규정에 의한 국내원천사업소득에 해당하는 것임(서면상담2팀-1953, 2005.11.30.).

고정사업장 관련 부가가치세 쟁점

(1) 법인세법상의 국내사업장이 부가가치세법상 사업장에 해당하는지 여부

부가가치세법은 사업자의 납세지를 각 사업장의 소재지로 규정하면서 사업장은 사업자가 사업을 하기 위하여 거래의 전부 또는 일부를 하는 고정된 장소라고 규정하고 있다.[112] 사업자가 외국법인인 경우에는 법인세법 제94조에 따른 장소(즉, 국내사업장)를 부가가치세 목적의 사업장으로 보도록 하여, 법인세법상 국내사업장이 있는 경우 부가가치세법상으로도 사업장으로 취급된다.[113]

국내사업장이 있는지는 부가가치세법상으로는 중요한 문제를 야기한다. 국내사업장에 귀속되는 거래에 대해 부가가치세 신고를 하지 않고 세금계산서를 교부

112 부가가치세법 제6조 제1항 및 제2항

113 부가가치세법 제6조 "⑥ 사업자가 비거주자인 경우에는 「소득세법」 제120조에 따른 장소를 사업장으로 하고, 외국법인인 경우에는 「법인세법」 제94조에 따른 장소를 사업장으로 한다."

하지 않았다는 이유로 매출세액 전체(관련 비용을 공제하기 전의 매출액)에 대해 부가가치세가 과세되고 세금계산서 미발급으로 인해 조세범처벌법 제10조(세금계산서의 발급의무 위반 등)로 인한 형사처벌까지 문제될 수 있다. 고정사업장 인정으로 인한 소득세 과세는 원칙적으로 그 고정사업장에 귀속되는 순소득에 한정되는 반면, 부가가치세는 그 사업장에서 발생하는 매출 전체에 대해 과세되고 고정사업장이 존재함을 인식하지 못하고 세금계산서를 발급받지 않음에 따라 매입세액 공제를 받지 못하고 결과적으로 막대한 금액의 과세위험에 노출되게 된다.[114]

또한 추가적인 실무상 쟁점은 '부가가치세 납세의무자(즉 부가가치세 신고납부 및 세금계산서 발급 주체)를 누구로 보아야 할 것인가?'라는 문제이다.[115] 우리나라의 부가가치세 법령에 따르면, 부가가치세 신고의무 및 세금계산서 발급의무가 법인별로 부과되는 것이 아니라 각 사업장별로 부과된다고 명시하고 있다.[116] 따라서 두 개 이상의 사업장이 하나의 거래에 관여한 경우 과연 어느 사업장이 위 의무를 부담하는가를 가려야 하는 문제가 발생하며 영세율 적용이 가능한 것인지의 문제도 발생한다.

외국법인의 고정사업장이 성립되는 이상, 당초 외국법인과 국내 거래처 간의 재화 또는 용역 거래에 대하여는 외국법인의 고정사업장이 부가가치세 신고납부 의무 및 세금계산서를 발급할 의무를 부담한다는 견해도 제기될 수 있다. 반면, 세금계산서 발행의무자 및 부가가치세 과세표준 신고자는 사업장 기준으로 판단하여 한다는 전제로 세금계산서 발급의무는 다수의 사업장 중에 당해 거래와 관련하여 보다 중요한 역할을 수행한 사업장이 부담하여야 한다는 견해도 가능하다.

이와 같이 복잡한 고정사업장의 부가가치세 이슈에 대한 국제적 기준과 우리

114 김해마중, "고정사업장 제도에 관한 연구 - 조세조약상 고정사업장의 기능과 요건, 전망에 관하여", 서울대학교 대학원 법학과 세법 전공 박사학위논문, 13면

115 이은총, "외국법인 고정사업장 과세 관련 쟁점에 대한 소고 - 고정사업장 성립 이후 문제되는 실무상 쟁점을 중심으로", 조세학술논집 제34집 제2호 2018, 90면

116 부가가치세법 제32조 제1항, 제48조 1항 및 제49조 1항

나라 유권해석 및 판례의 태도를 정리해 보면 아래와 같다.

① EU의 기준

우리나라의 부가가치세 법령이 모델로 삼고 있는 EU의 부가가치세 지침에 따르면 원칙적으로 EU의 부가가치세 규정상 사업장이 존재하는 경우 동 고정사업장이 문제되는 공급에 관여하는지 여부를 판단하는 것이 중요하며, 고정사업장이 별도로 존재한다고 해서 그것만으로 본사의 재화나 용역의 공급에 관여한 것으로 규정되어 있지는 않다.[117] EU 부가가치세 지침 제192a조는 다음과 같이 규정하고 있다.

> 본 조의 목적상, 세금이 부과되는 회원국 영토 내에 고정사업장을 보유한 납세자는 아래 조건을 충족하는 경우 당해 회원국 영토 내에서 설립되지established 않은 납세자로 간주된다.
> (a) 과세법인이 당해 회원국 영토 내에서 과세 대상 재화 또는 용역을 공급하고;
> (b) 공급자가 당해 회원국 내에 보유한 사업장이 그 공급에 관여하지 않는 경우.

먼저 외국법인의 본사가 거래상대방에게 용역 또는 재화를 공급하는 거래와 관련하여, 부가가치세 목적상으로는 고정사업장이 관여하는 재화 및 용역의 공급을 가능케 하는 충분한 영구성과 적절한 인적 및 기술적 자원을 갖춘 구조를 갖고 있는 경우에만 해당 고정사업장을 고려하도록 규정하고 있다.[118] 가령 네덜란드에 설립된 본사가 프랑스에 고정사업장을 보유한 경우, 그 본사가 프랑스의 거래처에게 공급을 하고 그 고정사업장이(충분한 영구성과 적절한 인적 및 기술적 자원을 갖추어) 관여하지 않는 경우라면 부가가치세 과세목적상으로는 프랑스(원천지국) 내에 설립된 것으로 간주하지 않는 것이다. 따라서 이러한 기준에 따르면, 외국법인이 수행하는 일정한 거래와 관련하여 설령 외국법인의 일반 고정사업장 또는 간주고정사업장이 존재하는 것으로 세무공무원이 거래 재구성을 한다고 해도, 그 고정사업장이 충분한 영구성과 적절한 인적 및 기술적 자원을 갖추고 있지

117 이은총 전게서, 90~93면

118 EU VAT 규정 제282/2011호 제53조.

않는 한, 거래 재구성을 토대로 해당 과세당국이 해당 고정사업장를 부가가치세 납세의무자로 보고 동 고정사업장의 신고불이행과 세금계산서 발급의무 불이행에 따른 불이익 처분을 하기는 곤란하다.

② 유권해석

- 사업자가 국외의 외국법인과 재화의 구매계약을 체결한 후 당해 외국법인의 국내연락사무소가 지정한 국내의 제조업자(OEM방식에 의하여 당해 외국법인에 수출하는 사업자)로부터 재화를 인도받고 그 대가를 국외의 외국법인에게 지급하는 경우에 있어 당해 외국법인의 국내연락사무소가 법인세법 제94조의 규정에 의한 외국법인의 국내사업장에 해당하는 경우에는 당해 외국법인의 국내사업장을 공급자로 하여 부가가치세법 제16조 제1항의 규정에 의한 세금계산서를 교부받아야 하는 것임(부가 46015－1446, 2000.6.23.).
- 외국법인의 국내지점이 국내수출업자에게 수출알선용역을 제공하고 그 대가를 국외에 소재하는 외국법인의 주사무소(귀 질의의 경우 홍콩사무소)에서 국내수출업자로부터 직접 지급받는 경우에도 당해 용역을 제공한 외국법인의 지점(국내사업장)은 이를 제공받은 국내수출업자를 공급받는 자로 하여 부가가치세를 거래 징수한 세금계산서를 교부하여야 하는 것임(부가 22601－410, 1987.3.10.).

위 유권해석들을 살펴보면 우리나라 과세당국은 외국법인의 국내사업장(고정사업장)이 존재하는 경우 (또는 존재하는 것으로 판정하는 경우) 해당 고정사업장은 재화나 용역의 실제 공급흐름에 관계없이 세금계산서를 발행의무가 있는 것으로 취급하고 있음을 알 수 있다.

③ 판례

대법원은 2006. 6. 16. 선고 2004두7528, 7535 판결에서 용역이 공급되는 장소를 다음과 같이 판단하였다. 즉, 구 부가가치세법(2010. 1. 1. 법률 제9915호로 개정되기 전의 것) 제10조 제2항 제1호는 용역이 공급되는 장소를 '역무가 제공되거나 재화 · 시설물 또는 권리가 사용되는 장소'라고 규정하고 있으므로 과세권이 미치는 거래인지는 용역이 제공되는 장소를 기준으로 판단하여야 하는데, '외국법인이 제공한 용역의 중요하고도 본질적인 부분이 국내에서 이루어졌다면 그 일부가 국외에서 이루어졌더라도 용역이 공급되는 장소를 국내로 보아야 한다'고 판시한 바 있다.

그 후 대법원은 코다사건에 대한 판결[2014두13829(2016.2.18. 선고)]에서 위 판결과 유사한 입장을 취했다. 즉, 원고가 제공한 용역은 사업제안 준비단계에서부터 인천대교 준공 시까지 계속적으로 자문, 건설 관련 기획, 환경영향 평가, 재무, 회계, 법률, 공사 관리 등 인천대교 건설과 관련된 모든 전문영역을 포괄하여 인천대교 건설 사업의 진행을 관리하는 것으로서 원고가 시행하게 된 업무 중 '중요하고도 본질적인 부분'이 국내에서 제공되었다고 보았다. 한편 국외 제공 용역은 그 자체로 독자적인 목적을 수행하는 것이라기보다 국내 제공 용역과 유기적으로 결합하여 실질적으로 하나의 용역으로 공급된 것으로 보아야 하므로, 원고는 국내 제공 용역뿐만 아니라 국외 제공 용역에 대해서도 부가가치세 및 법인세를 신고 · 납부할 의무가 있다고 판단하였다.

한편, '카지노 이용고객 모집업체'사건에 대한 판결(2016. 7. 14. 선고, 2015두51415)에서 대법원은 '원고 직원의 이 사건 업무가 원고 사업의 본질적이고 중요한 사업활동에 해당하므로, 원고는 국내에 고정사업장을 두었다'라는 취지로 원심판결을 파기 환송하였다. 그 후 원심(즉 고등법원)은 위 대법원 환송판결의 취지에 따라 원고의 고정사업장을 인정하면서도, 고정사업장의 존재를 전제로 고정사업장에 귀속될 소득 (법인세) 그리고 용역(부가가치세)의 범위에 대해 판단을 하였는데 피고(즉, 과세당국)가 국내 고정사업장에 수수료 전액을 귀속시킨 것은 위법하다고 판단하였다. 이러한 판단의 근거로서 원심은 ① 원고가 제공하는 용역의 핵심이 국외에서 정켓을 모집하는 것인 점, ② 원고의 정켓 모집 업무는 대부분 국외에서 이루어지고 관련 비용도 국외에서 지출된 점, ③ 원고 직원의 업무가 원고의 본질적이고 중요한 사업활동이라고 하더라도 고정사업장에 귀속되는 수입금액은 해당 직원의 업무에 대한 대가로 한정되어야 한다는 점, ④ 그러나 피고는,

원고의 국내외 업무 전체에 대한 대가가 고정사업장에 귀속되었음을 전제로 이 사건 처분을 한 점을 제시하였다.

요컨대 원심은 원고가 제공하는 용역의 핵심적인 부분은 정켓들을 모집하여 보조참가인의 카지노 영업장에서 롤링게임을 할수 있도록 보내주는 것인데, 원고의 실질적인 모집업무는 거의 국외에서 이루어지고 있고, 정켓들을 지속적으로 모집하기 위한 고객관리도 국외에서 이루어지고 있어 원고의 보다 본질적이고 핵심적인 업무는 국외에서 이루어지고 있다고 판단하였다. 따라서 원고의 국내 고정사업장은 적어도 국외에서 이루어지는 원고의 정켓 모집, 프론트머니 징수 및 송부 등과 관련된 용역 제공에 대해서는 부가가치세 납부의무가 있다고 보기 어렵고, 이는 원고의 직원들이 이 사건 사무실에서 수행하는 활동이 원고의 본질적이고 중요한 사업활동에 해당한다고 하더라도 마찬가지라고 보았다.

한편 원심은 국외 제공 용역이 '보다 본질적이고 핵심적인 업무'에 해당한다고 판단하면서도 이를 하나의 용역으로 보지는 않고 복수 용역으로 보면서, 공급장소가 국내인 국내 제공용역에 대해서는 부가가치세를 신고납부해야 한다고 판단하였다. 이와 같은 입장에서, 원심은 법인세 및 부가가치세의 과세표준에 귀속될 소득 및 거래를 판단함에 있어 국내사업장에 귀속되는 부분을 구분하여 입증하지 않고 전체 소득에 대해 한 법인세 과세처분 및 전체 용역 공급가액에 대해 행한 부가가치세 과세처분은 위법한 것이고, 과세당국은 외국법인의 국내사업장에 귀속될 공급가액 및 소득을 입증할 책임이 있다고 판시한 것이다.

이와 같은 원심의 판결에 대하여 대법원은 2020. 6. 25. 선고 2017두72935 판결에서 부가가치세 부분에 대해 별도로 관련 법리를 설시하지 않고 "원심의 판단은 정당하다."라고만 판시하였다.

결론적으로, 대법원 2020. 6. 25. 선고 2017두72935 판결은 전체 용역 중 '본질적이고 중요한 부분'은 국내에서 공급되었다고 하더라도 부가가치세 부과대상 거래인지 여부는 국내에서 공급된 부분에 한정하여 판단해야 한다는 입장[119]을 취한 반면, 대법원 2016. 2. 18. 선고 2014두 13829 판결은 '본질적이고 중요한 부분'이 국내에서 이루어졌으면 전체 용역에 대해 부가가치세를 과세할 수 있다는 상반되는 입장을 취했다고 할 수 있다.[120]

(2) 부가가치세법상 사업장이 고정사업장에 해당하는지 여부

① 국내세법상 규정

법인세법 제111조(사업자등록) 제2항은 "「부가가치세법」에 따라 사업자등록을 한 사업자는 그 사업에 관하여 제1항에 따른 등록을 한 것으로 본다"고 규정되어 있고,[121] 동조 제1항은 "신규로 사업을 시작하는 법인은 대통령령이 정하는 바에 따라 납세지 관할 세무서장에게 등록하여야 한다"라고 규정되어 있으므로 제1항과 제2항을 종합하면 「부가가치세법」에 따라 사업자등록을 한 사업자는 신규로 사업을 시작하여 납세지 관할 세무서장에게 법인세 목적상 등록을 한 것으로 볼 수 있다. 이와 같은 규정은 부가가치세법상 납세의무자는 당연히 법인세법상 납세의무자가 된다는 해석을 낳을 수도 있다.

② OECD 과세기준

2017 OECD 모델조세조약 제5조에 대한 주석서 제5문단은 '소득과세 목적상 고정사업장 개념과 부가가치세 목적의 개념은 별개이므로 어느 하나에 해당된다

119 이 판결은, 소비지국 과세원칙 하에서 국내에서 동일한 용역을 제공하는 자와 비교하여 조세중립성 측면의 문제를 유발할 수 있고, 소비과세인 부가가치세의 특성을 고려하지 않고 소득과세인 법인세와 동일한 논리로 귀속거래를 구분하여 계산할수 있다는 결론을 내렸다는 점에서도 비판이 가능하다는 견해도 있다. [박훈외 2인, "부가가치세 국내사업장 개념의 재정립 관련 연구용역 (최종보고서)", (사)한국국제조세협회, 2021.12.15., 36면~50면. 참조]

120 박훈외 2인, 상게서 참조

121 한편 소득세법에도 유사한 규정이 있다.
소득세법 제168조(사업자등록 및 고유번호의 부여) ② 「부가가치세법」에 따라 사업자등록을 한 사업자는 해당 사업에 관하여 제1항에 따른 등록을 한 것으로 본다.

고 하여 자동적으로 그 개념을 다른 세금 목적으로 확장하지 않도록'권고를 하고 있다. 그 구체적인 내용은 다음과 같다.

> "5. 많은 국가들은, 외국 기업이 해당 국가에 사업이 전적으로 또는 부분적으로 수행되는 고정된 사업장소fixed place of business를 두고 있는지 여부에 관계없이 또는 제5조 제5항에 따라 해당국가에 고정사업장이 있는 것으로 간주되는지 여부에 관계없이, 해당 부가가치세 또는 '재화 및 서비스세VAT/GST' 목적으로 외국 기업의 등록을 허용하거나 요구할 수 있다. 그러나 VAT/GST에서의 과세취급은 모델조세조약의 고정사업장 정의의 해석과 적용 목적과는 그 자체로 무관하다. 따라서, 고정사업장의 개념을 적용할 때는, 외국 기업이 VAT/GST 목적으로 등록한 사실을 포함하여 VAT/ GST 목적으로 외국 기업으로 취급된다는 것으로부터 어떠한 추론을 도출해서는 안 된다."

OECD 모델조세조약 제7조는 원천지국에서의 사업소득의 과세권을 고정사업장이 해당 국가에 있는 경우 동 고정사업장에 귀속되는 소득에 대해서만 원천지국에 과세권이 있음을 분명히 하고 있고, 제5조에서는 고정사업장에 해당하는 요건들을 제시하고 있다. 따라서 설령 외국법인이 부가가치세법 목적상 납세의무자로 취급되어 사업자등록을 하는 경우가 있어도 앞에서 언급한 여러 기준을 고려해서 고정사업장 해당 여부를 판단해야 하는 것이지 부가가치세법상 사업장을 법인세법상 국내사업장으로 의제하는 법인세법 제111조 제2항만으로 해당 사업장이 법인세법상의 납세의무자가 된다고 판단해서는 안 될 것이다.

이에 해당하는 대표적인 사례가 2015년 도입된 외국 기업의 전자적 용역에 대한 부가가치세 과세제도라고 할 수 있다. 2015.7.1.부터 시행된 부가가치세법 53조의 2(전자적 용역을 공급하는 국외사업자의 용역 공급과 사업자등록 등에 관한 특례)의 규정에 따르면, 한국에 지점 등과 같은 물리적 실체를 가지고 있지 않은 외국법인이 국내 소비자에게 전자적 용역[122]을 제공하는 경우에는 국세청 인터넷

122 전자적 용역이라 함은 「정보통신망 이용촉진 및 정보보호 등에 관한 법률」 제2조 제1항 제1호에 따른 정보통신망을 이용하여 공급받는 것으로서 이동통신 단말장치 또는 컴퓨터 등

홈페이지를 통해 간편 사업장 신고를 하도록 규정하고 있다. 이러한 간편사업장을 한 외국 기업은 한국 소비자에게 전자적 용역을 제공하고 대가를 수령할 때 대가의 10%를 부가가치세로서 거래징수하여 우리나라의 과세당국에 부가가치세 신고기한 내에 부가가치세를 신고 · 납부할 의무가 발생한다. 그러나 이러한 간편사업자등록 신고를 하였다고 해서 우리나라에서 고정사업장이 존재하는 것으로 보아 법인세법상 납세의무자로 취급되지는 않는다.

에 저장되어 구동되거나, 저장되지 아니하고 실시간으로 사용할 수 있는 것을 말한다(부가령 제96조의 2 제1항 본문).

10 고정사업장 관련 주요 판례 분석

대법원 2009두19229(블룸버그 사건, 2011.4.28. 선고) 판결

(1) 사실관계와 쟁점

대법원 2009두19229, 2011.4.28. 판결은 국내사업장 여부가 정면으로 다투어졌을 뿐 아니라 앞서 설명한 판단 기준을 중심으로 구체적 사실관계의 여러 가지 요소를 고려하였다는 점에서 중요하다. 대법원 2009두19229 판결의 사실관계는 다음과 같다. 원고 블룸버그코리아 유한회사(이하 '블룸버그코리아')는 미국소재 블룸버그 리미티드 파트너십Bloomberg Limited Partership, 이하 'BLP'이 100% 출자한 한국 내 자회사이다. 블룸버그코리아 유한회사는 BLP와 용역계약을 체결하여 BLP에게 정보수집 용역과 상비설치 용역을 제공하였나. 정보수집 용역을 수행하기 위하여 블룸버그코리아는 한국의 자본시장과 주요 기업에 관한 정보를 수집한 후, 노드 장비 및 수신기를 통하여 BLP에게 전달하였다. 또한 장비설치 용역의 경우, BLP의 한국 내 고객이 BLP로부터 경제 정보를 받을 수 있도록 블룸버그코리아는 필요장비를 수입 · 설치 · 유지 · 보수하였다. 이 과정에서 BLP의 해외지점 영업직원이 블룸버그코리아의 사무실 등에서 판촉 및 교육활동을 제공하였다.

블룸버그코리아는 외국환은행을 통하여 BLP로부터 용역 대가를 수취한 후, 이 과정을 구 부가가치세법 제11조 제1항 제4호의 외화획득용역으로 보아 영세율 매출분으로 부가가치세 신고납부를 마쳤다. 그러나 과세당국은 BLP가 블룸버그코리아의 인적 · 물적 시설을 이용하여 국내에서 본질적이고 중요한 활동을 한 것으로 보았다. 달리 말하면, 과세당국은 BLP의 고정사업장이 국내에 존재한다는 판단을 한 것이다. 그 결과 과세당국은 외화획득용역을 부정하고 일반매출(부가가치세 10%)로 전환하여 블룸버그코리아에게 부가가치세를 부과하였다. 요컨대 대법원 2009두19229 판결의 쟁점은 BLP가 우리나라에 국내사업장을 가지고 있는지 여부이다.

[그림 II-11] Bloomberg 사업 활동

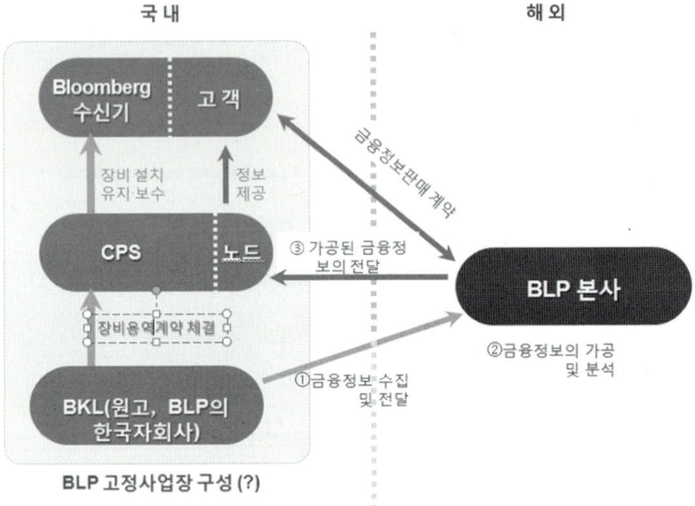

(2) 판시 내용과 의의

먼저 대법원 2009두19229 판결은 국내사업장을 인정하기 위한 판단 기준으로, ① 외국법인이 처분권한 또는 사용권한을 가진 국내 건물 · 시설 · 장치 등 사업상 고정된 장소의 존재와 ② 위 고정된 장소를 통한 외국법인의 본질적이고 중요한 사업활동 수행을 제시하였다. 또한 외국법인의 '본질적이고 중요한 사업활동 여부'를 판단하기 위한 고려 요소로서 ① 사업활동의 성격과 규모, ② 전체 사업활동에서 차지하는 비중과 역할 등을 언급하였다.

한편 BLP의 사업활동은 세계 각국의 금융정보를 수집하여 검증 · 분석 · 가공한 후, 미국 내 주 컴퓨터에 입력하고 고객에게 판매 · 전달하는 과정으로 이루어진다. 따라서 BLP 사업활동의 본질적 부분은 금융정보의 가공 · 분석과 판매 · 전달이라고 할 수 있는 반면, 노드 장비 및 수신기를 통한 사업활동은 본질적 부분이라고 보기 어렵다. 나아가 BLP의 해외지점 영업직원이 한국에서 수행한 판촉 및 교육활동 역시 금융정보의 가공 · 분석 또는 판매 · 전달과 거리가 멀다. 대법원은 이와 같은 점을 모두 고려하여 BLP의 국내사업장을 부정하고, 부가가치세 부과처분을 취소하였다.

대법원 2009두19229 판결은 국내사업장의 법리를 명확히 밝히고 구체적인 사실관계를 적절히 적용하였다는 점에서 중요한 판례로 평가받고 있다. 이 판시는 한 · 미 조세조약 관련 규정에 기초하고 있으나, 한 · 미 조세조약의 국내사업장 규정은 우리나라의 법인세법이나 다른 조세조약과 비슷하다. 따라서 위 판시내용은 국내사업장이 문제되는 다른 사례에서도 중요한 판단 근거를 제시해주고 있다.

대법원 2014두8896(매지링크 사건, 2016.1.14. 선고) 판결

(1) 사실관계와 쟁점

싱가포르 법인인 A(매지링크)는 2009년 초 외국법인인 C 증권사 홍콩지점으로부터 국내회사들이 발행한 해외 전환사채(이하 '본건 사채')를 매수하고, 이를 국외 개설 계좌를 통하여 상환받았다. 원고 B는 기업경영 컨설팅업, 기업재무분야 컨설팅업 등을 주된 사업 목적으로 설립된 내국법인이다. B는 싱가포르 법인인 A가 C 증권사 홍콩지점으로부터 본건 사채를 매수하여 회수하는 과정에서, A에게 본건 사채의 인수를 중개 및 알선하고 이를 회수하는 용역을 제공하고, 그 대가로 미화 OO 달러를 지급받았다. 이러한 B의 행위가 A의 종속대리인으로서 간주고정사업장을 구성하는지가 쟁점이었다.

[그림 II-12] 매지링크 사업내용

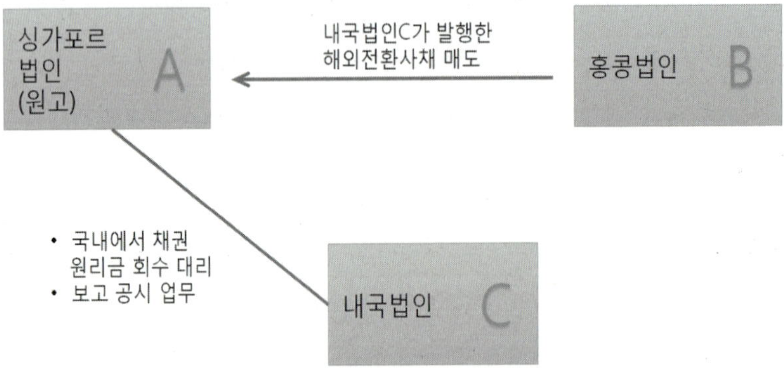

(2) 판시 내용

대법원은 B가 채권을 회수하는 데 성공했다고 해도 이러한 활동은 기계적이고 반복적인 단순한 작업으로 구성되므로, 이러한 활동이 채권 투자와 관련된 Magilink의 필수적이고 중요한 비즈니스 활동으로 볼 수 없다고 판결했다.

대법원 2015두51415(카지노 이용고객 모집업체, 2016.7.14. 선고) 판결 및 대법원 2017두72935(고정사업장에 귀속되는 이윤의 범위와 증명책임, 2020.6.25. 선고)[123]

(1) 사실관계와 쟁점

필리핀 법인인 원고는 카지노 이용고객 모집 전문업체로서, 외국인 전용 카지노를 운영하는 국내 카지노 사업자에게 카지노 이용고객을 모집·알선하여 주는 대신 고객이 잃은 돈의 70%를 모집수수료로 지급받기로 하는 정켓 계약Junket Agreement을 체결하였다. 원고는 위 계약에 따라 국외에서 외국인 고객들을 모집

123 이 두 판결은 하나의 사건에 대해서 내려진 것이다. 대법원 2015두51415 사건에서 고정사업장이 성립되지 않는다는 원심을 파기 환송한 후 동 대법원 판결의 지침에 따라 고등법원에서 고정사업장 귀속소득에 대한 후속 판결(부과처분 전부 취소)을 하였고, 대법원이 재상고심에서 고등법원의 판단을 지지하는 판결을 내렸다(2017두72935판결).

해 A 카지노로 유치하였으며 고객들의 게임자금을 A 카지노의 계좌로 송금하였고 고객들이 자금대여를 요청할 경우에 대비하여 담보 등을 설정하거나 정산업무와 고객관리 업무 등을 수행하였다. 한편 원고는 국내에서 A 카지노의 영업장 내 사무실(이하 "쟁점 사무실"이라 한다)에 직원들을 두고 원고가 모집한 고객들에게 칩을 제공하거나 롤링게임에서 발생한 매출액을 확인하기도 하였고 고객들의 항공권 예약 및 안내 업무, 호텔과 식당의 예약 및 안내 업무 등(이하 '편의제공 업무')을 수행하였다. 쟁점 사무실에는 책상, 컴퓨터, 금고, 캐비넷, 출근카드 체크기 등이 있었고 원고의 직원이 교대로 근무하고 있었다. 한편 원고는 A 카지노로부터 수취한 대가에 관한 세금을 국내에서 신고 · 납부하지 않았다.

[그림 II-13] 카지노 이용고객 모집업체 활동

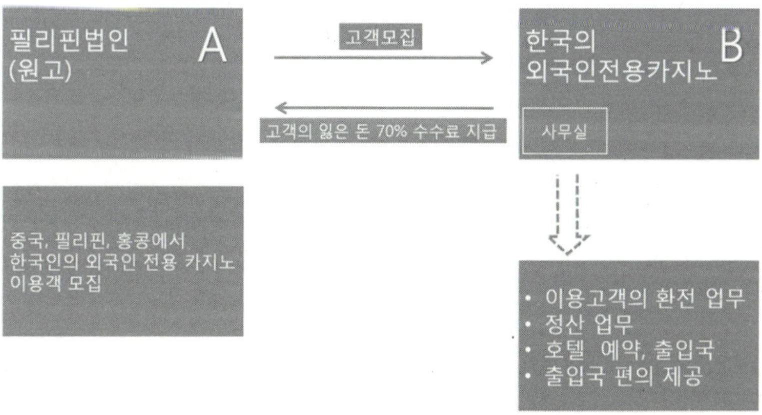

(2) 관련 판결의 내용

① 환송 전 원심판결(서울고등법원 2014누51052 판결, 2015.8.20. 선고)

환송 전 원심판결은 이 사건 사무실은 필리핀법인인 원고가 '처분권한 또는 사용권한'을 가지는 국내의 '사업상 고정된 장소'라고 할 수는 있으나, 원고의 '국내 고정사업장'으로 인정될 수 없다고 판단하였다. 그 이유는 이 사건 계약에 따라 원고가 보조참가인에게 제공하는 용역의 핵심적인 부분은 정켓들을 모집하여 보조참가인의 카지노 영업장에서 롤링게임을 할 수 있도록 보내주는 것인데 원고가 정켓들을 모집하는 과정에서 실질적인 모집업무는 거의 해외에 있는 수많은 하위 정켓업자들을 통하여 이루어지고 있고, 정켓들을 지속적으로 모집하기 위한 고객관리도 해외에서 이루어지고 있어 원고의 거의 모든 본질적, 핵심적 업무는 해외에서 이루어지고 있으며, 그 비용도 대부분 해외에서 지출되고 있는 점 등을 근거로 원고의 국내 처리업무는 '예비적이거나 보조적인 사업활동'에 불과하다고 판단하였다.

② 환송판결(대법원 2015두51415 판결, 2016.7.14. 선고)

그러나 환송판결은 위 환송 전 원심의 판단을 배척하고, 이 사건 사무실은 원고의 '국내 고정사업장'이라고 판단하였다. 원고가 제공하는 용역은 정켓들이 카지노에서 게임을 하도록 각종 편의를 제공하는 것을 포함하고 있고, 정켓들을 상대로 수행한 칩 교환 업무는 사업활동 중 의미있는 비중을 차지한다고 볼 수 있으므로 원고의 직원들이 카지노 내 사무실에서 수행한 활동은 본질적이고 중요한 사업활동에 해당한다고 보아 이 사건 사무실은 국내 고정사업장에 해당한다고 판단하였다.

③ 환송 후 원심판결(서울고등법원 2016누56051 판결, 2017.10.20. 선고)

환송 후 원심판결은 환송판결의 결론과 마찬가지로 이 사건 사무실이 원고의 국내 고정사업장에 해당한다고 전제하고, 국내 고정사업장이 있는 원고는 국내에서 납세의무를 부담한다고 보았다. 그러나 다음의 점을 근거로 이 사건 처분 전부를 취소하였다.

첫째, 피고는 원고의 국내 고정사업장에 귀속되는 수입금액을 구별하여 산정하지 않은 채 원고가 원고보조참가인으로부터 받은 모집수수료에서 부가가치세를 제외한 금액 전부를 원고의 국내 고정사업장에 귀속되는 수입금액으로 전제하여 부과하였으므로, 이 사건 각 처분 중 법인세 부분은 위법하다.

둘째, 이 사건 계약에 의한 원고의 보다 본질적이고 핵심적인 업무는 국외에서 이루어지고 있으므로, 원고의 국내 고정사업장은 적어도 국외에서 이루어지는 원고의 정켓 모집, 프론트머니 징수 및 송부 등과 관련된 용역 제공에 대해서는 부가가치세 납부의무가 있다고 보기 어렵고, 이는 원고의 직원들이 이 사건 사무실에서 수행하는 활동이 원고의 본질적이고 중요한 사업활동에 해당한다고 하더라도 마찬가지라 할 것이다. 따라서 원고가 보조참가인으로부터 받은 모집수수료 전부에 대하여 부가가치세 납부의무가 있음을 전제로 한 이 사건 각 처분 중 부가가치세 부분은 위법하다.

④ 최종판결(대법원 2017두72935 판결, 2020.6.25. 선고)

최종판결은, 필리핀법인이 대한민국 내 고정사업장을 통하여 사업을 영위하는 경우에는 고정사업장이 필리핀법인과 독립하여 거래하는 별개의 분리된 기업으로서 얻었을 이윤만이 고정사업장에 귀속되어 대한민국에서 과세될 수 있고(독립기업의 원칙), 이와 같이 고정사업장에 귀속되는 이윤에 관하여는 과세당국이 증명책임을 부담한다고 전제한 다음, 이 사건에서 정당한 세액을 산출할 아무런 자료가 없으므로 이 사건 처분 전부를 취소한 환송 후 원심은 정당하다고 판단하였다.

최종 판결은 외국법인 고정사업장의 과세표준에 관한 증명책임이 과세당국에게 있다는 점을 확인하였고 고정사업장이 인정되더라도 그것만으로 국내에서 수취한 대가 전체에 대한 법인세 또는 부가가치세 납세의무를 부담한다고 볼 수 없다는 점을 밝혔다는 점에서 의의가 있으며 향후 과세실무에 중요한 지침을 제공할 것으로 보인다.

대법원 2014두3044(론스타펀드 외환은행 주식 1차 매각 법인세 사건, 2017.10.12. 선고) 판결

(1) 사실관계와 쟁점

론스타펀드는 사모방식으로 자금을 모집하여 주로 자산가치가 저평가된 금융기관이나 일반기업의 인수합병, 부실채권 매입, 부동산 투자 등을 통하여 수익을 창출하는 파트너십 형태의 사모펀드로서 매번 투자가 완료되면 다시 새로운 펀드를 구성하는 식으로 론스타펀드 I부터 V까지 결성되었다. 과세당국은 2007.8.부터 2008.5.까지 론스타와 론스타 펀드의 한국 내 자회사 임직원들에게 투자기회를 제공하기 위해 설립된 허드코 파트너스 IV 코리아 리미티드 등을 대상으로 세무조사를 실시한 다음, 외환은행 등 주식에 대한 배당소득과 양도소득의 실질 귀속자는 벨기에 국적의 중간 지주회사들이 아니라 론스타펀드 IV 등 9개사라고 보고 이들이 국내에 고정사업장을 두고 사업활동을 수행하며 소득을 취득했으므로 과세 대상이라고 역삼세무서에 통지했다. 역삼세무서는 이에 따라 론스타펀드IV 등 9개사에 1,733억 원의 세금을 부과했고, 론스타는 이에 반발해 소송을 제기했다.

[그림 II-14] 론스타 IV 투자 구조

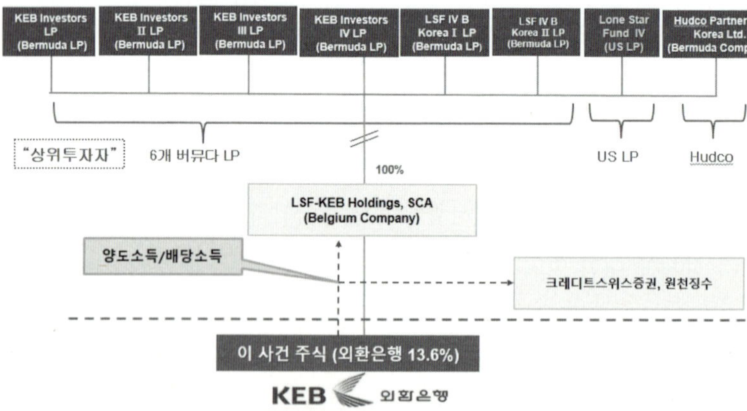

▶ 이 사건 양도소득 : 원고 LSF-KEB가 외환은행 주식을 양도하여 얻은 소득

(2) 판시 내용과 의의

국내에 외국법인의 고정사업장이 존재한다고 보기 위해서는 외국법인이 처분 또는 사용권한을 갖는 국내의 건물, 시설 또는 장치 등의 사업상 고정된 장소를 통하여 외국법인의 직원이나 그 지시를 받는 사람이 예비적이거나 보조적인 사업활동이 아닌 본질적이고 중요한 사업활동을 수행하는 경우여야 하고, 이때 본질적이고 중요한 사업활동에 해당하는지 여부는 그 사업활동의 성격과 규모, 전체 사업활동에서 차지하는 비중과 역할 등을 종합적으로 고려하여 판단하여야 한다(대법원 2009두19229, 2011.4.28. 참조).

구 법인세법 제94조 제3항은 '외국법인이 국내사업장을 가지고 있지 아니한 경우에도 국내에 자기를 위하여 계약을 체결할 권한을 가지고 그 권한을 반복적으로 행사하는 자를 두고 사업을 영위하는 경우에는 그 자의 사업장 소재지에 국내사업장을 둔 것으로 본다'고 규정하고 있고, 한 · 미 조세조약 제9조 제4항에서도 종속대리인을 통한 간주고정사업장에 관하여 위 법인세법 규정과 유사하게 규정하고 있다. 이처럼 외국법인이 종속대리인을 통하여 국내에 고정사업장을 가지고 있다고 하기 위해서는, 대리인이 국내에서 상시로 외국법인 명의의 계약체결권을 행사하여야 하고, 그 권한도 예비적이거나 보조적인 것을 넘어 사업활동에 본질적이고 중요한 것이어야 한다. 론스타 펀드의 수입창출과정 중 투자자들로부터 자금을 모집하고 투자를 결정하며 이후 자산을 매각해 투자금을 회수하는 데 대한 주요한 결정은 미국에서 이뤄졌고, 론스타 펀드가 수익창출을 위해 부실기업을 인수하고 경영에 개입하는 과정에서 스티븐 리 등이 상당 부분 개입하기는 했지만 이들의 역할은 론스타펀드 IV와 법적으로 별개 법인인 론스타 어드바이저스 코리아 등의 임원 자격으로 이뤄진 점 등에 비춰볼 때 한국에 고정사업장을 가지고 있다고 보기 어렵다는 것이 대법원 판결의 입장이다. 동 판결은, 외국펀드의 자문회사 임직원들의 국내에서의 투자관련 활동이 외국펀드 자체의 고정사업장을 구성하는 지 여부에 대한 판단에 중요한 지침을 제공하는 판결이다.

대법원 2014두13829(코다개발 사건 2016.2.18. 선고) 판결

(1) 사실관계와 쟁점

원고인 영국법인은 인천 제2 연륙교 건설사업의 시행자인 내국법인에게 자문 및 컨설팅 등의 용역을 제공하는 계약을 체결하되, 용역을 제공하는 임직원의 체류장소가 역무의 공급장소라는 전제로 영국법인 본점의 국외제공 용역계약과 국내지점의 국내제공 용역계약으로 각기 분리하였다. 국내에서 제공하는 용역에는 사업 개발 및 관리 서비스, 기술 관리 서비스, 사업 계획 및 일정 서비스, 건설예측 서비스, 프로젝트 파이낸스 관리 서비스, 법적 관리 서비스, 연락 및 협력 서비스, 사업 회계 서비스, 하도급 조달 서비스, 교통 조사 관리 서비스 등의 용역 등이 포함되어 있다.

원고는 국내제공 용역계약에 따라 지급받은 대가에 관하여는 그 용역이 원고 지점을 통하여 제공되고 소득도 원고 지점에 귀속되는 것으로 보아 부가가치세와 법인세를 신고 · 납부하였으나, 국외제공 용역계약에 따라 지급받은 대가에 관하여는 그 용역이 국외에서 제공되고 소득도 원고 지점에 귀속되지 않는 것으로 보아 부가가치세와 법인세를 신고 · 납부하지 아니하였다. 이에 과세당국은 원고가 국외제공 용역계약에 따라 지급받은 대가에 관하여도 부가가치세와 법인세를 과세하였다.

이 사건에서 쟁점은 국외제공용역도 용역의 공급장소가 국내라고 볼 수 있는지 그리고 동 대가가 국내 귀속소득이라고 할 수 있는지이다.

[그림 II-15] 코다 개발 거래 구조

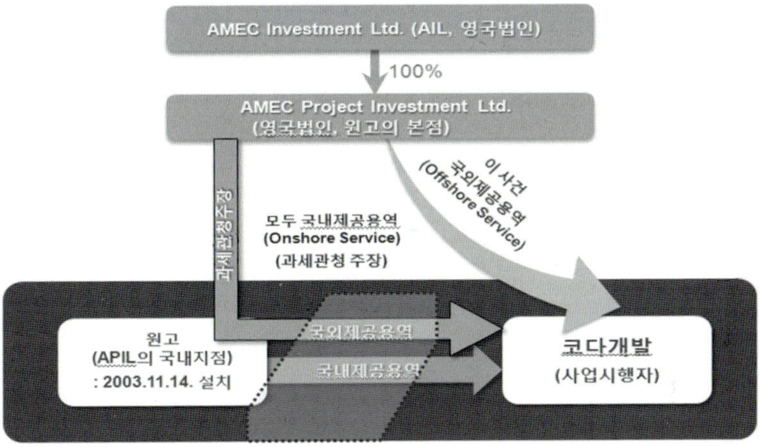

(2) 판시 내용과 의의

이 판결에서 대법원은, 외국법인이 제공한 용역의 중요하고도 본질적인 부분이 국내에서 이루어졌다면 그 일부가 국외에서 이루어졌더라도 용역이 공급되는 장소는 국내라고 보아야 한다고 판시하였다. 이러한 논리의 연장선에서 대법원은, 국내사업장을 가진 외국법인이 사업활동으로 내국법인에 공급한 용역의 중요하고 본질적인 부분이 국내사업장에서 이루어졌다면 그 용역으로 얻은 소득은 전부 국내사업장에 귀속되는 것으로 보아야 하고, 그 용역의 일부가 국외에서 이루어졌더라도 그 부분만 독립하여 국내사업장에 귀속되지 않는 것으로 볼 것은 아니라는 판단을 하였다.

즉, 외국법인의 국외제공 용역과 국내지점의 국내제공 용역이 서로 유기적으로 결합하여 실질적으로 하나의 용역으로 공급된 것으로 본 후, 그 중요하고도 본질적인 부분이 국내 지점에서 이루어진 것이므로 외국법인이 수취한 전체 용역대가에 대하여 부가가치세와 법인세를 과세하는 것이 적법하다고 판단한 것이다.

3장 BEPS 방지 프로젝트 관련 세제

1. BEPS 방지 프로젝트가 추진된 배경 및 추진 경위
2. OECD/G20가 추진한 15개 BEPS Action Plan
3. 국제거래관련 이자공제 제한제도의 도입 필요성과 도입 경위
4. 우리나라의 과소자본세제
5. 소득대비 과다 지급이자 손금불산입 제도
6. 혼성금융상품거래에 따른 지급이자의 손금불산입 제도
7. OECD Inclusive Framework의 디지털세 추진경위
8. 디지털세 Pillar 1 과세 방안의 내용
9. 우리나라 세제에 반영된 Pillar 2 (글로벌최저한세)의 주요 내용

1 BEPS 방지 프로젝트가 추진된 배경 및 추진 경위

BEPS 방지 프로젝트 추진 배경

다국적 기업의 '세원잠식과 과세소득 이전 행위Base Erosion and Profit Shifting'의 약칭인 BEPS는 국가 간의 상이한 조세제도 또는 기존 국제조세제도의 허점을 이용한 다국적 기업의 조세회피 또는 조세절감 행위를 의미한다. 즉, 경제적으로 실질적인 행위economic activity가 발생한 국가(일반적으로 유효세율이 높은 국가)에서는 과세소득이 적게 발생하고 다양한 과세특례로 인해 유효세율이 낮은 국가에 과세소득이 많이 발생하도록 인위적으로 기업지배구조나 거래구조를 고안해 내고 이를 이행 · 추진함으로써, 궁극적으로 다국적 기업 전체적인 차원에서의 세 부담이 현저히 줄어들도록 하는 행위를 가리킨다.

이러한 BEPS 현상은 물론 국제거래 발생 초기부터 존재했다고 할 수 있으나 자유무역의 확산, 자유로운 노동 자본의 이동 그리고 급속한 교통과 정보통신기술의 발달로 그 규모도 날로 커지고 방식도 더욱 교묘하며 공격적으로 변해갔다고 할 수 있다. 한편, 이러한 BEPS 현상에 대해서는 개별국가 과세당국의 간헐적 대응만으로는 소기의 성과를 거둘 수 없고 전 세계 주요 국가의 과세당국들이 긴밀하게 공동으로 대응해야만 제재의 실효성을 거둘 수 있다는 인식도 국제적으로 확산되어 있었다.

그런 가운데 글로벌 금융위기 및 재정위기가 2000년대 후반에 발발하면서 유럽의 대다수의 국가와 국민들은 내핍을 감내해야만 했는데 이러한 상황에서 다국적 기업의 BEPS 행위로 인한 국제적 조세회피가 심각한 문제점으로 부각되었다. 결국 각국의 의회와 과세당국들은 다국적 기업들에 대한 과세기준 강화 필요성을 공공연히 천명하게 되었을 뿐만 아니라 국제적으로 과세당국들이 공동으로 다국적 기업들의 BEPS 시도를 방지해야 한다는 명분에 OECD 및 G20 국가들이 합의를 이루게 되었다.

대표적인 BEPS 사례 - Double Irish Dutch Sandwich

미국의 다국적기업들이 주로 사용했던 BEPS 사례로서 Double Irish with Dutch Sandwich라는 기법을 설명하면 다음과 같다.[124] 우선 아일랜드에 자회사(아일랜드 회사 1)를 세우되 이 회사의 관리는 버뮤다에서 이루어지도록 한다. 이렇게 하면 아일랜드 회사 1은 미국세법상 아일랜드 소재회사로 취급되나 "실질적 관리 장소"를 기준으로 본사 소재지를 판정하도록 되어있는 아일랜드 세법상 버뮤다 법인으로 취급되어 아일랜드에서는 과세되지 않는다. 다음으로 미국모회사는 아일랜드 회사 1과 원가분담약정cost sharing arrangement을 체결하여 모회사는 개발원가 수준의 저렴한 대가만을 받고 아일랜드 회사 1에게 특허권 등 지적재산권의 소유권을 이전한다. 그런 후 아일랜드와 네덜란드에 아일랜드 회사 1이 100% 소유하는 회사들을 각각 설립한다. 네덜란드에 설립한 법인은 도관회사로서 아일랜드 회사 1은 이 회사를 통해 아일랜드의 자회사(아일랜드 회사 2)에게 특허권 등 지적재산권을 미국을 제외한 전 세계 지역에서 행사할 수 있도록 하고 그 대가로 로열티를 받는다. 그러면 아일랜드 회사 2는 미국을 제외한 전 세계 지역의 고객에게 상품이나 software를 판매하는 한편, 지적재산권을 사용하도록 권리를 부여하고 고객으로부터 그 대가를 받는다. 그러나 이때 받은 로열티는 아일랜드 회사 1에게 네덜란드 회사를 통해 다시 지급함으로써 사실상 이에 대해서는 손금으로 공제되어 아일랜드에서는 법인세가 과세되지 않는다. 로열티를 제외한 나머지 부분에 대해서만 아일랜드의 법인세율 12.5%가 적용된다. 아일랜드 세법상 아일랜드 회사 1은 버뮤다 법인으로 취급되므로 만일 아일랜드 회사 2가 아일

124 OECD, Addressing Base Erosion and Profit Shifting, 2013, p.76.

랜드 회사 1에게 직접 로열티를 지급한다면 아일랜드 회사 2는 아일랜드 세법에 따라 20%의 원천징수를 해야 한다. 이를 피하기 위해 아일랜드 회사 2는 로열티를 도관회사인 네덜란드 회사에게 송금하고 네덜란드 회사는 이를 다시 아일랜드 회사 1에게 전달한다. EU 국가들 사이에는 "Interest and Royalties Directive"라는 규약이 적용되어 이 규약에 따라 EU 국가들 간에 로열티를 지급할 때에는 원천징수가 되지 않는다. 따라서 아일랜드 회사 2가 네덜란드 회사에게 로열티를 지급할 때 원천징수가 되지 않고, 네덜란드 회사가 아일랜드 회사 1에게 로열티를 지급할 때도 역시 원천징수가 되지 않는다. 네덜란드의 세법상 아일랜드 회사 1은 아일랜드 회사로 취급되기 때문이다. 그런데 사실상 아일랜드 회사 1이 수령한 로열티는 아일랜드 세법상 아일랜드에서는 과세되지 않고 버뮤다의 과세관할에 놓이게 되는데 버뮤다는 법인세나 부가가치세 등이 과세되지 않는 조세피난처이기 때문에 이곳에 소득을 장기간 유보하는 것이 가능하다.

[그림 III-1] Double Irish with Dutch Sandwich

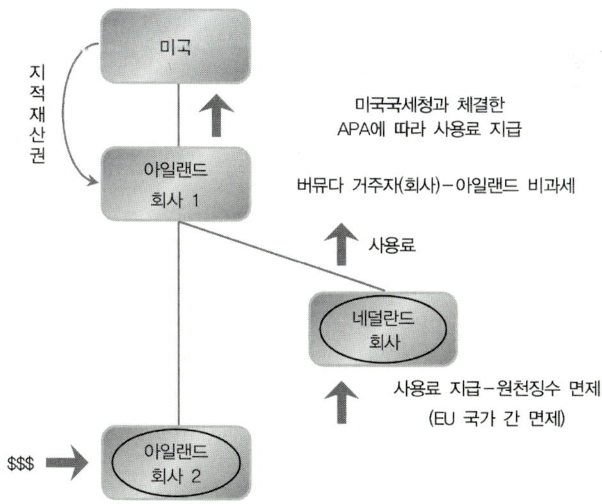

독일 쉬피겔지의 2012.11.14.자 보도에 따르면 이와 같은 방식으로 아일랜드 회사 2에 해당하는 Google Ireland는 2010년 101억 유로의 수입이 발생했으나 이

중 72억 달러를 네덜란드에 로열티로 지급했고 과세대상 소득은 1,680만 달러에 그쳤다고 한다. 또한 Google은 버뮤다에 246억 달러를 보유하고 있다는 보도를 했다.

다국적 기업의 유효세율 축소가 가능한 근본 원인

다국적 기업이 국제거래를 통해 매우 낮은 세부담만을 유지할 수 있는 근본적인 이유는 이들 국제거래 소득 전부 또는 일부에 대해 어느 국가나 지역에서도 과세하지 않는 소위 이중비과세double non-taxation가 발생될 수 있기 때문이다. 앞서 설명한 Double Irish with Dutch Sandwich의 사례를 통해 설명한다면 아일랜드 회사 2가 고객으로부터 받는 수입 중 로열티에 해당하는 부분에 대해서는 아일랜드, 네덜란드, 버뮤다 어디에서도 과세되지 않거나 매우 낮은 세율로 과세되기 때문에 결과적으로 전체 국제거래 소득대비 유효 세부담이 매우 낮은 것으로 나타난다.

그러면 이와 같은 이중비과세 문제는 왜 발생하는가? 이 사례에서 보는 바와 같이 아일랜드, 네덜란드, 버뮤다와 같은 일부 국가나 지역이 특정한 국제거래에 대해서는 낮은 세율을 적용하거나 면세를 해주는 제도를 두고 있기도 하고 자국의 과세범위를 매우 좁게 설정하는 과세원칙을 채택하고 있기 때문이다. 그러면 위의 국가나 지역이 이 같은 관대한 제도를 두고 있는 이유는 무엇일까? 그것은 이들 국가나 지역이 경쟁적으로 외국인투자 유치, 고용창출 또는 자국으로의 자금이동을 촉진하기 위해 국제 투자가들에 인센티브를 제공할 필요가 있기 때문이다. 즉, 세금을 일부 포기하더라도 외국인투자와 자금이동, 고용창출 등이 촉진되면 그것으로 충분히 추구할 가치가 있는 정책이라고 판단하여 이들 국가는 위에서 언급한 제도를 채용하고 있는 것이다.

국제적인 이중비과세가 발생하는 근본적인 이유 중의 하나는 OECD나 UN 등이 제정한 현행 국제적 과세기준이 급격히 변화하는 최근의 과세환경을 제대로 반영하지 못하고 있기 때문이라는 지적도 있다. 다시 말해, 국제적 과세기준의 근간을 이루고 있는 이전가격 과세원칙이나 고정사업장 과세원칙 등이 최근 급격히 발전하는 IT기술과 접목된 사업환경을 제대로 반영하지 못해 실제로 과세소득이 발생하는 곳에 적절한 과세권을 부여하지 못한 결과 소득 포착이 제대로 되지 않아 소득 발생국은 물론 소득귀속자의 거주지국에서도 적절히 과세를 하지 못해 이중비과세가 발생한다는 것이다.

국제적인 이중비과세가 발생하는 또 다른 이유는, 어느 특정 조직이나 거래에 대해 국제적으로 서로 다른 과세취급을 함에 따라 어느 한 국가에서는 손금으로 공제를 받으면서 동시에 다른 국가에서는 발생소득에 대해 비과세되는 결과가 초래될 수 있기 때문이다. 예를 들어, 어느 다국적 그룹의 A국 소재 기업 X가 B국 소재 계열회사 Y가 발행하는 특정 금융상품에 투자하고 그에 따른 수익을 Y가 X에 지급하는 데 있어 B국에서는 동 금융상품을 일종의 채권이라고 보는 반면, A국에서는 일종의 지분증권으로 취급하고[125] 법인 간의 배당에 대해서는 배당수취법인에 대해서 익금불산입을 허용하는 제도를 두고 있다면 Y가 지급하는 금액은 B국에서 이자의 지급이라고 보게 되므로 동 지급액은 Y가 과세소득 산정 시 손금으로 인정될 수 있다. 한편 X가 Y로부터 수령하는 수익은 일종의 배당으로 취급되므로 X의 과세소득으로 합산되는 대상에서 제외될 수 있다. 이러한 상황에서는 해당 다국적 그룹 전체적인 관점에서 보면 X가 수령한 수익은 과세되지 않은 채 Y가 지급하는 금액만큼 Y의 다른 과세소득을 줄일 수 있게 됨으로써 다국적 그룹 전체의 세부담을 대폭 줄일 수 있게 된다. 이는 A국과 B국의 세법이 소득구분에 있어 서로 상이한 과세취급을 하는 제도를 둔 결과 의도하지 않은 과세상의 맹점loophole이 발생했기 때문이다.

이러한 과세상의 맹점은 물론 최근에 들어 발생한 것은 아니다. 그러나 최근까지는 세계 각국이 조세정책은 자국의 고유주권이라는 의식이 팽배했기 때문에 설

125 이러한 성격의 금융상품을 혼성금융상품(hybrid financial instrument)라고 부른다.

사 위에서 설명한 국제적인 이중비과세의 사례가 발생한다고 해도 그러한 이유만으로 각국의 조세정책에 일정한 제약을 부여한다는 것은 조세주권의 침해를 초래하므로 적절하지 않다는 의식이 강했다고 할 수 있다. 그러나 위에서 설명한 바와 같이 이중비과세의 활용으로 인해 다국적 기업의 세부담은 현저히 줄어드는 현상이 구조적으로 지속되면서, 국제거래를 하지 않는 기업이나 일반 납세자의 경우에는 글로벌 경제위기에도 불구하고 높은 세부담을 유지해야 하고 더욱이 과거에 받던 복지혜택도 축소되는 상황을 직면하면서 이러한 불공평이 지속되어서는 안 된다는 문제의식이 급격히 국제적으로 확산되었다고 할 수 있다.

BEPS 방지 프로젝트 추진 경위

(1) OECD 보고서 "Addressing the Base Erosion and Profit Shifting" 발간

유럽과 미국의 대중매체에 의해 집중적으로 보도된 다국적 기업의 조세회피 이슈에 대해서 각국의 정치지도자들도 관심을 갖게 되었고, 급기야는 2012. 6.18.~19. 멕시코 로스카보스Los Cabos에서 개최된 G20 국가의 정상회담에서는 최종 성명communiqué에서 "세원잠식base erosion과 소득이전profit shifting을 막기 위한 필요"에 대해 명확하게 언급하였다.[126] 또한 G20 재무장관 회의 폐막 직전에, 영국과 독일의 재무장관은 공동성명을 발표했는데, 동 성명에는 다른 재무장관들이 국제과세기준의 강화를 위한 공동보조를 취해 줄 것coordinated action과 OECD가 이와 같은 업무를 수행하는 것을 지지해달라는 요청이 담겨 있다. 위와 같은 배경하에 OECD는 2013년 2월 "Addressing the Base Erosion and Profit Shifting"이라는 보고서를 발간하였다.

126 이러한 메시지는 같은 해 11월에 개최된 G20 재무장관 회의에서도 반복되었는데 최종 성명에 다음과 같은 내용이 포함되어 있다. "우리는 OECD가 세원잠식과 소득이전에 대한 문제에 대해 수행하고 있는 업무를 환영하고 다음번 재무장관 회의에서 이 업무의 진전상황에 대한 보고를 받기를 기대한다."

OECD는 위 보고서에서 세원잠식과 소득이전의 문제가 얼마나 심각한 문제인지를 분석한 후 최근 변화하는 글로벌 사업모델의 특징을 소개하면서 한편으로 국제조세에 대한 국제적 과세기준이 이러한 환경변화를 충분히 반영하지 못하고 있는 점을 지적하였다. 아울러 동 보고서는 현행 국제적 과세기준의 핵심적 내용을 소개하면서 BEPS의 관점에서 이들 과세기준들을 재평가하였다. 즉, 이 OECD 보고서는 당시의 국제조세기준이 무형자산과 디지털경제의 발전 영역에서 비롯된 글로벌 비즈니스 실무의 변화를 제대로 따라가지 못하고 있다고 평가하면서 그 이유로서 다국적 기업의 사업 환경에서는 지적재산권과 정보기술의 발달이 가치창출 요인으로 부각되고 있으나, 국제조세 관련 국가별 법규와 국제 기준은 과거의 낮은 수준의 국가 간 경제통합에 바탕을 두고 있어 양자 간의 괴리가 크다고 지적하였다.

가령, 특정 국가의 비거주자들이 해당 국가의 고객들과 인터넷을 통해 거래를 하고 상당한 수익을 실현하지만 동 국가에서는 항구적으로 고정된 사업장도 존치하지 않아(즉, taxable presence가 없어서) 소득발생지국에서는 과세할 수 없는 경우가 종종 발생한다는 것이다. 이와 같이 다국적 기업이 BEPS의 기회를 활용하여 수익을 증대시키는 경우 과세당국은 이에 대해 국제조세 정보를 충분히 갖지 못하므로 국내거래를 위주로 하는 사업자와의 불공평이 발생한다는 문제점도 지적하였다.

한편 동 보고서는 BEPS의 주요 원인인 국제거래 과세문제 가운데 논의가 시급한 분야로는 다음과 같은 것들이 있다고 제시하였다.

- hybrid entity, hybrid financial instrument 등 과세실체entity 및 상품instrument에 대한 조세상 취급의 국제적 불일치mismatch
- 디지털 재화와 용역 거래로부터 발생하는 이윤에 대한 조세조약 적용
- 특수관계자 간 자금조달, 자가전속보험captive insurance[127] 등 그룹 내부의 금융거래에 대한 과세

- 위험 및 무형자산의 이전, 그룹 내 관계사들 간의 인위적 자산소유권 분리 및 특수관계자 간 여타 이전가격 문제
- 일반적 조세회피방지규정GAAR, 피지배외국법인CFC : Controlled Foreign Corporation 제도,[128] 과소자본제도, 조세조약 남용방지규정 등 각종 조세회피방지책의 유효성 문제
- 유해한 특혜조세제도preferential regimes의 이용 가능성

이 보고서는 또한 문제 해결을 위한 조치, 실행 기한, 필요한 자원 및 실행방법 등이 포함되는 글로벌 차원의 실행계획Action plan의 필요성을 역설하면서 동 계획의 조속한 마련을 제안하였다. 실행계획에 포함되어야 할 주요 내용으로서 상기 시급한 분야에 대한 개선 방안 및 이를 위한 국가 간 합의의 신속한 이행을 촉진할 수 있는 방안, 그리고 이들 문제들의 해소를 위한 효과적인 국내법상의 조세회피방지방안 등 각국 조세제도 개선 또는 명확화 방안, 아울러 필요한 경우 조세조약의 수정을 조속히 이행할 수 있도록 하는 방안에 대한 검토 및 제안도 할 필요가 있음을 언급하였다. 뿐만 아니라, 위 실행계획에는 동 계획을 집행하는 과정에서 생겨날 수 있는 이중과세 기타 국가 간의 마찰을 해소하기 위해 상호합의MAP 및 중재arbitration 등의 활용방안도 포함시킬 것을 권고하였다.

끝으로 보고서는 실행계획이 BEPS에 대한 효과적 대응이 되도록 하면서도 한편으로 의도하지 않은 부작용이 발생하는 것을 방지하기 위해 다수 국가 간의 공조와 이해관계자 참여를 통한 조율이 필요하다는 점을 강조하였다. 즉, OECD 회원국과 비회원국, 특히 G20 국가들의 참여가 필수적이며, 민간업계와 시민사회의 참여를 통한 이해관계자 입장의 반영이 필요하다는 점을 역설하였다.

127 자회사 형태로 보험사를 설립해 모기업(집단)의 위험을 인수하는 보험으로서 모기업은 비용 절감 효과를 누릴 수 있을 뿐 아니라 모기업(집단)이 자회사에게 지급하는 보험료는 손금으로 인정되어 그룹 전체 차원에서 절세효과도 발생한다.

128 저세율국에 자회사를 설립하여 소득을 이전하거나 유보하는 경우 유보소득이 국내주주에게 배당된 것으로 간주하여 과세하는 제도를 가리키며, 특정외국법인과세제도(또는 조세피난과세제도)라고도 불린다.

(2) OECD 보고서 "Action Plan on Base Erosion and Profit Shifting" 발간

OECD가 2013년 2월에 발간한 보고서에서 제안한 실행계획Action Plan은 곧이어 개최된 "G20 재무장관 및 중앙은행 총재 회의"에서 논의되었는데, 이 회의의 최종 성명서에서 G20 재무장관들은 OECD로 하여금 금년 7월까지 자신들에게 BEPS에 관한 포괄적인 실행계획을 제시할 것을 요청하였다. 이에 따라, OECD는 2013년 7월에 "Action Plan on Base Erosion and Profit Shifting"라는 보고서를 예정대로 발간하여 G20 재무장관회의에 보고하여 동 보고서가 승인되었을 뿐 아니라 9월에 러시아에서 개최된 정상회의에서 동 내용이 최종 승인되었다.

동 보고서는 BEPS에 대응하기 위한 15개의 실행계획의 내용을 제시하고 있다. 특기할 점은 각 실행계획별로 마감시한을 제시하고 있는데 그 최종시한을 2015년 말까지로 한정하였다는 것이다. 이는 과거 OECD와 같은 국제기구가 업무를 추진해 온 경험에 비추어 볼 때, 실행가능성이 의심스러울 만큼 의욕적인 일정계획이라고 할 수 있다. 아무튼 OECD 재정위원회는 동 실행계획을 G20 정상에게 보고하고 폭넓은 지지와 승인을 얻어냄으로써 동 업무를 global project화하는데 성공하였다. 동 보고서가 제시한 15개의 실행계획의 내용을 요약 정리하면 다음과 같다.

[표 III-1] BEPS Action Plan

Action Plan	내 용	추진시한
1	디지털경제하에서의 각종 조세문제 해결	2014년 9월
2	혼성불일치(hybrid mismatch) 약정으로 야기되는 효과의 상쇄	2014년 9월
3	피지배외국법인(Controlled Foreign Company)제도 강화	2015년 9월
4	이자 등 금융비용에 의한 세원잠식 차단방안 강구	2015년 9월/ 2015년 12월

Action Plan	내 용	추진시한
5	투명성과 과세 실질에 초점을 둔 유해조세경쟁 대응	2014년 9월 ~2015년 12월
6	조세조약 남용 방지방안 마련	2014년 9월
7	인위적인 고정사업장 판정 회피의 차단	2015년 9월
8	무형재화(Intangibles)에 대한 이전가격 지침 개정	2015년 9월
9	위험과 자본(Risks and Capital)에 대한 이전가격 지침 마련	2015년 9월
10	기타 고위험 거래(Other high-risk transactions)에 대한 이전가격 지침 마련	2015년 9월
11	BEPS 관련 자료를 수집 · 분석하는 방법의 개발	2015년 9월
12	공격적 조세회피 약정(Aggressive Tax Planning Arrangements)에 관한 보고(disclosure)의무를 납세자에게 부여	2015년 9월
13	이전가격 문서화(Transfer Pricing Documentation)에 관한 지침 재검토	2014년 9월
14	국제적인 조세분쟁해결 장치를 보다 효율적으로 마련	2015년 9월
15	Action Plan의 신속 이행을 위한 다자간 이행수단 개발	2014년 9월/ 2015년 12월

그 후 OECD는 2014년 9월 당초 계획했던 대로 Action1, Action2, Action5, Action6, Action8, Action13 및 Action15에 대한 보고서를 발표하였다. 1차 결과물 발표 이후, OECD는 프로젝트를 당초 제2단계는 2015년 9월까지 그리고 제3단계는 2015년 12월까지 추진할 예정이었으나, 2단계와 3단계 일정을 통합하여 2015년 9월까지 모든 액션플랜을 마무리하여 발표하였다.

2015년 10월 OECD는 2014년에 발표하지 않은 보고서를 포함하여 기왕에 발표한 보고서도 일부는 갱신하여 실행계획에 대한 최종보고서를 발표하기에 이르렀다. 동 최종보고서는 2015년 11월 개최된 정상회담에서 채택하였고 이에 따라 동 보고서에 포함된 각종 권고사항들이 OECD 국가들과 G20 국가들에 의해 최종 확정되었다고 할 수 있다.

2 OECD/G20가 추진한 15개 BEPS Action Plan

여기에서는 OECD와 G20가 앞 절(節)에서 소개한 15개 BEPS Action Plan을 추진한 결과 2015년에 발표한 최종보고서의 내용을 살펴본다.

Action 1 보고서

디지털경제 하에서의 각종 조세문제 해결

BEPS Action 1 보고서는 정보통신기술이 시대의 변천과 함께 어떻게 발전해 왔는지 그리고 향후에 어떻게 발전할 것으로 예측되는지 살펴본 후, 이러한 정보통신기술이 경제전반에 가져온 영향 및 그 결과 생겨나는 사업모델business model의 사례에 대하여 개관하고 있다. 이런 사업모델의 대표적 사례를 살펴보면 전자상거래electronic commerce, App Stores, 온라인 광고Online Advertising, Cloud Computing, 온라인 결제서비스, High Frequency Trading,[129] Participatory Networked Platforms[130] 등을 들 수 있다.

BEPS Action 1 보고서는 디지털경제의 주요 특징으로서 (ⅰ) 이동가능성Mobility, (ⅱ) 데이터에의 의존Reliance on data, (ⅲ) 네트워크 효과Network effects, (ⅳ) 다측면 사업모델Multi-sided business model, (ⅴ) 독과점 경향Tendency to monopoly or oligopoly 그리고 (ⅵ) 변동성Volatility을 들고 있다.

소득 원천지국에서의 과세문제와 관련하여 디지털경제의 도래로 말미암아 특

129 복잡한 기술, 컴퓨터 알고리즘을 활용하여 매우 빠른 속도로 주식과 같은 유가증권을 매매하는 것을 가리킨다.

130 UCC(User Created Content)를 개발, 확산, 평가하고 이를 배포할 수 있도록 user들로 하여금 서로 협력하고 공헌할 수 있도록 만들어 주는 중개자(an intermediary)를 가리킨다.

히 도전을 받는 이슈들을 정리해 보면 다음과 같다. 첫째는 '연결고리nexus'에 관한 것인데 이는 디지털 기술의 발달과 함께 사업수행을 위해 업무 종사 직원의 실재physical presence 필요성이 점차 감소하는 상황에서 현재의 고정사업장 관련 과세기준이 적절한 지에 대해 지속적으로 의문을 제기하게 한다는 점이다. 둘째는 자료data에 관한 것인데, 정보기술의 고도화로 말미암아 과거보다 훨씬 많은 분량의 자료 수집이 가능해짐에 따라 디지털 상품과 용역의 생산을 통해 창출된 가치를 어떻게 배분할 것인지 그리고 과세목적상 어느 개인 또는 실체의 자료 공급에 대한 성격을 재화의 무상공급a free supply of goods, 현물 교환 거래a bartered transaction 또는 다른 거래 중 어느 것에 해당하는 것으로 보아야 할 것인지에 대하여도 문제를 제기한다. 셋째는 소득의 성격규정characterization에 관한 것인데, 새로운 디지털 상품이나 용역제공 수단의 개발은 새로운 한 사업모델, 특히 cloud computing과 관련하여 지급되는 소득의 성격과 관련한 불확실성을 야기하고 있다.

BEPS Action 1 보고서에 따르면, 최근의 정보통신기술이 급격히 발전함에 따라 물리적 사업장이 없는 사업이 가능해지고 디지털 재화 또는 용역 거래가 활발해지면서 국가 간 이중비과세double-non taxation 및 국가 간 과세권 배분문제가 대두하게 되었으나 현행 OECD의 고정사업장 과세기준은 이러한 상황에 적절한 대응책을 제시하고 있지 못하고 있다는 반성과 함께 이러한 문제를 해결할 수 있는 향후 선택 가능한 여러 대안들이 제시되었다. 예를 들면, ① '상당한 수준의 디지털 거래사실significant digital presence'에 기초한 새로운 연결고리nexus의 채택, ② '고정사업장' 기준을 '상당한 거래사실significant presence' 기준으로 대체, ③ 디지털 거래에 대한 원천세withholding tax 창설, ④ Bandwidth tax 또는 Bit tax의 도입 등이다.

그러나 2015년 최종 보고서 발간 당시까지 실제 이러한 대안들을 채택하지는 않고 향후 OECD의 다른 작업반에서 진행 중인 BEPS Action Plan들이 디지털경제하에서의 BEPS 이슈를 제대로 해결하고 있는지를 계속 모니터링하면서(특히 Action 7 : 고정사업장 지위의 인위적 회피 방지), 새로운 nexus 채택이나 원천징수 방식의 대안들에 대해서는 이들 대안의 집행가능성, 합리적인 적용범위 등을 추가적으로 검토해 본 후 위 대안들의 채택 여부는 추후 결정한다는 신중한 입장을 피력하고 있다.

Action Plan 중 첫 번째 항목이 "디지털 경제하에서의 각종 조세문제 해결"이었음을 감안할 때 적어도 BEPS 프로젝트 추진 초기에는 이 이슈가 다른 어떤 이슈보다도 BEPS 프로젝트 참가국들의 주된 관심사였음을 짐작할 수 있다. 그런데 2015년 11월 BEPS Action Plan 최종보고서가 발간되었을 때에는 다른 Action item의 보고서에는 많은 권고사항이 포함되어 있었으나 디지털 경제하의 조세문제를 다룬 Action 1의 보고서에서는 특별한 권고사항이 제시되어 있지 않고 단지 2020년에 추가적으로 보고서를 발표한다는 언급만 포함되어 있었다.

이와 같은 의외의 결과가 나오게 된 이유는, Action Plan 1의 보고서에서 제기된 이슈들과 그 해결방안으로 논의가 되었던 대안들이 단지 '국제적 조세회피 및 이중비과세double non-taxation 문제'만을 다룬 것이 아니라 '고정사업장의 개념 확대'를 포함한 국제적 과세권 배분 문제와 관련된 기존의 국세조세 기본원칙을 개정하는 문제를 함께 다루고 있었는데, 당시에는 이와 같은 국제적 과세권 재편 문제에 대하여 BEPS 프로젝트를 주도한 주요 국가들 사이 – 특히 유럽의 주요 국가들과 미국 사이의 이견 조정을 하기가 어려웠기 때문이다.

그런데 Action Plan 1 보고서는, '국가들은 자국의 조세조약 또는 국내법에 BEPS에 대한 추가적인 방어조치safe guards를 선택적으로 도입할 수 있다(다만, 국내법적 조치는 기존의 조약상의 의무를 존중해야 함)'는 내용을 포함하고 있는데,[131] 이는 BEPS Action 1 보고서가, 각국의 일방적 조치를 BEPS 퇴치라는 명분하에 공공연하게 허용하고 있는 것이므로 주목할 필요가 있다. BEPS Action 1 보

131 OECD(2015), Addressing the Tax Challenges of the Digital Economy, Action 1 - 2015 Final Report, OECD/G20 Base Erosion and Profit Shifting Project, OECD Publishing, Paris. p.137(http://dx.doi.org/10.1787/9789264241046-en).

고서에 이러한 내용이 명시적으로 포함된 것은, 미국을 비롯한 일부 국가들의 반대로 디지털 경제 관련 국제조세 권고안 마련에 대해서는 비록 합의를 도달하지 못하였지만 그렇다고 각국이 일방적 조치를 취하는 행위마저 금지할 수는 없었기 때문인 것으로 보인다.[132]

Action 2 보고서

혼성불일치hybrid mismatch 약정으로 야기되는 효과의 상쇄

혼성불일치hybrid mismatch 약정은 둘 또는 그 이상의 국가에 존재하는 실체entity나 금융상품instrument이 국가들에 따라 서로 다른 과세취급을 받는 점을 이용하여 어느 국가에서도 과세가 되지 않도록 하거나double non-taxation 장기간 과세이연을 받는 혜택을 누릴 수 있도록 하는 거래당사자들 간의 약정이다. Action 2 보고서는, 혼성불일치 거래는 그 자체로는 불법이라고는 할 수는 없으나 정부의 조세정책 의도와는 달리 이중비과세를 초래하여 정부재정수입을 부당하게 감소시키고 있어 이에 대한 대응방안이 마련될 필요가 있다는 점을 강조하고 있다.

(1) 혼성금융상품Hybrid Financial Instrument

혼성금융상품이란 상환우선주, 신종 자본증권 등과 같이 자본적 성격과 부채적 성격을 모두 가지고 있어서 국가 간 세법상 취급이 상이한 금융상품을 가리킨다. 예를 들면 아래 거래에서 B Co는 A Co에 대해 혼성금융상품을 발행하는데 A국은 자본으로, B국은 부채로 인식한다고 가정하고 A국은 기업 간 배당에 대해 익금불산입을 허용하는 제도를 두고 있다고 가정하면 A국에서는 A Co의 수입배당금

132 이처럼 BEPS 프로젝트 추진과정에서 글로벌 디지털 기업들에 대한 국제적 과세기준의 변경이 어렵게 되자, 이에 실망한 국가들이 일방적인(unilateral) 과세조치를 발표하기 시작했다. 예를 들면 2015~2016년 기간 중에 영국과 호주는 우회수익세(Diverted Profit Tax)를 도입하였고 인도는 균등부담금(Equalization Levy) 제도를 도입했다. 앞에서도 언급했듯이, 2015년 발표된 BEPS Action 1 최종보고서는 각국의 일방적 조치를 BEPS 방지라는 명분하에 공공연히 허용하였으므로 이와 같은 일방적 조치는 국제사회의 큰 견제없이 도입이 되었다고 할 수 있다.

이 과세소득에 불포함되고 B국에서는 지급이자 만큼 과세소득 감소가 초래된다.

[그림 III-2] 혼성 금융상품 사례

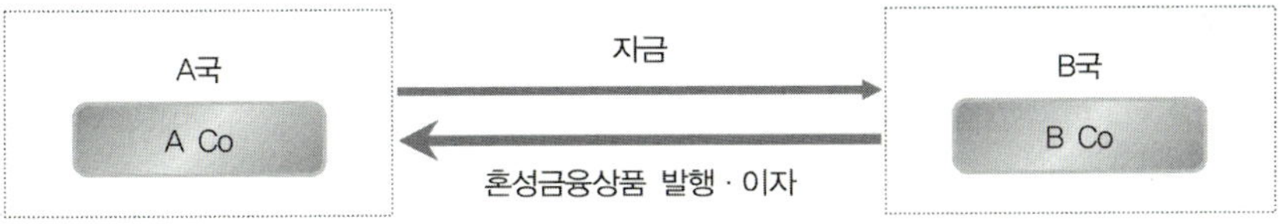

혼성거래란 판매 후 재매입 계약sales and repurchase arrangement과 같이 국가 간 세법상 취급이 상이한 거래로서 A국은 부채의 담보로, B국은 자산의 소유권 이전으로 인정하는 거래이다. Action 2 보고서는 이러한 혼성거래도 넓은 의미의 혼성금융상품의 한 범주로 다루고 있다. 아래 사례에서 A Co는 자회사인 B Sub을 B Co에 매각하면서 A Co가 추후 사전 합의가격에 인수하는 약정Repo을 B Co와 체결하는데 이에 따라 매각과 재매입기간 중 B Sub는 B Co에게 배당금을 지급한다. 여기서 B국이 기업 간 배당에 대해 익금불산입하는 제도를 가지고 있다고 가정하면 B국에서는 B sub의 배당금 상당액을 배당으로 보아 과세소득에서 제외한다. 한편, A국에서는 동 거래를 기본적으로 자금차입거래로 보기 때문에 B Sub이 B Co에게 지급한 금액은 A Co가 B Co에게 지급한 이자비용으로 취급하여 A Co의 소득에서 공제하게 됨으로써 A Co의 과세소득이 그만큼 감소된다.

[그림 III-3] 혼성 금융상품(Repo) 사례

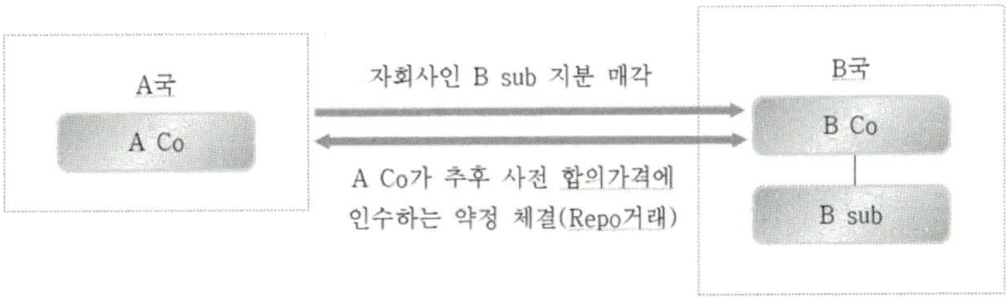

(2) 혼성단체Hybrid Entity

혼성단체란 국가 간 세법상 취급이 상이한 단체로서 A국은 과세실체로 취급하여 납세의무가 있다고 보는 반면 B국은 동 단체를 도관으로 취급하여 납세의무가 없다고 보는 단체를 가리킨다. 이러한 유형의 단체로서 예를 들면 파트너십Partnership을 들 수 있다. 아래의 사례에서 A Co는 해외자회사인 B Co주식을 100% 소유하고 C Co는 B Co로부터 자금을 차입하고 이자를 지급한다. 그런데 B Co를 A국(투자국)에서는 과세실체로 취급하나, B국(설립국)에서는 도관으로 취급한다. 결과적으로 C국에서는 지급이자를 비용으로 공제하나 A국과 B국 모두 공제되는 지급이자에 상응하는 소득을 과세대상소득에 포함시키지 않는다. 왜냐하면 A국에서는 B Co를 과세실체로 취급하기 때문에 B Co가 수령한 이자를 B Co의 소득으로 보아 A국에서는 과세소득에서 제외하고, B국에서는 B Co를 도관으로 취급하기 때문에 B Co가 수령한 이자를 A Co의 과세소득으로 보고 B국에서는 과세를 하지 않기 때문이다.

[그림 III-4] 혼성 단체 사례

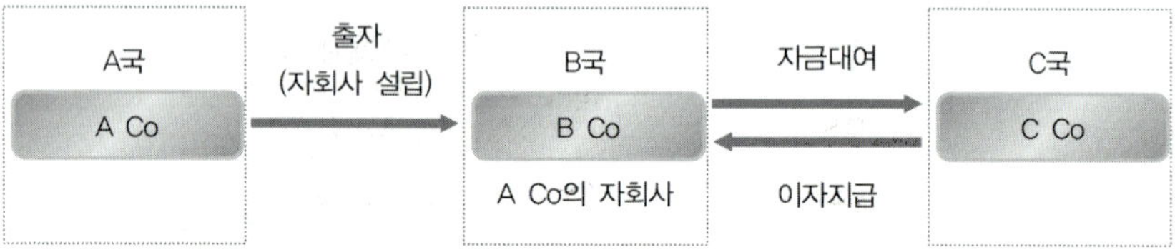

(3) Action 2 보고서 권고내용

① 각국의 세법개정 권고내용

위와 같은 문제점을 해결하기 위해 OECD/G20은 Action 2 보고서에서 국제적으로 이중비과세되는 유형에 따라 관련 국가에서의 대응방안을 상세히 소개하고 있는데, 특히 다음과 같은 순서로 '혼성불일치 규정'을 적용할 것을 권고하고 있다.

- 1차 대응 : 지급인(원천지국)의 비용공제를 부인
- 2차 대응 : 지급인 국가에서 '1차 대응'을 하지 아니한 경우 수취인(거주지국) 국가에서 수취인의 소득에 포함

또한 Action 2 보고서는 혼성불일치 거래효과가 사전에 발생하지 않도록 하기 위해 각국의 세법에서 비용공제가 가능한 배당액에 대해서는 배당소득면제 적용을 배제하는 내용의 특별규정을 마련할 것을 권고하고 있다. 아울러 저세율 국가에 소재하는 자회사(혼성실체)에 소득을 유보하는 것을 방지하기 위해 각국이 조세피난과세제도(즉 Controlled Foreign Company 제도)를 도입하거나 기 도입된 제도의 유효성을 높일 수 있도록 개정할 것을 권고하고 있다. 뿐만아니라 혼성단체의 소득이 동 단체 소재지에서 법률상 과세되지 아니하고 투자자국에서도 과세되지 않는 경우에는, 혼성단체는 소재지국에서 과세대상으로 취급되어 과세될 수 있도록 국제공조와 이루어져야 한다는 점과 함께 각국 국내세법상의 제도 개선을 권고하고 있다.

또한 위와 같은 제도가 효과적으로 운용될 수 있는 절차적 방안의 하나로서 Action 2 보고서는, 소득 발생지국 과세당국이 해외펀드에 대하여 해외펀드의 소득 및 동 펀드에 투자한 비거주자에 분배한 소득내역을 세무 신고서에 포함하여 신고하도록 하는 의무 및 관련 자료를 제출할 의무를 부과할 것을 권고하고 있다.

② OECD 모델조세조약 개정 권고내용

OECD Action 2 보고서는 어느 법인이 국제적으로 둘 이상의 국가에서 거주자가 되는 지위를 이용하여 조세조약을 남용하는 사례를 방지하기 위해 OECD 모델조세조약 제4조 제3항을 개정하여 이중거주자인 법인의 최종 거주지국 판정기준을 현행 '실질적 관리 장소Place of Effective Management'기준에 의해 결정하는 방식에서 해당 국가의 권한 있는 당국들이 상호합의를 통해 결정하는 방식으로 변경할 것을 권고하고 있다.

또한 동 보고서는 도관체transparent entities의 부당한 조약 혜택 수혜를 방지하기 위해 OECD 모델 조세조약에 다음 내용이 포함된 제1조 제2항을 신설할 것을 권고하고 있다. 즉, 도관체transparent entities가 수취하는 소득과 관련하여 원천지국은 소득 수취자가 그 거주지국에서 취급되는 방식을 그대로 따라야 한다는 것을 조약에 명시함으로써, 조세조약의 혜택이 해당 실체에 주어질 수 있도록 하는 것을 원칙으로 하되, 관련 실체의 소득이 양 체약국 어느 쪽에서도 해당 국내법에 따라 거주자의 소득으로 취급되지 않아 이중비과세가 초래되는 경우에는 조세조약의 혜택이 주어지는 것을 차단할 것을 권고하고 있다.

Action 3 보고서

피지배외국법인Controlled Foreign Company : CFC에 대한 과세강화

피지배외국법인Controlled Foreign Company : CFC에 대한 과세제도는 납세자가 조세피난처 등에 회사를 설립하여 이 회사에 소득을 장기간 유보시킴으로써 거주지국 과세를 회피하는 경우 동 소득이 모회사에 배당된 것으로 간주하여 거주지국에서 소득세나 법인세로서 과세하는 제도로서 대부분의 OECD 국가들과 G20 국가들에서 시행하고 있는 제도이다. 전 세계적으로 저세율국에 자회사를 설립하여 소득을 유보시키는 방법으로 조세를 회피하는 문제가 커지고 있으나 많은 국가의 현행 제도가 국제기업환경 변화에 맞추어 제도 개선이 이루어지지 않았다는 비판을 받아왔다. 이에 OECD는 각국의 효과적인 CFC규정Controlled Foreign Companies Rule의 도입을 지원하기 위해, 각국이 국내 제반 여건에 맞춰 자율적으로 조합해서 국내법 설계에 활용할 수 있는 주요 내용들building blocks에 대한 모범사례Best Practice를 Action 3 보고서를 통해 소개하고 있는데, 이러한 모범사례 접근방법은 BEPS 프로젝트 참여국에 특별한 구속력을 갖고 있지는 않다.

Action 3 보고서는 세계 각국이 국내 제반 여건에 맞춰 자율적으로 조합해서 국내법 설계에 활용할 수 있도록 6개의 주요 내용building blocks을 다음과 같이 정리하였다.

(1) CFC 정의

CFC는 일반적으로 본국의 주주(모회사)에 의해 지배되는 외국회사에 적용된다. 보고서는, 외국회사가 CFC로 취급받기 위해서는 어느 시점에서 주주가 지배력을 확보하고 있어야 하는지를 결정하는 문제, 그리고 회사(법인) 이외의 형태의 해외 실체에 대해서는 어떻게 동 제도를 적용할 수 있을 것인지 등에 대한 권고사항을 제시하고 있다. 즉, 특정 외국법인CFC의 범위에 법인뿐만 아니라, CFC에 의해 소유되거나 모회사 국가에서 독립된 납세자로 인정되는 파트너십, 고정사업장 등을 포함하고, 모회사 거주지국에서 투과실체transparent entity로 간주되는 제3국의 법인이 CFC에 지불한 소득도 CFC 소득으로 인식하여 동 소득을 CFC의 배당가능 유보소득에 포함시킬 수 있는 소위 '수정된 혼성불일치규정modified hybrid mismatch rule'도 포함하고 있다.

동 제도 적용을 위해서는 지분요건이 충족되어야 하는데, 이는 모회사가 CFC에 대해 50% 이상 직접 또는 간접적으로 지배할 것을 제도 적용 요건으로 하는 것을 의미한다. 원칙적으로 거주자의 지분만을 고려하는 것을 보고서는 권고하나 정책적 필요시 비거주자 지분도 포함 가능하다는 입장이다. 또한 지배의 개념에는 의결권 있는 주식의 소유비율로 판단하는 법적 지배뿐만 아니라 경제적 지배도 포함한다. 경제적 지배란 해산이나 청산과 같은 특정 상황에서의 이익, 자본, 자산 등에 대한 권리로 판단하는 방법을 의미한다.

(2) CFC 제도 적용배제를 위한 최소한계치threshold 요건

Action 3 보고서는 CFC 제도의 적용은 실효세율을 바탕으로 하는 저세율 국가에 설립된 자회사에 적용하되, 동 저세율은 CFC 규정을 적용하는 국가(일반적으로 모회사 소재지국)의 세율보다 의미 있게meaningfully 낮은 수준으로 설정할 것을 권고하고 있다. 한편 보고서는 CFC 제도 적용이 면제되는 국가 목록white list을 공개하여 운영하는 방안도 병행하여 사용할 수 있다는 입장이다.

(3) CFC 소득의 정의

Action 3 보고서는 이전 및 유보된 소득으로 과세대상이 되는 소득을 CFC 소득으로 정의하고 다음과 같은 접근법들을 제시하여 각 국가의 실정에 맞게 선택할 수 있도록 하였다.

① 범주적 접근방법 : CFC의 실질적 활동유무로 능동소득과 수동소득으로 범주화해 소득을 결정하는 접근방법으로서 크게 배당, 이자, 보험소득, 로열티와 IP소득, 판매와 서비스 소득으로 분류해서 분석하는 방법이다. 이 방법에 따르면 이동성이 높고 특수관계자에게 직접 귀속되는 '수동소득passive income'을 CFC 소득으로 간주하되, 능동소득은 CFC 소득에서 제외한다.
② 실질기반 접근방법 : CFC의 직원, 기능, 사업장소, 및 시설장치 등이 실제로 CFC가 창출한 소득에 대한 기여를 했는지를 기준으로 하여 CFC의 실질적인 활동을 평가하고 이에 따라 CFC의 소득의 일정 비율만 CFC 소득으로 간주하는 방법이다.
③ 초과이익 접근방법 : CFC가 일반적으로 벌어들일 수 있는 소득을 초과하는 이익(CFC 소득－정상소득[133])에 대해서 과세하는 방법으로서, 무체재산권 사용에 따른 사용료수익 등 통상 이익을 초과하는 수익을 CFC 소득으로 간주한다.

Action 3 보고서는 또한 CFC 소득의 산정 후 배당가능소득을 배분하는 방법과 관련해서는 다음과 같은 실체접근방법entity approach과 거래접근방법transactional approach을 소개하고 있다.

① 실체접근방법 : CFC의 총소득 중 일정 비율 이상이 특정소득인 경우 총소득 전체를 배당가능소득으로 보아 제도를 적용하는 방식이다.
② 거래접근방법 : CFC의 총소득 중 개별 거래에 근거해 특정소득만 배당가능소득으로 보아 제도를 적용하는 방식이다.

133 정상소득＝정상보상수익률(무위험 수익률＋위험프리미엄 : 8~10%)×적격자산

(4) 소득의 계산

Action 3 보고서는 주주에게 간주배당을 할 CFC 소득을 계산하는 데 있어 주주 소재지국의 규정을 따를 것 그리고 CFC 손실은 당해 CFC의 이윤 또는 동 CFC가 소재하는 국가에서 발생한 이윤에서만 상계처리할 것(즉, 모회사의 이익과는 상계금지)을 권고하고 있다.

(5) 소득의 귀속

보고서는 CFC 소득을 지배요건을 충족시키는 모회사의 배당소득 납세자가 직접 벌어들인 소득으로 간주하여 과세할 것을 권고하면서, 이 경우 최소 간주배당율attribution threshold을 최소 지배율control threshold과 연동시킬 것 그리고 간주배당액은 주주의 주식소유비율 또는 지배력을 기준으로 계산될 수 있도록 할 것을 권고하고 있다. 이 경우 적용 세율은 모회사 국가의 세율을 따르되, 동 세율이 다국적 기업의 경쟁을 제한한다고 판단되어 다른 세율을 적용하는 경우에는 최소 기준의 일종인 top－up tax[134]의 적용이 가능함을 제시하고 있다.

(6) 이중과세 방지 및 제거

보고서는 CFC 제도 적용 과정에서 발생하는 외국납부세액은 적절히 공제를 해줌으로써 이중과세가 발생하지 않아야 한다는 점을 강조하고 직접외국납부세액공제는 물론 간접외국납부세액 공제 및 주식 양도 시 이미 과세된 부분에 대한 공제도 허용해줄 것을 권고하고 있다.

134 모회사 국가 세율과는 별도로 CFC 소득에 적용될 최소 세율을 의미하는 것으로, 예를 들어 모회사 국가 법인세율이 30%이고 CFC 제도는 CFC 국가 실효세율이 12% 이하일 때 적용하는 경우에 CFC 국가 실효세율이 0%이면 CFC에 대해 과세 시 12%(CFC 적용세율까지)를 적용하는 것을 의미한다.

Action 4 보고서

이자 등 금융비용에 의한 세원잠식 차단방안 강구

대부분의 국가에서는 부채와 자본에 대하여 세법상 취급을 달리하고 있다. 즉 차입금에 대한 이자는 지급비용으로 취급하여 과세소득 산출시 공제를 받을 수 있는 반면, 자기자본에 대한 배당금은 일반적으로 과세소득 산출과정에서 공제되지 않는다. 이러한 세무처리상 차이로 인해 기업이 자금을 조달할 때, 자본을 통한 조달보다 부채를 통한 자금조달을 선호한다는 것은 이미 널리 알려져 있는 사실이다.

문제는 이와 같은 각 국가의 부채와 자본에 대한 세법상 취급 차이를 이용한 공격적 조세회피사례가 날이 갈수록 증가하고 있다는 점이다. 예를 들면, 저세율 국가에서 자금을 차입하여 고세율 국가의 자회사에게 대여하고 자회사가 이자 지급 시 비용 공제를 받는 방식 등 다양한 조세회피사례가 발생하고 있는 것이다. 이러한 조세회피사례는 일반적으로 투자 및 자본의 배분을 왜곡하고, 금융위기 때는 자금경색credit crunch을 가져오는 문제점을 발생시킬 수 있으므로 각 국가들은 그동안 이자와 관련한 조세회피 문제에 대하여 대응을 강화해 왔지만, 국경 간 거래의 증가 및 조세회피 기술의 발전에 따라 일방적인 대응조치는 한계에 직면했다는 인식이 각국의 과세당국 사이에 확산되었다.

또한 한 국가만 일방적인 이자 공제 제한을 할 경우 그 국가의 투자에 대한 경쟁력이 약화된다는 점에서 국제적 공동대응이 필요하므로 이를 위한 국제적 지침을 제공하기 위해 Action 4 보고서가 작성되게 되었다. 동 보고서에서는 각국이 국내세법을 제정 또는 개정하여 각 국가별로 유사한 실무 이행을 할 수 있도록 하기 위해 소위 '공통 접근방법common approach'을 소개하고 있다. 이러한 공통 접근방법은 BEPS 프로젝트 참여국에 특별한 구속력을 갖고 있지 않으나, 향후 구속력을 갖는 최소기준으로 변경 가능하다는 것이 OECD의 입장이다.

Action 4 보고서는 이자비용 공제제한 방식과 관련해, 일차적으로 고정비율방식fixed ratio test에 의한 규정을 적용하고 차입금 비율이 높은 그룹 산하의 개별 기업에게는 그룹 전체 재무비율group ratio test에 의한 규정을 적용하는 소위 결합접근방식을 모범사례로 권고하고 있다. 여기서 고정비율방식에 의한 규정이란, 벤치마킹 비율로 활용할 수 있는 EBITDA(이자, 세금, 감가상각, 감모상각 차감 전 순이익) 대비 순이자비용(즉, 이자 수익을 초과하는 이자 비용)의 비율 하나를 10~30% 범위에서 설정하여 이 비율까지만 이자비용 공제를 허용하고 이를 초과하는 이자에 대해서는 비용공제를 부인한다는 것이다. 또한 그룹 전체 재무비율에 의한 규정이란 차입금 비율이 높은 그룹 산하의 개별 기업에게는 그룹 전체적인 특정 재무비율을 사용해 동 비율까지는 이자비용 공제를 허용한다는 것이다. 즉, 아래의 이자비용공제상한을 허용한다는 것이다.

그룹 전체적인 특정재무비율을 사용한 이자비용 공제상한
=그룹비율(제3자 순이자비용/그룹 전체EBITDA)×개별기업의 EBITDA

각국은 그룹비율을 정함에 있어 EBITDA 대신 총자산대비 순자산(순자본) 비율을 택할 수도 있고 그룹비율규칙을 전혀 채택하지 않는 것도 가능하다. 그러나 고정비율규칙만을 적용하는 경우에는 내국계 기업과 외국계 기업 모두에게 동일한 규칙을 적용해야 한다.

이러한 규정의 적용대상인 이자는 법률적 형식보다는 경제적 실질을 고려하여 결정되어야 하는 바 적용 대상 이자를 예시하면 아래와 같다.

- 이익배당 형태의 부채에 대한 지급
- 전환사채 및 무이자채권zero coupon bonds 등에 부과되는 귀속 이자
- 이슬람 금융과 같은 대체자금 약정에 따른 금액
- 금융리스료의 금융비용 요소, 금융계약의 보증수수료
- 관련자산으로 대차대조표에 포함된 자본화된 이자 또는 자본화된 이자의 상각

- 이전가격원칙에 따라 이자로 재분류된 금액
- 파생상품이나 헤지계약에 따라 지급이자에 해당하는 금액
- 자금조달과 관련된 대출 등에서 발생한 특정외국환 이익 및 손실
- 펀드의 대출과 관련된 약정비용이나 유사비용

한편 각국은 위 규칙을 적용함에 있어 다음과 같은 예외를 둘 수 있다. 첫째, 낮은 수준의 순이자비용만 발생하는 회사들의 경우는 최소한계비율a deminimis threshold을 설정하여 처음부터 적용 제외하는 것이 가능하다. 어느 국가에 한 그룹의 여러 회사들이 존재하는 경우에는 이 지역회사들의 전체의 순이자비용에 대해 최소한계비율을 적용할 것을 Action 3 보고서는 권고하고 있다. 둘째, 공공의 편익을 위해 차입한 특수관계가 없는 제3자로부터의 차입금에 대한 이자를 제외할 수 있다. 셋째, 손금불산입된 이자비용 또는 허용최대비율에 미달하는 기업의 미공제된 손금에 대하여 차기이월을 허용할 수 있다. 넷째, 은행과 보험 산업의 특성상 위의 일반규칙과는 다른 규칙을 고려해야 할 필요가 있으므로 이에 대해서는 2016년에 추가로 논의하기로 한다. 그러나 Action 3 보고서는 2023년 12월 말 현재까지 은행과 보험산업에 적용되는 별도 규칙에 대해 대안을 제시하고 있지 못한 상태이다.

Action 5 보고서

투명성과 과세 실질에 초점을 둔 유해조세경쟁 대응

OECD가 1998년 유해조세경쟁Harmful Tax Competition에 관한 보고서를 발간한 후 OECD를 중심으로 지속적으로 국제적 노력을 지속해 온 결과 그동안 조세피난처들과의 정보교환 등에 괄목할 만한 성과를 거두었다. 2010년대에 이르러 이 프로젝트와 관련된 OECD의 주된 관심은 OECD 국가들과 G20 국가들의 조세특혜제도와 예규제도의 투명성 제고에 집중되었다. 특히 특허박스(patent box)제도와 관련하여 외국자본의 유치를 위한 국가 간 과도한 조세감면경쟁이 국제적 자본이동을 왜곡하고 각국의 재정기반을 잠식하는 문제를 야기한다고 보고, 이러한

문제점을 해소하기 위하여 Action 5 보고서가 작성되었다. 아래 정리한 동 보고서의 권고내용은 BEPS 프로젝트 참여국에 이행에 대한 구속력을 갖는 최소기준 minimum standard을 의미한다고 할 수 있다.

(1) 각국의 조세특혜제도는 실질적인 활동과 연계되도록 해야 함

2014년 하반기에 OECD 국가들은 조세상 혜택tax benefit과 연구개발비용 research and development expenditure이 직접적으로 관련되는 경우에만 실질적 활동이 있는 것으로 본다는 소위 "혜택비용 연계접근법nexus approach[135]"에 대해 합의를 하였다. 이 접근방법은 특허박스patent box제도와 같은 무형재화 관련 제도의 맥락에서 주로 발전하였는데, 이에 따르면 납세자가 무형재산 관련 소득을 창출하는 적격 R&D를 위해 지출을 하는 정도만큼만 무형재화 관련 조세특혜제도를 유해하지 않은 것으로 인정한다는 것이다. IP 제도는 R&D 활동을 장려하고 성장과 고용을 촉진하기 위해 설계되었기 때문에 '실질적 활동요건'이란, 이러한 제도를 통해 혜택받은 납세자들이 실제로 그러한 업무에 관여하고 실제 지출이 발생되도록 해야 함을 의미한다. 이러한 내용을 수식으로 정리하면 다음과 같다.

$$\frac{\text{IP자산을 개발하기 위해 지출된 적격 비용}}{\text{IP자산을 개발하기 위해 지출된 전체 비용}} \times \text{IP자산으로부터 발생한 전체 소득} = \text{조세혜택의 대상이 되는 소득}$$

위 수식에서 적격 비용이란 실질적 연구개발 활동과 관련하여 소요된 비용으로서 납세자가 아닌 다른 당사자들에 의해 이루어지는 자본출자 및 지출비용은 정당하게 조세특혜제도 혜택을 받을 수 있는 소득에서 제외된다. 한편 동 프로젝트 진행 초기에 제시되었던 혜택비용연계접근법은 영국과 독일의 협상결과 일부가

135 조세상 혜택(tax benefit)과 연구개발비용(research and development expenditure)이 직접적으로 연결되는 경우에만 실질적 활동이 있는 것으로 보는 접근방법이다.

변형된 "수정된 혜택비용연계접근법"[136]으로 타결이 이루어졌다.

(2) 투명성 제고

Action 5 보고서는, 투명성 개선과 관련하여 rulings(예규)에 대한 강제적인 자발적 정보교환compulsory spontaneous exchange of information의 framework로서 Filter접근법[137]이 제시되고 아래의 6개 범주의 예규를 정보교환의 대상으로 포함시켜 이에 해당하는 예규들은 국가 간에 자발적으로 교환할 것을 권고하고 있다.

① 금융 · 서비스 등 이동성이 높은 활동에 대한 조세특혜제도preferential regime와 관련된 예규
② 국제거래에서의 일방적 사전가격승인제도unilateral APA; Advance pricing arrangement와 이전가격 분야의 사전답변 예규예 : ATR; Advance tax ruling
③ 과세소득을 감소시키는 국제거래 관련 예규[138]
④ 국내고정사업장 인정 여부 또는 특정 소득의 국내고정사업장 귀속 여부에 관련된 예규
⑤ 국제거래에서 도관conduit company에 대한 예규
⑥ 기타 정보교환 부재 시 BEPS를 야기할 수 있는 rulings 등

---

136 다음의 당초의 안에서 3가지가 수정되어 반영되었다. 첫째, 3자 관련 아웃소싱과 인수비용에 대해 당초 적격비용(qualifying expenditure)의 30%까지 증액 허용함(up-lift); 둘째 늦어도 2016.6.30.까지만 기존의 IP 제도의 혜택을 새로운 시장 진입자에게 허용함(closing old regimes to new entrants); 셋째, 기존 IP 제도의 수혜자가 관련 기득권을 향유하는 기간을 2021.6.30.까지만 허용함(grandfathering of old regimes).

137 보고서는 다음의 5가지 Filter를 제시하고 있다. 즉, Filter Ⅰ : 유해조세제도에 해당되는지 여부(즉, 금융 서비스 같은 지역 간의 이동가능성이 높은 활동으로부터 얻은 소득에 적용하고 해당 활동으로부터의 소득과 관련된 조세인지 여부) / Filter Ⅱ : 해당 제도가 특혜제도인지 여부 / Filter Ⅲ : 제도가 비과세이거나 낮은 유효 세율의 조세인지 여부 / Filter Ⅳ : Ⅰ~Ⅲ에 해당하는 제도와 관련된 개별납세자관련 특정 예규인지 여부 / Filter Ⅴ : 개별납세자에 대한 특정 예규가 이전가격 또는 다른 예규에 관한 것인지 여부

138 예를 들면, 룩셈부르크와 네덜란드의 'informal capital regime'(특수관계자 간 낮은 이자율로 자금을 대여한 경우 자본출자로 취급), 벨기에의 'excess profit ruling regime'(특수관계자로부터 이전된 소득을 과표에서 제외) 등

Action 5 보고서는 위에 해당하는 예규들의 정보 수보 대상을 모든 특수관계 기업의 거주지국, 모회사 거주지국 등 폭넓게 지정하고 예규의 교환대상에는 향후 생산될 예규future ruling뿐만 아니라 현재 효력이 인정되는 과거의 예규past ruling까지 포함하고 있다.

(3) 조세특혜제도의 검토 결과

총 30개국 43개의 조세특혜제도에 대한 검토 결과[139]가 Action 5 보고서에 정리되었는 바 이를 요약하면 다음과 같다.

[표 III-2] 조세특혜제도 검토 결과

IP(무형자산) 관련 조세특혜제도	그 밖의 조세특혜제도				합 계
	유해성 없음	평가 중	제도 개선	폐 지	
16	18	4	1	4	43

이 중 무형자산과 관련된 제도(16개)에 대해서는 과거 기준뿐만 아니라 동 결과 보고서에서 제시한 실질적 활동요소의 측면도 고려하여 평가되었다. 동 결과 보고서는 이 평가 결과 실질적 요건에 맞지 않는 제도의 개선을 권고하고 있다. 이 보고서에는 한국의 제도는 평가대상에 포함되지 않았다.

Action 6 보고서

조세조약 남용 방지방안 마련

다국적 기업의 글로벌 전략에 따라 세부담 감소를 위한 다양한 조세회피전략이 활용되고 있는데 그중 가장 많이 활용되는 것이 '조세조약 남용'이라고 할 수 있다. 국가 간 조세조약 네트워크가 확대되고 조세피난처 등 역외금융센터도 확산됨에 따라 조약남용의 기회가 확대되고 있는 것이다. '조세조약 남용'이라 함은 납

139 OECD는, 기존 OECD 회원국(2010년부터)과 비회원국(2013년부터) 30개국에 대해 총 43개 조세특혜제도 전반에 대한 평가를 실시해 왔다.

세자가 조약상 규정된 혜택을 통해 조세부담을 경감시키기 위해 조약상 요건 또는 제약을 인위적으로 충족하거나 회피하는 것을 시도하는 행위라고 할 수 있다. 대표적인 예로, 조약 적용의 기본 전제인 당사국 거주자 지위를 취득하기 위해 제3국 거주자가 해당국에 도관회사를 설립하고 이를 통해 조약의 혜택을 적용해 줄 것을 주장하는 조약편승행위treaty shopping를 들 수 있는데, OECD/G20은 조약편승treaty shopping을 통한 조세회피가 세원잠식과 소득의 부당한 이전을 야기하는 중요한 원인이라고 보고 이를 막기 위한 새로운 조세조약 남용방지방안을 보고서에 포함시켰다. 동 보고서의 권고안은 BEPS 프로젝트 참여국에 이행에 대한 구속력을 갖는 최소기준minimum standard에 해당한다.

Action 6 보고서에 포함된 조세조약 남용방지방안의 주요내용은 다음과 같다.

① 조세조약을 체결하는 국가는 조약편승 등과 같은 탈세 또는 조세회피 수단을 통해 비과세 또는 조세 감면 기회를 창출하는 행위를 피하고자 한다는 문구를 조세조약의 제목 및 전문preamble에 포함시킨다.

② 일정 조건을 충족시키는 단체들에게 조세조약의 혜택이 돌아가는 것을 제한하는 개별적인 조세회피방지규정과 혜택의 제한limitation-on-benefits : LOB규정을 OECD 모델 조세조약에 포함시킨다.

③ LOB조항에 의해 다룰 수 없는 조약편승의 상황을 포함하여 다른 형태의 조약남용 방지를 위해 거래 또는 약정의 '주요 목적the principal purpose of transactions or arrangements : PPT rule'에 근거하는 보다 일반적인 조세회피 방지규정을 OECD 모델 조세조약에 포함시킨다. 이 규칙에 의하면 거래나 계약의 주요 목적의 하나가 조세조약의 혜택을 얻는 것일 경우에는, 이러한 혜택을 허여하는 것이 조약의 목적이나 취지에 부합한다는 것을 입증하지 못하는 한 조약의 혜택들은 부인된다.

국제적으로 조약편승을 막는 최소 수준의 장치를 갖추기 위해 OECD 국가들과 G20 국가들은 다음의 최소기준minimum standard을 충족시키기 위한 약속

commitment을 해야 한다. 우선 이들 국가들은 위 '①'에 해당하는 문구를 조세조약 체결 시 포함해야 하고, 조세조약에 다음의 어느 한 가지를 반영해야 한다.

첫째, 위에서 언급한 LOB조항과 PPT rule을 결합한 접근방법; 둘째, PPT rule만 포함; 셋째, LOB조항과 조세조약에 의해 다루어지지 않는 재무거래financing arrangement를 다룰 수 있는 보충적인 장치 마련.

BEPS Action 6 보고서의 권고 내용에 따라 OECD가 2016년 11월에 발표하고 2017.6.7.에 우리나라를 포함한 33개 OECD 회원국 및 중국, 인도 등 주요 개도국 총 68개국이 서명을 한 'BEPS 방지를 위한 다자간 협약(이하 "다자간 협약")' 제7조 제1항에 다음과 같이 PPT 조항이 규정되어 있다.[140]

> "이 조약의 다른 규정에도 불구하고, 모든 관련 사실과 정황을 고려할 때 이 조약의 혜택을 얻는 것이 그 혜택을 직접 혹은 간접적으로 초래한 약정 혹은 거래이 주된 목적 중 하나라고 결론을 내리는 것이 합리적일 경우, 이러한 상황에서 혜택을 부여하는 것이 이 조약의 관련 규정들의 목적과 취지에 부합한다는 사실이 입증되지 않는다면, 본 조약의 혜택은 해당 소득 혹은 자본항목에 대하여 부여되지 않는다."[141]

Action 6 보고서는 위에서 설명한 내용 이외에도 다음과 같은 조세회피들의 방지 장치도 포함하고 있다.

① 일반적으로 조약상 배당 수취 법인이 지급 법인의 주식을 일정 수준 이상(예 :

---

140 OECD, *Multilateral Convention to Implement Tax Treaty Related Measures to Prevent Base Erosion and Profit Shifting*, OECD, 2016, pp8~9.

141 "1. Notwithstanding any provisions of a Covered Tax Agreement, a benefit under the Covered Tax Agreement shall not be granted in respect of an item of income or capital if it is reasonable to conclude, having regard to all relevant facts and circumstances, that obtaining that benefit was one of the principal purposes of any arrangement or transaction that resulted directly or indirectly in that benefit, unless it is established that granting that benefit in these circumstances would be in accordance with the object and purpose of the relevant provisions of the Covered Tax Agreement."

25%) 보유 시 일반적인 경우보다 더 낮은 세율이 적용되는 바, 동 혜택을 받기 위해서는 해당 주식을 최소 1년간 보유하도록 기간 요건을 조약상 명시함.

② 가치가 주로 부동산에서 창출되는 회사의 주식의 양도차익에 대해 원천지 과세가 적용되는 것을 막기 위한 거래에 대한 대응 방안으로서 주식 양도까지의 1년의 기간 중 한 번이라도 부동산 비중이 50%를 초과 시에는 양도 시점에 부동산 비중이 50% 이하인 경우라도 부동산 소재지국에서 과세가능하도록 조약상 명시함.

③ 어느 과세실체가 양 조세조약 체결국의 거주자인 상황에서는 권한 있는 당국간에 상호합의를 통해 최종거주자를 판정하도록 함

④ 해외 조세피난처에 소재하는 고정사업장의 사업소득에 대해 거주지국에서 소득면제방식으로 이중과세를 경감해주는 상황에서 주식, 채권, 권리 재산 등을 위 고정사업장에 양도하는 경우에는 조세조약상의 혜택 배제

Action 7 보고서

인위적 고정사업장 판정을 통해 시도하는 조세회피의 차단

Action 7 보고서에서는 고정사업장 판정기준을 인위적으로 회피하여 소득원천지국에서의 과세를 부당히 감소시키는 사례(특히 디지털경제 환경변화를 악용하는 사례)가 자주 발생함에 따라 OECD는 모델 조약상 고정사업장 기준을 변경할 필요성을 제기하고 이에 대한 보고서를 2015.10.5.에 발간하였다. OECD/G20은 보고서에 포함된 OECD 모델조세조약 제5조(고정사업장) 및 동 조항에 대한 주석서의 개정안들은 추후 BEPS 관련 다자간 협약체결 시 포함시켜 기존의 양자간 조세조약을 일괄 개정하는 방식으로 조세조약 개정이 추진될 수 있도록 하였다. 아래에서는 보고서에 포함된 OECD 모델조세조약 제5조(고정사업장) 및 동 조항에 대한 주석서의 개정안을 정리하였다.

(1) 위탁판매Commissionnaire 계약을 통한 고정사업장 지위(모델협약 제5조 제5항 및 제5조 제6항)의 인위적 회피 방지

종전 OECD 모델조세조약 제5조 제5항에 따르면, 어느 특정 대리인을 간주고정사업장deemed PE으로 취급할 수 있으려면 해당 대리인이 "외국 기업의 명의로 계약을 체결할 수 있는 권한authority to conclude contracts in the name of"을 가지고 있어야 한다. Action 7 보고서는 일부 다국적 기업들이 이와 같은 간주고정사업장 구성의 전제조건으로 하는 현행 규정을 악용하여 고정사업장 지위를 회피하는 사례가 있다고 문제를 제기한다. 이와 같은 문제를 해결하기 위해서 Action 7 보고서에서는, OECD 모델 조세조약 제5조 제5항의 문구를 수정하여, 해당 대리인이 설사 직접적으로 계약을 체결하지 않는다고 하더라도 a) 외국 기업의 이름으로 또는 b) 외국 기업이 소유하거나 사용할 권리를 보유하고 있는 재산을 양도하거나 사용하도록 하기 위해 또는 c) 외국 기업에 의한 용역제공을 위해, 동 외국 기업이 중대한 수정 없이 통상 종결시키는 계약을 체결하는 데 있어 해당 대리인이 주도적인 역할을 관행적으로 수행하는 경우에는 동 대리인을 고정사업장으로 간주할 수 있도록 하고 있다.

이와 같은 규정은 대리인이 외국 기업의 사실상 영업담당 인력으로서 그가 소재하는 국가에서 실질적으로 협상을 마친 계약들을 그 국가 외의 장소에서 외국 기업이 그 협상 결과에 따라 계약을 체결하는 경우를 포함한다.[142]

그래서 예를 들면, 대리인이 고객을 설득하여 주문orders을 받은 후(하지만 형식적으로 완결시키지는 않고) 동 주문을 해당 기업의 상품들이 보관되어 있는 창고로 직접 보내어 동 창고에서 배달이 이루어지도록 하면서 관련 외국 기업은 이러한 거래들을 일상적으로 승인한다면 이러한 경우에는 해당 대리인이 외국 기업의 고정사업장으로 간주될 수 있는 것이다. 그러나 대리인이 단지 해당 기업의 재화나 용역에 대해 선전하고 마케팅 활동을 수행할 뿐 직접적으로 계약으로 연결되는 활

142 BEPS Action 7 최종보고서 11면, OECD 모델조세조약 주석서 수정안 제32.5문단.

동을 하지는 않는 경우에는 고정사업장으로 간주되지 않는다. 예를 들어, 어느 외국 제약사의 판매대리인이 현지 국가의 의사들을 접촉하여 활발하게 그 제약사의 제품을 광고하였고 그 후 그 의사들이 해당 약을 처방한 상황에서, 그러한 마케팅 활동은 의사들과 해당 제약사 간의 계약체결을 곧바로 초래하는 것은 아니므로 비록 약품매출이 해당 대리인의 마케팅 활동으로 상당히 증대했을지라도 수정된 OECD 모델조세조약 제5조 제5항이 적용되지는 않는다.

또한 OECD 모델조세조약 제5조 제6항에 규정된 독립대리인과 관련해서도, 기존의 문구를 수정하여 하나 또는 하나 이상의 특수관계인[143]을 위해 일하더라도 특수관계회사들만을 위해 배타적으로 또는 거의 배타적으로 활동하는 경우에는 종속대리인으로 간주할 수 있도록 함으로써 독립대리인 규정을 활용하여 고정사업장 판정을 회피하는 행위를 규제하도록 하였다.

(2) 특정 활동에 대한 고정사업장PE 예외 규정(제5조 제4항)을 통한 PE 지위의 인위적 회피 방지

현행 OECD모델조세조약 제5조 제4항은 고정된 시설을 통해 수행된 활동 중에서도 그 성격이 예비적 · 보조적인 활동의 경우에는 동 고정된 시설을 고정사업장PE으로 취급되지 않는다는 원칙과 함께 예비적 · 보조적인 활동을 예시하고 있다. 한편 Action 7 보고서는 이와 같이 예시된 예비적 · 보조적인 활동들이 다국적 기업의 고정사업장PE 지위를 인위적으로 회피하는 데 악용되고 있다고 보고 이를 방지하기 위한 대안을 제시하고 있다. 즉, 보고서에서는 OECD모델조세조약 제5조 제4항에 명시된 모든 활동들을(예, 물품보관, 전시, 정보수집, 구매활동 등) 무조건 고정사업장PE에서 제외되는 활동으로 취급하지 않고, 별도의 예비적 · 보조적 활동 테스트를 충족하는 경우에만 고정사업장에 해당하지 않는 것으로 규정하는 한편, 예비적이거나 보조적이라고 예시된 활동에는 해당하지만 실제 예비적 ·

143 직 · 간접적으로(directly or indirectly) 상대 관계 기업의 수익적 지분의 50% 초과분(more than 50%)을 소유하는 경우로 정의한다.

보조적 활동으로 취급할 수 없는 사례들에 대해서는 신설되는 주석서 문단에서 언급하고 있다.[144]

또한 Action 7 보고서는 제5조에 제4.1항 신설을 제시하고 있는 바, 그 내용을 요약하면 특수관계 기업들 간의 거래를 하나 또는 여러 장소에서 예비적 · 보조적 활동만 하는 것으로 쪼개는 경우에 해당 활동들이 단독으로는 고정사업장PE을 구성하지 않더라도 모두 합쳐졌을 때 예비적 · 보조적 활동의 범위를 넘어서면 고정사업장으로 볼 수 있다는 것이다. 다시 말해, 동일기업이나 관련된 기업이 이미 소득 발생지국에서 고정사업장을 형성하고 있거나 설사 고정사업장을 형성하지 않은 경우라도 이들 활동들의 결합으로부터 발생하는 전반적인 활동이 예비적이거나 보조적인 성격이 아닌 경우에는 비록 제4항에서 열거하는 예비적 · 보조적 활동을 수행하는 경우에도 동 활동이 다른 사업장 활동과 상호 보완적이라면 해당 활동을 예비적 · 보조적 활동으로 취급하지 않는다는 것이다.

(3) 계약쪼개기splitting-up of contracts

OECD 모델조세조약상 건설고정사업장 구성 요건인 '12개월 이상 존치' 기준에 미달하도록 건설 계약을 짧게 여러 개로 쪼개어 동일한 그룹에 속하는 다른 회사에 이윤을 귀속시키는 경우에 대해, 별도의 특별 규정 없이 상기 사안이 Action

144 예를 들면 자기 제품이나 서비스를 광고하기 위한 사무소를 유지하는 기업이 동일한 장소에서 다른 기업들을 위하여 광고를 한다면, 그 사무소는 그 다른 기업의 고정사업장으로 간주된다고 규정하고 있다. 또 다른 예를 들면, R 국가의 기업이 S 국가의 고객들에게 온라인상으로 판매하는 그 기업 소유의 제품을 저장하고 배달하기 위한 주요 목적으로 상당수의 종업원들이 근무하는 대규모 창고를 S 국가에서 보유하고 있는 경우에는, 해당 창고를 통하여 수행되는 저장과 배달 활동들이 그 기업의 판매 또는 보급 사업에 본질적인 부분을 차지하므로 예비적이거나 보조적인 성격이라고 할 수 없기 때문에 제4항은 이 경우의 창고에는 적용되지 않아 고정사업장이 존재하는 것으로 보아야 한다는 것이다. 또한 기업이 고객들에게 공급한 기계의 예비 부품들을 배달하기 위해 그리고 추가로 그 기계를 유지하고 수리하기 위해 고정된 사업장소를 유지하는 경우에는, 제4항에서 언급하는 단순한 배달을 넘어서고 이러한 판매 이후의 활동들은 고객들에 대하여 기업이 제공하는 서비스의 본질적이고 중요한 부분을 구성하기 때문에, 예비적이거나 보조적인 활동들에 해당하지 않고 따라서 제4항 또한 적용되지 않는다고 보는 것이 보고서의 입장이다.

6 보고서의 논의대상인 일반적 조약남용방지 규정PPT의 적용대상이 되는 것으로 PPT 규정 주석서에 규정하도록 하였다.

(4) 보험대리인의 고정사업장 구성 여부

보험업의 경우 외국에서 독립대리인이 아닌 자를 통해 보험료를 징수하거나 보험 관련 위험을 인수하는 경우 고정사업장의 유무를 판단하는 기준으로, 보험회사만을 다루는 별도 조항 채택 없이 OECD 모델조세조약 제5조의 제5항 및 제6항 개정안을 활용하여 동 개정안의 해석을 통해 보험대리인의 고정사업장 구성 여부를 판정하도록 하였다.

Action 8~10 보고서

이전가격 적용 결과가 가치창출에 부합되도록 이전가격지침 보완

OECD 이전가격 지침에 따른 정상가격원칙은 그동안 납세자의 자의적인 이전가격의 설정을 방지하면서 한편으로 국가 간 이중과세를 방지하는 데 나름대로 큰 기여를 하였다고 평가받아 왔다. 그러나 기존 지침은 다른 한편으로는 경제의 디지털화, 글로벌 경영 확대 등 변화된 국제거래 환경을 적절히 반영하지 못하고 있을 뿐 아니라, 다국적 기업이 실제 경제 활동을 반영하지 않은 채 계약서(서류)상의 계열사 간 자산 · 위험의 배분에 따라 이익을 산정함으로써 조세회피를 시도하는 경우 이를 제대로 시정하지 못한다는 문제점이 제기되었다. 다국적 기업은 이러한 기존의 OECD 이전가격 과세지침의 맹점을 악용하여 무형자산, 또는 이동성이 높은 위험 자산을 이용하는 등의 방식으로 고세율국에서 저세율국으로의 소득이전을 용이하게 하였다는 비판을 받았다. 이에 따라 OECD는 다음 3가지 분야의 새로운 BEPS 문제에 초점을 맞추어 기존 이전가격 지침을 개정하기로 하였다.

첫째, 무형자산 이전. 즉 전체 자산 중 특허, 상표 등 무형자산 비중을 확대하여, 이를 활용하여 창출한 소득을 경제적 실질이 없고 자본만 과다한 회사cash boxes에 이전하는 문제를 다룸(Action Plan 8 관련).

둘째, 위험 · 자본 이전. 즉 그룹 계열사 간 서류상 위험 이전 또는 과도한 자본배분을 통해 위험 관리 · 부담 등에 따른 이익을 이전하는 문제[145]를 다룸(Action Plan 9 관련).

셋째, 기타 고위험분야 관련 이전가격 이슈. 예를 들면 그룹 내부 용역Intra-Group Services에 대한 과도한 대가를 지급하는 방식으로 소득을 이전하는 문제를 다룸(Action Plan 10 관련).

위에서 알 수 있듯이 Action plan 8, 9, 10은 모두 이전가격에 관련된 것인 바, OECD는 2015.10.5. BEPS 최종보고서 발표 시 이들 세 가지 Action들에 대한 보고서를 하나로 합쳐서 발간하였다. Action 8, 9, 10 보고서에 포함된 이전가격 관련 권고내용은 2017년 발간된 OECD 이전가격 과세지침 개정판에 반영되었는데 그 주요내용을 정리하면 다음과 같다.

(1) 무형자산에 대한 정상가격 산출방법

무형자산과 관련하여 보고서(Action 8 보고서)는 무형자산의 정의, 무형자산의 소유권 및 이익 귀속, 무형자산에 대한 정상가격산출방법, 무형자산의 가치를 평가하기 어려운 경우에 대한 내용을 담고 있다. 이전가격세제의 목적상 무형자산은 유형자산이나 금융자산이 아닌 자산으로서 소유할 수 있거나, 상업 활동에 사용할 수 있는 통제권을 가지며, 독립기업 간에 비교 가능한 상황에서 발생하였더라면 사용허여 또는 이전에 대한 보상을 받을 수 있는 자산이다. 이에는 특허, 노하우와 영업상의 비밀, 상표, 상표명, 브랜드, 계약 또는 정부허가 하의 권리, 무형자산에서의 제한된 권리 또는 라이선스, 영업권과 계속기업가치 등이 포함된다. 한편, 그룹 시너지(그룹에 소속됨으로써 발생하는 신용보강 등)나 특정시장의 특성은 무형자산은 아니다.

145 예를 들면, 개발이 거의 완성(99%)되었으나 결과물이 확정되지 않은 무형자산을 저세율국 소재 자회사에 이전시켜 최종 개발을 하도록 하여 자회사에 법적 소유권을 이전하는 것 등을 들 수 있다.

Action 8 보고서는 무형자산의 정상가격산출방법과 관련하여 재판매 가격방법 및 거래 순이익률 방법은 단방향 분석방법으로 신뢰할 수 없는 방법이라고 하면서, 가치평가방법을 새롭게 소개하고 있다. 즉, 가치평가방법은 미래현금유입액 또는 소득액을 기준으로 하는 현금흐름 할인방법Discounted Cash Flow, DCF인데, 이에 사용된 가정 및 선택한 가치평가 변수들이 합리적이라는 것을 보여줄 수 있어야 한다. DCF를 사용한 가치평가 방법을 통해 무형자산을 평가할 때 특히 고려하여야 하는 사항은 재무예상치의 정확성, 성장률에 대한 가정, 할인율, 무형자산의 내용연수와 청산가치 및 세금에 대한 가정이다.

가치산정이 어려운 무형자산hard-to-value intangibles이란 거래 당시 신뢰할 수 있는 비교대상comparables이 없고, 이전된 무형자산으로부터의 성공 가능성을 가늠할 수 없어 미래 현금이나 소득의 흐름의 예측이나 가치평가를 위한 가정이 매우 불확실한 자산을 말한다. 이러한 이유로 이 무형자산은 사전적 정보의 신뢰성을 사후적 정보를 근거로 판단하여야 한다. 이 경우 과세 당국은 일정한 경우에 가격조정 조항(예를 들면 기대수치와 실체 수치가 20%를 초과하는 경우에 조정을 의무화하는 방법)을 기초로 과세하는 것이 가능하다. 가격조정 조항에 대해 Action 8 보고서는 OECD 이전가격지침이 부정하고 있는 hindsight(실제거래 이후에 발생한 상황을 근거로 조정을 하는 것)를 직접적으로 사용하는 것이 아니고, 사전적 정보의 신뢰성을 판단하는 기준으로 간접적으로 사용하라는 것이다.

(2) 원가분담약정CCA에 대한 정상가격산출방법

CCA는 경제적 실질을 반영한 실제 수행하는 약정을 근거로 분석되어야 하며, CCA의 참여자로 인정되기 위해서는 CCA의 목적물로부터 편익을 얻을 것이라는 합리적인 기대가 있고, CCA상의 위험을 통제할 수 있으며, 위험을 부담할 재정적인 능력이 있어야 한다. 이런 맥락에서 단순한 자금 제공자는 원가분담약정의 참여가 인정되지 않는다.

원가분담약정의 참여participation와 관련하여 보고서는 연구개발활동과 관련한 통제기능control function의 수행과 개발 후 발생될 혜택이나 산출물을 어떤 방식으로든지 직접적으로 사용하는 경우에 한해 원가분담약정에 참여할 수 있는 기회가 부여된다는 점을 분명히 하였다. 원가분담약정의 참여자의 공헌도contribution를 평가하는 기준으로 보고서는 원가부담액이 아닌, 기능분석을 통한 참여자 각각의 기여가치value를 기준으로 공헌도를 평가하는 방안을 제시하고 있다. 또한 공헌도 분석 시 기존에 이미 존재하는pre-existing 가치와 현재current의 가치를 나누어서 분석하도록 하였다. 이러한 맥락에서 단순히 자금을 제공하는 자pure funder의 경우에는 원가분담약정의 참여를 제한하였다.

원가분담약정은 용역 원가분담약정Service CCA과 유·무형자산 관련 개발 원가분담약정Development CCA으로 구분된다. 용역 원가분담약정에서 참여자의 원가분담은 결과적으로 원가 절감 형태로 바로 나타난다. 반면에 개발 원가분담약정에서 참여자의 기대편익은 원가를 분담하자마자 바로 발생하는 것은 아니고 한참의 시차를 두고 나타나게 된다. 원칙적으로 창출된 가치에 대한 참여자의 원가분담은 그 가치를 측정하기 어려운 상황이 아닌 한 원가로 평가되어서는 안 된다.

(3) 위험, 자본의 이전 및 고위험 거래와 관련한 이전가격 과세지침

이전가격세제의 강화와 관련해 중요한 이슈로서 무형자산의 이익귀속, 위험, 거래의 부인 등을 들 수 있는데 이들 이슈들은 서로 밀접히 연관되어 있다. 핵심적인 이전가격 과세 원칙은 거래에서 발생한 소득이 동 소득을 창출시킨 경제활동에 따라 배분되도록 해야 한다는 것이다. 이를 위한 분석의 첫 단계로서, 우선 실제거래를 인식(실거래에서 위험을 확인하는 작업 포함)하고, 동 거래가 상업적 합리성commercial rationality 조건을 만족하는지 여부를 확인한 후 상업적 합리성을 만족하면 비교가능성 분석comparability analysis을 거쳐 가격조정을 실시하고, 그렇지 않으면 동 거래를 부인non-recognition하는 것이 타당하다는 것이다.

여기서 '실제거래의 인식'이란 계약조건contractual terms과 사실관계를 비교하고 위험을 분석하여, 관계회사 간의 상호작용, 가치 창출, 기능·자산·위험 등에 관련된 관계회사의 행위conduct of parties를 확인해서 실제 거래를 정확히 기술하는 것을 말한다. 계약상으로 부담하는 위험이나 자본 배정이 상당한 회사를 저세율국에 설립하고, 이를 근거로 당해 회사에 많은 소득을 유보시키는 경우, 과연 서류 등 계약상으로 공언된 위험과 자본 배정 등이 실제 거래 모습에서 그러한 지를 확인하면서 이전가격분석을 수행해야 한다는 취지이다.

어느 당사자가 위험을 부담assume하는지를 판정하는 문제와 관련하여, 위험의 통제control와 더불어 위험을 부담할 재정적 능력financial capacity to assume the risk을 고려하려 부담 주체를 판단해야 한다. '위험의 통제control of risk'라는 개념도 중요한데 이는 특정 위험에 대해 평가하고 의사결정을 할 역량capacity과 이러한 역량과 관련된 기능을 실제로 이행performance하는 기능function을 포함한다. 한편, 위험을 부담할 재정적 능력이란 위험이 실현되었을 때 그 결과를 부담하기 위해 자금에 접근funding to access할 수 있는 능력을 의미하고, 위험부담주체의 자금에의 접근funding to access은 정상가격 원리 내에서 비교가능 제3자의 행동을 기반으로 이용가능한 자산과 추가적 유동성을 위해 위험 실현 시의 비용을 부담하는 것을 의미한다. 위험부담 수준에 따른 적정 보상과 관련하여 기능 분석을 통해 자금 부담에 대한 재무위험을 부담하지 않고 별도의 기능도 없이 자금만을 제공하는 회사에 대해서는 무위험이자 정도로 보상하고, 재무적인 위험을 부담하지만 별도의 기능이 없는 경우 자금에 대하여 위험이 조정된 정도만 보상하며 기능functionality이 있는 투자자funder에게는 충분히 위험 조정이 고려된 이익risk adjusted return을 보상해야 한다는 것이 BEPS Action 8-10 보고서의 분명한 입장이다.

(4) 관계사 간 저부가가치용역 제공에 대한 정상가격산출방법

OECD BEPS 보고서는 그룹 내 용역제공과 관련하여 저부가가치 용역제공에 대한 대가를 간단히 계산하는 방법simplified charge mechanism을 채택하였고, 이 내용은 OECD 이전가격 지침 제7장(그룹 내 용역제공에 대한 특별고려)에 추가될 예정이다. '저부가가치용역low value-adding intra-group services'이란 보조적인 성격이고, 그룹의 핵심사업의 일부가 아니며, 용역제공과정에서 특별하고 가치 있는 무형자산을 사용하거나 창출하지 않고, 용역 제공자가 특별한 위험을 부담하지 않는 용역이다. 구체적으로 열거하면, 회계, 채권추심, 인사, IT, 법률자문, 세무 compliance 업무 등이 있다. 용역의 대가를 간단히 계산하는 방식이란 (i) 저부가가치 용역 관련 대상 원가를 결정하고, (ii) 적절한 배분기준을 이용해 그룹 계열사에 배분한 뒤, (iii) 원가에 일정 이윤을 mark−up(5%)해서 해당 서비스를 제공한 기업에게 서비스에 대한 대가를 지불하는 방식을 가리킨다. 5% mark up에 대해서는 별도의 벤치마킹분석은 면제한다. 한편, 해당 용역 대가가 일정 기준 threshold을 초과하는 경우 이러한 간편청구방식을 사용하지 않고 혜택분석Benefit Test을 포함한 기능 분석을 통해 정상가격을 결정할 수 있다. 저부가가치용역에 대한 간편청구방식의 채택에 대해 중국 등 일부 국가에서 부정적인 입장을 표명한 바 있으나 많은 국가들은 동 제도를 수용하고 있다.

원자재 거래의 정상가격산출방법

BEPS Action 8-10 보고서는 구리, 철 등 원자재 거래의 가격결정과 관련해 비교가능 제3자 가격방법을 제시하고[146] 공개시장가격 결정 시 주요 요소인 가격결정일pricing date과 관련해서는 선적일 등을 pricing date로 인정하는 'deemed pricing date' 방법을 OECD 이전가격 지침 제2장(정상가격산출방법)에 추가하는 방안을 제시하였다. 즉, 'deemed pricing date'방법이란 비교가능 제3자 가격방법에서 공개시장 거래가격 등을 활용하되 가격결정일pricing date과 관련해서는 계약서상에서 확인될 수 있는 거래일자와 실제 거래일자가 차이가 있고 납세자가 거래일에 대한 정보를 과세당국에 제공할 수 없는 경우, B/L 등을 통해 현실적으로 확인할 수 있는 선적일 등을 거래일로 간주하는 방법을 말한다.

146 공개시장거래가격(quoted price) 사용가능

이익분할방법에 대한 보완 방향 제시

이익분할방법profit split method에 대한 상세한 이전가격지침은 2016년 중에 연구되어 2017년 상반기 중에 발표될 예정이었으나 당초 예정보다 일정이 지체되어 2018년 6월 말 발간되었다. 이 지침은 거래이익분할방법의 사용이 적절한 상황 및 구체적인 적용사례를 다수 소개하고 있다.

Action 11 보고서

BEPS 자료 수집·분석방안 개발

OECD는 세원이전과 과세소득이전BEPS 대응방안의 효과를 제고하기 위해 BEPS의 규모 측정 및 경제적 영향 분석, 액션플랜의 효과 평가를 위한 효율적인 자료수집 · 분석 방안을 개발 · 공유하기로 하고 Action 11 보고서를 통해, BEPS의 규모 측정 및 경제적 영향 분석에 대한 방법론을 소개하였다. 동 보고서는 BEPS 프로젝트 참여국에 특별한 구속력을 갖고 있지는 않다.

Action 11 보고서는 경제적 영향에 대한 분석을 크게 재정적 분석과 비재정적 분석으로 대분하여 기술하고 있다. 보고서는 재정적 분석을 통해 BEPS로 인한 전 세계 법인세수 손실총액을 추산하고, BEPS 대응책의 효과분석을 위한 BEPS channel별로 효과를 분석하는 방법을 소개하였으며, BEPS 및 대응책의 경제적 부담 귀착 등 비재정적 분석내용을 기술하고 있다. BEPS로 인한 전 세계 법인세수 손실총액이 매년 전 세계 법인세수총액의 4~10% 정도 발생되는 것으로 추정하고 있으며, 이는 1,000~2,400억 달러(2014년 기준)에 상당하는 규모라고 추산된다.

Action 12 보고서

공격적 조세회피 약정에 관한 보고disclosure 의무를 납세자에게 부여

과세당국이 다국적 기업과의 정보비대칭 상황에서 다국적 기업이 국제조세체계의 허점을 이용한 조세회피를 시도하는 경우 이에 대해 적절히 대응하기 어렵다는 것이 OECD/G20의 견해이다. 또한, 각국의 과세당국이 자국의 과세관할을 벗어나서 여러 국가에 걸쳐 이루어지는 다국적 기업의 국제거래 구조를 파악하는 데는 한계가 있다고 지적한다. 이런 맥락에서 OECD/G20은 과세당국이 다국적 기업의 공격적 조세회피거래에 대한 정보를 적시에 획득할 수 있도록 납세자에게 보고의무를 부여하는 '강제적 보고제도Mandatory Disclosure Rule'의 핵심적 개념을 Action 12 보고서에서 소개하고 이 제도의 도입을 권고하고 있다.

OECD/G20은 보고서에서는 각국이 국내 제반 여건에 맞춰 자율적으로 조합해서 국내법 설계에 활용할 수 있도록, 현재 영국 등 8개국에서 시행 중인 모범사례에 기반한 모듈라 방식modular method[147]을 아래와 같이 소개하고 있다.[148]

(1) 보고의무자

Action 12 보고서는 조장자와 이용자가 각각 보고하는 방법, 조장자가 보고하는 방법 등을 소개한다. 조장자가 해외에 있거나, 조장자가 없거나(자체개발), 조장자가 법적으로 공개하지 않을 권리가 있는 경우에는 이용자에게 보고의무를 부여할 것을 이 보고서는 권고하고 있다.

(2) 보고대상 정보

① 납세자에게 조세혜택tax benefit이나 조세이익tax advantage을 주는 거래, ② 조세혜택과 조세이익이 그 거래의 주요목적이거나 거래가 조세회피의 특징을 가지고 있는 경우, ③ 그 거래가 구체적으로 정의되는 특징hallmark이 있는 경우 등 3개의 요건 가운데 1개 또는 그 이상 충족하는 경우에는 해당 거래를 보고하도록 한다.

(3) 보고기준

(ⅰ) 최소 적용요건threshold requirement[149] 및 하나 이상의 특징hallmark을 충

147 모듈라 접근방식(modular method)이란 부분(a chunck of content)별로 내용을 검토하고 구성한 뒤, 각국에서 필요한 내용 위주로 선별해서 전체 강제보고제도 내용을 제정하는 방식을 의미하는 것으로서 유연성(flexibility)이 높은 접근방법이다.

148 이러한 모범사례 접근방법은 BEPS 프로젝트 참여국에 대해 특별한 구속력을 갖고 있지는 않다.

족하는 경우 강제적 보고제도를 적용multi-step approach하는 방법과 (ii) 어떠한 최소 적용요건도 없이 hallmark test만 충족하는 경우 강제적 보고제도를 적용single-step approach하는 방법 중 선택하는 것이 가능하다. 또한 multi-step 접근방법 및 single-step 접근방법을 병행하면서 한편으로 소규모 거래를 제외하는 최소 거래규모 요건de minimis threshold을 정하는 것도 가능한 방법으로 보고서는 기술하고 있다.

(4) 조세회피의 특징

일반적 특징generic hallmarks으로 비밀거래, 특별수당, 계약보호, 표준화된 조세상품 등이 있고, 구체적 특징specific hallmarks으로 손실전략, 리스계약, 고용전략, 전환소득전략, 저세율국 소재 기업 전략, 기업회계와 세무회계 차이거래, 블랙리스트 거래, 이자거래 등이 있다.

(5) 국제적 조세구조

국내적 조세구조에 적용되는 기존의 강제적 보고제도가 기본적으로 국제적 조세구조cross-border schemes에도 적용가능하나, 국제적 조세구조가 다수의 국가 및 납세자와 연관되고 해당 구조 하에서의 국내적 조세혜택이 글로벌 조세구조 하에서의 전체 혜택에 비해 미미해 잘 포착되지 않는 점 등에서 국내적 조세구조와 다른 점이 있어 Action 12 보고서는 별도의 권고안을 제시하고 있다.

(6) 기 타

보고시기에 대한 대안으로서 조세회피 거래가 이용가능한 시기에 조장자가 보고하는 안과 조세회피 거래가 이용된 후에 이용자가 보고하는 안이 소개되고 있다. 또한 조장자 및 납세자 추가의무로서 이용자가 조세회피 거래 고유번호를 과세당국에 과세표준신고 시 보고하는 방안과 조장자가 이용자 리스트 제출만 제출

149 조세혜택과 조세이익이 그 거래의 주요목적이거나 거래가 조세회피의 특징을 가지고 있을 것

하는 방안이 소개되고 있다.

Action 13 보고서

이전가격 문서화Transfer Pricing Documentation 지침 재검토

날이 갈수록 다국적 기업의 역외 투자가 증가하고, 거래 구조가 복잡해지면서 과세당국이 세원 관리를 위한 정보 확보에 어려움이 가중되고 있다. 종전 제도 하에서는 수집하는 세무신고서에는 자국에서 사업을 하는 다국적 기업의 계열사들의 국외 특수관계자에 대한 정보가 없거나 제한적이므로 다국적 기업의 본국 또는 진출국가별 활동 내역, 사업 수행 범위 등에 대한 포괄적인 정보 부재로 다국적 기업에 대한 개별 과세당국의 세원관리에 한계가 있었다고 할 수 있다.

다국적 기업으로 하여금 본국은 물론 국가별로 수행한 사업 내용을 공개하게 함으로써 다국적 기업에 대한 국제적 공동 대응을 강화하는 한편 세무행정상 투명성을 제고하는 것이 필요하다고 OECD/G20은 판단하였다. 요컨대 다국적 기업의 국제적 소득분배, 경제활동, 납세 현황 등을 관련 과세당국이 파악할 수 있도록 하기 위해 이전가격 가이드라인 문서화 규정(제5장) 개정이 필요하고 이를 위해 Action 13 보고서가 작성되었다고 할 수 있다. 동 보고서는 마스터 파일, 로컬 파일 및 국가별 보고서Country by Country Report 등 다국적 기업이 제출하여야 하는 이전가격문서에 대한 상세한 권고 내용을 포함하고 있다. 이들 권고 내용 중 국가별 보고서와 관련된 사항은 BEPS 프로젝트 참여국에 이행에 대한 구속력을 갖는 최소기준minimum standard으로 작용한다는 의미가 있다.

Action 13 보고서의 주요 권고 내용은 다음과 같이 정리할 수 있다.

(1) 마스터 파일Master File

마스터 파일master file은 다국적 기업 전체의 조직도, 사업 설명, 무형자산, 관계사 간 금융거래, 재무 현황 등을 다국적 기업의 글로벌 사업 운영, 이전가격정책 등 경영활동 전반에 관한 총괄적인 성격의 정보를 담아 다국적 기업 본부 차원에서 작성하여 다국적 기업이 활동하는 관련 국가에서 현지 관계회사들이 해당 과세당국에 제출하게 된다.

(2) 로컬파일Local File

로컬파일local file이란, 특수관계회사들과의 거래 정보, 거래규모, 이전가격결정분석 내용 등 개별 기업 소재지국 과세당국에서 필요로 하는 보다 상세한 구체적 정보로 구성되어 있는 파일로서 기본적으로 국가 간 공유 목적으로 작성되는 것은 아니고 각 현지 개별 기업별로 작성하여 해당 소재지국 과세당국에 보고하게 되는 파일이다.

(3) 국가별 보고서

국가별 보고서Country by Country report는 다국적 기업이 활동하고 있는 국가별로 수익, 세전이익, 납부세액, 고용자수, 자본금, 유보이익, 유형자산 등에 대한 통계자료와 국가별로 해당국에서 활동 중인 개별기업의 리스트 및 사업활동에 대한 정보를 포함시킨 보고서이다. 동 보고자료에 들어가는 재무 및 세무 자료를 한 나라에 있는 관계 기업을 실체별로 각각 기재하게 되는 경우 납세자에게 너무 많은 부담을 줄 수 있다는 문제가 제기되어 국가별로 각 항목에 대해 관련 재무 및 세무자료를 합쳐서 하나의 수치로 기재하는 방법이 권고되었으며, 이에 대한 보완책으로 국가별로 다국적 기업의 관련 기업 리스트와 기업별 주요 경제활동을 보완하여 작성하여 제출하는 방안이 권고되었다.

국가별 보고서는 다국적 기업의 본부에서 관할 과세당국에 조세조약상 규정된 정보교환방식을 통해 정보를 공유한다Primary Rule. 그러나 모회사가 소재한 국가의 과세당국에 자료를 제출할 의무가 없거나, 모회사의 소재지국에 관련 자회사가 소재하는 국가와 관련 협약을 체결하지 않는 경우 또는 자료를 교환하는 상대국가가 약속한commitment 의무를 지키지 않는 3가지 경우에는 현지국 자회사가 현지과세당국에 직접 제출하는 방식을 권고하고 있으며Secondary rule, 추가적으로 모회사로 하여금 해당 자회사 대신 자료를 제출할 자회사를 지정할 수 있게 하였다. 문서화 보고대상 기업은 직전 연도 연결매출액이 7억 5천만 유로(2015.1.1. 7억 5천 유로에 상응하는 자국화폐금액으로도 가능) 이상이며, 이 기준은 2020년에 재검토되었다.

시행시기와 관련해서는 2016.1.1.이나 이후에 회계연도를 시작하는 다국적기업은 당해 회계연도에 대해 회계연도 마지막 날부터 1년 뒤까지 과세당국에 국가별 보고자료를 제출하는 내용이 기본합의 사항으로 되어 있었으나, 일부 국가들의 경우 국내법 정비에 다소 시간이 걸릴 수가 있다는 점이 반영되어 이행 시기에 대해 각국에서 자율적으로 선택 가능하게 하였다.

Action 14 보고서

국제적인 조세분쟁해결 장치를 보다 효율적으로 마련

BEPS 프로젝트 추진 결과 세계 각국이 조세회피 방지를 위한 조세조약 또는 국내세법 규정들을 앞다투어 제정하게 되면 결과적으로 국제거래 이중과세를 부담할 가능성이 높아지고 그만큼 조세 관련 불확실성이 높아질 것으로 예상되었다. 따라서 이러한 부작용을 최소화하기 위해 OECD/G20은 현행 조세조약상 분쟁해결 절차의 문제점을 파악하고 그 개선방안을 Action 14 보고서를 통해 제시하였다. 동 보고서의 권고안은 최소기준minimum standard과 관련, BEPS 프로젝트 참여국에 이행에 대한 구속력이 있다. 한편 이러한 최소기준은 OECD 국세청장회의Forum on Tax Administration : FTA의 상호합의 포럼MAP Forum에서 2016년부터 모니터링 절차를 통해 그 이행여부를 점검하고 있다.

OECD는 조세조약 관련 분쟁 해소를 위한 최소기준minimum standard을 제안하고 있는데, 이는 다음의 3가지 원칙 즉 (1) 상호합의절차Mutual Agreement Procedure : MAP와 관련한 조세조약상 의무사항이 신의성실에 기반하여 완전하게 이행되도록 하고 MAP 사건들이 시의적절하게 해결되도록 하는 것과 (2) 조세조약과 관련된 분쟁의 방지와 시의적절한 해결을 위한 행정적인 절차들이 이행되도록 하는 것, 그리고 (3) 자격을 갖춘 납세자들이 상호합의절차를 활용할 수 있도록 하는 것을 분명하게 담보하려고 하는 것이다. 위와 같은 최소기준은 보고서에서 제시되는 일련의 모범행동best practice들에 의해 보완이 될 것이다. 또한 위 최소기준의 이행을 위한 감독monitoring이 OECD/G20의 2016년 프로젝트의 일환으로 개발된 구체적 이행조건과 평가방법에 맞추어 이루어지고 있다.

Action 14 보고서는 최소기준에 비록 강제적 중재Mandatory Arbitration를 포함시키지 못했으나, 강제적 중재를 지지하는 국가들끼리(미국, 영국, 일본, 독일, 프랑스 등 20개국) 강제적 중재를 이행하기로 했으며 이를 통해 국제적 조세분쟁이 과거보다 신속히 해결될 전망이다. 또한 BEPS 프로젝트에 참여하는 각국 정부가 분쟁해결 절차 개선을 중요하게 생각하고 있다는 메시지를 민간 및 권한 있는 당국에 전달하기 위해 보고서 요약executive summary 부분에 조약 분쟁 해결과 관련 최소기준 이행을 확약하는 내용을 포함하였다.

Action 14 보고서는 위 3가지 원칙에 대해 합의된 다음의 총 17개의 최소기준과 11개의 모범사례를 권고하였다. 이 중 첫 번째 원칙인 '상호합의절차Mutual Agreement Procedure : MAP 사건의 적절한 해결'과 관련된 것으로서 7개의 최소기준과 1개의 모범사례가 제시되었다. 또한 두 번째 원칙인 '조세조약과 관련된 분쟁의 방지와 시의적절한 해결'과 관련된 것으로서 각국의 과세당국들에게 7개의 최소기준과 4개의 모범사례가 제시되었다. 끝으로 세 번째 원칙인 '자격을 갖춘 납세자들이 상호합의절차를 활용할 수 있도록 하는 것'과 관련된 것으로서 각국의 과세당국들에게 3개의 최소기준과 6개의 모범사례가 제시되었다.

Action 15 보고서

BEPS 결과 이행을 위한 다자적 수단 개발

BEPS 프로젝트가 한창 추진되던 당시 BEPS 대응방안의 일환으로 기존 OECD

모델조약의 상당 부분에 대한 개정이 추진될 것으로 예상되었다. 그러나, OECD 모델조세조약은 그 자체로 각국에서 법원성法源性이 있는 조약이 아니므로 결국 새로운 개정내용이 각국의 법규로 작용하기 위해서는 각국이 다른 국가들과 체결하고 있는 조세조약을 개정되는 OECD 모델조세조약에 따라 개정하는 작업이 필요하다. 그런데 조세조약은 양자 간bilateral에 체결하는 조세조약이라서 조약 개정 작업은 통상 많은 시간이 소요되므로 조약개정 절차에 대해 기존의 방식을 그대로 따르는 경우 OECD와 G20가 어렵게 추진한 BEPS 프로젝트는 실제로 효과가 나타나는 데까지 수십 년의 기간이 소요될 수도 있다. OECD와 G20는 이러한 집행상의 문제점을 극복하기 위한 새로운 방안을 모색하였는데 그것이 다자간 이행수단의 개발이다. 요컨대, 다자간조약이나 협약에 의해 양자 간에 체결한 기존 조세조약을 개정함으로써 BEPS 프로젝트의 신속한 이행을 달성하려고 한 것이 Action 15 보고서 작성 배경이라고 할 수 있다.

2015년 발간된 Action 15 최종 보고서는 다자적 이행수단 마련을 위한 임시그룹ad hoc Group에 대한 운영시침mandate과 2014년 기 발간한 중간보고서로 구성되어 있다. 최종산출물은 향후 활동결과를 반영하여 그 후에 보완, 작성되었다.

첫 번째 공식 임시그룹회의가 2015.11.5.~6. 기간 중에 프랑스 파리에서 개최되었다. 이 회의에는 전 세계 94개국 대표가 회원 자격으로 참여하였고 홍콩, 대만, 건지, 맨섬, 져지 등이 옵저버로서 참여하였다. 이 회의에서 참여국가들은 다자간 협약 작성 업무를 추진하는 절차적 문제들과 이러한 협약이 내포하고 있는 실체적인 주요 이슈들에 대해 토의하였다. 임시그룹은 2016년 12월까지 다자적 이행수단의 틀framework을 마련하고, 관련 BEPS 산출물을 다자간 이행수단의 틀framework에 포함시켜 다자간 협상(다자간 이행수단에의 서명)을 개시할 수 있도록 하기 위해 협의를 본격화 하였다. 그 후 임시그룹은 2016년 2월에 2차 회의를, 5월에 3차 회의를 각각 개최하였으며 그 사이 회원국은 96개국으로 확대되었다.

이러한 과정을 거쳐 임시그룹은 2016.11.에 “BEPS 방지 다자간 협약[150](이하

"다자간 협약")"을 발표하였는데, 그 내용은 15개의 BEPS Action 최종 보고서들에 포함된 BEPS 대응방안 중 조세조약 개정이 필요한 내용을 다자간 조세조약의 형태로 구성한 것이다. 그 후 2017.6.7.에는 우리나라를 포함한 33개 OECD 회원국 및 중국, 인도 등 주요 개도국 총 68개국이 서명하였으나 미국은 동 협약의 서명에 동참하지 않았다.[151] 협약 서명국 68개국 중 어느 특정 2개국이 모두 조세조약 개정을 희망하는 경우에는 상기 다자간 협약에 따라 기존 양자 간 조세조약이 개정된다. 즉, 다자간 협약 서명국 간의 조세조약은 별도의 양자 조세조약 개정 협상 없이 동 다자협약을 통해 관련 그 내용이 자동으로 개정되는 효과가 발생하는 것이다.

2017년 당시 우리나라가 체결한 91개 조세조약 중에서 이번 다자간 협약에 따라 내용이 변경되는 조약은 45개이며,[152] 그 주요 내용은 BEPS 프로젝트의 최소기준에 해당하는 조항을 수용하는 것이다. 즉, ① 다자간 협약 제6조를 채택하여 탈세 등을 통한 이중비과세 방지 목적을 조세조약 서문에 명시하도록 하고, ② 제7조를 채택함으로써 거래의 주요 목적이 조세조약의 혜택을 향유하기 위해서라면 그 거래에 대해 조세조약을 적용하지 아니하는 일반적 조약남용방지 규정을 기존 조세조약에 적용되도록 하였다. 또한 ③ 제16조를 채택함으로써 상호합의절차가 좀 더 효과적으로 작용할 수 있도록 개선하는 조치(예를 들면, 상호합의를 조세조약의 양 당사국 어느 쪽에는 제기할 수 있도록 함)를 수용하였고 ④ 제17조의 대응조정 규정을 채택함으로써 현행 조세조약에 대응조정 규정을 명확하게 포함시키

150 영문명칭은 "the Multilateral Convention to Implement Tax Treaty Related Measures to Prevent Base Erosion and Profit Shifting"이다.

151 미국은 양 당사국 간의 협상을 기초로 하여 조세조약의 체결 또는 개정 작업을 한다는 기존의 조세조약 체결정책을 고수하면서 다자간 협약 체결을 위한 서명 작업에는 참여하지 않았다.

152 벨기에, 불가리아, 캐나다, 칠레, 중국, 콜롬비아, 크로아티아, 덴마크, 이집트, 피지, 핀란드, 프랑스, 조지아, 독일, 그리스, 홍콩, 헝가리, 아이슬란드, 인도, 인도네시아, 아일랜드, 이스라엘, 이탈리아, 일본, 쿠웨이트, 라트비아, 리투아니아, 룩셈부르크, 몰타, 멕시코, 네덜란드, 뉴질랜드, 파키스탄, 폴란드, 포르투갈, 루마니아, 러시아, 세르비아, 슬로바키아, 슬로베니아, 남아프리카공화국, 스페인, 스웨덴, 영국, 우루과이.

지 않은 경우에도 대응조정이 가능해질 수 있도록 하였다.

의무적 중재조항을 포함하여 다자간 협약에 규정은 마련되었으나 우리나라가 서명 당시에 채택하지 않은 조항은 다음과 같다.

- (3조) 파트너십 등 투과과세단체 통한 소득에 대한 조세조약 혜택 적용
- (4조) 이중 거주지국을 갖는 법인의 조세조약상 거주성 판정 기준
- (5조) 소득면제방식 채택국의 이중 비과세 방지
- (8조) 법인 간 배당 저세율 적용 요건 강화
- (9조) 부동산 주식의 양도소득 과세 요건 완화
- (10조) 제3국 고정사업장을 활용한 조세회피 방지
- (11조) 조세조약과 거주지국 국내법상 과세권간 관계
- (12~15조) 고정사업장 구성 요건 남용 방지
- (18~26조) 의무적 중재

다자간 협약의 효력은 2단계에 걸쳐 최종 확정된다. 첫 단계의 효력은 다자간 협약 자체의 효력으로서 서명국 중 최초 5개국이 OECD에 국회비준서를 제출한 시점으로부터 3개월이 지난 후 그 다음 달 1일부터 효력이 발생한다. 2018.3.22. Slovenia가 국회비준서를 OECD에 제출함으로써 다자간 협약 자체는 2018.7.1.부터 효력이 발생되었다.

다음으로 개별국가에게 효력이 발생하는 두 번째 단계의 효력은 다자간 협약으로 내용이 변경되는 서명국 중 어느 두 국가가 모두 국회비준서를 OECD에 제출한 시점으로부터 3개월이 지난 후 그 다음달 1일부터 발생한다. 우리나라의 경우에는 2019년 12월에 다자간 협약에 대한 국회비준동의가 이루어졌으며 2020.5.13. OECD 사무국에 국회비준서를 제출함에 따라 2020.9.1.부터 우리나라가 채택한 다자간 협약은 발효되었다.

BEPS 최종보고서의 권고사항들에 대한 분석

앞에서 소개한 BEPS 최종보고서의 권고사항들이 차질 없이 이행되기 위해서는, 사안에 따라서는 각국의 국내세법을 개정하기만 하면 되는 것도 있으나 국가 간 조세조약의 개정이 필요한 부분도 있다. 구체적으로 언급하면, Action 3(CFC 제도 강화), Action 4(이자비용 공제제한), Action 5(유해조세제도에 대응), Action 8~10(이전가격세제의 강화), Action 12(강제적 보고제도 도입), Action 13(이전가격 자료제출 규정 강화) 등은 각국이 세법을 제 · 개정하여 보고서 산출물 결과를 국내세법 체계에 반영하기만 하면 그 효과가 충분히 발생할 것으로 기대된다. 그러나 Action 2(혼성불일치효과의 해소작업), Action 6(조세조약의 남용방지), Action 7(고정사업장의 인위적 회피 차단), Action 14(분쟁해결체계 개선), Action 15(다자적 이행수단 마련) 등의 경우에는 BEPS 보고서 권고사항의 효력이 제대로 나타나도록 하기 위해서는 국내세법 개정과 함께 각국 조세조약 제 · 개정을 하거나 국가 간 합의를 도출할 필요가 있다.

한편 이들 BEPS 보고서의 권고사항들은, 동 사항들이 각국에 미치는 구속력의 정도에 따라 ① 최소기준minimum standard에 해당하는 사항, ② OECD의 기존 규정의 개정revision of existing tax rules이 필요한 사항, ③ 공통접근방법common approach에 해당하는 사항, ④ 모범사례best practice에 해당하는 사항 등 4가지로 구분해 볼 수 있다. 이 중 최소기준에 해당하는 사항이란, BEPS 프로젝트 참여국이 반드시 이행해야 하는 구속력을 갖는 최소한의 기준으로서 Action 5(유해조세제도에 대응), Action 6(조세조약의 남용방지), Action 13(이전가격 자료제출 규정 강화), Action 14(분쟁해결체계 개선)의 권고사항들이 주로 이 범주에 해당한다.

다음으로 OECD의 기존 규정 개정이 필요한 사항이란, 주로 OECD 모델조세조약과 주석서 또는 OECD 이전가격 과세지침을 준수해야 하는 의무를 지닌

OECD 국가들에 대한 것으로서 BEPS 보고서에서 개정 권고한 내용을 실제로 모델조세조약규정 및 이전가격 과세지침에 반영하는 작업을 가리킨다. OECD 모델조세조약과 주석서의 대폭적인 수정이 필요한 Action 7(고정사업장의 인위적 회피 차단) 그리고 OECD 이전가격 과세지침의 개정이 필요한 Action 8－10(이전가격세제의 강화)들에 대한 권고사항들이 이 범주에 속한다.

한편 공통접근방법이란 BEPS 프로젝트 참여국에 특별한 구속력을 갖고 있지 않지만 국내법 또는 조약 제 · 개정을 통해 각 국가별로 유사한 실무 이행을 도모할 수 있는 형태로서, Action 2(혼성불일치효과의 해소작업), Action 4(이자비용 공제제한) 등이 이 범주에 해당한다.

끝으로 모범사례란 BEPS 프로젝트 참여국에 특별한 구속력을 갖고 있지 않지만 각국이 국내 제반 여건에 맞춰 자율적으로 조합해서 국내법 실제에 활용할 수 있는 주요 내용들building blocks에 대한 모범사례Best Practice를 소개하는 형태로서, Action 3(CFC제도 강화), Action 12(강제적 보고제도 도입) 등이 이 범주에 해당한다고 할 수 있다.

3 국제거래관련 이자공제 제한제도의 도입 필요성과 도입 경위

자본조달 비용과 관련하여 국제적으로 일반화된 과세원칙을 살펴보면 자기자본에 대한 비용(배당)은 과세소득 계산 시 손금으로 취급되지 않는 반면, 타인자본에 대한 비용(지급이자)은 손금으로 인정된다. 따라서 기업은 자기자본보다 차입금을 더 많이 조달함으로써 법인세액을 줄일 수 있다. 특히 특수 관계회사가 전 세계에 산재하고 있는 다국적 기업 그룹의 경우 모회사는 특정 국가에 자회사를 설립할 때 자회사에게 장기로 자금을 대여한다면 안정적인 자본 공급이라는 측면에서 자본금과 유사한 효과를 얻으면서도 자회사로서는 차입금 이자를 손금산입할 수 있게 되므로 다국적 기업 그룹 전체적으로 부담세액이 감소하는 효과를 얻을 수 있다. 뿐만 아니라, 다국적 기업 그룹은 계열회사 간의 자금대차 계약 또는 특정 계열회사나 SPC[153]를 매개로 한 자금대차 계약을 인위적으로 체결하여 제3자에 지급하는 이자비용을 과세소득이 많이 발생한 계열회사가 부담하도록 조정하는 것이 비교적 용이하기 때문에 이와 같은 기법을 활용하여 다국적 기업 그룹 전체차원의 과세소득을 합법적으로 감소시킬 수 있다.

이자공제 제한제도 관련 국제적 추세

후술할 과소자본세제는 위에서 언급한 국제적 조세회피 방지를 위해 1980년대 중반에 이미 많은 OECD 국가들이 도입·운영하고 하고 있었으나 각국의 과소자본세제 도입으로 인한 국제적 이중과세문제와 조세조약상 무차별과세 원칙과 충돌문제가 종종 제기되었다. 이와 같은 문제를 합리적으로 해결하기 위해 OECD

153 Special Purpose Company(특정 거래만을 위해 설립한 일종의 명목회사)

는 1986년 과소자본세제에 관한 보고서를 발간하고 그 후 동 보고서에서 제안한 내용을 OECD 모델조세조약의 주석서와 OECD 이전가격 과세지침에 반영하기도 하였다. 이와 같이 OECD 대부분의 국가에 의해 채택되었던 과소자본세제는 2000년대 중반 경에 중국, 우루과이, 남아공 등 세계의 주요 개도국들에 의해서도 도입되었다.

미국의 경우에는 1969년에 내국세입법IRC 제385조에서 과소자본세제Treatment of Certain Interest in Corporation as Stock or Indebtness를 이미 도입하였는데 그 핵심적인 내용은 과소자본 상태에 있는 법인이 특수관계회사로부터 거액의 차입을 하고 있는 경우에 그 초과차입에 상당하는 지급이자에 대하여는 그것을 배당으로 본다는 것이다. 그러나 어떠한 조건의 지급이자를 배당으로 취급할 것인지에 대해 논란이 많고 미국 과세당국이 이에 대한 일관된 지침을 연방세법 시행세칙에 제시하지 못하자 미국은 1991년 IRC제163조(j)를 규정하여 '소득대비 과다 이자비용에 대한 손금불산입 제도'의 한 종류라고 할 수 있는 Earning Stripping Rule을 도입하여 운영해왔다.

일본도 1992년부터 과소자본세제를 도입 · 운영해 왔으나 이자의 수취 대상을 국외지배주주로 한정하고 있어 일본기업이 저세율 국가에 소재한 해외 자회사로부터 자금을 차입하고 지급한 이자로 인해 발생한 이익 이전행위를 방지하지 못했다. 이러한 문제를 개선하기 위해 일본은 2012년 세법개정을 통해 소득잠식 방지규정을 도입하고 적용대상을 해외자회사뿐 아니라 특수관계인으로 확대해 저세율 국가에 소재한 특수관계인에게 이자지급을 통해 소득을 이전하는 행위를 제한하고 있다.

한편 OECD회원국의 대다수를 차지하는 유럽 국가들의 경우에는 대다수의 국가들이 과소자본세제를 일찌감치 도입 · 운영해왔으나 2000년대 초 · 중반에 유럽사법재판소Court of Justice of European Union의 판결에 의해 독일과 영국의 과소자본세제는 심각한 타격을 받게 되었는데 그 경위는 다음과 같다.

종래 독일의 과소자본세제에 따르면, 부채 대 자본 비율이 1.5 : 1을 초과하는 내국법인이 국외특수관계인에게 지급하는 이자는 특정 조건이 충족되면 배당으로 간주하였다. 이에 대하여 2002.12.에 선고된 Lankhorst−Hohorst 판결에서 유럽사법재판소는 "독일의 과소자본세제가 EC Treaty 제43조에 규정된 설립의 자유the freedom of establishment[154]를 위배하였다"라고 판시하였다. 왜냐하면 비록 과소자본세제의 직접적인 적용대상이 내국법인이더라도 내국인 주주와 외국인 주주를 차별하기 때문이다. 즉 주주가 내국인으로 구성된 경우에는 과소자본세제가 적용되지 않으나, 외국인 주주를 두고 있는 경우에는 과소자본세제가 적용되기 때문에 당시의 독일의 과소자본세제로 인해 독일에 자회사를 설립하는 법인에 비해 유럽 내 다른 국가에 자회사를 설립하는 법인이 차별받는 결과가 생긴다는 것이다. 이후 독일은 과소자본세제의 적용 대상을 국외특수관계인뿐 아니라 국내특수관계인까지 확대하였다가, 급기야 2008년에는 과소자본세제를 폐지하기에 이른다. 그 대신 보다 일반적인 지급이자의 손금불산입 규정을 도입하였는데, 동 제도에 따르면 일정한 요건이 충족된 경우 국내 · 외국 차입금 여부 또는 특수관계 여부를 묻지 않고 과세소득 대비 일정 한도를 초과하는 이자는 손금산입할 수 없다.[155]

유럽사법재판소는 2007.3. 영국의 과소자본세제를 다룬 Test Claimants in the Thin Cap Group Litigation 판결에서도 Lankhorst−Hohorst 판결과 같은 입장을 다시 한 번 밝혔다. 이후 영국은 세법을 개정하여 정상거래원칙arm's length principle을 기준으로 비정상적인 차입금에 해당하는지 여부를 판단하도록 하였다. 만약 내국법인이 정상적인 차입금 규모보다 많은 부채를 지면서 주주에게 이자를 지급한다면, 정상적인 차입금 규모를 초과하는 부분에 대한 이자를 손금불산입한다는 것이다. 여기서 말하는 정상적인 차입금 규모는 특수관계인의 도움 없이 빌

154 EU 내 어느 곳에든지 자유롭게 회사를 설립할 수 있는 자유를 의미한다.

155 현행 독일의 이자공제 제한제도에 대해서는 이 章에 〈참고 3−3 : 각국의 이자공제 제한제도〉 참조.

릴 수 있는 일종의 가정적인 차입 능력을 말한다. 요컨대, 유럽사법재판소 판결로 인하여 독일 및 영국의 과소자본세제는 보다 일반적인 손금산입 제한규정으로 발전하였다.

이와 같이 유럽 국제조세 제도의 선도 국가에 해당하는 독일과 영국의 과소자본세제의 근간을 흔든 ECJ의 판결들로 인해 현재 대부분의 EU 회원국들은 자국의 과소자본세제 규정을 개정하여 내국주주 차입금과 외국주주 차입금 간의 차별을 시정하고 있다. 다만 스페인과 포르투갈만은 유럽사법재판소가 요구하는 최소한의 조건만을 수용했다. 즉 내국인 주주와 EU 회원국 주주 사이의 차별대우는 시정하였으나 EU 회원국 이외의 국가로부터 받는 차입금에 대한 차별은 여전히 유지하고 있는 것이다.

2008년 미국에서 시작된 글로벌 금융위기가 2010년경에는 그리스, 포르투갈, 스페인, 이탈리아 등 남부유럽의 재정위기로 확대되는 양상을 보이면서 EU의 납세자들은 조세부담의 형평성 문제에 과거보다 더욱 민감해지게 되었다. 이러한 배경에서 소위 BEPS 방지 프로젝트가 OECD와 G20 국가들 주도로 추진되었는데, 2013년도에 발행된 OECD BEPS 보고서에서는 BEPS 방지 프로젝트 중 논의가 시급한 분야로서 'hybrid financial instrument 등에 대한 조세상 취급의 국제적 불일치', '특수관계자 간 자금조달 등 그룹 내부의 금융거래에 대한 과세'를 포함한 6가지 분야를 제시하였다.[156] 그 후속조치로서 OECD와 G20 국가들은 BEPS Action Plan(실행계획)을 설정한 바 그중 Action Plan 2는 '혼성불일치 약정으로 야기되는 효과의 상쇄'이고 Action Plan 4는 '이자 등 금융비용에 의한 세원잠식 차단방안 강구'이다. 이들에 대한 최종 보고서는 2013년~2015년 기간 중에 OECD가 주도하여 작성되었는데 2015.11.에 OECD와 G20 정상들에 의해 채택되었다. 이들 보고서의 권고내용은 BEPS 프로젝트에 참여하는 모든 국가들이 의무적으로 채택해야 하는 '최소기준Minimum Standard'은 아니나 국가 간에 통일성 있

156 OECD, "Addressing the Base Erosion and Profit Shifting", February 2013.

는 제도의 이행을 도모할 수 있는 '공통 접근방법Common Approach[157]'에 해당한다. 이와 같은 공통 접근방법이 필요한 이유는, 어느 한 국가만이 일방적으로 이자공제 제한을 도입하는 경우 해당 다국적 기업은 계열회사나 SPC를 다른 국가에 이전함으로써 기존의 혜택은 사실상 그대로 향유하게 되므로 이자공제 제한 제도로서의 실효성이 없어지기 때문이다. 다시 말해 이자공제 제한 제도를 도입한 국가 입장에서 보면 자국의 외국인 투자를 구축하는 효과만 가져올 뿐 상대 다국적 기업의 행태를 근본적으로 변화할 수 없으므로 이를 위해서는 국제적 공동대응이 필요하다는 인식이 과세당국 간에 확산된 결과 '공통 접근방법'이라는 형태를 취하게 된 것이다.

이러한 배경하에 최근에는 영국, 독일, 일본, 멕시코, 네덜란드, 노르웨이, 남아공 등의 국가에서 BEPS Action 2 보고서를 참고하여 '혼성 금융상품 거래에 따라 발생하는 이자비용의 손금불산입 제도'를 도입하였다. 또한 영국과 인도, 노르웨이, 아이슬란드 등은 BEPS Action 4 보고서를 토대로 '소득대비 과다 이자비용에 대한 손금불산입 제도'를 도입하였다.

우리나라의 국제거래 관련 이자공제 제한제도 도입 경위

우리나라에서 최초로 도입한 국제거래 관련 이자공제 제한 제도는 1995.12.6. 국조법이 제정되면서 도입된 과소자본세제이다. 동 세제가 처음 도입될 당시 과소자본세제의 도입 여부를 두고 논란이 많았다. 그러나 외국인투자에 부정적인 영향을 미칠 것이라는 소극론에도 불구하고 결국 과소자본세제가 도입된 이유는 다음의 몇 가지 필요성을 고려하였기 때문이다.

첫째, 건실한 외국인투자의 유치 필요성이다. 우리나라가 국가적 차원에서 외국인투자를 적극적으로 장려하는 까닭은 외국으로부터의 실물투자가 자기자본

157 이러한 공통 접근방법에 해당하는 제도들은 현재 상태로는 BEPS 참여국들에 대해 구속력을 갖고 있는 것은 아니나 향후 구속력을 갖는 최소기준으로 변경 가능하다.

의 형태로 우리나라에서 활발히 이루어지기를 기대하기 때문이다. 만일 자기자본을 위장한 타인자본이 우리나라에 과도하게 진출한다면 실제적인 외자유치는 이루어지지 않은 채 오히려 우리나라의 과세기반만 잠식될 우려가 있다. 따라서 과소자본세제의 도입 및 운영을 통하여 외국자본의 운용 방향을 차입금 위주에서 자본금 위주로 유도할 뿐 아니라 외국인투자 유치의 본래 취지에 부합하는 결과를 이끌어낼 필요가 있었다.

둘째, 조세조약의 맹점을 이용한 조세회피방지의 필요성이다. 우리나라와 아일랜드 · 헝가리 · 러시아 등과의 조세조약에서는 채권자의 거주지국에서만 이자를 과세할 수 있도록 정하고 있었기 때문에, 위 조세조약을 남용하여 이자소득에 대한 우리나라의 과세권이 부당히 침해되는 경우가 많았다. 다국적 기업이 아일랜드 등에 법인을 설치하고 아일랜드 등 소재 법인이 우리나라에 자회사를 설립하는 형태로 진출하면서 타인자본을 과다하게 구성하여 우리나라에서의 세부담을 감소시키는 경우가 대표적인 사례이다. 위와 같은 조세회피 움직임에 효과적으로 대응하기 위해서는 과소자본세제의 도입이 필요하였다. 더구나 국조법 제정에 즈음하여 우리나라의 외환규제 및 외국인투자활동(금융거래 포함)이 선진국 수준으로 자유화될 전망이었으므로 이를 이용한 조세회피 대응 필요성도 과소자본세제를 도입하게 된 요인 중 하나였다.

셋째, 조세조약 협상 시 협상력 제고의 필요성이다. 우리나라의 주요 투자대상국인 상당수의 OECD 회원국과 일부 비회원국은 이미 과소자본세제를 시행하고 있었으나 이들 국가에 진출한 우리 기업들은 과소자본세제를 충분히 이해하지 못하여 현지에서 곤란을 많이 겪었다. 또한 해당 국가의 과소자본세제로 인하여 우리나라의 현지 법인에게 세무 문제가 발생하여 상대국과 정부 차원의 협상을 할 때에도 우리나라는 제도에 대한 이해부족으로 대응논리가 빈약하였을 뿐 아니라 상대국과 대등한 협상 무기(과소자본세제의 적용)를 가지고 있지 않아 협상 시 어려움이 많았다. 이러한 점 역시 외국의 입법례와 유사한 과소자본세제를 도입하는 계기가 되었다.

한편 1990년대 후반부터 약 15년 이상 OECD 재정위원회에서 논의해 온 고정사업장 귀속소득 과세문제가 2008년경에 일단락되어 관련 보고서가 발간되었고[158] 이를 기초로 2010년에 OECD 모델조세조약 제7조(사업소득) 부분이 상당수 개정되었다. 이와 같은 OECD의 고정사업장 과세 기준의 재정립과정에서 외국 기업의 고정사업장의 해외 본점 또는 다른 고정사업장에 지급하는 이자에 대한 손금산입 한도에 대한 지침이 확립되게 되었는데 이를 소위 간주자본세제deemed capitalization라고 부른다. 우리나라는 2009년에 법인세법 시행령을 개정하면서 OECD의 보고서에 포함된 간주자본세제를 채택·도입하였고 한편으로 고정사업장에 대해 간주자본세제와 기존의 과소자본세제가 중복적으로 적용되는 경우에는 손금부인되는 금액이 합리적으로 산정될 수 있도록 양자를 조정할 수 있는 규정도 마련하였다.

앞서 언급한 바와 같이 2013년 이후 BEPS 프로젝트와 관련하여 세계 주요 국가들이 '소득대비 과다 이자비용에 대한 손금불산입 제도' 또는 '혼성 금융상품 거래에 따라 발생하는 이자비용의 손금 불산입 제도'를 도입하자 우리나라도 국제적 추세에 부응하는 입장에서 이들 제도들을 2017.12. 국조법 개정을 통해 도입하게 되었다.

158 OECD, Attribution of Profits to Permanent Establishment, 2008.

4 우리나라의 과소자본세제

내국법인(또는 외국법인의 국내사업장)의 차입금 중 국외지배주주 및 국외지배주주의 특수관계인으로부터 차입한 금액과 국외지배주주의 지급보증에 의하여 제3자로부터 차입한 금액이 국외지배주주가 주식 등으로 출자한 출자금액의 2배를 초과하는 경우[159] 초과분에 대한 지급이자 및 할인료는 배당 또는 기타사외유출로 처분된 것으로 보아 내국법인의 과세표준 계산 시 손금에 산입하지 않는다. 그러나 국외지배주주의 출자금액에 대한 차입금의 배수는 업종별로 구분하여 따로 대통령령으로 정할 수 있어 제도의 신축석 운용이 가능한데, 금융업에 대해서는 2배 요건 대신 6배 요건을 적용한다.

또한 차입금의 규모 및 차입소건이 특수관계가 없는 통상적인 차입규모 및 조건과 동일하거나 유사하다는 점을 납세자가 입증할 때에는 비록 차입금에 대한 지급이자 및 할인료가 출자금액의 2배를 초과하더라도 과소자본세제 규정의 적용을 배제한다.

우리나라의 과소자본세제의 주요 특징을 정리하면 다음과 같다.

첫째, 우리나라의 과소자본세제는 소위 적용면제형safe haven 또는 safe harbor 접근방법을 취하고 있다. 현행 국조법에 의하면 내국법인의 국외지배주주에 대한 부채 대 자본비율이 2 : 1(금융업의 경우는 6 : 1)을 초과하게 되면 차입금 이자는 손금에 산입되지 않는다. 다만, 이때 적용하는 부채 대 자본비율은 예외 없이 항상 적용하는 고정된 비율이 아니라 납세자가 독립기업 간 거래원칙arm's length principle에 따라 이보다 높은 비율의 타당성을 입증하는 경우에는 적용배제되는

159 2014.12.23. 국조법 개정 시 3배에서 2배로 축소되었다.

이동 가능한 비율이다. 다시 말해 우리나라 과소자본세제에서 정한 2 : 1(또는 6 : 1) 비율은 납세자의 납세협력비용 또는 징수행정비용의 감소를 위해 제도적으로 설정한 일종의 세제적용면제기준safe haven에 불과하다. 이는 설령 납세자가 특수관계인에게 이자 형태로 이익배당을 지급하더라도 부채 대 자본비율이 2 : 1(또는 6 : 1)에 이를 때까지는 문제 삼지 않음을 의미한다.

둘째, 우리나라의 과소자본세제는 손금부인되는 이자의 세법적 성격을 주주에게 지급하는 배당으로 재규정하고 있다. 따라서 OECD 과소자본세제 보고서에서 언급된 바와 같이 과소자본세제로 말미암아 발생할 수 있는 이중과세 문제를 해결할 수 있고, 상대국에서 우리나라의 과소자본세제에 대하여 대응 조정할 수 있는 기틀을 마련하고 있다.

셋째, 우리나라의 과소자본세제는 국외지배주주와 법적으로 독립된 국내 자회사뿐 아니라 외국법인의 국내사업장에게도 적용된다. 이는 본 · 지점 사이의 이자 지급이 세무회계상 손금으로 인정될 경우 과소자본세제가 적용됨을 의미하는데, 대표적인 사례가 외국은행의 본 · 지점 사이의 이자 지급이다. 은행업 등에 적용되는 국제적 과세기준을 살펴보면 은행 등 금융업에서는 본점과 지점 사이의 지급이자가 손금으로 인정되고 있으므로 지급이자는 법적으로 독립된 실체(예 : 모기업과 현지법인) 간의 거래처럼 회계처리해야 하고, 이에 대하여서는 과소자본세제가 적용되더라도 이론적으로 모순되지 않는다.

넷째, 우리나라의 과소자본세제는 국외지배주주의 특수관계인으로부터 차입한 금액을 합산한다. 이때 특수관계인은 국외지배주주와 국기법 제2조 제20호 가목(혈족 · 인척 등 대통령령으로 정하는 친족관계) 또는 나목(임원 · 사용인 등 대통령령으로 정하는 경제적 연관관계)의 관계에 있는 자를 의미한다.

국외지배주주

국조법 제22조 제1항은 국외지배주주를 "내국법인이나 외국법인의 국내사업장을 실질적으로 지배하는 다음 각 호의 구분에 따른 자를 말하며 그 세부기준은 대통령령으로 정한다"라고 규정하고 있다. 이에 따라 국조법 시행령 제45조는 국외지배주주의 범위를 외국법인의 국내 투자법인과 국내사업장별로 나누어 구체화하고 있는데, 국외지배주주를 각 사업연도 종료일 현재[160] 다음 각호의 어느 하나에 해당하는 자로 규정하고 있다. 아래에서 말하는 간접소유에 대해서는 국조법 시행령 제2조 제3항을 준용하여 판단한다.

내국법인의 국외지배주주[161]

1. 내국법인의 의결권 있는 주식의 50% 이상을 직접 또는 간접으로 소유하고 있는 외국의 주주 · 출자자(이하 "외국주주")
2. 제1호에 따른 외국주주가 의결권 있는 주식의 50% 이상을 직접 또는 간접으로 소유하고 있는 외국법인

국내사업장의 국외지배주주[162]

1. 국내사업장이 있는 외국법인의 본점 · 지점
2. 제1호에 따른 외국법인의 의결권 있는 주식의 50% 이상을 직접 또는 간접으로 소유하는 외국주주
3. 제1호에 따른 본점 또는 제2호에 따른 외국주주가 의결권 있는 주식의 50% 이상을 직접 또는 간접으로 소유하는 외국법인

160 다음 국세청 예규 참조.
국제조세조정에 관한 법률 제2조 및 동법 시행령제3조에 의거 국외지배주주의 범위는 사업연도 종료일 현재로 판단하는 것이므로, 연도 중 국외지배주주 관계가 해소된 경우에는 동 규정을 적용하지 않는 것임(국제세원관리담당관실-145, 2011.4.5.).

161 국조법시행령 제45조 제1항

162 국조법시행령 제45조 제2항

국내사업장의 외국본점을 국외지배주주의 범위에 포함시킨다는 것은 본점에 지급한 국내지점의 이자가 손금으로 취급될 수도 있다는 것으로도 해석된다. 그런데 이와 같은 해석은 '본점 등에 지급하는 이자에 대해 손금을 허용하지 않는 우리나라 법인세법상 일반적 과세원칙과 충돌하지 않는가?'라는 의문을 제기하게 한다.

OECD의 '고정사업장에 대한 이윤귀속Attribution of Profits to Permanent Establishment에 대한 보고서'에 기초하여 정부는 2009년 법인세법 시행령 제129조의 3(외국법인 본 · 지점 간의 자금거래에 따른 이자의 손익계산) 및 법인세법 시행규칙 제63조의 2를 신설하였다. 이에 따라 외국은행 국내지점의 경우 지점의 본점에 대한 지급이자 중 자본금 추산액 이상 부분에 대한 이자지급액이 원칙적으로 손금산입되었다.[163] 결론적으로 우리나라 과세당국은 국내사업장과 외국본점 사이에도 이자 지급이 적어도 부분적으로는 인정될 수 있으며, 그 결과 지급이자 범위 내에서는 과소자본세제를 적용할 수 있음을 분명히 하였다

2000.12.29. 국조법 시행령 제3조 제2항의 개정으로, 외국법인의 본점뿐 아니라 국외에 소재한 지점도 국외지배주주의 범위에 포함되었다. 의사결정의 일체성 여부라는 관점에서 볼 때 외국법인이 다른 지점을 통하여 우회적으로 국내사업장에게 자금을 대여하더라도 본점이 국내사업장에게 직접 대여하는 것과 다르지 않음을 고려한 입법이다.

손금불산입액의 계산방법

(1) 차입금의 범위

과소자본세제가 적용되는 차입금은 이자 및 할인료를 발생시키는 부채이다.[164] 예컨대 후순위채(서면2팀-331, 2005.2.22.) 또는 상업어음을 담보로 한 차입

163 이와 같이 법인세법 시행령이 신설되기 전에도 국세청 통칙에 따라 외국은행 지점의 본점에 대한 이자지급액을 적어도 부분적으로는 허용하였었다.

거래(서이 46017-10819, 2001.12.27.), 환매조건부채권매도 시 계상한 부채금액(서면2팀-1367, 2007.7.24.)은 차입금에 해당한다.

국조법 시행령 제24조에서 차입금을 일일이 나열하지 않은 채 포괄적으로 정한 까닭은 과소자본세제의 핵심이 이자 또는 할인료의 발생에 있는 반면, 업종 또는 회사의 회계처리별로 이자 및 할인료의 발생 여부가 달라질 수 있어서 이를 획일적으로 규정할 수 없기 때문이다. 예를 들어 예수금의 경우 은행업에서는 이자와 할인료가 발생하는 것으로 회계처리되나, 그 밖의 다른 업종에서는 그러하지 아니하므로 업종의 특성을 고려하지 않은 채 일률적으로 정할 수 없다. 실질적으로 이자 또는 할인료가 발생하지 않는 차입금은 과소자본세제의 적용대상에서 제외된다.[165]

(2) 지급보증의 범위

내국법인 또는 국내사업장이 국외지배주주로부터 직접 차입하는 경우뿐 아니라 국외지배주주의 지급보증에 의하여 제3자로부터 차입하는 경우에도 과소자본세제가 적용된다.[166] 비록 차입거래의 채권자가 다르기는 하나 국외지배주주가 차입거래의 실질적 위험을 부담하는 점과 내국법인 또는 국내사업장이 자기자본 대신 차입금을 조달하는 점에서 동일하므로 과소자본세제의 입법 취지를 고려할 때 양자를 달리 취급할 이유가 없기 때문이다.

여기서 말하는 지급보증은 통상적인 의미의 지급보증 외에 담보의 제공 등 실질적으로 지급보증하는 경우까지 포함하는데, 지급보증서의 유무와 종류 또는 지급보증방법에 불구하고 내국법인 또는 국내사업장의 채무불이행시 국외지배주주가 실질적으로 채무를 이행하여야 하는 모든 형태의 지급보증을 포함한다(국조법 기본통칙 14-0-2).

164 국조법 시행령 제49조 제1항
165 국조법 기본통칙 14-24-2
166 국조법 제22조 제2항.

자산유동화에 관한 법률에 의하여 설립된 자산유동화전문회사가 이자율연동부채권FRN을 발행하여 국내의 금융기관으로부터 자금을 차입시 당해 유동화 전문회사의 국외지배주주가 보유한 주식을 담보로 제공하는 경우, 동 자금의 차입이 국조법 제23조의 규정에 의한 제3자 개입 차입거래에 해당되지 않는다면 유동화전문회사가 국내금융기관으로부터 차입한 금액 중 국외지배주주가 담보한 주식의 가치에 상당하는 금액은 국조법 제22조 제2항 제3호에서 규정하는 "국외지배주주의 지급보증에 의하여 제3자로부터 차입한 금액"에 해당한다(국업 46522-530, 2000.11.9.).

2020.12.22. 개정한 국조법 제22조 제2항 제3호는 지급보증의 범위에 담보의 제공 등 실질적으로 지급을 보증하는 경우를 포함하였다. 이후 국세청 예규[167]는 국외지배주주의 컴포트 레터 제공을 지급보증으로 취급하고 있다.

(3) 손금불산입 이자의 계산

내국법인과 외국법인의 국내사업장의 차입금 가운데 국외지배주주 또는 국외지배주주의 지급보증에 의한 제3자로부터 차입금 금액이 그 국외지배주주가 주식 등으로 출자한 출자금액의 2배를 초과하는 경우 그 초과분에 대한 지급이자는 손금불산입된다.[168] 즉,

손금불산입액 = 다음 계산식에 따른 초과차입금 적수에 각 차입금에 대한 이자율을 곱하여 더한 이자등의 금액

초과차입금적수 = 국외지배주주등차입금 적수－[국조법 시행령 제47조에 따른 국외지배주주의 내국법인 출자금액 적수 × 기준배수(2배 또는 6배(금융업의 경우))]

다만, 높은 이자율이 적용되는 차입금의 적수가 초과차입금적수에 먼저 포함되는 것으로 하고, 같은 이자율이 적용되는 차입금이 둘 이상인 경우에는 차입시기가 늦은 차입금의 적수부터 초과

167 국제세원－42, 2010.1.25. 및 서이 46017－12085, 2003.12.8. 참조

168 국조법 제22조 제2항.

차입금적수에 포함하며, 이자율과 차입시기가 모두 같은 경우에는 차입금의 비율에 따라 안분하여 초과차입금적수에 포함한다.

위 계산식에서 적수개념을 사용하도록 한 까닭은 과세연도 중 일시적인 차입금 또는 출자액의 증가나 감소로 인하여 과세소득 산정에 불합리성이 생기는 것을 방지하도록 하기 위해서이다.

위 산식에서, 국외지배주주의 내국법인 출자금액 $= A \times \frac{B}{C}$

A: 해당 사업연도 종료일 현재 재무상태표상 자산의 합계에서 부채(충당금을 포함 하며 미지급법인세는 제외함)의 합계를 뺀 금액과, 해당 사업연도 종료일 현재의 납입자본금 {자본금 + (주식발행액면초과액 및 감자차익) – (주식할인발행차금 및 감자차손)} 중 큰 금액을 말한다.

B: 사업연도 종료일 현재 국외지배주주가 납입한 자본금

C: 사업연도 종료일 현재 내국법인의 납입자본총액

손금불산입액 계산 사례

① **출자금** : 100, 기준배수 : 2배일 때, 차입금 상황이 아래와 같음(단위 : 원).

차입금	차입금액	이자율	차입기간	차입금적수	이자
A	100	30%	6개월	50×365	15
B	800	20%	3개월	200×365	40
C	600	10%	3개월	150×365	15

② **초과적수**=(400−200)×365=200×365

③ 이자율이 높은 차입금적수부터 200까지 누적 합산 : 차입금 A 적수 전부(50×365)와 차입금 B 적수의 4분의 3(150×365)

④ 손금불산입액=50×0.3+150×0.2=45

손금불산입된 이자의 소득처분

국외지배주주로부터 차입한 금액에 대한 이자 중 손금불산입된 금액은 법인세법 제67조의 규정에 의한 배당으로 처분된 것으로 본다.[169]

국조법 제22조 제2항 제2호에 따른 특수관계인으로부터 차입한 금액이나 같은 항 제3호에 따른 지급보증에 의하여 제3자로부터 차입한 금액에 대한 이자 중 손금불산입된 금액은 법인세법 제67조의 규정에 의한 기타사외유출로 처분된 것으로 본다.

통상적인 조건에 의한 차입금

내국법인이 국외지배주주로부터 조달한 차입금의 규모 및 차입조건이 특수관계가 없는 자간의 통상적인 차입규모 및 조건과 동일 또는 유사한 것임을 입증하는 경우에는 그 차입금에 대한 지급이자 및 할인료에 대하여는 과소자본세제의 규정이 적용되지 않는다.[170]

위와 같은 규정은, OECD 모델조세조약 제9조 제1항에서 정하고 있는 특수관계 기업associated enterprises 간의 정상가격원칙arm's length principle을 반영한 것으로서 앞서 설명한 무차별원칙non-discrimination과 과소자본세제 사이에 발생될 수 있는 모순점을 해결하기 위한 규정이다. 요컨대 내국법인이 외국의 모회사로부터 차입한 금액이 차입금으로 위장한 자본이 아니고 그 차입금이 비교 가능한 법인의 비교대상 배수를 넘지 않는다면, 그 차입금에 대한 지급이자 또는 할인료를 손금산입할 수 있도록 허용한다.

여기서 중요한 것은 내국법인이 법인세법 제60조 제1항에서 규정하는 법인세

169 국조법시행령 제49조

170 국조법 제22조 제4항

확정신고기한 내에 위와 같은 요건을 입증하는 자료를 제출하여야 한다는 점이다. 즉 입증 책임은 납세자에게 있으며, 법인세 확정신고기한 내에 관련 입증자료를 과세당국에 제출하지 못한다면 일반적인 배수인 2배(금융업의 경우 6배)가 적용된다(조심 2008전3030, 2009.12.17., 국심 2005중439, 2006.7.11.). 만약 국외지배주주의 내국법인 출자금액에 대한 차입금의 배수가 비교대상배수(해당 내국법인과 같은 종류의 사업을 하는 비교가능한 법인의 자기자본에 대한 차입금의 배수)를 초과한다면 그때의 손금불산입액은 기본적으로 국조법 시행령 제48조의 제1항을 적용하여 구하되 이 경우 기준배수 대신 비교대상배수를 적용한다. 여기서 비교가능한 법인이란 해당 내국법인과 사업규모 및 경영여건 등이 유사한 내국법인 중 차입금의 배수를 기준으로 대표성이 있는 법인을 말한다.

국외지배주주의 출자금액에 대한 차입금의 배수가 2배(금융업은 6배)를 초과하는 내국법인이 통상적인 조건에 의한 차입금의 규정을 적용받으려는 경우에는 다음 각 호의 자료를 법인세 확정신고 기한 내에 제출해야 한다.

① 이자율, 만기일, 지급방법, 자본전환 가능성, 다른 채권과의 우선순위 등을 고려할 때 해당 차입금이 사실상 출자에 해당되지 아니함을 증명하는 자료
② "비교대상배수"에 관한 자료

제3자 개입 차입거래

내국법인이 국외지배주주가 아닌 자로부터 차입을 하더라도 ① 해당 내국법인과 국외지배주주 사이에 그 차입에 대한 사전계약(차입과 관련된 증거에 따라 사전에 실질적인 합의가 있는 것으로 인정되는 경우를 포함)을 체결하여 동 계약에 의해 차입이 이루어지고, ② 차입조건을 해당 내국법인과 국외지배주주가 실질적으로 결정하는 경우에는 해당 차입금이 내국법인과 국외지배주주로부터 직접 차입한 금액으로 보아서 과소자본세제를 적용한다(국조법 제23조). 다만, 내국

법인이 국외지배주주가 아닌 국외 특수관계인으로부터 차입한 경우에는 위 '②'의 요건에만 해당하여도 과소자본세제가 적용된다(국조법 제23 단서). 이는 과소자본세제를 회피할 목적으로 제3자를 개입시켜 거래를 위장하는 것을 방지하기 위한 규정으로서 실질과세원칙이 과소자본세제에 구현되었다고 볼 수 있다.

원천징수세액의 조정방법

과소자본세제의 적용을 받는 내국법인이 각 사업연도 중에 지급한 이자 및 할인료에 대하여 국외지배주주에 대한 소득세 또는 법인세를 원천징수한 경우에는 배당(즉, 손금불산입 이자 · 할인료)에 대한 소득세 또는 법인세를 계산함에 있어 이미 원천징수한 세액과 상계하여 조정한다.

원천징수세액에 대한 상계조정을 한 결과 납부할 세액이 있는 경우에는 법인세 확정신고 기한이 속하는 달의 다음달 10일까지 관할세무서장에게 납부하여야 하며, 환급받을 세액이 있는 경우에는 관할세무서장에게 그 환급을 신청할 수 있다.

지급이자 손금불산입 적용순서

국조법 제22조를 적용할 때 서로 다른 이자율이 적용되는 이자나 할인료가 함께 있는 경우에는 높은 이자율이 적용되는 것부터 먼저 손금에 산입하지 아니하고 같은 이자율이 적용되는 차입금이 둘 이상인 경우에는 차입시기가 늦은 것부터, 이자율과 차입시기가 모두 같은 경우에는 차입금의 비율에 따라 안분하여 초과차입금적수에 포함한다.

5 소득대비 과다 지급이자 손금불산입 제도

다국적 기업 그룹은 계열회사 간의 자금대차 계약 또는 특정 계열회사를 매개로 한 자금대차 계약을 인위적으로 체결하여 특수관계자 또는 제3자에 지급하는 이자비용을 과세소득이 많이 발생한 계열회사가 부담하도록 조정함으로써 다국적 기업 그룹 전체차원의 과세소득을 감소시킬 수 있다. 이러한 형태의 조세회피는 해외의 모회사로부터의 부채 대 자본 비율이 그리 높지 않은 상태에서도 시도될 수 있으므로 과소자본세제 만으로는 그 대응에 한계가 있다고 할 수 있다. 이러한 형태의 조세회피에 직접 대응하기 위해서는 과세소득 등의 일정비율 내에서만 지급이자의 공제를 허용하는 손익기준방식의 이자공제 제한제도를 도입하는 것이 필요하다.

소득대비 과다이자비용에 대한 공제제한제도가 도입된 배경을 살펴보면 동 제도 자체가 우리나라에서 발견된 국제조세제도상의 문제점을 해결하기 위해 제안된 것이라기보다는 우리나라 과세당국이 국제조세제도와 관련된 세계적 흐름에 보조를 함께하려고 하는 정책적 의지가 보다 크게 작용하였다고 할 수 있다. 이와 같이 우리나라 제도 도입에 결정적인 영향을 끼친 OECD BEPS Action 4 최종보고서의 주요 내용은 이 장(章) 제2절 (OECD/G20가 추진한 15개 BEPS Action Plan)의 'Action 4 보고서(이자 등 금융비용에 의한 세원잠식 차단방안 강구)'를 참고하기 바란다.

우리나라에 도입된 제도의 주요 내용

과세소득을 기준으로 지급이자에 대한 손비 인정을 제한하는 제도는 국외특수관계인과 거래하는 내국법인(외국법인의 국내사업장 포함)을 대상으로 하여 동 법인의 세무상 조정소득금액 대비 순이자비용이 일정비율(30%)을 초과하는 경우 그 초과이자비용에 대한 손금 인정을 부인하는 것을 주요 내용으로 하고 있다. 여기서 조정소득금액은 각 사업연도 소득금액에 고정자산에 대한 감가상각비와 순이자비용을 가산하는 방식으로 계산하며, 순이자비용은 국외특수관계자에 대한 이자지급액에서 이자수취액을 차감하여 계산한다. 다만, 적용 대상에 있어서 금융 및 보험업은 제외한다. 한편 이러한 이자비용공제 제한제도는 현행 과소자본세제와 중복 적용하되, 두 제도 중 부인되는 금액이 더 큰 제도를 적용하도록 하였다.

(1) 손금 불산입 대상 순이자비용의 계산

국조법 제24조(소득 대비 과다 지급이자의 손금불산입) 제2항에 따르면, 내국법인이 국외특수관계인으로부터 차입한 금액에 대한 순이자비용이 조정소득금액의 30%를 초과하는 경우에는 그 초과하는 금액은 손금에 산입하지 아니하고 법인세법 제67조(소득처분)에 따른 기타사외유출로 처분된 것으로 본다.

여기서 '순이자비용'이란, 국외특수관계인에게 지급한 이자등에서 국외특수관계인으로부터 받은 이자수익을 뺀 금액을 말하며 내국법인이 모든 국외특수관계인으로부터 차입한 전체 차입금에 대하여 지급하는 이자등의 총액에서 내국법인이 국외특수관계인으로부터 수취하는 이자수익의 총액을 차감한 금액[음수인 경우에는 영(0)]이다. 여기서 '이자등의 범위'는 국외지배주주등차입금에서 발생한 모든 이자소득으로서 내국법인이 국외지배주주에게 지급해야 할 사채할인발행차금 상각액, 융통어음 할인료 등 그 경제적 실질이 이자에 해당하는 것을 모두 포함한다. 다만, 건설자금이자는 이자등의 범위에서 제외한다.

한편 '조정소득금액'이란 감가상각비와 순이자비용을 차감하기 전 소득금액을 의미하며 BEPS Action 4 보고서에서 소개하는 EBITDA에 대응되는 개념이다. 여기서 감가상각비는 법인세법 제23조에 따라 손금으로 계상한 감가상각비를 가리킨다. 또한 여기서 '소득금액'이라 함은 세법을 적용하기 전의 각 사업연도의 소득금액을 가리킨다. 조정소득금액이 음수인 경우에는 이를 영零으로 본다.

소득 대비 과다이자비용의 손금 불산입액을 계산할 때 서로 다른 이자율이 적용되는 이자나 할인료가 함께 있는 경우에는 높은 이자율이 적용되는 것부터 먼저 손금에 산입하지 아니한다. 그런데, 같은 이자율이 적용되는 차입금이 둘 이상인 경우에는 차입시기가 늦은 차입금부터 손금에 산입하지 않으며, 이자율과 차입시기가 모두 같은 경우에는 차입금의 비율에 따라 안분하여 손금에 산입하지 않는다.

(2) 제외대상 내국법인

국조법 제24조에 따르면, 내국법인으로서 한국표준산업분류에 따른 금융 및 보험업을 영위하는 내국법인은 동 제도 적용대상에서 제외된다.

(3) 지급이자의 손금 불산입 적용순서

국조법 제26조(지급이자의 손금 불산입 적용 순서) 제1항에 따르면 과소자본세제와 '소득대비 과다 지급이자의 손금불산입'제도가 동시에 적용되는 경우에는 그중 손금에 산입하지 아니하는 금액이 크게 계산되는 것 하나만을 적용한다. 이 경우 그 금액이 같은 경우에는 과세자본세제를 적용한다.

또한 동조 제2항에 따르면, 과소자본세제와 '소득대비 과다 지급이자의 손금불산입'제도는 이전가격과세제도와 후술할 '혼성금융상품거래에 따른 지급이자의 손금불산입' 제도 및 법인세법 제28조에서 규정하는 지급이자 손금불산입 규정보다 우선하여 적용된다.

(4) 납세의무자의 자료제출 의무

국외특수관계인으로부터 자금을 차입한 내국법인은 기획재정부령으로 정하는 국외특수관계인에게 지급하는 순이자비용에 대한 조정명세서를 법인세 확정신고시 또는 연결과세표준 신고시 납세지 관할 세무서장에게 제출하여야 한다.

우리나라 제도에 대한 평가

앞에서도 언급했듯이 '소득대비 과다이자비용에 대한 공제제한 제도'(이하 "과다이자 제한제도"라 약칭)는, OECD와 G20국이 BEPS 프로젝트의 일환으로서 다국적 기업의 이자공제를 제한하기 위해서 작성된 BEPS Action 4 보고서의 권고사항을 우리 정부가 적극 수용한 것이다. 그런데 그 내용을 세밀히 분석해보면 BEPS Action 4 보고서에서 권고하는 내용을 그대로 수용했다기보다는 일본의 조세특별조치법상에 규정된 '과다지급이자 제한세제'의 내용을 보다 더 벤치마킹하고 있음을 알 수 있다.

예를 들면, 정부가 제안한 제도의 적용대상 순이자비용은 '국외특수관계인에게 지급한 지급이자 및 할인료에서 국외특수관계인으로부터 수취한 이자수익을 차감한 금액'으로 규정되어 있는데, BEPS Action 4 보고서는 적용대상 순이자비용에 특수관계자로부터의 순이자비용뿐 아니라 특수관계가 없는 제3자로부터의 순이자비용도 포함시키고 있다. 반면, 일본의 '과다지급이자 제한세제'는 적용대상 순이자 비용을 특수관계자에게 지급하는 순이자비용에 한정하고 있다는 점을 감안해보면 우리나라 제도는 BEPS Action 4 보고서의 권고내용 보다는 현행 일본제도에 더 가깝다고 할 수 있다.

또한 BEPS Action 4 보고서의 권고안에 따르면 고정비율fixed ratio이 개별기업 또는 같은 국가 내에 있는 그룹 전체를 기준으로 하여 적용되도록 하면서도 동시에 다국적 기업 그룹 전체의 EBITDA 대비 제3자에게 지급한 순이자비용까지는 이자공제를 허용하는 규정을 두고 있는 데 반하여, 과다이자 제한제도는 위와 같은 그룹비율은 포함하고 있지 않고 일본과 같이 단일 고정비율만을 도입하는 것으로 되어 있다.[171] 뿐만 아니라, 과다이자 제한제도는 과소자본세제와 병행하여 적용되도록 하되 두 제도 중 지급이자 손금 부인액이 더 큰 규정만 최종적으로 적용되도록 하였는데 이 점도 일본제도와 유사하다.

171 다만 일본의 경우 순이자 비용 공제에 대해 조정소득금액의 50%를 한도를 설정한 반면 우리나라의 경우에는 조정소득금액의 30%의 한도를 설정했다는 것이 양자의 차이점이라고 할 수 있다.

6 혼성금융상품거래에 따른 지급이자의 손금불산입 제도

혼성금융상품은 국가 간 세법상 취급이 상이한 상품을 의미하는 바, 예를 들면 상환 우선주, 신종 자본증권과 같이 어느 한 국가에서는 부채로 취급하여 해당 지급금에 대하여 이자비용 공제를 허용하지만 거래 상대방이 소재하는 국가에서는 해당 금융상품의 성격을 자본으로 보아 금원을 수령하는 법인의 수입배당금에 대해 경제적 이중 과세 해소 차원에서 비과세를 허용하는 금융상품이라고 할 수 있다. 결국 이러한 상품들은 어느 나라에서도 과세가 되지 않는 이중 비과세가 초래될 수도 있다. 물론 경우에 따라 이러한 상품들은 이중과세를 야기할 수도 있지만 각국의 조세제도의 내용을 충분히 숙지할 수 있는 다국적 기업들로서는 이중과세가 되는 거래나 계약은 사전에 검토하여 처음부터 체결하지 않을 것이기 때문에 현실적으로는 혼성금융상품으로 인한 이중과세 문제보다는 이중비과세 문제가 BEPS 측면에서 주요 문제점으로 부각되고 있다.

따라서 OECD/G20은 국제적 이중 비과세가 발생하는 사례를 방지하기 위하여, BEPS Action 2 보고서[172]를 발간하여 내국법인이 국외특수관계자와의 혼성금융상품 거래에서 지급한 이자비용에 대하여 국외 특수관계자 소재지국에서 배당으로 보아 과세하지 않은 경우에는 해당 금액에 대하여는 이자비용 공제를 불인정하는 제도를 도입할 수 있도록 권고하였다. 이와 같은 권고사항을 우리나라 세법체계에서 수용한 제도가 바로 2017년 말에 도입한 '혼성금융상품거래에 따라 발생하는 이자비용의 손금 불산입 제도'라고 할 수 있다.

172 동 보고서의 주요 내용에 대해서는 이 장(章) 제2절(OECD/G20가 추진한 15개 BEPS Action Plan) 참조

우리나라에 도입된 제도의 주요 내용

내국법인(외국법인의 국내사업장 포함)과 국외특수관계인과의 혼성금융상품을 이용한 국제거래에 있어 우리나라에서 이자로서 비용 공제된 지급금의 전부 또는 일부가 상대방 국가에서 일정 기간 내에 과세되지 않을 경우 그 금액에 대해서는 손금에 산입하지 않도록 하였다. 다시 말해 신설규정은 지급자의 사업연도 종료일 이후 12개월 이내에 개시하는 수취자의 사업연도 종료일까지를 일정 기간으로 하여 동 기간 내에 우리나라에서 비용 공제된 지급금액의 전부 또는 일부가 상대방 국가에서 과세되지 않을 경우에는 상대방 국가에서 과세되지 않은 금액에 대한 비용을 손금으로 산입하지 못하도록 하였고 이미 손금산입이 된 경우에는 다시 불산입하여 수정신고를 할 의무를 납세의무자에게 부과하였다.

그러나 이와 같은 과세취급이 지나치게 제도를 복잡하게 만든다는 지적을 수용하여 정부와 국회는 2020~2021년 법령개정시 위 제도를 일부 수정하여, 우리나라에서 이자로서 비용 공제된 지급금의 전부 또는 일부가 상대방 국가에서 일정 기간 내에 과세되지 않을 경우 그 금액에 대해서는 적정기간 종료일이 속하는 사업연도에 이미 손금산입을 허용했던 지급이자와 그 이자상당액을 다시 익금산입하는 조치만을 취하는 것으로 제도를 단순화하였다.

(1) 제도 적용 요건

국조법 제25조(혼성금융상품 거래에 따른 지급이자의 손금 불산입) 제1항에 따르면, 내국법인(외국법인의 국내사업장 포함)이 국외 특수관계인과의 혼성금융상품 거래에 따라 지급한 이자 중 적정기간 이내에 그 거래 상대방이 소재한 국가에서 과세되지 않는다면(즉, 거래 상대방의 소득에 포함되지 않는다면) 그 과세되지 않은 금액은 적정기간 종료일이 속하는 사업연도의 소득금액을 계산할 때 국조령 제59조(과세되지 않은 금액의 범위) 제1항과 제2항에서 규정하는 바에 따라 해당 내국법인의 익금에 산입한다. 다만, 동 금액에 대한 소득처분은 기타사외유출로 처분된 것으로 보아 추가 과세는 하지 않는다. 이 경우 해당 내국법인은 다음의 제1호 금액에 제2호의 비율을 곱하여 계산한 이자 상당액을 적정기간 종료일이 속하는 사업연도의 법인세에 더하여 납부하여야 한다.

1. 거래상대방에게 지급한 이자등을 손금에 산입한 사업연도에 국조법 시행령 제59조 제2항에 따라 계산한 금액을 손금에 산입하지 않았을 경우 발생했을 법인세액의 차액
2. 이자등을 손금에 산입한 사업연도의 다음 사업연도 개시일부터 익금에 산입한 사업연도의 종료일까지의 기간에 대하여 1일당 0.022%

이 제도의 적용 대상인 혼성금융상품의 범위는 아래 요건을 모두 갖춘 금융상품을 말한다.

① **우리나라의 경우** : 우리나라의 세법에 따라 해당 금융상품을 부채로 보아 내국법인이 해당 금융상품의 거래에 따라 국외특수관계인인 외국법인(이하 "거래상대방")에게 지급하는 이자등을 이자비용으로 취급할 것

② **거래상대방이 소재한 국가의 경우** : 그 국가의 세법에 따라 해당 금융상품을 자본으로 보아 거래상대방이 내국법인으로부터 지급받는 이자등을 배당소득으로 취급할 것

여기서 '적정기간'이란 금융상품의 거래에 따라 이자 및 할인료를 지급하는 사업연도의 종료일 이후 12개월 이내에 개시하는 거래상대방의 사업연도의 종료일까지의 기간을 말한다.

(2) 익금산입액 계산

① 거래상대국에서 비과세되는 금액의 범위

내국법인으로부터 지급받는 이자등이 거래상대방이 소재한 국가의 세법에 따

라 배당소득으로 취급되어 과세소득에 포함되지 않는 금액으로서 다음 구분에 따른다.

i) 해당 이자등의 전부가 거래상대방의 과세소득에 포함되지 아니하는 경우 : 전체금액

ii) 해당 이자등의 10퍼센트 미만의 금액만 거래상대방의 과세소득에 포함되는 경우 : 과세소득에 포함되지 않은 금액

② 우리나라에서 익금산입되는 금액의 계산

해당 사업연도의 소득금액을 계산할 때 익금에 산입하는 금액은 아래 i)의 금액에 ii)의 비율을 곱하여 계산한다.

i) 내국법인이 거래상대방에게 지급하는 이자등의 금액

ii) 거래상대방이 내국법인으로부터 지급받는 배당소득 금액 중 위의 규정에 따라 거래상대국에서 과세되지 않는 금액이 차지하는 비율

(3) 지급이자의 손금 불산입 적용 순서

국조법 제26조(지급이자의 손금 불산입 적용 순서)에 따르면 "혼성금융상품 거래에 따라 발생하는 이자비용의 손금 불산입"제도(국조법 제25조)는 이전가격세제 및 법인세법 제28조에서 규정하는 지급이자 손금불산입 규정보다는 우선하여 적용되나(제3항), 앞 절에서 설명한 과소자본세제(국조법 제22조)와 소득대비 과다 이자비용 공제 제한제도(국조법 제24조)보다는 나중에 적용된다.

(4) 자료제출

국외 특수관계인과 혼성금융상품을 이용한 국제거래를 하는 내국법인은 기획재정부령으로 정하는 혼성금융상품 관련 이자비용에 대한 조정명세서(별지 제27호 서식)를 법인세 확정신고 시 또는 연결과세표준 신고 시 납세지 관할 세무서장에게 제출하여야 한다.

2023.1.1.부터는 혼성금융상품 거래에 관한 자료를 적정기간 종료일이 속하는 사업연도를 기준으로 하여 「법인세법」 제60조 제1항 및 제76조의 17 제1항에 따른 신고기한까지 납세지 관할 세무서장에게 제출하도록 자료제출 의무를 명확히 하였다. 또한 혼성금융상품 거래에 관한 자료 제출 의무가 있는 내국법인이 자료를 제출하지 아니하거나 거짓의 자료를 제출하는 경우에는 상품별로 3천만원 이하의 과태료를 부과할 수 있도록 국조법을 개정하였다.

우리나라 제도에 대한 평가

2017년 세법개정 시 도입된 혼성금융상품 거래에 따라 발생하는 이자비용의 손금 불산입 제도는, 비록 우리나라에서 현실적으로 혼성금융상품을 이용한 조세회피 사례가 발견되어 쟁점화된 바는 아직까지 없으나 향후 이러한 유형의 조세회피 대응할 수 있는 장치를 마련하였다는 점과 최근의 국제적 논의를 국내 세법에 반영하여 BEPS 프로젝트에 참여하고 있는 OECD 또는 G20국가들과 국제과세 기준상 정합성을 높여주었다는 점에서 의의를 찾아볼 수 있을 것이다.

그런데 우리가 도입한 제도에 따르면 거래 당사자의 의도와는 관계없이 이중비과세의 결과가 발생한 경우에는 일단 손금산입한 지급이자에 대해 무조건 익금산입(결과적으로 당초 지급이자의 손금불산입) 처리를 해야 한다. 한편 BEPS Action 2 보고서의 입장을 살펴보면, OECD는 거래당사자들이 동일한 집단에 속하거나 관련 지급금이 구조화된 약정에서 만들어지고 납세의무자가 구조화된 약정의 당사자인 경우로 한정하여 비용공제를 부인할 것을 권고하고 있다.[173]

최근에 도입된 영국의 제도의 경우에도 조세회피 목적의 혼성금융상품을 이용한 비용공제 계획scheme이 존재하고, 해당 조세회피가 최소한의 금액 이상인 경

173 OECD, Neutralising the Effects of Hybrid Mismatch Arrangements, Action 2–2015 Final Report, OECD/G20 Base Erosion and Profit Shifting Project, OECD Publishing, Paris, 2015, Paragraph 99.

우 비용공제를 허용하지 않는 규정을 두고 있다.[174]

기업은 경제활동을 영위함에 있어서 자유롭게 자금 조달 수단을 선택할 수 있는데, 특정한 금융상품과 관련된 국가 간의 취급상의 차이로 인하여 비용공제를 인정받지 못한다면 조세의 중립성을 해치게 될 것이다. 따라서 우리나라의 경우에도 이중비과세 결과가 초래된다고 하여 무조건 우리나라에서 과세를 하기보다는 동 제도의 적용을 비용공제 계획scheme이 존재하고, 해당 조세회피가 최소한의 금액 이상인 경우에만 허용하는 방안을 검토해 볼 필요가 있다.

174 Taxation (International and Other Provisions) Act 2010, Article 233.

7 OECD/Inclusive Framework[175]의 디지털세 추진경위

BEPS Action Plan 최종보고서 발표 이후의 디지털세

이 장章 제2절(OECD/G20가 추진한 15개 BEPS Action Plan)의 'Action 1 보고서'에서 설명했듯이, BEPS 프로젝트 추진과정에서 글로벌 디지털 기업들에 대한 국제적 과세기준의 변경이 어렵게 되자, 이에 실망한 국가들이 일방적인unilateral 과세조치를 발표하기 시작했다. 예를 들면 2015~2016년 기간 중에 영국[176]과 호주[177]는 우회수익세Diverted Profit Tax를 도입하였고 인도는 균등부담금Equalization Levy[178] 제도를 도입했다. 앞에서도 언급했듯이, 2015년 발표된 BEPS Action 1 최종보고서는 각국의 일방적 조치를 BEPS 방지라는 명분하에 공공연히 허용하였으므

175 OECD와 G20가 2015년 하반기 15개의 BEPS Action Plan 최종보고서를 발간한 후, 다음 단계의 BEPS 프로젝트 업무로서, 2016년 전 세계의 대다수 국가가 참여하는 BEPS Inclusive Framework("BEPS IF")라는 협의체를 만들어 이 기구를 중심으로 주로 BEPS 보고서에 포함된 권고사항에 대한 모니터링 작업을 계속하고 있다. 또한 2018년부터 BEPS IF는 BEPS프로젝트의 연장선에서 디지털세 과세기준 마련 작업을 진행하고 있다.

176 영국은 2015 재정법(Finance Act 2015) PART3에 우회수익세(Diverted Profits Tax)를 규정하고 2015년 4월부터 영국에서 국외 조세회피지로 이익을 이전하는 다국적기업을 대상으로 우회수익세(Diverted Profits Tax) 적용하고 있다. 2015년 4월 1일이 포함된 과세연도부터 우회수익세가 적용되는 소득은 일반 법인세율인 19%의 세율보다 높은 25%의 세율을 적용하여 과세하고 있다.

177 호주 정부는 2016.11.29 우회수익세(Diverted Profit Tax) 도입 안을 확정하여 발표한 후 2017.7.1.부터 적용하기 시작했다. 다국적기업이 특정 이익이전 행위를 통해 해외로 이익을 이전한 경우 현행 법인세율인 30%보다 높은 40% 세율로 과세한다. 호주의 우회수익세는 ① 다국적 기업의 전세계 연간 수입이 10억 호주달러를 초과하고 ②호주 내에서 연간 수입이 2,500만 호주달러 이상인 다국적 기업에 부과된다.

178 인도는 2016년 4월부터 외국법인이 제공하는 온라인 광고 서비스 등에 대해 서비스 대가 중 B2B 거래에 한하여 6%를 균등세로(equalisation levy) 과세하고 있는 데 서비스 제공을 받는 자가 원천징수하여 납부하도록 하고 있다.

로 이와 같은 일방적 조치는 국제사회의 큰 견제없이 도입이 되었다고 할 수 있다.

BEPS 프로젝트 추진 과정에서의 디지털세 도입 실패에 반발한 개별국가 차원의 일방적 대응에 추가하여 2017년부터는 유럽의 주요 국가들이 디지털세 도입을 위해 조직적으로 문제를 제기하기 시작하였다. 즉, 2017년 3월에 개최된 G20 재무장관 회의에서 당시 의장국인 독일의 주도하에 OECD로 하여금 2018년 4월까지 '디지털 경제에서의 조세문제에 관한 중간보고서'를 제출하도록 결정을 내렸다. 또한 2017년 9월 프랑스, 독일, 이태리, 스페인등은 EU에 균등세equalisation tax를 도입하자는 내용의 공동성명을 발표하고, 이에 대한 논의를 시작하였다. 영국도 EU 탈퇴를 이미 선언하였으나 디지털세 문제에 대해서는 EU와 공통된 인식을 가지고 있었다. 이러한 유럽 국가들의 움직임을 거시적으로 살펴보면, 디지털 비즈니스를 주로 영위하는 기업들의 거주지국인 미국에 대하여, 이들 기업들의 소득발생지국(즉 원천지국)이라고 할 수 있는 유럽의 주요국가(영국, 프랑스, 독일, 스페인, 이태리 등)들이 자신들의 과세권 확보를 위한 근본적인 문제제기를 한 것으로 해석된다. 미국의 디지털 기업들이 창출하는 막대한 규모의 수익을 감안하면,[179] 이와 같은 수익에 대해 과세권을 행사하려는 유럽 국가들의 행동은 한편으로 수긍이 간다고 하겠다. 이와 같은 맥락에서 EU는 2018.3.21. 디지털 기업에 대한 EU 차원의 법인세 부과를 위한 '근본적 과세방안'과 '임시적 과세방안'에 관한 제안서를 발표하였다.[180] 이 제안서에서 EU는 대규모 디지털 기업이 다른 업종의 기업보다 낮은 세부담을 하도록 하는 현행 조세제도의 문제점을 지적하며, 공

179 2016년 기준으로 우버의 시장가치는 625억달러, 에어비앤비의 시장가치는 300억달러에 이르고 있는데, 미국 자동차 회사 포드(Ford)의 시장가치가 478억달러라는 점을 고려할 때 그 규모의 크기를 가늠할 수 있다. 디지털 음악, 비디오 게임, 전자도서 등 디지털 콘텐츠 시장 역시 해마다 성장하고 있다. 세계 디지털 콘텐츠 시장규모는 2011년 6,310억달러에서 2015년 1조 3,080억달러로 두 배 이상 확대되었으며, 2020년에는 2조 2,010억달러를 기록할 것으로 전망된다(정보통신산업진흥원, 「2016년 국내 디지털 콘텐츠 시장조사」).

180 European Commission, *Proposal for a COUNCIL DIRECTIVE on the common system of a digital services tax on revenues resulting from the provision of certain digital services*, Brussels, 21.3.2018 COM(2018) p148 final.

평과세fair tax를 위한 새로운 과세방안을 제안하였다.

동 제안서는, 디지털 경제환경하에서 EU가 제시하는 근본적 과세방안으로서 소득발생지국에 고정사업장이 없는 경우에도 특정 요건을 만족하는 경우에는 디지털 사업장(또는 가상 고정사업장)이 존재하는 것으로 간주하여 소득발생지국에서 조세를 부과할 수 있도록 하는 내용의 제안을 포함하고 있다. 여기서 특정요건이란, 특정 EU 회원국에서의 ①연 매출액이 700만 유로를 초과하거나, ②디지털 플랫폼 이용자가 연 10만명 이상이거나, ③디지털 기업이 체결하는 디지털용역관련 계약이 연 3천건을 초과한 경우를 말한다. 한편 이와 같은 디지털 사업장 관련 지침은, 그 주요 내용이 향후 OECD에서 논의될 예정이고 국제적 합의에 의한 소득과세 방식 결정이 2020년으로 예정되어 있어 당시에는 EU차원의 규범으로 채택하기는 어려운 상황이므로 그전까지는 우선 한시적으로 "디지털 서비스세digital services tax: 이하 'DST'"를 채택하여 적용할 것을 주장하였다. 여기서 DST는, 특정 기업이 제공하는 디지털 서비스 특히 온라인 광고, 사용자 데이터 판매, P2P 플랫폼 서비스 등과 같이 디지털 플랫폼을 통해 창출된 매출액이 3%를 법인소득세로서 과세하는 세제이다. 위 EU 지침에 따르면 '과세대상 기업'과 '과세대상 서비스'를 아래와 같이 제안하였다.

- 과세대상 서비스: ①사용자user의 데이터를 활용하여 수익을 창출하는 서비스와 ②사용자 간 재화와 용역을 거래할 수 있도록 하는 플랫폼 서비스 (P2P 플랫폼)
- 과세대상 기업: 전 세계 매출액이 연 7억5천만 유로를 초과하고 동시에 EU내 매출액이 연 5천만 유로를 초과하는 기업

한편, EU는 DST가 EU 또는 WTO의 무차별조항non-discrimination clause을 위배하지 않고, 이중과세 역시 해결될 수 있다는 입장을 취하고 있다. 즉, DST는 EU 회원국과 비회원국에 동시에 적용되는 세제로서, EU 지침과 WTO 협약의 무차별조항을 위배하지 않으며 디지털 서비스세에 대해 소득공제(또는 비용 손금인정)

을 허용하게 되면 이중과세를 경감할 수도 있다는 주장을 하고 있다.

그러나 DST 도입을 위한 EU 차원의 제안은 EU 경제재정이사회ECOFIN에서 합의 도출에는 실패하였다.[181] 당초 EU집행위 안(2018.3월)보다 다소 완화된 '프랑스-독일 공동 중재 안(온라인 광고에만 과세하고 2021년으로 시행시기를 늦춘다는 제안) 등이 추후 협상과정에서 제시되었으나, 아일랜드, 스웨덴, 덴마크 등의 국가들이 자국 내 미국 디지털기업의 철수에 따른 세수감소, 미국과의 통상마찰 등을 우려하여 DST 도입에 적극 반대했기 때문이다.

이처럼 비록 EU 차원의 제도 도입은 실패했으나 그 동안 EU 차원의 DST 추진을 주도했던 프랑스, 스페인, 이태리 등은 자국 세법을 개정하여, 각국이 DST를 일방적으로 도입할 것을 천명하였다. 예를 들면, 프랑스는 2019년 7월 초에 DST 도입안을 국회에서 통과시켜 2019.1.1.부터 소급하여 적용한다고 발표 하였다. 영국도 이에 동조하여 2020년에 DST 도입을 천명하였다. 더구나 이와 같은 유럽 각국의 움직임에 자극받은 다른 지역의 일부 국가(예를 들어, 투르키예 · 캐나다 · 멕시코 · 말레이시아 · 대만 등)들도 DST 또는 이와 유사한 세제를 도입하거나 도입할 예정임을 천명하였다.

그런데 이와 같이 전 세계 여러 국가들이 도입하려고 했던 디지털기업에 대한 일방적 과세의 내용은 EU의 DST 내용과 유사했고, 결과적으로 세계 각국의 과세 대상은 대부분 미국의 디지털 기업이 될 것이었기 때문에 미국 입장에서 보면 디지털세 전장戰場이 전 세계적으로 확산되는 상황이 되었다고 할 수 있다. 다시 말해, 미국은 OECD Inclusive FrameworkOECD IF를 통해 '디지털 경제하의 조세문제'에 대한 타협안을 2020년까지 도출하지 않는다면 미국의 주요 디지털 기업들

181 기획재정부, "최근 EU 등의 다국적 IT기업에 대한 법인세 과세(일명 : 구글세) 관련 설명자료" 보도참고자료(2019.2.14.).
http://www.moef.go.kr/nw/nes/detailNesDtaView.do?searchBbsId1=MOSFBBS_000000000028&searchNttId1=MOSF_000000000026895&menuNo=4010100 (접속일자: 2023.1.4.).

이 전 세계 각국의 산발적인 DST 또는 우회수익세와 같은 일방적과세에 노출될 것이라는 우려에 직면하게 되었다.

이러한 상황에서 OECD 사무국은, 그동안 해결하지 못한 과제인 '디지털 경제 하의 조세문제'에 관련하여 이제 OECD를 중심으로 한 협상 테이블을 통해 유럽과 미국이 타협하도록 하는 중재자 역할을 수행하지 않으면 안되게 되었다. 이와 같은 상황에서 OECD IF는 2018년 3월에 "Tax Challenges Arising from Digitalisation – Interim Report 2018"이라는 제목의 중간보고서를 발표하였다. OECD IF는 이 보고서를 토대로 2018년 하반기부터 『디지털경제 작업반』이라는 Task Force를 구성하고 이 분야의 논의를 본격적으로 시작하였다. 또한 OECD IF는 2020년에 'BEPS Action 1 관련 추가 보고서'를 발간할 때 디지털세라는 새로운 과세기준에 대한 국제적 합의를 2020년까지 도출한다는 목표를 설정하고, 이 목표 달성을 위해 주도적으로 국제 협상에 나서기 시작하였다.

OECD Inclusive Framework (IF)의 디지털세 합의 경위

위에서 설명한 바와 같이 OECD IF는 2018년 하반기부터 디지털세 논의를 본격적으로 시작하면서 디지털 경제의 조세문제에 대한 장기적 해결방안 마련을 위해 OECD IF 회원국들에게 대안을 제시할 것을 요청하였다. 이에 따라 영국이 '사용자 참여 기준안User Participation Proposal[182]'을 제안하였고 인도를 중심으로한

182 이 기준안에 따르면, 전통적 과세권배분 기준은 기업의 가치창출 과정에서 공급자 역할에 초점을 두었으나, 디지털 경제 시대에는 데이터·사용자 생성 콘텐츠가 새로운 가치창출의 동인(動因)으로 작용하므로, 이러한 요소들을 이익배분 기준에 반영되어야 한다는 것이다. 다시 말해, 소위 디지털 기업에 있어서는 사용자의 활동과 참여는 기업의 브랜드 구축에도 큰 영향을 미칠 뿐 아니라, 가치 있는 데이터의 생성 및 사용자 수의 증가를 가져오고 이는 결국 해당 기업의 시장지배력 확보에 크게 기여한다는 것이다. 그런데 이러한 현상은 특정 디지털 기업에 주로 나타나는 것이므로 국제적 과세기준의 전면적 개정 대신, 특정 디지털 기업(소셜 미디어 플랫폼, 검색 엔진, 중개형 플랫폼)만을 대상으로 하여 새로운 과세 기준을 적용해야 한다고 주장한다. 이 기준안의 주창자들은 이익배분의 결과를 가치창출 결과와 보다 더 일치시키기 위해서는 먼저 현행 이익배분 기준을 개정하여 능동적·참여

개도국들은 소위 '중요한 경제적 실재성 기준안Significant Economic Presence Proposal[183]'을 제안하였다. 이러한 상황에서 미국은 자국의 대규모 디지털기업만 일방적으로 과세되는 상황을 피하고자, 어느 기업이 '마케팅 무형자산Marketing Intangible[184]'이 있다고 판정되는 경우 동 무형자산을 소유하는 기업의 소재지 국

적 사용자 기반의 가치창출 활동을 반영할 필요가 있다고 주장한다. 따라서 이 기준안을 채택하게 되면, 물리적 사업장의 존재 여부와 관계없이 특정 사업모델을 대상으로 능동적·참여적 사용자 기반이 위치한 국가에 일정수준의 이익이 추가로 배분될 수 있도록 기존의 OECD 이전가격 과세지침상이 이익배분 기준을 수정해야 한다.

183 이 기준안은 BEPS Action 1 보고서에서도 소개된 '중요한 경제적 실재(Significant Economic Presence)'라는 개념에 기초한 것으로서, 전통적 과세기준에서 강조하는 물리적 사업장 대신 매출액과 사용자(소비자)의 수 등에 기초한 새로운 사업장 개념을 도입하고 이를 기초로 하여 국가 간 소득배분은 공식에 의한 소득귀속 방식을 적용하여 결정하자는 제안이다. 여기서 '중요한 경제적 실재'의 존재여부를 판단하기 위해서는 '매출액'이라고 하는 기본 요소와 함께 다음의 보조 요소들 중 하나 이상을 갖추어야 한다고 제안한다.
(i) 해당 국가에 사용자 기반 및 관련된 투입 데이터의 존재
(ii) 해당 국가로부터 얻은 많은 분량의 디지털 콘텐츠
(iii) 해당 국가의 통화로 대가를 청구하거나 지급
(iv) 해당 국가의 언어로 된 웹사이트의 운영
(v) 해당 국가 내에서 최종 재화의 인도 또는 서비스의 공급 수행 또는
(vi) 해당 국가 내에서 지속적인 마케팅 또는 판매촉진 활동 수행
여기서 과세표준(tax base)은 개별 국가에서 발생한 매출액(또는 총수익)에 다국적 기업집단의 전 세계 이익률(global profit rate) 적용함으로써 결정될 수 있다. 과세표준은 이와 같이 해당 국가에서 발생한 매출액을 기준으로 배분될 수도 있으나 자산 또는 종업원 수에 따라 달리 배분될 수도 있다. 더욱이 사용자(users)가 가치창출 과정에 큰 기여를 한다는 점을 고려하여 이익 배분 요소의 하나로서 사용자가 고려될 수도 있다.

184 이 기준안은, 시장에서 형성되는 소비자의 우호적 태도를 마케팅 무형자산으로 보고 소비가 발생하는 국가(즉, 시장소재지국)에 이익을 추가로 배분하자는 제안이다. 앞에서 언급한 '사용자 참여 기준안'과 중요한 차이 중의 하나는, 새로 마련되는 과세기준을 특정 디지털 기업만을 대상으로 하여 적용(ring-fencing)할 것이 아니라 모든 소비재 산업에 대해 적용해야 한다는 것이다. 왜냐하면, 디지털 경제화는 경제 전반에 영향을 주고 그 결과 일반 소비재를 판매하는 전통적 사업모델을 활용하는 기업들의 경우에도 원격으로 또는 최소한의 물리적 사업장만을 두고 소비자들과 접촉 내지 상호작용하는 기회가 커지므로 디지털 기업과 여타 기업 사이에 서로 다른 과세기준을 적용하는 것은 적절하지 않기 때문이라는 것이다.
이 기준안에서 제시하는 무형자산(intangibles)의 개념은 OECD 이전가격 과세지침에서 규정하는 것과 동일한데, 다음과 같은 이론적 구조를 가지고 있다. 즉 마케팅 무형자산이 시장에서 창출된다는 점에서 마케팅 무형자산과 시장 소재지국 사이에는 '본질적인 기능상 연계(intrinsic functional link)' 또는 '자연적 관련성(natural connection)'이 존재한다

가에서 이에 대해 추가적인 과세권을 인정하는 대안을 제시하였다. 이외에도 프랑스와 독일은 기존의 BEPS 프로젝트의 연장선에서 '글로벌 최저한세 도입안Global Minimum Tax Proposal'을 OECD IF에 제출하였다.

이에 따라 OECD 사무국은, 관련 대안들의 내용들이 포함된 문서를 2019년 1월에 '정책 발표자료Policy Note'의 형태로, 그리고 그 해 2월에는 그 내용을 자세하게 설명한 '공개 협의 문서Public Consultation Document'형태로 발표하였다. 그 후 OECD IF는 2019년 3월에 파리에서 대규모의 공청회를 개최하였다. 이 공청회에서 제시된 의견 및 기타 서면으로 수령한 다량의 건의서를 등을 토대로 2019년 5월말에는 '작업계획Program of Work'을 만들어 그 내용에 대해 G20는 물론 당시 OECD IF 참여국인 129개 국가의 승인을 받았다. 이 작업계획서는 그 동안 제시된 디지털세 대안들을, '국가 간 과세권배분 기준을 개정하여 해결하자는 입장이하 "Pillar 1"'과 '포괄적인 세원잠식 방지규정을 마련하자는 입장"Pillar 2"'으로 구분하여 정리를 한 것이다. 그 결과 Pillar 1에는, '사용자 참여 기준안', '마케팅 무형자산 기준안', '중요한 경제적 실재성 기준안'이 포함되었고, Pillar 2에는 '글로벌 최저한세 도입안'이 포함 되게 되었다.

여기서 '작업계획Program of Work'이란 '디지털 경제하의 조세문제'에 대한 국제적 합의안을 도출하기 위해 향후에 추가적으로 논의해야 할 사항을 큰 틀에서 정리한 것으로서, 합의도출을 보다 효율적으로 유도하기 위해 만든 작업계획서라고 할 수 있다. 이 작업계획서는 디지털 경제하의 조세문제에 대한 장기적 해결 방

는 것이다. 어느 다국적기업이 특정시장에 물리적 사업장을 두고 있지 않으면서 원격으로 또는 (이전가격 목적상) 제한적 위험만을 부담하는 판매업자(Limited Risk Distributor)에 해당하는 현지법인을 두고, 해당 시장을 대상으로 판매 및 마케팅 활동을 수행하면서 수익을 실현하는 경우 사실상 마케팅 무형자산이 창출되었으나 현행 과세기준은 이를 제대로 인식 또는 반영하고 있지 못하므로 현행 이전가격 과세기준 및 조세조약의 개정을 통해 마케팅 무형자산과 이와 관련된 위험이 시장소재지국(최종 소비가 이루어지는 국가)에 배분되도록 하여 결과적으로 통상적인 이익에 대한 배분은 현행 과세기준에 따라 결정되도록 하되 마케팅 무형자산과 관련된 잔여이익의 전부 또는 일부는 시장소재지국에 배분하도록 하자는 것이다.

안을 2020년까지 마련하자는 일정을 제안하였고, 이와 같은 일정에 대해 G20와 OECD IF 참여국들이 큰 틀에서 합의를 한 것이다.

2019.10.9. OECD 사무국은 Pillar 1에 포함된 세가지 대안들의 공통사항을 반영하는 '통합 접근법unified approach[185]'을 제안하였고 이에 대한 민간의 의견을 수렴하기 시작하였다. 또한 2020년 1월에 개최된 OECD IF 국가들이 참여하는 회의에서는 2020년말까지 디지털세 최종합의를 도출한다는 목표하에 디지털세 장기대책에 관한 그간의 논의를 정리하고 동 대책안의 기본 골격과 향후 계획 등 합의하였다.

그러나, 2020년 2월에 발발한 코로나 팬데믹으로 인해 관련 OECD IF 참여국들간의 대면협상이 어려워졌다. 더구나, 2020.11월의 미국 대통령선거에서 당시 현직 대통령인 트럼프 대통령이 선거에서 불리한 영향을 받을 것을 두려워한 미국 정부의 소극적인 태도로 인해 협상은 당초 일정대로 추진되지 못했다. 결국 2020년 10월에 개최된 OECD IF 회의에서 '디지털세 장기대책'에 대한 최종안 합의 시점을 당초 2020년 말에서 2021년 중반으로 공식 연장하면서 그때까지 실무적으로

185 OECD 사무국이 제시한 통합접근법은 소비자를 직접 대면하는 사업(consumer-facing businesses)에 중점을 둔 방안으로서 디지털 플랫폼을 주된 비즈니스 모델로 활용하는 기업 뿐 아니라 전통적인(brick and mortar) 비즈니스를 운영하는 기업의 경우에도 소비자를 대면하는 사업인 경우에는 모두 적용되는 과세기준이라고 할 수 있는데 특히 다음과 같은 특징을 가지고 있다.

i) 새로운 과세 연결점(nexus) 기준의 제시: 물리적 실체의 존재 여부에 근거하지 않고 주로 국내 판매에 기반한 새로운 과세연결점에 기초한 국제적 과세 기준을 제정하고 이를 위해 조세조약에 기존의 고정사업장과는 별도의 조항을 마련할 것을 전제로 하고 있다.

ii) 수정 잔여이익분할방법의 도입: 정상가격원칙에 부합하는 공식에 근거하여 각 시장(관할권)에 배부될 소득을 사전에 결정하기 위한 "3단계 구조 메카니즘 (Three Tier Mechanism)"와 관련한 수정 잔여이익분할방법을 제시하였다. 여기서 '3단계 구조 메카니즘(Three Tier Mechanism)'이란 시장 관할 국가 (market jurisdiction)에 할당할 소득을 계산하기 위한 3단계 구조를 가리키는 것으로 '금액 A', '금액 B', '금액 C'로 구성되어 있다.

iii) 강화된 분쟁 해결책 제시: 새로운 과세기준 적용과 관련하여 발생하는 개별 사건에 대한 분쟁에 대한 구속력 있는 중재제도를 도입하는 내용의 강화된 분쟁 해결책을 제시하였다.

논의해온 Pillar 1과 Pillar 2에 대한 blueprint를 세간에 발표하였다.[186]

한편 2020년말 미국 대통령 선거에서 승리한 바이든 행정부는 2021년 초부터 장기적 디지털세 협상에 소극적이었던 미국의 기존의 태도를 바꾸어 전향적으로 OECD IF의 디지털세 협상에 나섰다. 이에 따라, 2021년 7월 OECD IF는 '디지털세에 관한 중간합의문'을 발표하였고 그 후 미해결 쟁점들을 회원국들 사이에 계속 협상한 후 2021.10.8 디지털세에 관한 최종합의문을 공식 발표하기에 이르렀다.

186 이들 blueprint는 Pillar 1 · 2의 구성요소를 구체화하고 구성요소별 의견수렴 상황 및 현재까지 미결된 정치적 · 기술적 쟁점에 관한 이견 상황과 향후 논의 방향을 담고 있다.

8 디지털세 Pillar 1 과세 방안의 내용

디지털세 Pillar 1의 내용은 크게 Amount A에 관한 사항과 Amount B에 관한 사항으로 나누어 볼 수 있다. Amount A란, 다국적기업의 매출액이 일정규모 이상이고 세전이익율이 통상이익율을 초과하는 경우 글로벌 초과이익의 일정부분에 대해서 시장소재지국에서 과세할 수 있도록 허용한 금액을 말한다. 한편 Amount B란, 다국적기업그룹의 계열회사 또는 고정사업장이 기본적인 마케팅 및 유통활동baseline marketing and distribution activities만을 수행하는 경우 이러한 회사나 고정사업장에 적용할 수 있는 정상이익률arm's length margin을 의미한다. OECD Inclusive Framework이하 "IF" 참여국들은 2021년~2022년 중에는 Amount A에 관련 이슈를 우선적으로 논의하였고, 2023년에는 Amount B에 대한 논의도 활발히 진행하고 있다.

Amount A

(1) 2021년 10월 OECD IF의 합의사항

연결재무제표상의 매출액 200억유로[187](약 27조원)이상이고 통상이익률(10%)을 초과하는 이익을 실현한 다국적기업에 대해서는 다음과 같은 계산식에 따라 산정한 과세소득을 시장소재지국에 배분한다. 다만, 채굴업이나 규제된 금융업과 같은 일부 업종에 대해서는 Amount A 적용을 제외한다.

① 특정 다국적기업의 매출액 × (해당 기업의 조정 후 세전이익율 - 10%) =해당 기업의 초과이익

187 실제 집행경험 등을 고려하여 시행 7년 후 100억 유로로 축소한다.

② 해당 기업의 초과이익 × 25% = 전체 시장소재지국에 배분될 과세소득(시장 기여분)

③ 전체 시장소재지국에 배분될 과세소득×배분지표(개별 시장소재지국의 매출 비율) = 개별 시장소재지국에 배분될 과세소득

특정 다국적기업의 사업소득에 대하여 시장 소재지국에서의 과세권을 인정하는 기준으로 작용하는 과세연계점(Nexus)은 해당 관할권내 매출액이 '100만유로 이상'인 경우에 적용된다. 즉, 어느 다국적기업의 특정 국가에서의 매출액이 100만유로 이상일 경우 해당 국가는 동 소득에 대해 과세권을 행사할 수 있는 것이다. 다만, 일부 개도국의 주장을 수용하여 연간 GDP가 400억 유로 이하인 국가의 경우, 과세연계점은 '25만 유로 이상'으로 낮아진다. 이는 BEPS Inclusive Framework이하 "IF"의 다수 참여국인 개도국들의 주장이 반영된 결과이다.

Amount A의 배분을 예시하고 있는 아래 사례를 살펴보면, 해당 다국적기업의 연결재무제표상 그룹 매출이 1,000억 유로이고 원가가 700억 유로라면 통상이익 100억 유로(= 1,000억 유로 × 10%)를 초과하는 금액 200억 유로(= 1,000억 - 700억 - 100억)가 해당기업의 초과이익에 해당한다. 이 중 25%에 해당하는 금액인 50억 유로가 시장소재국에 배분해야 할 초과이익 즉 Amount A가 된다.

이제 이 금액 중 얼마만큼을 소득이 발생한 A국, B국, C국에서 과세소득으로 인식할 수 있을 것인지에 살펴보자. 각국에서의 매출로 발생한 소득에 대해 각국이 과세권을 가지고 있는지 확인하기 위해서는 우선적으로 각국의 매출액이 과세연계점(Nexus)에 해당하는 '100만 유로 이상'에 해당되는 지 따져보아야 한다. 위 사례에서 A국의 매출액은 100만 유로, B국의 매출액은 400만 유로이며 C국의 매출액은 80만 유로이다. A국과 B국은, 해당 매출액이 각각 100만 유로 이상이므로 Amount A에 대해 과세권을 가지게 되나, C국에서의 매출액에 80만 유로에 불과하므로 Amount A에 대한 과세권은 가지지 못한다. 그리고 과세권을 보유한 A국과 B국간의 소득배분 비율은 각각의 매출액에 비례하도록 하고 있으므로 A국에

배분되는 Amount A는 10억 유로 [= 50억 × (1백만 유로/5백만 유로)]가 되며, B국에 배분되는 Amount A는 40억 유로 [= 50억 × (4백만 유로/5백만 유로)]가 된다.

[그림 III-5] Amount A의 배분 예시

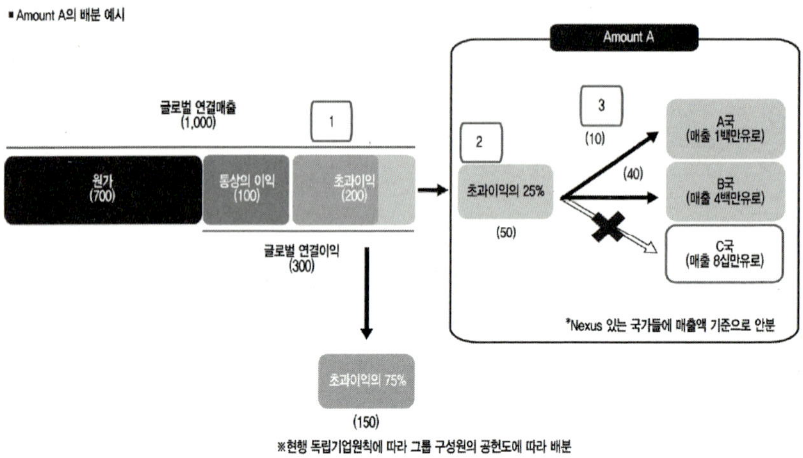

다국적기업이 시장소재지국에 배분한 초과이익에 대해 해당 국가에서 이미 과세가 되고 있다면 safe harbour 규칙[188]을 통해 해당국에 배분되는 Amount A에 대한 과세액 규모는 그만큼 줄어든다. 그 구체적인 방법은 OECD IF 참여국들 사이에 협의가 진행 중이다. 또한, 다국적기업그룹 중 Amount A 이외의 잔여이익이 귀속되는 어느 한 기업이 Amount A에 대한 세금까지 포괄적으로 부담한다면 해당 기업에 대해 소득면제방식 혹은 세액공제방식을 통해 국제적 이중과세 조정이 이루어질 수 있도록 하였다.

한편, Amount A와 관련하여 국제적으로 분쟁이 생긴다면 모든 이슈는 의무적·강제적인 분쟁해결 절차에 의해 조정되도록 하였고, 디지털세를 도입·운영하는 모든 국가는 해당 조정 결과에 기속되도록 OECD IF 참여국들간에 합의가 이루

188 과세당국이 제시한 요건이나 기준을 충족하면 해당 규범을 준수한 것으로 보아 추가적으로 과세가 이루어지지 않도록 하는 조치를 말한다.

어졌다. 다만, 분쟁대응 역량이 낮은 개도국[189]에 대해서는, 의무적·강제적 분쟁 해결 절차 적용을 선택할 수 있도록 특례를 부여하였으며 이 특례의 적정성에 대해서는 주기적으로 재심사하기로 하였다.

한편, 세무신고절차에 관해서는, 다국적기업 내 어느 하나의 법인이 Pillar 1 관련 세무신고를 일괄하여 수행하도록 함으로써 납세자의 납세협력비용이 최소화되도록 하였다. 뿐만 아니라, Pillar 1 관련 제도를 각국에 시행하는 시점에서는, 각국에서 이미 도입한 DST 및 이와 유사한 과세는 폐지해야 하고, 향후에도 이러한 일방적 세금의 도입을 방지한다는 합의가 OECD IF 참여국들 사이에 이루어졌다.

2) 2021년 10월 이후 논의 사항

OECD IF 참여국들은 2021년 10월 Pillar1 제도의 골격에 대하여 정치적 합의를 도출한 후 지금까지 실무작업반 회의를 통해 세부사항에 대한 논의를 진행해 왔다. 특히 2022년 2월부터 Pillar 1의 Amount A 모델규정[190] 초안을 몇 개로 나누어 순차적으로 공개하면서 서면공청회Public Consultation를 통해 그에 대한 의견을 수렴해왔다.[191]

OECD IF는 2022.7.1. 'Pillar 1의 Amount A에 관한 진행상황 보고서Progress Report on Amount A of Pillar One'를 발표하였는데, 이 보고서는 그 동안 OECD IF 참여국들간에 논의한 Amount A 과세기준에 대한 합의 내용을 모델규정 형태로 작성한 초안이다.[192] OECD IF는 이 진행상황보고서에서 Pillar 1에 대한 당초의 작업일

189 BEPS Action 14 (국제적으로 효과적인 조세분쟁 해결장치 마련)에 대한 모니터링 절차 적용 유예 판정을 받은 개도국으로서 상호합의 건수가 없거나 매우 적은 국가들을 가리킨다.

190 Pillar1을 도입하는 모든 회원국에 동일한 내용의 법령이 일관되게 시행되도록 하기 위한 입법 지침이다.

191 2022년 2월 4일 과세연계점과 매출귀속(Nexus and Revenue Sourcing), 같은 달 18일 과세표준 결정(Tax Base Determinations), 같은 해 4월 4일 적용대상(Scope)에 관한 각 모델규정 초안이 각각 공개되었다.

192 이 초안의 내용은 민간의 의견을 수렴하여 추후 완성될 예정이다.

정을 1년 늦추어 2024년 중에 Pillar 1에 관한 다자간 협정을 발효시킬 예정이라고 하면서 작업 일정이 지연되는 주요 이유에 대하여 다음과 같이 밝혔다.

즉, Amount A에 관한 규칙은 과거에 없는 과세기준을 새로 창설하는 것이므로 OECD IF 참가국들이 충분히 검토하고 민간 의견도 수렴해야 할 필요가 있는데 이를 위해서는 일정이 추가로 소요될 뿐만 아니라, 기존의 조세조약 중 일부를 개정하기 위해서는 BEPS 다자간 협정을 개정하는 작업이 불가피하다. 그런데 이를 위해서는 OECD IF의 참여국들이 개정되는 다자간 협약에 대해 서명과 비준동의를 하는 절차를 밟아야 하는 데 이와 같은 작업을 차질없이 수행하려면 당초 계획보다 최소 1년 정도의 시간이 더 필요하다는 것이다.

OECD IF는 2022년 10월에는 'Pillar 1의 행정 및 조세확실성Tax Certainty에 관한 진행상황보고서Progress Report on the Administration and Tax Certainty Aspects of Pillar One'를 발표했는데, 이 보고서는 그간의 OECD IF 회원국들이 Amount A에 대한 세무행정 사항 및 분쟁해결절차에 대해 협의해 온 내용을 OECD 사무국이 정리한 것이다. 해당 내용은 추후 민간의 의견을 수렴하여 Pillar 1 모델규정 또는 다자간협정에 반영시킬 예정이다.

또한 OECD 사무국은 2022.12.20에 '디지털서비스세 및 관련된 다른 유사조치에 대한 다자간 협정 규정 초안Pillar One – Amount A: Draft Multilateral Convention Provisions on Digital Services Taxes and other Relevant Similar Measures'을 민간의견 수렴용으로 발표하였다. 이 초안은 민간의 의견과 함께 추후 OECD IF에 의해 검토되고 필요시 수정될 것으로 보인다. 아래에서는 위에서 언급한 보고서들에 포함된 주요 update 사항들을 정리하였다.

① 적용대상Scope

모델규정 초안에서는, Pillar 1 과세제도의 적용대상을 가려내는 매출액 요건과 수익성 요건은 모두 '다국적 기업그룹(이하 "그룹")'을 기준으로 판단한다. 하지만, 납세의무 및 관련된 협력의무를 부담하는 주체는 그 적용대상 그룹에 속한 개별 법인 또는 단체Entity가 부담하도록 되어 있다. 이는 Pillar 1 과세제도가 '그룹' 차원의 글로벌 초과이익을 과세하려는 취지이기는 하지만, 그 납세의무자는 여전히 독립된 법인격을 갖는 법인 또는 단체로 유지된다는 의미를 내포하고 있는 것이다.

모델규정 초안에 따르면 다국적기업 그룹의 해당 사업연도 총 매출액이 200억 유로를 초과하고, 해당 사업연도가 12개월 미만이거나 12개월을 초과하는 경우에는 1개 사업연도가 12개월임을 전제로 이에 비례하여 조정하도록 하고 있다.

모델규정 초안은 수익성기준Profitability Test에 대해 규정하고 있는데, 이에 따르면 그룹의 해당 사업연도 세전 이익률이 10%를 초과하는 경우에 한해 Amount A가 산정될 수 있도록 규정하고 있다. 그런데 글로벌 매출액기준과 달리, 수익성기준에는 세부적인 기준으로 이전 사업연도 기준Prior Period Test과 평균 기준Average Test이 추가되어 있다. 이전 사업연도 기준이란 그룹의 해당 사업연도 직전 4개년 사업연도 중 2개년도 이상의 사업연도의 세전 이익률이 10%를 초과해야 한다는 것을 의미하고, 평균 기준이란 그룹의 해당 사업연도 및 직전 4개년 사업연도의 평균 세전 이익률이 10%를 초과해야 한다는 것을 의미한다.

Pillar 1 모델규정 초안에 따르면, 채굴업과 규제된 금융업을 Pillar 1의 적용대상에서 제외되는데, 우선 채굴업의 경우에는 채굴활동, 채굴품 또는 주된 가공을 거친 가공품[193]의 채굴국 내 판매활동 등과 관련한 매출액과 이익이 제외 대상에 포함된다. 한편 규제금융업의 경우에는, 일정요건을 충족하는 예금과, 증권 중개, 자산운용업과 보험업 등과 관련한 매출액과 이익이 제외 대상에 포함된다. 채굴업과 금융서비스의 경우 어느 단체 소득의 75% 이상이 해당 업종에서 발생하면 전체를 Amount A 적용대상에서 제외한다.

193 예를 들어, 원유를 가공한 LNG, LPG, 디젤 등을 들 수 있다.

Pillar 1 모델규정 초안은, 그룹의 최종 모회사가 적격 기업회계기준에 따른 연결재무제표를 작성하지 않은 경우, 해당 모회사는 이 법에 따라 작성하였어야 하는 연결재무제표를 '수용가능한 기업회계기준Acceptable Financial Accounting Standards'에 따라 작성해야 한다고 규정하고 있다.

② 과세연계점Nexus

적용대상Scope에 관한 조항이 Pillar 1 Amount A 세금의 납세의무자를 확정하는 역할을 하고 있다면, 과세연계점Nexus에 관한 조항은 Pillar 1 Amount A 세금에 대한 과세권을 갖는 국가를 확정하는 역할을 한다. 즉, OECD/G20의 Pillar 1과 Pillar 2 관한 최종합의문에서 공표된 것과 같이 Amount A의 총량Quantum은 적용대상이 되는 다국적기업In-Scope MNE의 통상이익률(10%)을 넘는 초과이익 중에서 시장기여분(25%)이 되는데, 오직 과세연계점이 인정되는 국가만이 이러한 Amount A를 배분받을 수 있다. 과세연계점이 인정되는 국가 간 Amount A의 안분 비율은 각 국가에 귀속되는 매출액의 비율에 따라 이루어진다.

과세연계점(Nexus)은 시장소재지국의 Pillar 1 과세권을 인정하는 기준이 된다는 점에서, 전통적인 국제조세 체제에서 사업소득에 대한 원천지국의 과세권을 인정하는 기준인 고정사업장Permanent Establishment: PE과 유사한 측면이 있다. 다만, Pillar 1 과세제도는 전통적인 국제조세 체제를 그대로 둔 채로 새로운 과세권을 창설하려는 것이므로 Pillar 1의 과세연계점 개념은 Pillar 1 세금을 판정하는 국면에서만 사용되어야 하고, 기존 국제조세 체제에서의 고정사업장 개념과는 관련이 없다. 즉, 모델규정 초안에서 규정하는 과세연계점은 그 과세연계점이 존재하는 국가가 Pillar 1에 따른 과세권이 존재하는 여부를 판정하는 기준일 뿐 다른 의미를 갖지는 않는다.

③ 매출 원천 규칙Revenue Sourcing Rule

Pillar 1 모델규정 초안에 따르면, 원칙적으로 매출을 발생시키는 개별 거래마다 매출 원천지 판정이 이루어져야 한다. 이때 '거래'란 수입을 발생시키는 개별 항목을 의미한다. 하나의 계약에 포함되더라도 여러 재화 또는 용역이 각각 다른 가격에 공급되는 경우에는 복수의 거래가 있다고 보아야 한다. 다만, 개별 거래마다 판정하는 것이 불가능한 경우에는 일정한 배분 기준Allocation Key이 적용된다. 이때 배분 기준이란 거시경제 지표Macro-economic Proxy 등에 기반한 것으로서 매출 금액을 그 발생국에 배분시키는 기준을 의미한다.

모델규정 초안에 따르면, 기본적으로는 매출이 발생한arise 국가가 그 매출의 원천지Source가 된다. 또한, 대상그룹의 매출은 상품 · 서비스 등 유형별로 각각의 매출 귀속 기준 및 이에 부합하는 '구체적 신뢰가능한 지표'에 따라 최종 소비된 시장소재지국에 귀속된다. 다만, 규정된 신뢰가능한 지표사용이 어려운 경우 대상그룹이 자체 개발한 '대안적 신뢰가능한 지표proxy'도 허용된다.[194] 다만, 서로 다른 요소가 결합된 거래에서 발생한 매출이 하나 이상의 매출 구분에 해당하는 경우, 해당 매출의 원천지는 지배적인 성격Predominant Character의 매출 구분에 따라 결정된다. 부수적인 거래에서 발생한 매출의 원천지는 주된 거래Main Transaction에서 발생한 매출을 기준으로 결정할 수 있다. 한편, 합리적인 노력을 다해도 위에서 언급한 신뢰가능한 지표들을 모두 사용할 수 없는 경우에는, 예외적으로 간접지표인 배분기준(예: GDP, 최종소비지출)을 사용하는 것도 허용된다. 아울러, Pillar 1 제도 시행 첫 3년인 초기 전환기에는 간접지표인 배분기준을 사용하는 것이 가능하다. 이에 대한 세부내용을 정리하면 다음과 같다.

(i) 재화

모델규정 초안은 완제품과 중간재를 구분하여 각각의 매출 원천 기준을 정하고 있으나, 재화에 관하여 기본적으로 완제품의 최종 소비지 규칙Finished Goods & End Market Rule을 채택하고 있다. 구체적으로는, ⓐ 완제품Finished Goods의 경우

194 이 경우 최종 소비지 식별이라는 취지에 부합해야 하고, 조세확실성 패널의 인정을 받을 필요가 있다

원칙적으로 최종 고객에게 완제품을 인도한 장소의 소재지국을, ⓑ 완제품 중 디지털 재화의 경우 최종고객이 소비자라면 소비자의 소재지를, 사업자라면 재화의 사용지를 매출의 원천지로 한다. 그리고 ⓒ 중간재Components 판매 거래의 매출 원천지는 최종 고객에게 중간재가 통합된 완제품을 인도한 장소의 소재지를 매출의 원천지로 한다.

(ii) 용역

용역 제공 거래의 매출 원천지에 대해서는 용역의 유형별로 나누어 각 기준을 정하고 있다. ⓐ 특정 장소에서 공급되는 용역Location-Specific Services은 해당 용역의 수행지를, ⓑ 광고 용역은 온라인 광고의 경우 시청자의 소재지를, 그 밖의 광고의 경우 광고게재 또는 수신 장소를, ⓒ 온라인 중개 용역은 유형재화 및 디지털 재화/용역의 중개의 경우 해당 매출의 1/2씩을 각 구매자 소재지와 판매자 소재지에, ⓓ 오프라인 용역 중개의 경우 해당 매출의 1/2씩을 각 구매자 소재지와 오프라인 용역의 수행지에, ⓔ 운송 용역은 여객 운송의 경우 목적지에, 화물 운송의 경우 출발지 또는 목적지에, ⓕ 고객 보상 프로그램은 활성 회원수 비율로 안분하여 각 국가에, ⓖ 자금 대여는 채무자가 소비자인 경우 소비자 소재지에, 채무자가 사업자인 경우 용역의 사용지에, ⓗ B2C 용역은 앞서 열거된 규정들이 적용되지 않는 경우 소비자의 소재지에, ⓘ B2B 용역은 앞서 열거된 규정들이 적용되지 않는 경우 용역의 사용지에 그 매출이 귀속된다.

(iii) 무형자산 및 이용자 정보

무형자산에 대한 허여, 판매 또는 양도 거래에 대해서는 무형자산이 용역 수행에 활용되는 경우에는 해당 용역의 사용지를, 그 밖의 모든 경우에는 최종 고객의 무형자산 사용지를 매출 원천지로 한다. 그리고 이용자 정보(User Data)에 대한 허여, 판매, 또는 기타 양도 거래에 대해서는 해당 정보와 관련된 이용자의 소재지를 매출 원천지로 한다.

(iv) 부동산, 정부 보조금, 고객외 매출

부동산에서 발생하는 매출의 원천지는 부동산의 소재지로 한다. 정부 보조금에서 발생하는 매출의 원천지는 해당 보조금을 제공하거나 또는 관련 자금을 지원하는 정부가 속한 국가로 한다. 고객외 매출Non-customer Revenues은 발생한 매출이 귀속되는 국가들에게 그 매출액에 비례하여 배분 또는 귀속시키는 것으로 한다.

④ 과세소득의 산정

모델규정 초안에 따르면, 대상그룹의 조정 세전이익은 대상그룹의 연결재무제표에 기록된 회계상 순이익 · 손실에 일정한 세무조정 및 결손금 공제를 거쳐 산정한다. 세무조정 방식은, 세금비용과 '제외된 배당Excluded Dividends', '제외된 지분손익Excluded Equity Gain or Loss', 정책적으로 불인정되는 비용 및 '제외단체Excluded Entities의 재무회계손익'은 포함시키지 않는다.

한편 결손금은 Pillar1 제도 시행전 3년분 결손금을 포함하는데 이월된 결손금은 시간순으로 조정 소득에서 공제되며 총 10년간 이월 공제가 허용된다.

⑤ 과세소득의 배분

대상그룹의 조정후 세전이익에서 통상이익(즉, 매출액의 10%)을 초과하는 소위 초과이익의 25%에 대해서는, 매출귀속기준에 따라 산정된 국가별 귀속 매출비중에 비례하여 과세소득의 배분이 이루어진다. 이를 산식으로 표현하면 다음과 같다.

> 특정국에 배분되는 과세소득
> = [대상그룹의 조정후 세전이익 - (총매출x10%)] × 25% × (특정국 귀속 매출/총매출)

⑥ 이중과세 제거Elimination of Double Taxation

모델규정 제7조~제11조는 대상그룹의 Pillar 1 과세권을 시장소재지국에 재배분함에 따라 다른 국가에서 이미 전통적 과세방식으로 과세한 것과 이중과세가 발생하는 상황에서 이를 조정하는 절차에 대해 규정하고 있다. 이러한 이중과세 제거를 위한 첫 번째 절차는 이중과세 제거 책임을 부담할 관할국jurisdiction을 식별하는 것이다. 이 단계에서 핵심 요소는 '제거대상 이익Elimination Profit'인데, 이는 Pillar 2 규칙에서 글로벌 최저한세 대상 이익GloBE Income을 구하는 작업과 유사하다.

이중과세 제거를 위한 두 번째 단계는, Elimination Profit이 그룹 전체의 최소 95%에 해당하거나 Elimination Profit이 5천만 유로이상인 국가들로 구성되는 소위 '특정 관할국들Specific Jurisdictions'을 결정하는 것이다. 이중과세를 제거해야 하는 의무를 배분하는 메커니즘은, 대상그룹에 있는 기업들 중 초과이익을 얻는 기업들이 소재하는 관할국들이 의무를 적정히 부담하도록 하는 것을 목표로 하여 설계되었다. 특정 관할국들 중 어느 국가가 얼마 만큼의 이중과세 경감relief을 부담하도록 할 것인가를 결정하기 위한 배분방식은 기본적으로 폭포식 접근방법waterfall approach을 사용하는데 그 내용은 다음과 같다.

특정 관할국들은 수익성profitability에 따라 4개의 계층으로 그룹화된다. 수익성은 그룹의 전체 수익성 대비 관할국의 '감가상각 및 급여 수익률Return on Depreciation and Payroll: RODP'을 참조하여 측정된다. RODP는 관할국의 Elimination Profits을 적격 감가상각비 및 급여비용으로 나누어 계산한다.

특정 관할국들 중 Tier 1에 속하는 국가들은 해당 국가의 RODP가 그룹 전체 RODP의 1500% 이상인 국가들로서 가장 수익성이 높은 계층의 국가들이다. Tier 1 관할국들은 과세 이익의 감소를 통해 이중과세를 제거해야 하는 최초 단계의 국가들이다. Tier 1에서 RODP가 가장 높은 관할국은, Tier 1에서 RODP가 두 번째로 높은 국가과 같아질 때까지 과세 소득을 줄여야 한다. 첫 번째 관할국이 두 번째 관할국과 동일한 RODP에 도달하게 되면 해당 관할국들은 세 번째 관할국의 수준에 도달할 때까지 RODP를 공동으로 줄여 나가야 한다. 이와 같은 과정은 그룹의 모든 Amount A가 소진될 때까지 계속된다.

한편 이중과세가 Tier 1 이익만으로 완전히 제거되지 않는 경우, Tier 2 관할국(즉, RODP 〉150%인 국가들)은 다국적기업그룹의 Amount A가 모두 배분되거나 Tier 2 이익이 모두 소진될 때까지, 해당 계층 내에 있는 국가들의 이익이 해당 다국적기업그룹 전체이익에서 차지하는 비율에 비례하여 이중과세를 경감해야 한다. 마찬가지로 이중과세가 Tier 1 및 Tier 2의 이익만으로 완전히 제거되지 않는 경우, Tier 3A (RODP 〉40%인 국가들) 및 Tier 3B (RODP 〉10%인 국가들)에게 순차적으로 그리고 동일한 방식으로 적용된다. 그러나 초과이익의 배분이 없는 관할국은 Amount A에서 발생하는 이중과세를 경감해야 하는 의무는 부담하지 않는다. 한편 이중과세 제거를 위한 세부 쟁점에 대한 논의는 현재 OECD IF에서 진행중이다.

⑦ 마케팅·유통이익 세이프하버Marketing and Distribution Profits Safe Harbour: MDSH

마케팅 · 유통이익 세이프하버(MDSH)는 과세소득 계산시 "이중 계산double counting"문제를 해결하기 위해 개발된 개념이다. 예를 들어, 만일 시장소재지국이 다국적기업의 초과이익에 대해 한번은 전통적인 기존 과세방식에 따라 (주로 이전가격 과세방식으로) 과세하고, 다시 Amount A 과세방식으로 해당 이익에 대해 과세한다면 이것은 하나의 소득에 대해 이중으로 과세소득을 산출하는 것이다. 이러한 상황이 발생되는 것을 막기 위해, 만일 시장소재지국이 다국적기업의 초과소득에 대해 이미 과세를 하였다면 그만큼은 Amount A 계산시 국별 과세소득 배분을 면제하거나 감소되도록 하는 장치를 마련할 필요가 있다.

그 적용방식은, ❶대상그룹의 특정국내 초과이익중 일정한 비율에 해당하는 이익과 ❷특정국에 배분될 Pillar1 과세소득(Amount A)를 비교하여, ❶〉❷인 경우에는 특정국에 대한 Pillar1 과세소득 배분을 면제하고, ❶〈❷ 인 경우에는 특정국에 "❷-❶"에 해당하는 금액만을 Pillar1 과세소득으로 배분하는 것이다. 다만, MDSH상 초과이익 산정방식, 초과이익 중 일정한 비율에 따른 이익, 적용국가 그리고 이중과세 제거와의 상호 관계 등은 현재도 OECD IF에서 논의 중이다. 그런데 Pillar 1의 Amount A에 관한 진행보고서는 현재 OECD IF 논의중인 과세소득 배분에 관한 공식을 앞에서 언급한 '제거대상 이익Elimination Profit'이라는 개념을 사용하여 다음과 같이 소개하고 있다.

$$Q = (P - R \times 10\%) \times 25\% \times L / R$$

Q : 특정 과세연도에 시장소재지국에 배분되어야 할 다국적기업그룹의 이익
P : 특정 과세연도의 다국적기업그룹의 시장소재지국 세전 조정이익
R : 특정 과세연도의 다국적기업그룹의 시장소재지국의 매출액
  10%: 수익률 기준threshold
  25%: 재분배 비율
L : 매출원천 규칙Revenue Sourcing Rule을 적용하여 산출한 특정 과세연도의 다국적기업그룹의 시장소재지국 매출액으로서, 과세연계점Nexus 조건을 충족하는 금액

다만, 위 Q 금액은 최소기준으로 설정하는 일정 금액 이상일 경우에만 적용한다. 그런데 위 Q 금액은 최종적으로 다음과 같은 공식을 통해 산출하는 '마케팅 · 유통이익 세이프하버(MDSH)'금액을 차감하여 구한다.

$$M = MIN\ [(EP\text{-}PEP) \times Y\%\ ,\ Q]$$

M : 마케팅 · 유통이익 세이프하버MDSH
EP: 특정 과세연도의 다국적기업그룹의 시장소재지국에서의 제거대상 이익Elimination Profit[195]
PEP: EP의 일정부분으로서 시장소재지국에서의 RODP에 일정비율을 곱한 금액과 40% 중 큰 금액을 말한다.
Y: 상쇄비율offset percentage을 말하며 MDSH의 조정 메카니즘에 따라 상계가 가능한 시장소재지국의 잔여이익residual profits의 일부이다.

195 즉 해당 시장 소재지국에서 중복하여 과세된 이익으로서 해당 금액만큼 제거되어야 한다는 의미를 내포하고 있다.

⑧ 세무행정Administration

(i) 세무신고

다국적기업그룹들은 원칙적으로 각국의 법인세 제도에 따라 Pillar 1 계산에 따른 신고 · 납부와 이중과세 제거를 위한 조치를 취하되, 효율적 집행을 위해서는 Pillar 1에 관한 국제적으로 다음과 같은 일관된 세무행정체계를 수립한다. 우선 Pillar 1 과세기준에 따라 발생하는 세액에 대해서는 각국의 선택에 따라 국내법상 신고절차 또는 별도의 간소화 절차를 기초로 하여 Pillar 1 관련 세무신고를 해야 한다. 여기서 간소화 절차란, 다국적기업그룹의 어느 한 기업이 표준화된 세무신고서를 제출하게 되면 각 시장소재국에서 Pillar 1 신고를 개별적으로 한 것으로 갈음할 수 있도록 하고, 세액납부도 적정시점에서 이루어지도록 마련된 간소화된 표준 절차를 말한다. 이 경우 세무신고를 하는 기업은 대표과세당국(대부분의 경우 최종모기업의 과세당국)에 공통된 서류(즉, 표준화된 세무신고서 및 공통문서패키지)를 사업연도 종료 후 12개월내에 신고해야 한다.

신고를 받은 대표과세당국은 15개월내에 관련 국가들과에 정보를 공유해야 하고 해당 기업은 18개월내에 관련 세액을 납부해야 한다. 한편, 관련 국가는 국제적 이중과세를 자국의 세법에 따라 제거해 주어야 한다.

Pillar 1 대상그룹 내에 납세의무가 있거나 이중과세조정이 필요한 구성기업들 모두가 해당 관할국의 과세당국에 대해 신고 의무를 부담한다.

(ii) 납부의무

신고한 세금의 납부의무자 결정 방법에 대해서는 OECD IF 참여국들 사이에 현재 2가지 방식이 논의 중이다. 첫 번째 방식은, '단독 납세의무자 방식'인데, 이에 따르면 대상그룹 내에 지정된 하나의 구성기업Designated Entity이 각 해당국들에 대해 신고 및 납부의무를 부담한다. 두 번째 방식은 '다수 납세의무자 방식'인데, 이는 대상그룹내 다수의 구성기업이 각국에 각각 신고의무와 납세의무를 부담하되, 그룹 내 하나의 대리기업Agent이 단독으로 세무신고와 납부를 대리하는 방식이다.

한편 각국의 선택에 따라 세법상 납부기한 또는 간소화 절차상 납부기한(즉, 사업연도 종료후 18개월) 내에 Pillar 1 관련 세금을 납부해야 한다. 또한 납세의무를 부담하는 기업이 세액을 미납할 경우, 최종모기업이 이차납세의무를 부담한다.

(iii) 이중과세의 제거

원칙적으로 '이중과세제거 부담국'이 자국의 법인세법에 따라 자율적으로 이중과세의 제거의무를 이행해야 한다. 여기서 '이중과세제거 부담국'이란 해당 그룹이 시장소재지국에 납부한 Pillar 1 관련 세액에 대해 이중과세 제거의무를 부담하는 국가로서, 해당 그룹의 국가별 이익률이나 잔여이익이 높은 국가를 말한다. 다만, 이중과세제거 기간이 과도하게 지연되지 않도록 하기 위해 각국에 공통 적용되는 기한이 설정되었는데, 이에 따르면 해당 국가는 사업연도가 종료하고 18개월이 경과한 후 일정기간 내에 이중과세를 제거해 주어야 한다. 한편 해당 기업은 이중과세제거 조치를 한 후 일정기간 내에 이중과세제거 부담국의 과세당국에 Amount A 납부증빙을 제출해야 한다.

⑨ 조세확실성Tax Certainty

앞에서도 이미 기술하였듯이, 전 세계적으로 Pillar 1 세제가 도입되면 해당 기업과 Pillar 1 세제 적용 국가 사이에 또는 최종모기업 소재지국과 시장소재지국 사이에 조세분쟁이 발생할 가능성이 있으므로, 이를 사전에 예방하거나 사후에 해결하도록 함으로써 조세확실성을 제고할 필요가 있다. OECD IF 참가국들은, 2021년 10월 Pillar 1 최종합의시 Pillar 1의 Amount A 관련 분쟁은 의무 · 강제적인 절차를 통해 조정되고, Amount A에 대한 과세를 채택 · 운영하는 모든 국가는 해당 결과에 구속된다는 원칙에 합의하였다. 그 뒤로 이러한 원칙을 구현하기 위한 세부절차 수립에 대한 논의가 지속되었는 바, 다음과 같은 논의가 현재 진행되고 있다.

분쟁의 유형을 크게 '① Pillar1 Amount A 관련 쟁점'과 '② 기타 관련 쟁점'으로 나누어 각각 해당 쟁점을 해결하기 위한 절차에 대해 협의를 하고 있다.

(i) Pillar 1 Amount A 관련 쟁점 절차

우선 'Pillar 1 Amount A 관련 쟁점'은 쟁점의 성격에 따라 다음의 3가지 절차로 구분한다.

- 「적용대상 확실성」 절차

  「적용대상 확실성」 절차란, '대표과세당국'이나 '리뷰 패널'이 특정 기업의 Amount A 적용대상 여부를 판단하는 절차를 말한다. 여기서 '대표과세당국'이란, Pillar 1 대상그룹의 최종모기업 소재지 과세당국을 말한다. 또한 '리뷰패널'이란, 대표과세당국의 세무공무원 1명과 그 밖의 당사국 세무공무원등 6명으로 구성된 패널을 말한다.

  이 경우 적용대상 요건 미충족 여부 등 간단한 사례에 관해서는 대표과세당국이 검토하고, 소위 적용제외 매출업(채굴업 및 규제금융업 등) 관련 쟁점등에 대해서는 리뷰패널이 검토한다.
- 「사전확실성」 절차

  「사전확실성」 절차란, 기업의 매출귀속 기준과 적용제외 매출 적용방법에 대해 리뷰패널이 재무제표 등과 같은 관련 정보를 바탕으로 미리 사안을 검토하는 절차를 말한다. 여기서 매출귀속 기준이란, 과세권 배분을 위한 국가별 매출귀속을 판정하는 기준으로서 매출되는 제품유형에 따라 그 적용방법이 다르게 결정된다. 한편 적용제외 매출이란 채굴업이나 규제금융업 등 적용제외 업종과 관련된 매출액을 의미한다.
- 「포괄적 확실성」 절차

  「포괄적 확실성」 절차란, Amount A의 계산이나 배분 등과 같은 관련 쟁점 전반에 대해 검토를 하는 절차를 말한다. 대표과세당국이 요청한 때와 같은 특정 경우[196]에는 리뷰패널이, 그 밖의 경우에는 대표과세당국이 검토를 한다.

위에서 정리한 바와 같이 '대표과세당국'또는 '리뷰패널'이 Amount A 분쟁을 검토하며, 관련 국가는 그 결과에 구속된다. 한편, 동 절차를 통해서도 합의가 되지 않는 경우에는 결정패널이 최종적으로 판단을 한다. 구체적인 결정패널 구성 방식에 대해서는 아직 OECD IF 참가국들간에 협의 중이다.

(ii) 기타 쟁점 관련 절차

기타 쟁점 관련 절차란, 상호합의MAP 절차에서 해결되지 못한 쟁점(예: 이전가격 조정)으로서, Amount A 결과에 간접적으로 영향을 주는 경우에는 Pillar 1 조세확실성 체계 내에서 진행되는 분쟁해결절차를 말한다. OECD 모델조세조약상의 중재arbitration 절차와 마찬가지로, 상호합의가 개시된 날로부터 2년내에 양국의 권한있는 당국들이 쟁점에 대해 합의를 이루지 못한 경우에는 상호합의 신청기업들은 분쟁해결 패널에 의한 결정을 신청할 수 있다. 분쟁해결 패널은 양국의 세무공무원 2명과 양국이 지명한 전문가 2명 그리고 이들 전문가 패널이 지정한 또 다른 전문가인 의장 1명, 총 5인으로 구성된다. 분쟁 패널은 의장이 지명된 후 180일 내에 쟁점에 대한 결정을 해야 한다.

한편 분쟁대응 역량이 낮은 개도국에 대하여는 이 절차를 선택적으로 적용할 수 있도록 특례를 허용하고 있다. 한편, 선택적용 가능 대상 여부는 주기적으로 재심사한다. 여기서 개도국 특례란, 상호합의 등과 같은 국제적 분쟁대응 경험이 적은 국가들을 배려하기 위해 채택된 것인데, ① BEPS Action 14(상호합의)의 동료평가에서 유예deferral 조치를 받음과 동시에 ② 상호합의에 의한 분쟁 건수가 없거나 적은 국가에 한정하여 허용된다.

196 기업의 포괄적 확실성 요청이 최초인 경우, 예전 확실성 검토가 기업의 미협조 혹은 신청철회로 종료된 경우 등이 이에 해당한다.

Amount B

Amount B란, 기본적인 마케팅 및 유통활동baseline marketing and distribution activities을 수행하는 다국적기업그룹의 계열회사 또는 고정사업장의 정상이익률을 의미한다. OECD IF 참여국들은, 업종별, 국가별, 지역별로 합의된 고정된 수익률(fixed return)을 해당 자회사나 고정사업장의 정상이익률로 보아 적용하기로 Pillar 1 협상 참여국들 사이에 합의를 하였다. Amount B 개념을 도입하는 취지는, 우선 과세당국의 이전가격 분석업무를 단순화simplify함과 동시에, 납세자의 납세의무 이행비용compliance costs을 경감하고 조세 확실성tax certainty을 제고하여 과세당국과 납세자의 분쟁을 최소화하려는 것이다.

Amount B 개념은 Amount A 대상기업 뿐만 아니라, 모든 기업all business sectors에 대해 적용하되, 재화의 소유권을 갖는 재판매업체buy/sell distributors에 한정하여 적용한다. 그러나 기존에 정상가격산출방법 승인Advance Pricing Agreement: APA을 받은 내용과 상호합의 절차Mutual Agreement Procedure: MAP에 따라 과세당국간 합의한 내용은 Amount B와 관계없이 그대로 효력이 유지된다. Amount B 산출을 위한 구체적인 방법과 내용은 2024년 1월말 현재 OECD IF 참여국들간에 협의 중이다.

9 우리나라 세제에 반영된 Pillar 2 (글로벌최저한세)의 주요 내용

2021년 10월에 최종합의한 Pillar 2의 핵심 내용을 정리하면, 국제적인 세원잠식 및 과세소득 이전BEPS을 통한 조세회피를 차단하기 위해 글로벌 최저한세율을 15%로 설정하고. 특정 다국적기업그룹이 이에 미달하는 경우에는 (i)소득산입규칙[197], (ii)비용공제 부인규칙[198] 및 (iii)원천지국 과세규칙[199]을 통해 15%까지는 과세를 해야 하는 원칙을 OECD IF 회원국이 준수해야 하는것이다.

OECD IF 참여국들이 Pillar 2에 관하여 최종합의한 사항은, 회원국들이 반드시 도입해야 할 의무가 있는 '최소기준Minimum Standard'에는 해당하지 않지만, 그 성격은 '공통접근Common Approach 방식'을 채택했다고 말할 수 있다. 즉, OECD IF 참여국들은 합의한 Pillar 2의 내용을 국내 세법 상 반드시 도입해야 하는 것은 아니나, 일단 도입을 하는 경우에는 OECD IF 회의를 통해 합의한 내용과 방식을 준수해야 하는 것이다. 만약 해당국이 OECD IF에서 합의된 방식과 다른 방식으로 입법을 한다면 해당 국가는 글로벌최저한세[200]를 도입하지 않은 것으로 간주되어 다른 국가가 대신 Pillar 2에 부합하는 글로벌최저한세를 법제화하여 해당 소득에 대해 과세권을 행사할 수도 있는 것이다. OECD IF가 이와 같은 방식의 공통접근 방식의 원칙을 채택한 이유는, 새로 도입되는 글로벌 최저한세에 대해서는 전 세계적으로 동일한 내용의 규칙이 일관되게consistent 도입되고 시행되도록 함으

197 자회사 미달세액 발생 시 이를 모기업이 모기업 관할국에 납부하는 규칙이다.

198 소득산입규칙 미적용 시 다국적기업 그룹 내 다른 기업들이 미달세액을 자국에 납부하는 규칙이다.

199 원천지국에서 거주지국으로 지급하는 금액이 거주지국에서 9% 미만으로 과세되는 경우 원천지국에서 미달세액에 대해 과세할 수 있는 규칙이다.

200 'Global Anti-Base Erosion'의 약자를 사용하여 GloBE 규칙이라고 칭하기도 한다.

로써 국가간 과세원칙의 차이를 통한 조세회피 가능성을 방지하고, 최저한세 제도의 국제적 운용의 실효성을 확보하려고 했기 때문이다.

OECD IF는 2021.12.20.에 Pillar 2에 관한 모델규정(이하 'Pillar 2 모델규정')을 발표하였는데, 그 내용은 위에서 언급한 3개의 규칙 중 (i) 소득산입규칙과 (ii) 비용공제 부인규칙을 각국이 국내 세법 체계내에 손쉽게 법제화할 수 있도록 표준 문안을 제시한 것이다. 그 후 2022년 상반기에 'Pillar 2 모델규정'의 각 조항에 관한 세부 설명내용이 포함된 주석서(Commentary)와 사례집도 발간되었다. 한편 원천지국 과세규칙에 대한 모델규정은 2023년 10월에 발간되었으나 이 규정에 대한 각국의 서명절차는 아직 본격적으로 진행되고 있지 않은 상태로서 이 규정이 시행되려면 향후 1년 이상의 기간이 필요할 것으로 전망된다. 아래에서는 2021년 10월에 OECD IF 참가국들이 합의한 Pillar 2의 주요 내용과, 2022년 12월에 OECD IF가 발간한 Pillar 2 모델규정의 주요 내용을 정리하였다.

글로벌최저한세 모델규정의 주요내용

(1) 적용범위Scope

글로벌최저한세 적용 대상인 다국적기업그룹의 범위는 '직전 4개 회계연도 중 2개 이상의 연결매출액 7.5억 유로(약 1조원)'인 다국적기업그룹이다. 여기서 '다국적기업그룹Multinational Enterprise Group'이란, 최종모기업의 관할국이 아닌 다른 관할국에 소재하는 기업 또는 고정사업장을 두고 있는 기업그룹을 말한다. 또한, GloBE 규칙에서 핵심적인 개념인 '구성기업Constituent Entity'이란 다국적기업그룹의 최종모기업의 연결재무제표에 포함되는 법인 및 별도의 회계계정이 있는 파트너십 · 신탁 등을 말하며 이에는 고정사업장이 포함된다. 한편 정부기관, 국제기구, 비영리기구, 연금펀드, 최종모기업의 지위에 있는 투자펀드 · 부동산투자기구에 대해서는 글로벌최저한세 적용이 원칙적으로 배제된다. 이와 같이 글로벌최저한세 적용이 배제되는 단체를 '제외기업Excluded Entity'이라고 부른다.

(2) 소득산입규칙

소득산입규칙Income Inclusion Rule, 'IIR'이란, 해외의 고정사업장 또는 자회사의 소득이 글로벌최저한세율(15%) 미만으로 과세되는 경우, 모기업의 거주지국에서 해당 소득을 모기업의 소득에 가산하여 과세하는 규칙을 말한다. 즉, 이 규칙에 따르면 모기업은 저율과세 구성기업의 추가세액 중 소득산입비율[201]에 해당하는 금액을 모기업 관할국에 납부해야 하는 의무를 부담한다. 예를 들어, 〈그림 III-6〉에서, A국에 최종모기업(A)을 두고 있는 다국적기업그룹이 B국에 기업 B를 두고 있는데 기업 A는 기업 B 지분의 60%를 보유하고 있다고 가정한다. 만일 기업 B의 이익이 100만달러이고 실효세율이 10%라면, 기업 B의 추가세액은 5만달러 [= (15% −10%) × 100만달러]가 된다. 여기서 기업 A의 기업 B에 대한 소득산입비율은 60%[=(100−40)÷100]이므로 기업A는 3만달러 [= 5만달러 × 60%]만큼의 세금을 A국 과세당국에 납부해야 한다.

[그림 III-6] 소득산입규칙(1)[202]

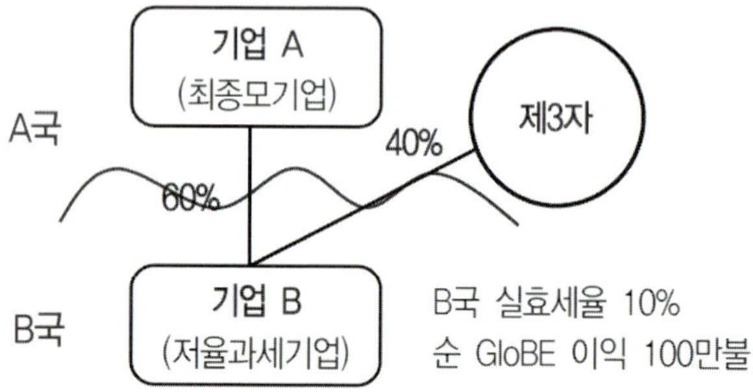

소득산입규칙은 하향식 접근방법을 채택하고 있다. 예를 들면, 최종모기업 소재 관할국이 소득산입규칙을 도입하지 않은 상황에서 만일 차상위 모기업 소재지

201 구성단체의 GloBE 이익 중 제3자 귀속분을 제외한 비율을 의미한다.

202 기획재정부, "디지털세 Pillar 2 모델규정 공개－글로벌 최저한세 도입을 위한 입법 지침 합의", 보도참고자료(2021.12.20.), 7면.

국이 소득산입규칙을 도입했다면 차상위 모기업 소재지국에서 소득산입규칙을 적용하여 과세권을 행사할 수 있다. 예를 들면, 〈그림 III-7〉에서 기업 C의 추가세액이 10만달러라고 가정하는 경우 A국 · B국 모두 소득산입규칙을 도입했다면, 기업 A가 10만달러 만큼을 A국 과세당국에 납부해야 한다. 그러나 만일 A국은 소득산입규칙을 도입하지 않았으나, B국은 도입했다면 기업 B가 10만달러를 B국 과세당국에 납부해야 하는 의무가 발생한다.

[그림 III-7] 소득산입규칙(2)[203]

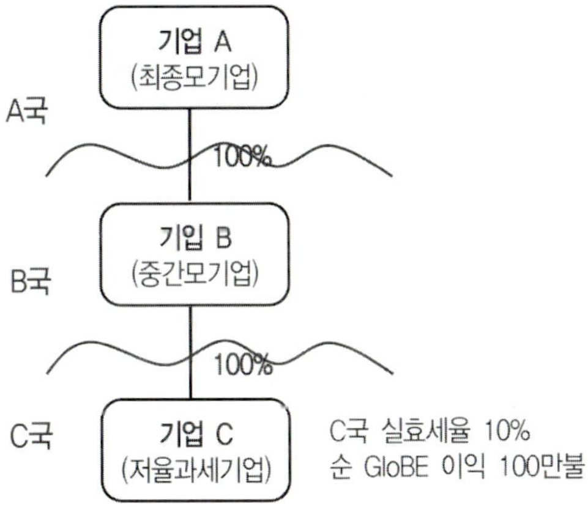

또한 다국적기업그룹에 속하지 않는 제3자가 20%를 초과하는 지분을 보유한 중간 모기업(해당 기업을 '부분소유 모기업Partially-Owned Parent Entity'라고 칭함)인 경우, 그 부분소유 모기업의 관할국이 과세권을 가지고 추가세액에 대한 과세권을 가진다. 예를 들어, 아래 〈그림 III-8〉에서 기업 C의 추가세액을 10만달러로 가정하고, A국과 B국이 모두 소득산입규칙을 도입하였으며 기업 B는 제3자가 지분 40%를 소유하고 있는 부분소유 모기업이라고 가정하면, 기업 A는 소득산입규칙을 적용할 수 없고 기업 B가 소득산입규칙을 적용하여 10만달러의 추가세액을 B국의 과세당국에 납부해야 하는 것이다.

203 기획재정부, 전게 보도참고자료, 7면.

[그림 III-8] 소득산입규칙(3)[204]

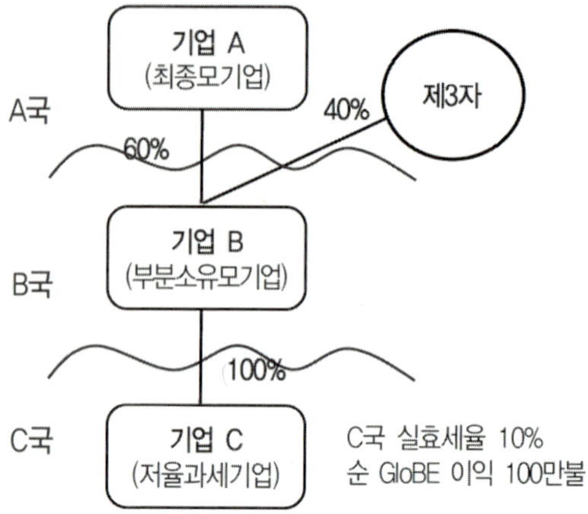

(3) 비용공제부인규칙

비용공제부인규칙Undertaxed Payments Rule(UTPR)이란 소득산입규칙이 적용되지 않는 저세율국 소재 구성기업에 비용을 지급하고 이를 세무상 공제받는 다른 국가 소재 구성기업은 해당 저세율국 소재 구성기업의 실효세율이 글로벌 최저한 세율(15%)에 도달하는 만큼의 세금을 부담해야 한다는 규칙으로서 국조법에서는 '소득산입보완규칙'으로 규정하고 있다. OECD IF 참여국들 간의 Pillar 2에 관한 최종합의에 따르면, 글로벌 최저한세 적용을 위해서 소득산입규칙을 우선 적용하도록 규정하고 있으므로 비용공제부인 규칙은 소득산입 규칙의 보완적 규정backstop이라고 말할 수 있다. 즉, 저세율국 소재 구성회사를 직·간접 지배하는 최종 모기업의 실효세율이 15% 미만의 저율로 과세되거나 모기업 관할국이 소득산입규칙을 도입하지 않는 경우에 한해 비용공제부인규칙이 적용되는 것이다. 각국은 '관할국에 배분된 UTPR 추가세액'만큼 관할국 내 구성기업들의 세부담이 증가할 수 있도록 비용공제를 부인하며, 추가세액은 다음 산식에 의해 배분한다.

204 기획재정부, 전게 보도참고자료, 8면.

$$\text{배분비율} = 50\% \times \frac{\text{해당 관할국 종업원 수}}{\text{모든 관할국 종업원 수}} + 50\% \times \frac{\text{해당 관할국 유형자산}}{\text{모든 관할국 유형자산}}$$

여기서 '모든 관할국'은 비용공제부인규칙을 도입한 모든 관할국을 가리킨다.

(4) 원천지국 과세규칙

원천지국 과세규칙Subject to Tax Rule: 'STTR'이란, 소득을 저세율국으로 이전함으로써 발생하는 원천지국의 세원잠식을 방지하기 위한 보완적 규칙으로서, 저세율국 소재 국외 관계사에 대한 지급금(즉, 이자, 사용료, 용역대가등을 지급하는 회사의 세무상 비용으로 처리되는 항목)에 대해 최저한 세율로 설정한 세율 (즉, 9%)[205]보다 낮은 명목세율이 적용되는 경우 해당 관계사가 소재하는 저세율국과 체결한 조세조약에 따라 최저한세율까지 추가세액 과세권을 인정하도록 하는 것이다. 이 경우, 저세율국 여부 판정은 실효세율이 아닌 명목세율로 판단할 수 있도록 함으로써 제도 운용의 단순화를 도모하였다.

[그림 III-9] 원천지국과세규칙[206]

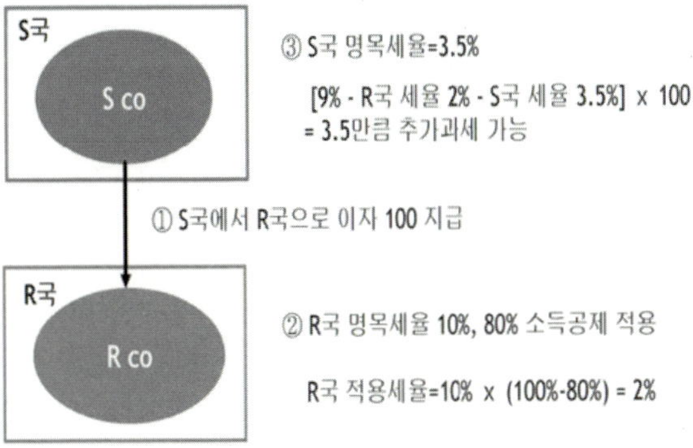

205 2021년 7월의 중간합의시에는 7.5%~9% 범위내에서 결정하기로 합의하였고, 2021년 10월에 최종적으로 9%로 합의하였다.

206 조문균 기획재정부 신국제조세규범팀장, "글로벌 최저한세(디지털세 Pillar 2) 논의 경과 및 주요내용 (발표자료)", 2021년 11월 월례 국제조세포럼 [OECD 한국센터 조세본부 · 한

〈그림 III-9〉의 사례에서 S국의 Sco가 R국의 Rco에 대해 이자 100을 지급하는 경우, 해당 이자에 대한 R국과 S국간의 조세조약상의 제한세율이 3.5%이고 동 이자에 대해 R국에서는 10%의 명목세율을 적용하지만 동시에 해당 지급금에 대해 80%의 소득공제가 허용되기 때문에 실제 적용세율은 2% [= 10%×(100%−80%)]이다. 이 경우 S 국에 추가로 과세할 수 있는 세금은 3.5 [= (9%−R국 세율 2%- S국 세율 3.5%) × 100]가 된다.

(5) 과세대상 소득 산출 방법

글로벌 최저한세 관련 과세대상소득은 각 구성기업의 회계상 순손익Net Income or Loss에 다음과 같은 조정을 거쳐 결정한다. 즉, 회계상 순손익은 세후 순손익인데 과세대상 이익은 세전손익으로 계산해야 하므로 '조세비용'은 가산항목이 된다. 다국적기업그룹내 '배당소득[207]'은 그룹 차원에서 보면 일종의 내부 거래에서 발생한 소득이므로 재무회계 순손익에서 차감해야 한다. 한편, 뇌물과 5만유로(약 7천만 원) 이상의 벌금과 과태료는 재무회계 순손익을 구하는 과정에서는 차감되었을 것이나, 대다수의 국가에서 과세목적상 이러한 금액은 과세목적상 공제를 허용하지 않으므로 회계상 순손익에 가산한다. 그리고 (i) 지분의 공정가치 변화에 따른 이익 · 손실, (ii) 지분법 이익 · 손실, (iii) 지분 처분에 따른 이익 · 손실 그리고 (iv) 기타포괄손익에 포함된 유형자산 재평가 이익 · 손실 그리고 (v) 이전 기간의 오류 및 회계정책 변경등은 그 성격에 따라 적정하게 차감하거나 가산해야 한다.

(6) 특수관계 기업 사이의 손익배분 방법

'Pillar 2 모델규정'은, 글로벌최저한세 목적상 '주된 기업Main Entity'과 '고정사

국국제조세협회 공동주최], 23면.

207 그러나 지분율 10% 미만의 지분(즉, 포트폴리오 지분)에 대한 배당 소득(1년 미만 보유 시에 한함), 공정가치 변화 이익 · 손실 및 지분 처분 이익 · 손실은 차감하지 않고 글로벌최저한세소득 · 결손에 포함시킨다.

업장'사이의 손익배분 방법에 대해서도 규정하고 있는데, 이에 따르면 고정사업장이 구성기업인 경우의 재무회계상의 손익은 고정사업장이 별도로 작성한 재무제표상의 손익을 의미한다. 만일 고정사업장 단위에서 별도로 작성한 재무제표가 없는 경우의 재무회계상의 손익은, 최종모기업의 연결재무제표를 작성할 때 사용된 기업회계 기준에 따라 만일 고정사업장이 별개의 독립기업이었다면 작성했었을 재무제표상의 손익을 의미한다. 따라서 주된 기업의 글로벌최저한세 손익 계산시 다른 나라에 소재한 고정사업장의 손익은 원칙적으로 고려하지 않는다. 그러나 고정사업장의 손실은 해당 손실이 주된 기업의 국내 과세소득 계산에서 비용으로 처리되는 만큼, 고정사업장이 아닌 주된 기업의 비용으로 처리된다는 점을 유념할 필요가 있다. 같은 맥락에서, 고정사업장에서 후속적으로 발생하는 글로벌최저한세 소득은 과거에 주된 기업의 글로벌최저한세 소득을 계산할 목적으로 비용으로 처리되었던 글로벌최저한세 결손금액이 모두 상쇄될 때까지 주된 기업의 글로벌최저한세 소득으로 취급된다.

(7) 국제해운 소득에 대한 특례

국제해운 소득이 있는 다국적기업그룹의 경우, 각 구성기업의 국제해운 소득과 적격 보조적 이익은 글로벌최저한세소득·결손계산시 제외한다. 여기서 적격 보조적 이익이란, 승객·화물 운송과 일차적으로 연계되어 수행되는 일정한 보조적 활동에서 발생하는 순이익을 의미하며, 국제해운 소득의 50%를 한도로 하여 인정된다.

(8) 조정대상조세의 계산Computation of Adjusted Covered Taxes

가) 조정대상조세

각 구성단체의 재무회계 순손익에 반영된 당기 법인세비용 중 대상조세 (즉, 이익 · 유보이익 · 자본에대한 세금, 소득세 대신 부과되는 세금 등)에 일정한 조정을 거쳐 글로벌최저한세 적용대상 조세를 산출한다. 그 주요 조정항목과 조정

방법은 아래와 같다.

첫째, 재무회계와 세무회계의 일시적 차이를 반영하기 위한 '총 이연법인세 조정 금액'을 글로벌최저한세 대상조세에 포함한다.

둘째, 글로벌최저한세 적용 대상 손익 계산시 제외되는 이익과 관련된 당기 법인세비용은 대상조세에서 차감한다.

셋째, 이미 환급 · 공제는 되었으나 당기 법인세비용의 감소로 처리되지 않은 세금은 대상조세에서 차감한다.

넷째, 적격 환급가능 세액공제 금액(또는 4년내 현금으로 환급이 가능한 금액)은 한편으로 글로벌최저한세 소득의 증가로 취급하므로 만일 대상조세에서 해당 금액을 이미 차감했다면 대상조세의 증가로 처리하며 그 외의 세액공제는 대상조세의 감소로 처리한다.

다섯째, 당기 법인세비용으로 계상되었으나 3년내에 납부되지 않을 것으로 예상되는 세액은 대상조세에서 차감한다.

나) 대상조세의 배분

어느 한 구성단체의 재무제표에 계상된 대상조세를 글로벌최저한세 소득 · 결손에 대응되도록 하기 위해 다른 구성기업으로 배분할 필요가 있는데 그 구체적인 내용은 다음과 같다.

① 고정사업장의 글로벌최저한세 소득 · 결손에 대응하는 조세가 주된 기업의 대상조세에 포함되어 있다면 해당 세액은 그 고정사업장의 대상조세로 취급한다.

② 구성기업이 도관체인 경우 그 도관체의 주주에게 배분된 글로벌최저한세 소득 · 결손관련 대상조세가 있다면 이를 그 주주의 대상조세로 취급한다.

③ 특정외국법인의 배당가능 유보이익중 조세피난과세제도[208]에 따라 주주에게

208 「국제조세조정에 관한 법률」 제27조의 '특정외국법인의 유보소득 배당간주'제도 (Controlled Foreign Company Tax Regime)를 의미한다.

과세되는 세액이 있다면 그 세액을 구성기업(즉, 특정외국법인)의 대상조세로 처리한다. 다만 이 경우 이자 · 사용료 등 수동소득에 대한 대상조세는 '수동소득 × (최저한세율-실효세율)'의 금액까지만 특정외국법인(즉 controlled foreign company, "CFC")에 배분된다.

④ 구성기업이 주주에게 지급하는 배당에 대한 조세가 있다면 이를 배당을 지급하는 구성기업의 대상조세로 처리한다.[209]

(9) 실효세율 및 추가세액의 계산Computation of Effective Tax Rate and Top-up Tax

실효세율effective tax rate는 구성단체가 소재하는 해당 관할국의 '글로벌최저한세 소득'을 분모로 하고 관할국 내 각 구성기업들의 '조정대상조세'를 합산한 값을 분사로 하여 관할국 별로 실효세율을 계산한다.

이를 산식으로 표현하면 다음과 같다.

$$\text{특정 관할국의 실효세율} = \frac{\Sigma(\text{각 구성기업의 조정된 대상조세})}{[\Sigma(\text{각 구성기업의 글로벌최저한세소득}) - \Sigma(\text{각 구성기업의 글로벌최저한세결손})]}$$

여기서 한가지 유념할 점은, 최종모기업의 지분율이 30% 이하인 구성기업들에 대해서는 이들을 별도의 다국적기업그룹 [즉, 소수지분 구성기업 Minority-Owned Constituent Entity]으로 보아 실효세율을 별도로 계산해야 한다는 점이다.

추가세액(Top-up Tax)은, 실효세율이 최저한세율에 미달하는 부분에 대하여 소득산입규칙이나 비용공제부인규칙(소득산입보완규칙)을 적용하여 계산한다.

209 구성기업과 최종모회사간의 지급되는 배당은 글로벌최저한세 소득 · 결손에서는 제외되나 이에 대한 세금은 대상조세에 포함된다.

이를 산식으로 표현하면 다음과 같다.

> 국가별 추가세액(Top-up Tax) = (최저한세율 - 국가별 실효세율) × (글로벌최저한세 소득 - 실질기반소득 제외) + (가산되는 당기추가세액[210]) - (국내 최저한세[211])

여기서 '실질기반 소득제외Substance-Based Income Exclusion'란, '급여' 및 '유형자산 장부가액'의 일정 비율(5%)[212]을 추가세액 계산 시 글로벌최저한세 순소득에서 공제하는 것을 말한다. 한편 'Pillar 2 모델규정'은 추가세액을 계산함에 있어 '최소적용제외De minimis Exclusion' 규정을 적용하고 있다. 즉, 어느 다국적기업그룹이 진출한 국가에서 최근 3년간 평균 매출액이 1천만유로 미만이고 평균 글로벌최저한세 순소득이 1백만유로 미만이라면 해당 국가에서의 추가세액은 없는 것으로 (즉 0으로) 간주한다.

(10) 조세행정Administration

글로벌최저한세 정보 신고GloBE Information Return는 개별 구성기업이 해당 관할국에 신고하는 것이 원칙이나, 해당 구성기업이 지정한 현지 기업이 대신하여 신고하는 것도 가능하다. 한편 '최종모기업 또는 지정 구성기업의 관할국'과 '구성기업의 관할국'사이에 권한있는 당국간의 협정이 있는 경우에는 최종모기업 또는 지정 구성기업의 관할국이 대신하여 위 신고를 하였다면 위 구성기업이 정보신고를 할 의무는 없다.

위 정보신고에는 (i) 다국적기업그룹 구조 및 각 구성기업의 관할국 관련 정보

210 이전 회계연도의 실효세율이 재계산되면서 추가세액이 새롭게 발생할 경우(예: 세율 변동에 따른 이연법인세비용 변동으로 실효세율이 최저한세율 미만으로 하락)에는 해당 금액을 당기 추가세액에 가산한다.

211 해당 구성단체 관할국에서 국내적으로 최저한세를 운영함으로써 기업들의 실효세율이 15%이상이 되도록 하는 경우에는 국내 최저한세액을 차감한다.

212 제도시행 후 10년 동안은 5%보다 높은 비율 적용하는 것을 말한다. 후술하는 경과규정 참조.

와, (ii) 실효세율 · 추가세액 계산에 필요한 정보, 그리고 (iii) 관할국 별 추가세액 등의 정보가 포함된다. 그리고 정보신고는 표준양식에 따라 회계연도 종료 후 15개월 이내에 이루어져야한다.

또한 세이프하버(Safe Harbour) 조치로서, 향후 글로벌최저한세 이행체계 GloBE Implementation Framework에 의해 일정조건을 만족시키는 구성기업들에 대해서는 해당 관할국 추가세액이 0이 되는 것으로 간주된다. 한편 각국은 향후 상호간에 체결할 '합의된 행정지침Agreed Administrative Guidance'에 따라 글로벌최저한세 규칙을 적용해야 한다.

(11) 경과규정Transition Rules

경과연도[213]의 실효세율은 '구성기업의 재무제표에 반영되어 있는 이연법인세 자산·부채'를 고려하여 계산한다. '실질기반 소득제외 공제율'은 원칙적으로 5%이나 글로벌최저한세 시행이후, '급여'의 경우에는 처음에는 10%에서 그리고 '유형자산'의 경우에는 처음에는 8%로 시작하여 10년동안 체감하여 10년 후에는 급여와 유형자산 모두 5%가 되도록 공제율을 체감시킨다.

한편 해외진출 초기단계 다국적기업그룹에 대해서는 5년간 비용공제부인규칙 적용이 제외될 수 있다. 이 조건을 충족시키려면 해당 다국적기업그룹은 6개 이하 관할국에 소재하고 유형자산이 가장 많은 관할국을 제외한 나머지 5개 관할국의 유형자산 순장부가치의 합이 5천만유로[214] 이하이어야 한다. 또한 세무신고 기한도 원칙적으로는 과세연도 종료후 15개월이지만 경과연도 기간 중에는 18개월로 완화된다.

213 2024.1.1. 이후 시작하는 첫 회계연도 또는 다국적기업그룹이 Pillar 2 대상이 되는 첫 회계연도를 말한다.

214 약 670억원 상당의 규모이다.

4장

해외투자시 고려해야 할 세무 이슈

1. 외국납부세액 공제의 종류와 적용방법
2. 해외자회사 수입 배당에 대한 익금불산입 제도
3. 조세피난과세(특정외국법인 유보소득 합산과세) 제도
4. 거주자의 해외 재산 취득·보유·처분단계별 세무 이슈
5. 국외전출세

1 외국납부세액 공제의 종류와 적용방법

외국납부세액공제제도를 적용하기 위해서는 먼저 국외원천소득에 대한 외국법인세액의 범위를 확정하여 구체적인 금액을 산출하여야 한다. 그런데 우리나라 법인세법은 직접외국납부세액공제, 간주외국납부세액공제, 간접외국납부세액공제를 두고 있으므로, 외국법인세액의 범위와 계산 역시 각 공제 방법별로 나누어 검토하여야 한다. 외국납부세액공제액은 다음과 같이 계산한다.[215]

> 외국납부세액공제액 = Min [①, ②]
>
> ① 외국납부세액 = 직접외국납부세액 + 간접외국납부세액 + 간주외국납부세액
>
> ② 한도액 = 법인세 산출세액[216] × $\frac{\text{국외원천소득}}{\text{과세표준}}$

국내사업장을 가진 외국법인은 각 사업연도의 소득에 대한 법인세를 신고 · 납부할 때 법인세법 제57조 제1항과 제2항의 외국납부세액공제를 받을 수 있다. 왜냐하면, 국외에서 발생하는 소득으로서 국내사업장에 귀속되는 것에 대하여는 비록 외국법인이라 하더라도 법인세 납세의무를 포괄적으로 부담하므로, 소득원천지국에서 과세된 부분에 대해서는 이중과세될 수 있기 때문이다. 이때 외국법인에게 적용되는 외국납부세액공제제도는 직접외국납부세액공제제도에 한정된다.

215 법인세법 제57조 제1항

216 법인세 산출세액 중 토지 등 양도소득에 대한 법인세액과 조세특례제한법 제100조의 32에 따른 투자 · 상생협력 촉진을 위한 과세특례를 적용하여 계산한 법인세액은 제외한다.

국외원천소득

국외원천소득은 외국납부세액공제를 허용할 수 있는 근거가 되면서 동시에 외국납부세액을 허용할 수 있는 한도로 작용한다. 외국납부세액공제는 과세표준에 국외원천소득이 포함되어 있어야 공제가 가능하므로 국외원천소득이 「조특법」이나 그 밖의 법률에 따라 세액감면 또는 면제를 적용받는 경우에는 세액감면 또는 면제 대상 국외원천소득에 세액감면 또는 면제 비율을 곱한 금액은 제외한다. 또한 해당 사업연도에 결손금이 발생하여 그 국외원천소득이 과세표준에 포함되지 않는 경우에도 국외원천소득에 포함되지 않는다. 국외원천소득은 외국납부세액공제 한도액을 정하는 기준이 되는데 내국법인의 해당 사업연도에 속하는 국외에 원천을 둔 익금 총액에서 그와 관련된 손금 총액을 공제하여 산정하여야 한다. 따라서 국외원천소득 계산 시 내국법인의 해당 사업연도의 과세표준을 계산할 때 손금에 산입된 금액으로서 국외원천소득에 직접 · 간접 대응하는 금액은 국외원천소득에서 차감해야 한다. 그 결과 외국납부세액공제 한도액이 감소하더라도 그로 인하여 공제받지 못한 금액은 이월공제할 수 없다.

이에 대하여 이미 공제한도 계산 시에 직 · 간접비용을 배부하여 한도를 줄이고, 다시 한도초과 이월세액에서 배제한다면 이중으로 불이익을 주는 것이라는 주장이 제기되었다.[217] 이와 같은 비판을 의식한 정부는 2023년 법인세법 시행령 개정시 제93조 제15항 본문에 "이 경우 해당 외국법인세액은 세액공제를 적용받지 못한 사업연도의 다음 사업연도 소득금액을 계산할 때 손금에 산입할 수 있다."라는 규정을 추가함으로써 납세자의 부담을 일정부분 완화해주는 조치를 취하였다.

법인세법 시행령 제94조 제2항에 따르면 법인세법 제57조 제1항이 적용되는 국외원천소득은 국외에서 발생한 소득으로서 내국법인의 각 사업연도 소득의 과세표준 계산에 관한 규정을 준용해 산출한 금액으로 한다. 이 경우 법인세법 제57

217 이동건 외 4인, "외국납부세액 공제한도에 관한 연구", 공인회계사회, 2021.9.8., 40면.

조 제1항에 따라 외국납부세액의 세액공제방법이 적용되는 경우의 국외원천소득은 해당 사업연도의 과세표준을 계산할 때 손금에 산입된 금액(국외원천소득이 발생한 국가에서 과세할 때 손금에 산입된 금액은 제외)으로서 국외원천소득에 대응하는 다음 각 호의 비용(이하 "국외원천소득 대응 비용")을 뺀 금액으로 한다.

1. 직접비용 : 해당 국외원천소득에 직접적으로 관련되어 대응되는 비용. 이 경우 해당 국외원천소득과 그 밖의 소득에 공통적으로 관련된 비용은 제외한다.
2. 배분비용 : 해당 국외원천소득과 그 밖의 소득에 공통적으로 관련된 비용 중 기획재정부령으로 정하는 배분방법에 따라 계산한 국외원천소득 관련 비용

위 배분비용에 대한 시행령의 규정에서 "기획재정부령으로 정하는 계산방법"이란 다음 각 호의 방법을 말한다.

1. 국외원천소득과 그 밖의 소득의 업종이 동일한 경우의 공통손금은 국외원천소득과 그 밖의 소득별로 수입금액 또는 매출액에 비례하여 안분계산
2. 국외원천소득과 그 밖의 소득의 업종이 다른 경우의 공통손금은 국외원천소득과 그 밖의 소득별로 개별 손금액에 비례하여 안분계산

직접외국납부세액공제의 외국법인세액

직접외국납부세액공제의 외국법인세액이란, 외국 정부(지방자치단체 포함)에 의하여 과세된 다음 각 호의 세액(가산세 제외)을 말한다. 다만, 국조법 제12조 제1항에 따라 내국법인의 소득이 감액조정된 금액 중 국외특수관계인에게 반환되지 아니하고 내국법인에게 유보되는 금액에 대하여 외국 정부가 과세한 금액을 제외한다.[218]

218 해당 금액에 대해서는 국조법 제13조 제2항에 의해 익금가산을 하지 않으므로 이중 과세는 발생하지 않는다. 따라서 이에 대해서는 외국납부세액공제를 추가적으로 허용할 필요가 없기 때문에 공제대상에서 제외한다.

① 초과이윤세 및 기타 법인의 소득 등을 과세표준으로 하여 과세된 세액
② 법인의 소득 등을 과세표준으로 하여 과세된 세의 부가세액
③ 법인의 소득 등을 과세표준으로 하여 과세된 세와 동일한 세목에 해당하는 것으로서 소득 외의 수익금액 기타 이에 준하는 것을 과세표준으로 하여 과세된 세액

(1) 베트남의 외국인 계약자세

외국인 계약자세를 규정하고 있는 베트남 재무부의 Circular No.103/2014/TT-BTC (2014.8.6.) 따르면, 베트남 법에 따라 설립되어 활동하는 법인, 베트남 법에 따라 사업 활동을 등록한 법인, 기타 법인 및 개인사업자가 계약 또는 하도급 계약에 따라 용역이나 재화에 수반되는 용역을 구매하거나 베트남에서 창출되는 소득을 지급하는 경우 등에는, 베트남법인 등은 외국인 계약자나 하청계약자에게 대가를 지급하기 전에 부가가치세와 법인세를 원천징수할 의무가 있다.

외국인 계약자세는 외국인 또는 외국법인에게 부과하는 부가가치세, 개인소득세 및 기업소득세의 계산방법을 규정한 것으로서, 외국인 계약자나 하청 계약자가 부가가치세, 기업소득세 또는 개인소득세를 납부하고, 별도로 외국인 계약자세를 추가로 더 부담하는 것은 아니다. 따라서 '외국인계약자세'라는 명칭에 불구하고 납세의무자가 납부하는 세목인 부가가치세와 기업소득세 또는 개인소득세에 대한 외국납부세액공제 여부를 판단하여야 한다.

베트남의 외국인 계약자세에 대해 우리나라 과세당국은 당초 지나치게 보수적인 입장, 즉 동 세금 전체가 외국납부세액 공제 대상이 아니라는 입장을 취하다가, 2018년 이후부터는 고정사업장 수입금액의 일정 비율로 원천징수된 외국인 계약자세에 대해서는 수입금액 중 고정사업장 소득금액에 대응하는 세액에 대해서는 외국납부세액공제가 허용되는 외국법인세로 볼 수 있다고 그 입장을 선회하였다.

(2) 중국의 증치세 및 영업세

조세심판원은, 내국법인이 중국에서 저작권 양도시 증치세增值税로서 중국에 납부한 원천징수세액에 대하여 중국의 증치세는 간접세로서 우리나라의 부가가치세에 해당하는 세금이므로 법인세법 제57조의 규정에 의한 외국납부세액공제 대상에 해당되지 아니한다는 심판결정을 내린 바 있다.[219]

같은 취지로 서울행정법원도 중국 내에서 이루어진 저작권의 양도는 중국 증치세의 과세대상으로 판단되는 점 등에 비추어 보면, 해당 사건의 원천징수세액은 외국납부세액으로서 공제될 원고의 외국법인세액으로 인정되지 아니한다는 취지의 판결을 내린 바 있다.[220]

위와 비슷한 사례에 있어 기획재정부는, 내국법인이 중국에 소재하는 자회사로부터 사용료소득 수취시 중국세법에 의하여 영업세가 원천징수된 경우 당해 영업세는 법인세법 제57조의 규정에 의한 외국법인세액에 해당하지 않지만 당해 법인의 각 사업연도 소득금액 계산시 이를 손금에 산입한다는 취지의 예규를 생산한 바 있다.[221] 같은 맥락에서 국세청도 내국법인이 중국세법에 의하여 원천징수된 영업세는 당해 법인의 각 사업연도 소득금액 계산시 법인세법 제40조에 의하여 손금에 산입하는 것이라는 예규를 생산한 바 있다.[222]

(3) 기타 외국세금

국세청은, 내국법인이 100% 출자한 미국 자회사로부터 받는 수입배당금액과 관련하여 미국자회사가 미국 주정부에 주정부 소득세를 납부하고 해당 주정부 소득세가 「법인세법 시행령」 제94조에 부합하는 외국법인세액에 해당하는 경우 내국법인은 「법인세법」 제57조 제4항에 따라 주정부 소득세에 대하여 간접외국납

219 조심-2018-서-1659(2018.6.4.).

220 서울행정법원-2018-구합-76903(2019.5.30.)

221 재국조-346(2004.6.8.).

222 국제세원관리담당관실-381(2011.8.2.)

부세액공제를 할 수 있다는 취지의 예규를 생산한 바가 있다.[223]

또한 국세청은 '수익금액의 일정비율을 과세표준으로 하여 과세된 외국법인 세액에 대한 외국납부세액공제 적용 여부'에 대하여 '내국법인 해외지점의 국외원천소득에 대하여 외국정부로부터 법인세법 시행령 제94조 제1항 제3호의 법인의 소득 등을 과세표준으로 하여 과세된 세금과 동일한 세목에 해당하는 것으로서 소득외의 수입금액 기타 이에 준하는 것을 과세표준으로 하여 과세된 경우 동 외국납부세액은 법인세법 제57조 제1항에 의하여 세액공제를 할 수 있다는 취지의 예규를 생산한 바 있다.[224]

(4) 외국법인이 외국납부세액을 부담하기로 약정한 경우

외국납부세액공제는 내국법인이 국외원천소득에 대하여 외국법인세를 납부하는 경우를 대상으로 하므로, 원칙적으로 직접 내국법인이 부담하는 경우에 적용된다. 그러나 원천징수대상소득의 경우 외국법률에 의하여 원천징수되는 세액을 외국법인이 부담하는 조건으로 계약을 체결하고 자금을 대여할 때에도 외국납부세액공제를 적용할 수 있다.

외국법률에 의하여 원천징수 납부하는 세액을 외국법인이 부담하는 조건으로 계약을 체결하고 자금을 대여하는 경우, 동 대여금에 대한 이자를 영수함에 있어 외국법인이 납부한 외국납부세액이 법인세법 시행령 제94조 제1항에 해당하는 조세인 경우에는 법인세법 제57조의 규정에 의하여 외국납부세액으로 공제할 수 있다. 이 경우 동 외국법인이 부담한 외국납부세액은 이자수입으로 익금에 산입하여야 한다(법인통 57－94…3).

223 국제세원관리담당관실－43(2013.2.19.)
224 국제세원관리담당관실－455(2010.10.19.)

간주외국납부세액공제

개발도상국이 경제발전을 위하여 외국인투자가에게 국내법 또는 조세조약으로 조세감면혜택을 부여한 경우, 선진국 등 거주지국이 외국인투자가의 세액을 계산할 때 조세감면혜택을 개발도상국에서 실제로 납부한 것으로 간주하여 세액공제를 허용해주면 개도국의 조세감면혜택이 외국인투자가에게 실질적으로 귀속된다. 다음의 사례에서 간주외국납부세액공제제도의 효과를 살펴보자.

[표 IV-1] 간주외국납부세액공제 효과

구 분		외국에서 과세하는 경우	외국에서 감면하는 경우	
			간주납부세액 공제 없음	간주납부세액 공제 허용
① 한국투자자의 외국에서의 배당소득		100	100	100
② 외국납부세액(제한세율 5% 가정)		5	0	0
국내 법인세	산출세액(세율 22%)	22	22	22
	외국납부세액공제	5	0	5
	③ 국내납부세액	17	22	17
④ 총부담세액(②+③)		22	22	17
세후 순소득(①-④)		78	78	83

이 사례에서 알 수 있듯이 조세조약에서 간주외국납부세액공제제도를 두고 있지 않다면, 체약상대국에서 조세감면을 허용하더라도 감면세액이 그대로 우리나라 국고에 귀속된다. 반면 간주외국납부세액공제제도를 도입할 경우에는 국내투자자가 감면혜택을 누릴 수 있다.

선진국 입장에서 보면 간주외국납부세액공제제도는 자국 기업의 해외진출을 촉진하기도 하나, 결과적으로 세수가 줄어들고 국내투자보다 해외투자를 우대하게 된다. 그리하여 선진국은 대체로 간주외국납부세액공제제도를 채택하지 않거나 제한적으로 적용하려고 한다.

우리나라의 경우 과거에는 미국을 제외한 거의 모든 선진국과의 조세조약에 간주외국납부세액공제제도를 포함시켰다. 그 후 우리나라의 OECD 가입시점(1990년대 중반) 이후에 체결 또는 개정된 선진국과의 조세조약에서는 간주외국납부세액공제제도의 일몰조항을 삽입하였다. 현재 상당수의 조세조약에서 일몰기간이 도과하여 해당 국가에 대해서는 더 이상 간주외국납부세액공제 제도가 적용되지 않는다.

법인세법 제57조 제4항은, '국외원천소득이 있는 내국법인이 조세조약의 상대국에서 해당 국외원천소득에 대하여 법인세를 감면받은 경우 그 감면세액 상당액은 조세조약으로 정하는 범위에서 외국법인세액으로서 세액공제되는 외국법인세액으로 본다'라고 규정함으로써 간주납부세액공제를 허용하고 있다. 간주외국납부세액공제는 조세조약을 전제로 하므로, 실무에서 간주외국납부세액공제가 문제될 때에는 해당 국외원천소득의 소재지국과 체결한 조세조약을 우선 검토하여야 한다.

예를 들어, 조약상대국에서 발생한 국외원천소득이 100억 원, 조약상대국 세법상 동 소득에 대한 원천징수세율이 30%이나 동 국외원천소득에 대한 조약상대국의 특별법상 원천징수세율이 5%이고, 우리나라와 체결된 조세조약상 제한세율이 10%라고 가정하자. 조약상대국의 특별법이 없다고 가정하면 상대국에서 조세조약의 제한세율 10%를 적용하여 10억 원을 원천징수하는데, 이 금액은 우리나라의 법인세 계산 과정에서 직접외국납부세액으로 세액공제(예외적으로 손금산입)된다. 그러나 조약상대국의 특별법 등으로 인하여 최종 적용될 원천징수세율이(조세조약의 제한세율 10%가 아니라) 특별법의 세율 5%라면, 5억 원이 원천징수된다. 그리고 이때의 간주외국납부세액은 5억 원(=100억×10%−100억×5%)이다.

조세특례제한법에 따르면 내국법인이 2015.12.31. 이전에 끝나는 각 사업연도 소득에 외국환거래법에 따라 농산물, 축산물, 수산물, 임산물, 광물을 개발하는 해외자원개발사업(자원보유국의 외자도입조건에 의한 자원의 가공업을 포함함)

에 투자함으로써 지급받은 배당소득이 포함되어 있을 때에는 해당 자원보유국에서 그 배당소득에 대하여 조세를 면제받은 분에 대해서 법인세를 면제하도록 하고 있다. “그 배당소득에 대하여 조세를 면제한다”라 함은 자원보유국이 해외자원개발에 투자를 한 내국법인의 배당소득에 대하여, 법인세 또는 이와 유사한 성질의 조세를 면제하는 경우를 말하며, 그 내국법인이 투자하고 있는 당해 사업체에 대한 조세의 면제 등은 이에 해당되지 아니한다.[225] 한편, 위 규정과 간주외국납부세액공제 등을 동시에 적용하는 경우에는 이중혜택이 부여되므로 이 중 하나만을 선택하여 적용받을 수 있도록 하였다.[226]

간접외국납부세액공제

내국법인의 각 사업연도의 소득금액에 외국자회사로부터 받은 수입배당금액(이익의 배당이나 잉여금의 분배액)이 포함되어 있는 경우, 그 외국자회사의 소득에 대하여 부과된 외국법인세액 중 그 수입배당금액에 대응하는 것으로서 대통령령으로 정하는 바에 따라 계산한 금액은 외국법인세액으로 보아 세액공제할 수 있다.[227] 2011년까지는 조세조약에 근거규정이 있는 경우에 조세조약이 정하는 범위에서 간접외국납부세액공제를 허용하였으나, 2011년 말 법인세법 개정으로 사실상 조세조약과 관계없이 법인세법령의 요건만 충족하면 간접외국납부세액공제를 받을 수 있게 되었다.

한국의 모회사와 외국의 자회사는 법적으로는 별개의 실체이다. 그러나 기업의 해외진출 과정에서 지점과 자회사 사이의 조세중립성을 유지하고 해외투자를 촉진하기 위해서는, 외국자회사를 통하여 간접적으로 외국에 납부한 세금 역시 외국납부세액공제 대상에 포함할 필요가 있다. 이와 같은 취지에서 도입된 것이

225 법인세법 기본통칙 22-0…1

226 조세특례제한법 제22조 및 동법 시행령 19조.

227 법인세법 제57조 제4항

간접외국납부세액공제제도indirect tax credit이다.

그런데 2022.12.31 법인세법 개정에 따라 외국 자회사의 수입배당금에 대한 이중과세 경감 제도에 근본적 전환이 이루어졌다. 즉, 제18조의4(외국자회사 수입배당금액의 익금불산입)가 신설되었고, 제57조 제7항이 개정되어 "제18조의4에 따른 익금불산입의 적용대상이 되는 수입배당금액에 대해서는 제1항부터 제6항까지의 규정을 적용하지 아니한다."라는 규정이 포함되게 된 것이다. 이에 따라, 일반적인 경우 내국법인들에게는 법인세법 제18조의4에 규정된 '외국자회사 수입배당금액의 익금불산입 제도'가 우선적으로 적용되고, 법인세법 제18조의4 제4항에 따라 예외적으로 해외자회사의 수입배당금액이 익금에 산입되는 경우에만 법인세법 제57조 제4항의 간접외국납부세액 공제제도가 적용된다는 점을 유념할 필요가 있다.

법인세법상 간접외국납부세액공제는 내국법인이 외국자회사를 두고 있는 경우에 적용된다. 여기서 말하는 외국자회사란, 내국법인이 직접 외국자회사의 의결권 있는 발행주식총수 또는 출자총액의 100분의 10 (조특법 제22조에 따른 해외자원개발사업을 하는 외국법인의 경우에는 100분의 5) 이상을 출자하고 이를 해당 외국자회사의 배당기준일 현재 6개월 이상 계속하여 보유하고 있는 법인을 말한다.[228]

한편, 외국자회사의 간접외국납부세액공제를 적용하기 위한 계산식에 포함되는 외국자회사의 해당 사업연도 법인세액 및 수입배당금액과 관련하여 외국손회사의 직접외국납부세액 및 외국자회사가 외국손회사로부터 지급받는 수입배당금액이 각각 필요한데, 외국손회사는 다음의 요건을 모두 갖춘 법인을 말한다.[229]

228 법인세법 제57조 제5항 및 동법 시행령 제94조 제9항

229 법인세법 시행령 제94조 제10항

① 해당 외국자회사가 직접 외국손회사의 의결권 있는 발행주식총수 또는 출자총액의 10%(조특법 제22조에 다른 해외자원개발사업을 경영하는 외국법인의 경우에는 5%) 이상을 해당 외국손회사의 배당기준일 현재 6개월 이상 계속하여 보유하고 있을 것

② 내국법인이 외국손회사의 의결권 있는 발행주식총수 또는 출자총액의 10%(조특법 제22조에 다른 해외자원개발사업을 경영하는 외국법인의 경우에는 5%) 이상을 법인세법 제57조 제5항에 따른 외국자회사를 통하여 간접 소유할 것. 이 경우 주식의 간접소유비율은 내국법인의 외국자회사에 대한 주식소유비율에 그 외국자회사의 외국손회사에 대한 주식소유비율을 곱하여 계산한다.

외국자회사의 소득에 대하여 부과된 외국법인세액 중 그 수입배당금액에 대응하는 것으로서 다음의 산식에 따라 계산한 금액을 외국납부세액공제되는 외국법인세액으로 본다.[230]

외국자회사의 해당 사업연도 법인세액×[수입배당금액÷(외국자회사의 해당 사업연도 소득금액－외국자회사의 해당 사업연도 법인세액)]

위 계산식에서 말하는 '외국자회사의 해당 사업연도 법인세액'은 외국자회사가 외국손회사로부터 지급받는 수입배당금액에 대하여 외국손회사의 소재지국 법률에 따라 외국손회사의 소재지국에 납부하거나 외국자회사가 제3국(본점이나 주사무소 또는 사업의 실질적 관리장소 등을 둔 국가 외의 국가)의 지점 등에 귀속되는 소득에 대하여 그 제3국에 납부한 세액으로서 외국자회사가 외국납부세액으로 공제받았거나 공제받을 금액 또는 해당 수입배당금액이나 제3국 지점 등 귀속소득에 대하여 외국자회사의 소재지국에서 국외소득 비과세 · 면제를 적용받았거나 적용받을 경우 해당 세액 중 50%에 상당하는 금액을 포함하여 계산한다.[231] 수입배당금액(외국자회사가 외국손회사로부터 지급받는 수입배당금액 포

230 법인세법 제57조 제4항 및 동법 시행령 제94조 제8항

함)은 이익이나 잉여금의 발생순서에 따라 먼저 발생된 금액부터 배당되거나 분배된 것으로 본다.[232]

2개 이상의 국가에 국외사업장이 있는 경우의 공제한도 계산

외국납부세액 공제한도 금액을 계산하는 방법은 크게 일괄한도Overall limitation 계산방식과 국별한도Country-by-country limitation 계산방식으로 나눌 수 있다. 즉, 외국은 우리나라를 제외한 전 세계 국가를 의미하므로 일반적으로 국외원천소득을 계산할 때 국가별로 한도를 계산하는 방법(이하 "국별한도 방식"이라고 한다)과 외국 전체를 일괄해서 계산하는 방법(이하 "일괄한도 방식"이라고 한다)이 있다.

일괄한도 계산방식은 해외의 전체 소득을 하나로 통산하여 한도를 계산하는 방식으로 고세율국가의 원천소득과 외국납부세액은 저세율국가의 그 것과 통산되므로 결손 국가나 저세율국가의 공제한도 여유분만큼 외국납부세액을 추가로 공제할 수 있는 효과가 있다. 즉, 납세자 입장에서는 일반적으로 유리한 방법이며 국별한도 방식에 비해 계산이나 관리가 간단하다.

반면 국별한도 계산방식은 국가별 원천소득 금액을 기준으로 한도를 각각 계산하여야 하므로, 결손이 나는 국가는 공제를 받을 수 없고 저세율국가의 공제한도 여유분도 활용할 수 없다. 결과적으로 고세율국가의 외국납부세액 중 일부는 공제되지 못하고 이중과세되며, 해외 진출 국가 수가 많을 경우 관리 및 계산에 어려움이 있다는 단점이 있다.

1994년 말 법인세법 시행령 개정으로 외국납부세액 공제한도 금액의 계산 시 국가별 또는 일괄하여 계산하는 방법 중 법인이 선택할 수 있도록 규정을 신설하

231 법인세법 시행령 제94조 제8항
232 법인세법 시행령 제94조 제8항

였다. 그러나 2015년 시행령 개정 시에는 국별 한도 방식만 인정하는 것으로 개정되었고 현재까지 유지되고 있다. 동 시행령 개정의 취지는 저세율국을 활용한 외국납부세액의 과다공제를 방지하고 미국, 영국 등 OECD 대부분의 국가는 일괄한도 방식을 허용하지 않는다는 이유를 들고 있다. 즉, 일괄한도 방식의 약점은 납세자가 고세율국가에서 낸 세금과 저세율국가에서 낸 세금을 합산하여 세액 평준화tax averaging 또는 상호교차 세액공제cross-crediting를 통해 다국적기업의 세액을 잠재적으로 줄일 수 있는 기회를 제공하고 있다는 것이다.

법인세법 기본통칙 57-94…1은 2개 이상의 국가에 국외사업장이 있는 경우 외국납부세액 공제한도액 계산방법 사례를 들어 다음과 같이 설명한다.

> 법인세법 기본통칙 57-94…1【2개 이상의 국가에 국외사업장이 있는 경우 외국납부세액 공제 한도액 계산】
> 법인세법 시행령 제94조 제7항에 의하여 외국납부세액공제를 계산함에 있어 국외사업장이 2 이상의 국가에 있는 경우에는 어느 국가의 소득금액이 결손인 경우의 기준국외 원천소득금액 계산은 각 국별 소득금액에서 그 결손금액을 총소득금액에 대한 국가별 소득금액 비율로 안분계산하여 차감한 금액으로 한다.

• 국별 외국납부세액공제 한도액 계산

국가별	외국납부세액	국별소득	기준국외원천소득	세액공제한도액	비 고
A국	100	500	500−600×500/1,000=200	120×200/400=60	산출세액 120=400×30%
B국	0	△600			
C국	60	300	300−600×300/1,000=120	120×120/400=36	
국 내	−	200			
계	160	△600 1,000	320	96	

• 국별한도제와 일괄한도제 사례 비교

구 분				국별한도액			일괄한도액		
구 분	소득금액	세 율	외국납부세액	공제한도	공제세액	미공제세액	공제한도	공제세액	미공제세액
A국	1,000	25%	250	300	250	−			
B국	2,000	35%	700	600	600	100	1,800	1,800	275
C국	3,000	37.5%	1,125	900	900	225			
국 내	4,000	30.0%	−	−	−	−			
합 계	10,000		2,075	−	1,750	325		1,800	275
총부담세액				(3,000+2,075−1,750)=3,325			(3,000+2,075−1,800)=3,275		

✔ 공제한도액 계산내역

– 국별한도액 계산(A국)

$$3,000(\text{총소득}\times\text{국내세율})\times\frac{\text{국별소득}(1,000)}{\text{총소득}(10,000)}=300$$

– 일괄한도액 계산

$$3,000(\text{총소득}\times\text{국내세율})\times\frac{\text{국외원천소득}(6,000)}{\text{총소득}(10,000)}=1,800$$

외국 혼성 사업체[233]를 통한 해외투자 시 외국법인세액

외국사업체가 국내세법상 외국법인에 해당하더라도 외국사업체 소재지국 및 소득의 원천지국에서는 과세상 실체가 없는 사업체transparent entity로 취급되어 외국사업체의 소득에 대하여 사실상 출자자인 거주자 또는 내국법인이 직접 납세의무를 부담하는 경우 종전 제도에서는 외국납부세액 공제를 받을 수 없어 이중과세가 발생하였다. 이러한 문제를 해결하기 위하여 2010.12.30. 법인세법 개정 시 제57조 제6항이 신설되었다. 따라서 2011.1.1. 이후 외국 혼성 사업체를 통하여 해외투자를 하면서 납부한 외국법인세액의 경우 사실상 출자자인 내국법인은 외국법인세액에 대하여 공제를 받을 수 있게 되었다.

내국법인의 각 사업연도의 소득금액에 외국법인으로부터 받는 수입배당금액이 포함되어 있는 경우로서 그 외국법인의 소득에 대하여 해당 외국법인이 아니라 출자자인 내국법인이 직접 납세의무를 부담하는 다음의 경우에는 법인세법 제57조 제6항에 따라 계산한 금액을 외국법인세액으로 본다.[234]

① 외국법인의 소득이 그 본점 또는 주사무소가 있는 국가(거주지국)에서 발생한 경우 : 거주지국의 세법에 따라 그 외국법인의 소득에 대하여 해당 외국법인이 아닌 그 주주 또는 출자자인 내국법인이 직접 납세의무를 부담하는 경우
② 외국법인의 소득이 거주지국 이외의 국가(원천지국)에서 발생한 경우 : 다음의 요건을 모두 갖춘 경우
  i) 거주지국의 세법에 따라 그 외국법인의 소득에 대하여 해당 외국법인이 아닌 그 주주 또는 출자자인 내국법인이 직접 납세의무를 부담할 것
  ii) 원천지국의 세법에 따라 그 외국법인의 소득에 대하여 해당 외국법인이 아닌 그 주주 또는 출자자인 내국법인이 직접 납세의무를 부담할 것

233 법인세법 제57조 제6항에서 말하는 외국 혼성 사업체란, 우리나라 법인세법의 판단 기준으로는 외국법인에 해당하나 소재지국에서는 도관으로 투시과세(pass-through taxation)되어 납세의무를 지지 않는 외국 사업체를 뜻한다.

234 법인세법 시행령 제94조 제13항

이와 같은 적용 요건을 갖춘 경우에는 다음의 산식에 따라 계산한 금액을 세액 공제 대상이 되는 외국법인세액으로 본다(법인법 제57조 제6항, 법인령 제94조 제14항).

$$\text{내국법인이 부담한 외국법인의 해당 사업연도 소득에 대한 법인세액} \times \frac{\text{수입배당금액}}{(\text{외국법인의 해당 사업연도 소득금액} \times \text{내국법인의 해당 사업연도 손익배분비율}) - \text{내국법인이 부담한 외국법인의 해당 사업연도 소득에 대한 법인세액}}$$

2 해외자회사 수입 배당에 대한 익금불산입 제도

해외 자회사 배당금에 대한 익금불산입 제도의 경우에는 배당금에 대한 국제적 이중과세가 완전히 제거되는 반면, 외국납부세액 공제 제도의 경우에는 세액공제 대상 범위의 제약이나 국가별 세액공제 한도 등으로 인해 국제적 이중과세가 완전히 제거되지 않는 경우가 일반적이다. 이러한 문제점으로 인해 업계는 해외자회사 배당금 익금불산입 제도의 도입을 수년 전부터 우리 정부에 건의했으나 그동안 수용되지 못하다가 기업 경쟁력 제고 차원에서 2022년 정부가 발의한 법인세법 개정안에 포함하에 법령개정을 추진하였다.[235]

기업의 해외 경쟁력제고를 위해 독일, 프랑스등 서유럽 국가들은 오래전부터 소득면제 방식에 의한 이중과세 경감장치를 도입하였고 영국과 일본이 2009년에 그리고 미국은 2017년에 해외자회사로 수령하는 배당금을 모회사 과세소득 산정시 익금불산입하는 제도를 각각 도입한 바 있다.

이 제도를 정부가 추진하게 된 가장 직접적인 이유는, 해외 자회사 등에 유보된 소득을 배당 형태로 국내에 송금하는 것을 적극 독려할 필요가 있었기 때문이다. 기업 입장에서 보면 해외 자회사가 국내 모회사에 배당을 할 때 법인세를 추가로 납부해야 한다면, 해외에 쌓인 유보이익을 국내에 송금하기보다는 그 금액을 해외에 그대로 두고 있다가 필요시 자회사가 직접 지불하는 방식을 택하기 마련이다. 그런데 국내 모회사에 배당하는 경우 익금불산입 을 허용한다면 추가로 법인세를 부담할 필요가 없으므로 해외 자회사가 유보이익을 국내 모회사에 송금하는

235 이경근, "해외 자회사 배당금의 법인세 제외가 가져올 효과", 아시아경제 (2022.8.2.). https://www.asiae.co.kr/article/2022080211144272545

일이 빈번히 발생할 것이다. 한국은행 국제수지표에 의하면 2021년 말 현재 해외 직접투자 기업의 해외 유보액은 902억달러(약 107조원) 수준으로 추정된다. 이렇게 막대한 자금이 자유롭게 국내에 유입돼 투자되거나 사용된다면 국내 생산과 소비가 늘어 경제 활성화는 물론, 2022년 당시 급증했던 환율의 안정에도 도움을 줄 것으로 기대되었다.

정부가 2022년 7월 발표한 세법개편안 보도자료(문답자료)에 포함된 내용을 보면 미국과 일본도 해외자회사로부터의 수입배당금 익금불산입제도를 도입한 이후 본국 송금효과가 존재했다고 밝히면서 미국의 해외자회사 배당이 제도 도입 전인 2017년 1,842억불이었으나 제도가 시행된 후 2018년에는 8,534억불로 큰 폭으로 증가했다는 점을 적시하고 있다.[236]

해외 자회사로부터 수령하는 배당금에 대해 익금불산입 제도를 적용하게 되면, 다국적 기업이 우리나라에 지역본부를 두고 주변국에 있는 계열사 등에 투자하고 배당을 받게될 가능성이 높아진다. 왜냐하면 추가적인 법인세 비용이 발생하지 않기 때문이다. 결과적으로 우리나라에 지역본부를 설치하려는 다국적 기업이 늘어나게 되어 우리나라에서는 양질의 일자리가 생겨날 가능성이 높아지는 등 외국인 투자 환경 개선 효과가 나타 날 것이다.

뿐만 아니라 해외 자회사 배당금 익금불산입 제도는 외국납부세액 공제보다 제도가 단순해 납세자의 법인세 신고의 복잡성을 대폭 줄일 수 있다. 현재 OECD 주도로 만들어지는 국제적 디지털세를 우리나라도 조만간 도입해야 하는 점을 감안하면 제도의 단순성도 제도 도입과 관련하여 정부가 고려했던 점인 것으로 생각된다.

이러한 배경하에 정부는 기존의 '간접외국납부세액 공제 제도'를 '해외 자회사 수입배당금 익금불산입 제도'로 전환할 때 납세자 입장에서 얼마나 세부담 경감

236 기획재정부, "2022년 세제개편안 문답자료 (보도자료3)", 2022.7.21.

효과가 있을 지를 사례를 들어 보여주었는데 그 내용을 소개하면 다음과 같다.[237]

[표 IV-2] 해외 자회사 수입배당금 익금불산입 제도의 세부담 경감 효과

〈가정〉

1. 해외 자회사(Y) 소득 100을 국내 모회사(X)에 전부 배당
2. X는 Y의 100% 주주
3. 우리나라와 A국은 조세조약 체결(배당소득 원천세율: 5%)
4. 국내 모회사 별도 소득은 없다고 가정
5. 해외법인세율 15%, 해외원천징수세율 5%, 국내법인세율 22%

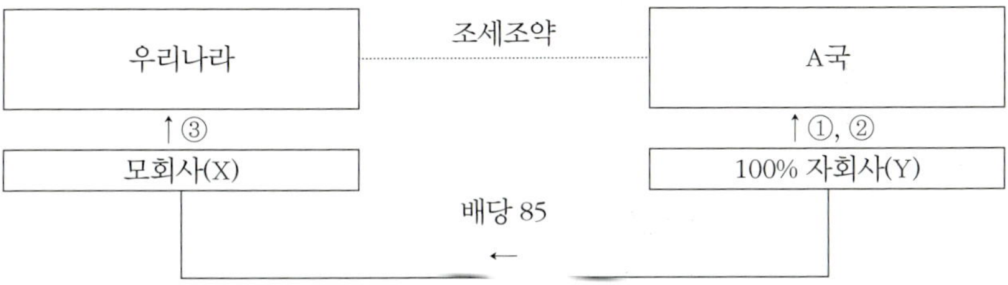

세부담		X사의 전세계 세부담	
		외국납부세액공제제도	수입배당금 익금불산입
① **해외 법인세 15%**		100×15% = 15	100×15% = 15
② 해외 원천세 5%		85×5% = 4.25	85×5% = 4.25
③	국내 법인세 (④−⑤)	2.75	−
	④ 국내 법인세 22%	100(85+15)×22% = 22	−
	⑤ 외국납부세액 공제 Min[①+②, 국별 한도]	19.25 [=Min(15+4.25, 22)] * 국별 한도= 22×(100/100)	−
⑥ 전세계 총세부담(①+②+③)		22	19.25

237 기획재정부, 전게서 5면.

익금불산입 대상 수입배당금액

이 제도는 법인세법 제57조의2 제1항에서 규정하는 '간접투자회사등'에 해당하지 않는 내국법인으로서 해당 법인이 출자한 외국자회사로 부터 수입배당금액을 수령하는 법인이다.[238]

여기서 외국자회사란, 내국법인이 직접 외국법인의 의결권 있는 발행주식총수 또는 출자총액의 10%(조특법 제22조에 따른 해외자원개발사업을 하는 외국법인의 경우에는 5%) 이상을 그 외국법인의 배당기준일 현재 6개월 이상 계속하여 보유하고 있는 법인을 의미한다.[239]

이 경우 내국법인이 적격합병, 적격분할, 적격물적분할, 적격현물출자에 따라 다른 내국법인이 보유하고 있던 외국자회사의 주식등을 승계받은 때에는 그 승계 전 다른 내국법인이 외국자회사의 주식등을 취득한 때부터 해당 주식등을 보유한 것으로 본다.[240]

내국법인이 적격 외국자회사로부터 받은 이익의 배당금, 잉여금의 분배금과 법인세법 제16조(배당금 또는 분배금의 의제)에 따라 배당금 또는 분배금으로 보는 금액("수입배당금액")의 95%에 해당하는 금액은 각 사업연도의 소득금액을 계산할 때 익금에 산입하지 아니한다.[241]

또한 내국법인이 출자한 외국법인(외국자회사, 즉 10% 이상 출자한 외국법인)으로부터 자본준비금을 감액하여 받는 배당으로서 법인세법 제18조(평가이익 등의 익금불산입) 제8호[242]에 따른 익금에 산입되지 않는 배당에 준하는 성격의 수

238 법인세법 제18조의4 제1항

239 법인세법 시행령 제18조 제1항

240 법인세법 시행령 제18조 제1항

241 법인세법 제18조의4 제1항

242 "8. 「상법」 제461조의2에 따라 자본준비금을 감액하여 받는 배당금액(내국법인이 보유한 주식의 장부가액을 한도로 한다). 다만, 다음 각 목의 어느 하나에 해당하는 자본준비금을

입배당금액의 95%에 해당하는 금액은 각 사업연도의 소득금액을 계산할 때 익금에 산입하지 아니한다.[243]

한편, 국조법 제27조 제1항 및 제29조 제1항·제2항에 따라 특정외국법인의 유보소득에 대하여 내국법인이 배당받은 것으로 보는 금액 (즉 간주배당액) 및 해당 유보소득이 실제 배당된 경우의 수입배당금액에 대해서는 이 제도를 적용하지 않는다.[244]

익금불산입 제도의 적용이 배제되는 수입배당금액

다음 각 호의 어느 하나에 해당하는 금액은 각 사업연도의 소득금액을 계산할 때 익금에 산입한다(법인법 제18조의 4 제4항).

1. 「국제조세조정에 관한 법률」 제27조 제1항 각 호의 요건을 모두 충족하는 특정외국법인으로부터 받은 수입배당금액으로서 대통령령으로 정하는 수입배당금액
2. 혼성금융상품(자본 및 부채의 성격을 동시에 가지고 있는 금융상품으로서 대통령령으로 정하는 금융상품을 말한다)의 거래에 따라 내국법인이 지급받는 수입배당금액
3. 제1호 및 제2호와 유사한 것으로서 대통령령으로 정하는 수입배당금액[245]

법인세법 시행령 제18조 제2항에 따르면, 위 제1호에서 "대통령령으로 정하는 수입배당금액"이란 국조법 제27조 제1항이 적용되는 특정외국법인 중 실제부담세액이 실제발생소득 15% 이하인 특정외국법인의 해당 사업연도에 대한 다음 각 호의 금액을 말한다.[246]

감액하여 받는 배당금액은 제외한다."

243 법인세법 제18조의4 제2항

244 법인세법 제18조의4 제3항

245 현행 법인세법 시행령에서 특별히 규정하고 있는 조항이 없음

246 법인세법 시행령 제18조 제2항

1. 이익잉여금 처분액 중 이익의 배당금(해당 사업연도 중에 있었던 이익잉여금 처분에 의한 중간배당을 포함한다) 또는 잉여금의 분배금
2. 법 제16조에 따라 배당금 또는 분배금으로 보는 금액

여기에서 특히 유념할 점은, 국조법 제27조 제1항에 의해 특정외국법인으로 판정되는 기준이 유효세율이 16.8%(즉 법인세 최고세율의 70%)임을 감안하면 비록 국조법에 따라 특정외국법인으로 판정되었다고 하더라도 실효세율(즉 실제발생소득 중 실제부담세액의 비율)이 15%를 초과하면 외국자회사 수입배당금 익금불산입제도가 적용될 수 있다는 것이다. 한편 특정외국법인으로서 실효세율이 15%이하인 경우에는 실제배당액 뿐만아니라 의제배당액에 대해서도 익금불산입제도가 적용되지 않고 종전과 같이 외국납부세액공제가 적용되는 점에 유의해야 한다.

한편 혼성금융상품으로서 대통령령으로 정하는 금융상품이란 다음 각 호의 구분에 따른 요건을 모두 갖춘 금융상품을 말한다(법인령 제18조 제3항).

1. 우리나라의 경우: 우리나라의 세법에 따라 해당 금융상품을 자본으로 보아 내국법인이 해당 금융상품의 거래에 따라 거래상대방인 외국자회사로부터 지급받는 이자 및 할인료를 배당소득으로 취급할 것
2. 외국자회사가 소재한 국가의 경우: 그 국가의 세법에 따라 해당 금융상품을 부채로 보아 외국자회사가 해당 금융상품의 거래에 따라 거래상대방인 내국법인에 지급하는 이자 및 할인료를 이자비용으로 취급할 것

3 조세피난과세(특정외국법인 유보소득 합산과세) 제도

국조법 제2장 제3절에서 '특정외국법인의 유보소득에 대한 합산과세'라는 제목 아래 규정된[247] 내용을 흔히 '조세피난과세제도'라고 부른다. 이 제도는 주로 거주자나 내국법인이 해외 조세피난처를 활용하여 그곳에 소득을 부당하게 이전하거나 유보시킴으로써 국내조세를 회피하려는 것을 막는 데 주안점을 두고 있다.[248]

조세피난과세제도 도입의 필요성을 뒷받침해주는 이론적 근거는 자본수출의 중립성capital export neutrality에서 찾을 수 있다. 제1장 총설에서도 언급한 바와 같이, 소득의 원천이 국내 또는 국외 어디에 있든지 간에 동일한 소득에 대해서 동일한 세액이 부과되어야 자본수출의 중립성을 이룰 수 있다. 자본수출의 중립성 관점에서 보면 거주자인 납세자가 해외투사를 통하여 국내의 조세기반the domestic tax base을 부당하게 잠식하는 것을 막기 위해 해외에서 소득을 유보하는 것을 막을 필요가 있는데, 이러한 역할을 수행하는 조세제도 중 대표적인 것이 바로 조세피난과세제도라 할 수 있다.

일반적으로 소득세법과 법인세법은 실현된 소득에 소득세 또는 법인세를 과세한다. 만약 어느 내국인이 해외 조세피난처 등에서 발생한 소득을 배당하지 않은 채 현지에 계속 유보하면, 그의 조세부담은 다른 내국인의 국내외투자로 인한 조세부담보다 적어지므로 결과적으로 자본수출의 중립성을 달성할 수 없다. 만약 실제 배당 여부와 관계없이 조세피난처에 유보 중인 소득이 배당된 것처럼 취급하

247 2020년 국조법이 전면개정되기 이전에 국조법 제4장의 제목은 2009년까지 "조세피난처의 법인소득에 관한 과세조정"이었으나, 2010.1.1.부터 현행과 같이 바뀌었다.

248 외국에서는 조세피난과세제도를 주로 "피지배외국법인에 대한 과세제도(Controlled Foreign Corporation regime, CFC)"라고 부른다.

면, 앞서 설명한 문제를 해결할 수 있다. 이러한 점에서 특정외국법인세제(또는 조세피난과세제도)는 자본수출의 중립성을 달성하기 위한 제도로 이해할 수 있다.

조세피난과세제도를 운용하는 대부분의 나라에서는 기업의 국제경쟁력을 고려하여 이른바 능동적인 사업 소득active business income을 적용대상에서 제외한다. 뉴질랜드는 1998년 조세피난과세제도를 처음 도입하면서, 적용범위를 매우 넓혔다. 예컨대, 뉴질랜드 거주자 또는 내국법인이 피지배외국법인 지분을 10% 이상 보유하면, 저세율 국가에 소재하지 않더라도 조세피난과세제도가 적용되었다. 또한 수동적 소득뿐 아니라 능동적 소득을 포함한 모든 소득이 적용대상이었다. 그러나 뉴질랜드는 2008년 이른바 '능동적 소득 면제active income exemption' 규정을 도입하여 2009.1.1.부터 능동적 소득을 과세대상에서 제외하였다. 이는 뉴질랜드 기업들의 조세부담 및 세무비용을 줄임으로써 다른 나라 업체와 효과적으로 경쟁할 수 있도록 하기 위한 것이라고 한다.[249]

이처럼 능동적 소득을 조세피난과세제도에서 제외하는 정책적인 이유는, 능동적 소득에 대하여 자본수입의 중립성capital import neutrality[250]을 유지시키려는 데 있다. 즉 동일한 시장에서 경쟁하는 업체들로 하여금 동일한 세금을 부담하도록 하기 위해서는, 적어도 소득 발생 당시에 적용되는 과세는 투자진출국의 세금에만 한정되도록 할 필요가 있다.

비록 전 세계 소득을 합산과세하는 나라라고 하더라도 해외자회사에 유보된 소득을 발생 시점부터 국내과세 소득에 합산하도록 따로 정하지 않는 한, 실제 배

249 호주 역시 1990년 CFC rule을 입법하기 전에 먼저 'Consultative Document Proposal(1988)'을 발표하여 세무전문가들과 이해관계자들로부터 의견을 청취하였다. 당초 입법안에 따르면, 해외 비상장회사에 조금이라도 투자지분을 가지는 모든 호주 거주자 및 내국법인과 해외 상장회사에 10% 이상 투자지분을 가진 호주 거주자가 CFC rule의 적용 대상이었다. 특히, 거주자가 외국법인을 지배하는지 여부는 고려 요소가 아니었으며, 능동적 소득도 예외 없이 적용 대상에 포함되었다. 그러나 여론을 수렴하는 과정에서 많은 비판을 받았고, 결국 지배권이 없는 경우와 능동적 소득인 경우에는 CFC rule의 적용이 면제되도록 수정되었다.

250 '자본수입의 중립성' 개념에 대해서는 제1장 제4절 (국제조세의 효율성을 평가하는 정책기준) 참고

당이 이루어지기 전까지는 국내에서 과세되지 않는다. 따라서 조세피난과세제도의 적용대상에서 능동적 소득을 제외한다면, 능동적 소득은 실제 배당이 이루어지기 전까지는 자본수입의 중립성을 이룰 수 있다.

조세피난과세제도는 이전가격세제 또는 과소자본세제와 마찬가지로 국제적 조세회피를 방지하기 위한 것이다. 그러나 이전가격세제와 과소자본세제는 조세회피방지에 효과적이지 않을 수 있다. 예컨대, 무형자산intangible property을 통하여 다국적 기업 그룹 내 계열회사 사이에 소득을 이전할 때 과세당국이 이전가격세제에 따라 사실관계를 명백히 밝혀 과세하기는 결코 쉽지 않다. 이 경우 조세피난과세제도 관점에서 접근하면, 조세피난처에 수동적 소득이 발생한 사실만으로도 과세를 할 수 있으므로 조세회피방지에 효과적일 수 있다.

우리나라 제도의 주요 변천과정과 배경

1995년 국조법 제정과 함께 우리나라에 처음 도입된 조세피난과세제도는 원활한 운용을 위해 그 뒤 수차례 세부적인 개정을 거쳤고, 도입 10년째가 된 2005년에 이르러서는 큰 폭의 개정이 이루어졌다. 이처럼 대대적인 개정작업이 진행된 까닭은 개정 당시의 경제상황 및 해외투자 행태가 제도 도입 당시와 크게 달라져 조세피난세제에 적절히 반영할 필요가 있었기 때문이다.

우리 기업들의 해외투자 상황의 변천 과정을 살펴보면 해외투자를 한 우리나라 기업의 수는 1999년 약 8,400개에서 2005년 약 22,000개로 증가하였고, 투자금액도 1999년 약 2,000억 달러에서 2005년 약 4,000억 달러로 6년 사이에 약 두 배로 늘었다. 질적인 측면을 보아도 1990년대 중반까지의 우리나라의 해외투자는 해외조립 · 가공 기지로 활용할 수 있는 현지법인 설립 등 비교적 단순한 형태가 주종을 이루었으나, 2000년 중반에는 세계적 경영전략 차원에서 대기업 그룹을 중심으로 조직적으로 해외투자를 하기 시작하였고 유럽 등에 지역본부regional headquarters를 설치하는 사례가 나타났다. 그리하여 해외 지주회사의 활용사례가 증가하고 해외에 설립한 생산기지와 판매기지 사이의 유기적 연계도 점점 중요해졌다.

그동안 거시경제 환경 역시 크게 바뀌었다. 그중 하나는 2005년 개정 당시의 환율이 10년 전과 정반대의 양상을 보였다는 점이다. 1990년대 기업의 채산성 악화, 경상수지 적자의 확대, 대외신인도 하락, 단기외채의 급증 등으로 인하여 우리나라는 1997년에 급기야 외환위기를 맞이하면서 환율이 급등하였다. 이와 같은 상황에서 무분별한 외화도피는 우리 경제에 치명적인 위협이 될 수 있으므로 당시 조세피난과세제도는 국내자본의 도피성 해외유출을 막는 중요한 장치로서 기능하였다. 그러나 2005년 당시 우리의 외환보유고는 2,085억 달러로서 세계 4위를 기록하였고 경상수지도 지속적으로 흑자를 기록하였다. 해외 유동성의 확대는 우리나라 부동자금의 규모를 더욱 확대시켜 부동산 투기의 간접적 원인으로 작용하였을 뿐 아니라 큰 폭의 환율하락을 초래하여 우리 기업의 수출 채산성이 매우 나빠졌다. 이러한 문제를 해결하기 위해 정부는 2005년부터 해외투자 활성화를 적극 유도하기 위한 제반 조치를 취하였는데[251] 그 일환으로 조세피난과세제도가 대대적으로 개정되었다. 요컨대 제도 도입 당시 해외 자본유출에 대한 규제가 주목적이었던 조세피난과세제도가 경제환경의 변화로 인하여 여러 가지 측면에서 기업이 정상적으로 해외투자를 하는 데 걸림돌로 작용하기 시작하였다. 급기야 조세피난세제를 개선하지 않은 채 그대로 둘 경우 국제 무대에서 우리 기업의 경쟁력이 약화될 수밖에 없다는 위기의식이 확산되자, 정상적인 기업 활동에 대한 제약 요소를 제거하고 조세피난세제를 선진국 수준으로 정치하게 다듬는 작업이 2005년 개정 과정에서 이루어졌다.[252]

그 후 전 세계적으로 은행비밀주의가 쇠퇴하고 조세정보 교환이 활발해지면서 우리나라의 과세행정에서도 역외탈세가 주요 과제로 자리 잡았고, 조세피난과세제

251 예를 들면 외국환거래법 등의 개정을 통해 개인거주자의 해외 부동산투자를 위한 외화 반출 한도를 대폭 상향조정하였다.

252 저자는 재정경제부 국제조세과장으로 근무하는 동안 위와 같은 문제 인식 아래 2005년 4월 세제실에 민 · 관 합동으로 '조세피난과세제도 개선 T/F'를 구성하여 조세피난과세제도의 문제점과 개선방안을 본격적으로 논의하였다.

도의 적용 역시 활발하게 이루어졌다. 이 과정에서 조세피난과세제도의 적용 대상을 넓히는 한편 기존의 문제점을 해결하기 위하여 수차례에 걸쳐 법령이 개정되었다.

우리나라 제도의 주요 내용

우리나라 조세피난과세제도의 핵심을 간추려 설명하면, 조세피난처(특정국가등)에 본점, 주사무소 또는 실질적 관리장소를 둔 외국법인에 대하여 내국인[253]이 출자하고 그 외국법인과 내국인 사이에 특수관계가 존재할 경우 해당 외국법인은 소위 특정외국법인으로 취급된다. 그 결과 특정외국법인의 배당 가능유보소득 중 내국인에게 귀속될 금액은 실제로 배당되지 않더라도 각 사업연도종료일 다음 날부터 60일이 지나면 내국인에게 배당된 것으로 보고 내국인에 대하여 소득세나 법인세를 과세한다.

그러나 특정외국법인이 조세피난처(특정국가등)에 사무실 등 고정된 시설을 가지고 이를 통하여 실질적으로 제조업 · 건설업 등의 사업을 영위하는 경우에는 조세피난과세제도를 적용하지 아니하되, 일정한 요건이 충족된다면 고정된 시설을 가지고 실질적 사업을 영위하더라도 예외적으로 조세피난과세제도를 적용한다.

즉 특정외국법인이 국조법 제29조 제1항 제1호에서 열거하는 도매업, 금융 및 보험업, 부동산업, 임대서비스업 등을 영위하는 경우 ① 이들 업종에서 발생하는 수입금액(또는 매입원가)의 합계액이 총수입금액(또는 매입원가)의 50%를 초과하고, ② 동 업종에서 발생한 수입금액(또는 매입원가) 중 특수관계인과의 거래분이 50%를 초과하는 경우에 한하여 고정된 시설을 가지고 실질적 사업을 영위하는지 여부에 관계없이 조세피난과세제도를 적용한다. 또한 국조법 제17조의3 제1항 제2호에서 열거하는 주식 또는 채권의 보유, 지적재산권의 제공, 선박 · 항공기 · 장비의 임대, 투자신탁 또는 기금에 대한 투자가 주된 사업인 법인에 대해서는 고정된 시설을 가지고 실질적 사업을 영위하는지 여부에 관계없이 조세피난과세제

253 소득세법에 의한 거주자 및 법인세법에 의한 내국법인을 의미함(국조법 제2조 제2항)

도를 적용한다.

조세피난과세제도는 내국인이 특정외국법인의 총주식의 10% 이상을 직 · 간접으로 소유하는 경우에만 적용한다. 여기서 말하는 '조세피난처(특정국가등)'란 법인의 부담세액이 당해 실제발생소득의 16.8%[254] 이하인 국가 또는 지역을 말한다.

조세피난과세제도의 내용을 흐름도로 정리하면 다음과 같다.

[그림 IV-1] 조세피난과세제도의 적용흐름

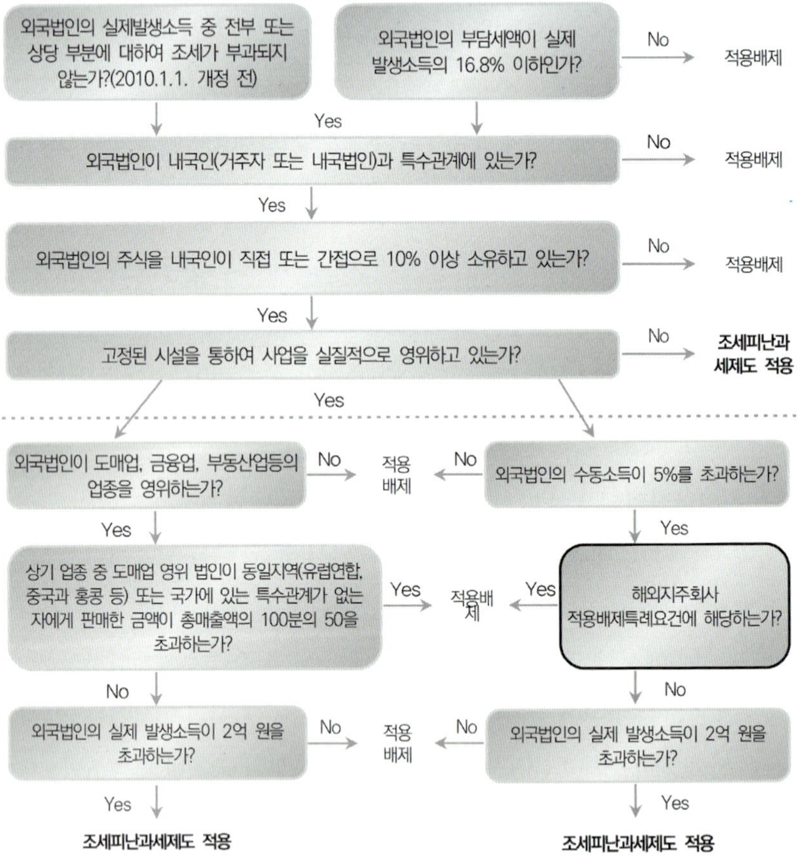

254 2021년말까지는 15%의 세율이 적용되었으나, 2021년말 국조법 개정으로 인해 2023.1.1. 이후 개시하는 사업연도분부터는 법인세율중 최고세율 (24%)의 70%에 해당하는 16.8%가 적용된다.

조세피난처(특정국가등)의 판정

(1) 실제발생소득의 개념

'조세피난처(특정국가등)'란 법인의 부담세액이 당해 실제발생소득의 16.8%(법인세율 중 최고세율의 70%) 이하인 국가 또는 지역을 말한다. 따라서 조세피난처 여부를 판정하기 위해서는 우선 국조법상 '실제발생소득'의 개념부터 정확히 이해해야 하는데, 여기서 '실제발생소득'이란 해당 법인의 본점, 주사무소 또는 실질적 관리장소가 있는 국가 또는 지역(거주지국)에서 재무제표 작성 시에 일반적으로 인정되는 회계원칙에 따라 산출한 해당 사업연도를 포함한 최근 3개 사업연도에 실제로 발생한 소득을 합계한 액수의 연평균액으로 한다.[255]

이 경우 각 사업연도에 실제로 발생한 소득은 법인세 차감 전 당기순이익(해당 외국법인의 거주지국 세법에 따라 산출된 법인 소득에 대한 조세 및 이에 부수되는 조세에 의하여 부담되는 금액을 빼기 전의 순이익, "세전이익"이라 칭함)에, 평가손익을 반영하여 조정한 금액을 말하며[256], 세전이익이 결손인 사업연도는 실제로 발생한 소득은 영(0)으로 본다.

한편, 여기서 재무제표 작성 시에 적용되는 '일반적으로 인정되는 회계원칙'이란 거주지국 정부 또는 정부의 위임을 받은 기관이 제정하거나 승인한 회계기준으로서 그 거주지국 기업이 재무제표를 작성할 때에 적용해야 하는 회계처리 및 보고에 관한 일반적인 기준을 말한다. 그러나 이러한 회계원칙이 우리나라의 기업

255 국조법 시행령 제61조

256 지분법 평가이익은 원칙적으로 세전이익을 구성하나 현실적으로 지분법 평가이익은 배당의 재원으로 사용될 수 없으므로 실제발생소득의 범위에서 제외하도록 한 것이다. 다만, 해당 거주지국에서 평가손익의 전부 또는 일부가 법인의 과세소득 계산 시 반영되어 있는 경우에도 그 평가손익을 더하거나 빼지 않고 그대로 세전이익의 범위에 포함하도록 하였다. 또한 평가손익의 원천인 대상 자산이 같은 과세기간 중 매각되거나 동 자산에서 생기는 배당 또는 분배금을 특정외국법인이 자회사로부터 수령하는 경우에는 사실상 해당 평가손익이 실현되었음을 의미하므로, 평가손익을 세전이익에서 굳이 제외시킬 필요가 없기 때문에 이 경우에는 평가손익 상당액을 세전이익에 포함시키도록 한 것이다.

회계기준과 현저히 다른 경우에는 우리나라의 기업회계기준을 적용하여 산출한 재무제표상의 법인세 차감 전 당기순이익을 실제발생소득으로 보도록 하고 있다.[257]

(2) 법인의 실제부담세액의 범위

법인의 실제부담세액은 외국법인의 해당 사업연도를 포함한 최근 3개 사업연도에 실제로 부담한 세액을 합계한 액수의 연평균액으로서 해당 외국법인의 거주지국 세법에 따라 산정한 금액으로 한다. 이 경우 실제로 부담한 세액은 그 외국법인의 세전이익에 대한 조세를 말하며, 해당 거주지국 외의 국가에서 납부한 세액과 이월결손금 공제로 인한 감소세액을 포함한다.

이와 같이 최근 3사업연도의 순이익을 기준으로 조세피난처 해당 여부를 판정하도록 한 까닭은, 종전에는 조세피난처에 해당하지 않다가 어느 특정연도에 조세감면 혜택을 받아 일시적으로 조세부담률이 16.8% 이하가 된 경우까지 조세피난과세제도를 적용한다면 납세자에게 지나치게 과도한 납세협력비용을 초래하기 때문이다. 이 경우 '실제로 부담한 세액'은 당해 법인의 실제발생소득에 대하여 당해 거주지국 외의 국가에서 납부한 세액을 포함한다. 예를 들면 특정외국법인의 국외사업장(예 : 해외지점)에서 납부한 세액도 부담세액 계산시 포함된다.

위와 같이 명목세율이 아닌 실제부담세율이라는 개념을 사용하여 조세피난처를 판정하도록 한 이유는 다음과 같다. 최근 OECD 각국을 중심으로 조세피난처에 대한 규제가 강화됨에 따라 기존의 조세피난처로 구분되었던 국가들은 과거보다 훨씬 교묘한 방식으로 주요국의 조세피난과세제도를 회피하기에 이르렀다. 구체적으로 살펴보면 조세피난처에 해당하는 국가들은 제도적으로는 다른 나라와 다를 바 없는 정상적인 세제를 갖추면서도, 실제 운영에서는 이들 국가의 정부가

257 이와 같이 실제발생소득의 범위를 특정외국법인의 재무제표에서 쉽게 확인되는 법인세 차감 전 당기순이익으로 한 까닭은 조세피난과세제도를 가급적 단순한 형태로 유지함으로써 납세자의 이해도를 높이고 납세협력비용을 최소화하기 위해서이다.

투자기업과의 협상을 통하여 조세부담을 개별적으로 면제하는 방식을 취하였다. 명목세율은 이와 같은 교묘한 조세회피에 대한 효과적인 대응수단이 아니므로, 실제부담세율을 제도적용기준으로 택한 것이다.

구체적인 사례를 들어 설명하면 다음과 같다. 내국인과 특수관계에 있으면서 영국에 본점을 두고 있는 외국법인(12월 말 법인이라고 가정)이 2020년도부터 사업을 시작했다. 외국법인의 2021년 말 세전 당기순이익이 100만 달러이고 2020년 말의 순손실이 150만 달러라고 가정한다. 외국법인은 인도네시아에 지점을 두고 있는데, 여기에서 2021년 말에 납부할 세액은 10만 달러라고 가정하자. 또한 영국의 법인세율은 과세표준의 30%이고, 지방세가 법인세에 대하여 10%의 세율을 추가로 부과되며, 과세표준은 법인세 차감 전 당기순이익과 일치한다고 전제한다. 만일 외국법인이 2020년에 손실을 기록하지 않았더라면 외국법인의 법인세 차감 전 당기순이익에 대한 조세는 법인세 차감 전 당기순이익 100만 달러의 33%인 33만 달러가 된다. 물론 인도네시아에서 10만 달러를 이미 납부했으므로 만약 2020년에 외국법인에게 손실이 없었다면 23만 달러의 세액을 영국 정부에 납부하게 된다. 이때 외국법인의 실제부담세율이 33%가 되므로 세율기준으로 인하여 외국법인이 조세피난과세제도를 적용받게 되는 경우는 발생하지 않을 것이다. 문제는 외국법인이 전년도의 손실로 인하여 영국 정부에 2021년 말을 기준으로 한 법인세액을 납부하지 않는다는 점이다. 이와 같이 이월결손금에 따른 실제 세부담 감소분에 대해 별도로 조정을 해주지 않으면 조세피난처와 전혀 상관이 없는 곳에서 정상적인 사업을 영위하는 기업에게도 조세피난과세제도가 적용될 수 있다. 이러한 문제를 해결하기 위해 '최근 3개 사업연도 감소세액의 합계'에 최근 3개 사업연도에 납부한 세액 중 최근 3개 사업연도에 이월결손금이 포함되어 법인소득에 대한 세액이 감소된 만큼을 기재하도록 한 후 동 금액을 부담세액에 포함시켜 세부담율을 계산하도록 하였다.

특정외국법인의 개념

'특정외국법인'이란 다음의 요건을 모두 충족하는 외국법인을 말한다.[258]

1. 본점, 주사무소 또는 실질적 관리장소를 둔 국가 또는 지역에서의 실제부담세액이 다음 계산식에 따라 산출한 금액 이하일 것
   외국법인의 실제발생소득 × 법인세법 제55조에 따른 법인세율 중 최고세율의 70%
2. 해당 법인에 출자한 내국인과 국조법상 제2조에 규정하는 특수관계(의결권주식의 50% 직간접 소유에 해당하는지를 판단할 때에는 내국인의 친족 등 대통령령으로 정하는 자가 직접 또는 간접으로 보유하는 주식 포함)에 있을 것

내국인이 외국신탁의 수익권을 직접 또는 간접으로 보유하고 있는 경우에는 신탁재산별로 각각을 하나의 외국법인으로 보아 조세피난과세제도를 적용한다.[259] 이와 같은 조치는, 2020년말 법인세법 제5조 제2항의 개정으로 「신탁법」에 따른 목적신탁, 수익증권발행신탁, 유한책임신탁이 법인세법상 법인으로 취급되어 법인세가 과세될 수 있게 되었다는 것과 긴밀히 연관되어 있다. 즉 우리나라에서도 일부 신탁에서는 법인세법 적용을 허용했듯이 외국에서도 비록 법적 성질은 신탁이라고 하더라도 사실상 법인과 같이 취급되어 법인세법이 적용되는 경우에는 내국인이 해당 신탁에 투자하여 유보소득을 쌓아두는 것이 가능하다. 따라서 이런 경우에는 국조법 제27조를 적용하여 동 신탁에 유보된 소득을 우리나라 내국인에게 배분되었다고 간주하고 법인세 또는 소득세를 해당 내국인에게 적용하려는 것이다.

258 국조법 제27조 제1항
259 국조법 제27조 제3항

제도가 적용되는 내국인의 범위

(1) 특정외국법인 주식 10% 이상을 직·간접으로 보유하는 내국인

국조법 제27조 제2항에 의하면 조세피난과세제도가 적용되는 내국인의 범위는 특정외국법인의 각 사업연도 말 현재 발행주식총수 또는 출자총액의 10% 이상을 직접 또는 간접으로 보유한 자로 제한된다. 대다수의 OECD 국가처럼 우리나라의 조세피난과세제도 역시 먼저 지배 여부를 판정한 다음, 피지배회사의 미분배이익에 기초하여 내국인에게 과세할 때 최소 소유요건을 적용하는 것이다.

국조법 제2조 제1항 제3호의 규정을 살펴보면, 특수관계는 크게 ① 어느 한쪽이 다른 쪽의 의결권 있는 주식의 50% 이상을 직·간접으로 소유하고 있는 관계(국조법 제2조 제1항 제3호 가목), ② 제3자와 그 친족 등 대통령령으로 정하는 자가 거래당사자 양쪽의 의결권 있는 주식의 50% 이상을 직·간접으로 각각 소유하고 있는 경우 그 양쪽 간의 관계(국조법 제2조 제1항 제3호 나목), ③ 거래당사자 간 공통의 이해관계가 있고, 거래당사자 어느 한쪽이 다른 쪽의 사업방침을 실질적으로 결정할 수 있는 관계(국조법 제2조 제1항 제3호 다목), ④ 거래당사자 간에 공통의 이해관계가 있고 제3자가 거래당사자 양쪽의 사업방침을 실질적으로 결정할 수 있는 관계(국조법 제2조 제1항 제3호 라목)로 되어 있다. 여기에서 '②', '③' 및 '④'의 경우에는 내국인이 조세피난처에 있는 외국회사에 지분율 10% 미만으로 출자하더라도 특수관계가 성립될 수 있다. 따라서 국조법 제27조 제2항은 이처럼 지분율이 10% 미만임에도 불구하고 특수관계가 성립하는 경우를 조세피난과세제도의 적용대상에서 제외한다는 점에서 의미를 가진다.

그러면 지분율 10% 미만에 대하여 조세피난과세제도를 적용하지 않는 까닭은 무엇인가? 특수관계가 성립한다고 하여 특정외국법인의 주식을 단지 1%라도 보유한 내국인에게까지 조세피난과세제도를 적용한다면, 납세자는 세무신고·관련자료 비치·과세당국 질의에 대한 답변 등 여러 가지 형태의 과다한 조세협력비용compliance cost을 부담하게 된다. 이와 같은 납세자의 과중한 부담을 줄이기 위해 국조법 제27조 제2항은 최소지분 소유요건을 규정한 것이다.

(2) 10% 기준의 판단 방법

2006년 국조법 개정 전에는 내국인의 범위가 특정외국법인 주식 20% 이상을 직접 또는 간접으로 보유하고 있는 주주로 한정되어 있었으므로, 특정외국법인의 주식을 주주 및 생계를 같이 하는 가족 등에게 분산시킴으로써 조세피난과세제도의 적용을 쉽게 피할 수 있었다. 예를 들어 어느 내국인이 본인(A)과 처(B) 그리고 자식(C)이 각각 특정외국법인 주식 9%를 소유한다면, 가족 전체로 보면 특정외국법인의 주식 27%를 소유하고 있음에도 불구하고 조세피난과세제도가 적용되지 않는다. 이와 같은 문제를 해결하기 위하여 2006년 국조법 개정 시 이른바 의제적 소유 개념을 도입하여 국조법 제17조 제2항을 개정하였다. 즉 주식소유 비율을 판정할 때 민법 제779조의 규정에 따른 가족이[260] 직접 보유하고 있는 주식을 포함하도록 하였다.

그러나 2012.1.1.부터 종전 20%의 지분판정기준이 10%로 인하되었고, 2013.1.1.부터는 10%의 주식소유 비율을 판정할 때 국기법상 제2조 제20호 가목(혈족 · 인척 등 국기령 제1조의 2 제1항[261]에서 정하는 친족관계) 및 나목(임원 · 사용인 등 국기령 제1조의 2 제2항[262]에서 정하는 경제적 연관관계)의 관계에 있

260 민법 제779조(가족의 범위)
① 다음의 자는 가족으로 한다.
1. 배우자, 직계혈족 및 형제자매
2. 직계혈족의 배우자, 배우자의 직계혈족 및 배우자의 형제자매
② 제1항 제2호의 경우에는 생계를 같이 하는 경우에 한한다.

261 ① 법 제2조 제20호 가목에서 "혈족 · 인척 등 대통령령으로 정하는 친족관계"란 다음 각 호의 어느 하나에 해당하는 관계(이하 "친족관계"라 한다)를 말한다.
1. 6촌 이내의 혈족
2. 4촌 이내의 인척
3. 배우자(사실상의 혼인관계에 있는 자를 포함한다)
4. 친생자로서 다른 사람에게 친양자 입양된 자 및 그 배우자 · 직계비속

262 ② 법 제2조 제20호 나목에서 "임원 · 사용인 등 대통령령으로 정하는 경제적 연관관계"란 다음 각 호의 어느 하나에 해당하는 관계(이하 "경제적 연관관계"라 한다)를 말한다.

는 자가 직접 보유하는 발행주식 또는 출자지분을 포함하도록 하였다. 이와 같이 개정한 이유는, 내국인이 민법상 가족을 넘어선 특수관계인과 각각 10% 미만의 분산 출자를 함으로써 사실상 특정외국법인에 대한 지배권을 보유하면서도 제도가 적용되지 않는 사례를 막기 위한 것이다. 예를 들어, 어느 내국인 본인(X)뿐 아니라 그의 사촌(Y) 및 그가 소유하는 회사의 임원(Z)이 특정외국법인의 주식을 각각 9%씩 소유한 경우 총 27%를 소유한 것으로 의제되므로, 내국인 본인(X)에게 조세피난과세제도가 적용된다. 여기서 한 가지 유의할 점은, 내국인에 대한 배당간주금액 계산에 필요한 주식보유비율을 계산할 때에는 특수관계자들이 소유한 주식은 제외한다는 점이다. 다시 말해 X, Y, Z의 배당간주금액 산출에 필요한 소유비율은 국조법 시행령 제67조에 따라 결정되고, 의제소유 개념으로 합산했던 주식들의 소유비율은 포함되지 않는다. 따라서 특정외국법인의 배당 가능한 유보소득 중 9%만이 X에게 귀속된다.

조세피난과세제도가 배제되는 특정외국법인의 범위

조세피난처에 소재한 특정외국법인이라고 하더라도 다음과 같은 경우에는 조세피난과세제도 적용이 배제된다.

(1) 특정외국법인의 실제 발생소득이 2억원 이하인 경우

국조법 제28조 제1호에 따르면 특정외국법인의 각 사업연도 말 현재 실제발생소득 (외국환거래법에 따른 기준환율 또는 재정환율로 환산한 금액)이 2억원 이하인 경우에는 제27조를 적용하지 않는다. 단, 사업연도가 1년 미만인 경우에는 2억원 대신 다음 계산식에 따라 산출한 금액을 기준으로 적용여부를 판정한다.

1. 임원과 그 밖의 사용인
2. 본인의 금전이나 그 밖의 재산으로 생계를 유지하는 자
3. 제1호 및 제2호의 자와 생계를 함께하는 친족

$$2억원 \times \frac{해당\ 사업연도의\ 개월\ 수}{12}$$

이와 같이 제도 적용을 위한 최소금액 기준을 설정한 이유는 납세편의 증진을 위해서이다. 2005년 이전의 법령대로라면 특정외국법인이 배당 가능 유보소득을 단돈 수만 원이라도 가지고 있더라도 예외 없이 조세피난과세제도를 적용하여야 했고, 조세회피 가능성이 거의 없는 납세자도 복잡한 서식을 제출해야 하는 등 불편한 점이 많았다. 이러한 불편을 줄이고 행정비용을 절감하기 위하여 특정외국법인의 소득이 2억원 이하인 경우에는 조세피난과세제도의 적용을 배제한 것이다.

(2) 특정외국법인이 진정한 산업적·상업적 활동을 수행하는 사업을 영위하는 경우

내국인과 특수관계에 있는 외국법인이 조세피난처에서 실질적인 사업을 영위하고 그 사업 내용이 진정한 산업적 · 상업적 활동에 관련된 것이라면, 외국법인이 설령 내국인에게 적절한 배당을 하지 않더라도 외국법인의 유보소득에 대하여 배당으로 간주하지 않는다.

여기서 말하는 진정한 산업적 · 상업적 활동에 관련된 경우란 흔히 다음의 3가지 요건을 충족하는 경우를 말한다.[263]

① 수동적 소득passive income의 창출이 특정외국법인의 주 기능이 되지 말아야 함
② 물적 · 인적 시설의 존재 : 현지에서 특정외국법인이 실제로 사업장과 종업원을 두고 사업을 영위해야 함
③ 특정외국법인의 소득이 갖는 성격 : 소득이 주로 특수관계인과의 거래에서 창출되지 말아야 함

263 OECD, Controlled Foreign Company Legislation, 1996, pp.69~70.

국조법 제28조 제2호는 특정외국법인이 특정국가등에 사업을 위하여 필요한 사무소, 점포, 공장 등의 고정된 시설을 가지고 있고, 그 법인이 스스로 사업을 관리하거나 지배 또는 운영을 하며, 그 특정국가등에서 주로 사업을 하는 경우에는 조세피난과세제도를 적용하지 않는다고 규정하고 있다. 이러한 규정은 앞서 설명한 바와 같이 '진정한 산업적 · 상업적 활동'의 두 번째 요건인 '물적 · 인적 시설의 존재'presence in the foreign country가 현지에서 이루어지는 경우에는 조세피난 과세제도를 적용하지 않는 국제적인 입법례를 우리도 채택한 것으로 볼 수 있다.

그런데 국조법 제29조는 특정국가등에 물적 · 인적 시설의 존재하는 경우라고 하더라도 특정업종을 영위하거나 소위 수동소득passive income을 창출하는 행위를 주된 사업으로 하는 법인에 대해서는 국조법 제28조의 예외에 해당한다고 보아 제27조(특정외국법인의 유보소득 배당간주)를 다시 적용한다. 이는 앞서 설명한 바와 같이 '진정한 산업적 · 상업적 활동'의 첫 번째 요건인 '수동적 소득passive income의 창출이 특정외국법인의 주 기능이 되지 말아야 함'이라는 원칙을 국조법령에 반영한 것이라고 할 수 있다.

① 업종을 기준으로 판정하는 접근방법

국조법 제29조 제1항 제1호 및 국조령 제65조 제1항 내지 제3항에 따르면, 조세피난처(특정국가등)에서 실질적 사업을 하더라도(즉 사무소, 점포, 공장 등의 고정된 시설을 가지고 그 법인이 스스로 사업을 관리하거나 지배 또는 운영을 하며, 그 국가 또는 지역에서 주로 사업을 하는 경우라 하더라도) 아래에서 열거하는 특정요건에 해당되면 원칙적으로 조세피난과세제도를 적용한다.[264]

① 도매업, 금융 및 보험업, 부동산업, 전문, 과학 및 기술 서비스업(건축기술, 엔지니어링 및 관련 기술서비스업 제외), 사업시설관리, 사업지원 및 임대서비스업을

264 이는 앞서 설명한 '진정한 산업적 · 상업적 활동'의 세 번째 요건인 '소득이 주로 특수관계인과의 거래에서 창출되어서는 안된다'는 원칙과 관련된 것이다.

하는 특정외국법인으로서 수입금액 또는 매입원가의 합계액이 총수입금액 또는 총매입원가의 50%를 초과하고

② 특수관계 있는 자와의 거래금액이 상기 업종에서 발생한 수입금액 또는 매입원가의 합계액의 50%를 초과하는 경우[265]

다만, 도매업을 영위하는 특정외국법인의 경우에는 동 법인의 소재지국과 같은 국가등에 있는 특수관계가 없는 자에게 판매한 최근 3개 사업연도 수입금액 합계액이 해당 3개 사업연도 총 수입금액의 50퍼센트를 초과하는 경우[266]에는 국조법 제27조를 적용하지 않는다. 왜냐하면 이들 업종은 다른 업종에 비해 많은 종사직원을 필요로 하지 않거나 자산의 보유만으로도 쉽게 소득을 창출할 수 있고, 서류 · 컴퓨터 기타 통신기기 조작 등으로 큰 어려움 없이 다른 나라로 소득을 이전할 수 있기 때문이다. 그리하여 비록 외견상 고정된 시설을 통하여 사업을 영위하는 것처럼 보여도 조세피난처 소재 시설을 기지base로 삼아 전 세계 소득에 대한 조세를 회피할 소지가 크다. 예를 들어 우리나라에 소재하는 어느 수출기업(K)이 홍콩에 판매회사(L)를 설립하고 K가 생산하여 전 세계로 수출하는 모든 상품이 일단 L에 염가로 판매되었다가 당초 해외 구매자에게 다시 판매된 것처럼 거래를 조작한다면, 비록 L이 실제로 종업원을 고용하여 도매업 일부를 실제 영위하였더라도 K는 L을 통해 모든 해외거래이윤을 홍콩에 유보할 수 있을 뿐 아니라 세부담도 훨씬 낮출 수 있다. 따라서 이들 업종의 경우에는 위 '①'과 '②'의 요건을 모두 충족할 때 조세피난과세제도를 적용하도록 하였다.

2006년 국조법 개정 전의 도매법인에 대한 규정은 앞서 살펴본 바와 같이 조세회피방지 차원에서 엄격하게 규정되어 있어 조세피난과세제도의 적용을 피할 수 없는 경우가 종종 발생하였다. 예를 들어 국내기업(S)이 폴란드에 생산기지로서 P

265 이 경우 특수관계에 관하여 국조령 제2조를 적용할 때에는 내국법인은 특정외국법인으로 본다.

266 3개 사업연도에 미달하는 경우에는 해당 사업연도까지의 기간으로 한다.

법인을 설립하고 아일랜드에 판매기지로서 R법인을 설립한 다음 R이 P로부터 대부분의 제품을 도매로 구입하여 아일랜드와 영국 소재 소매상에게 판매한다면, R법인은 조세피난과세제도의 적용을 받게 될 소지가 매우 높았다. 아일랜드의 명목 법인세율이 12.5%로서 우리나라 조세피난처 판정기준세율인 실효세율 기준 15%에 미달하는 점, R법인이 국내기업인 S법인의 자회사로서 도매업을 영위한다는 점, R이 P로부터 구입하는 매입원가가 총매입원가의 50% 이상인 점을 고려할 때, R은 아일랜드 내 실제 사업장의 존재 여부에 불구하고 조세피난과세제도가 적용되기 때문이다.

한편 EU 시장을 놓고 세계 유수의 기업들이 비슷한 전략으로 경쟁하는 상황에서 우리 기업에 대해서만 추가적인 세부담을 지운다면 우리 기업의 국제경쟁력은 그만큼 약해질 수밖에 없다. 이와 같은 불합리한 결과를 시정하기 위해 2006년 국조법령 개정 시 도매업을 영위하는 특정외국법인이 ① 동일한 국가 또는 유럽연합EU지역 내에서 제조업을 영위하는 특수관계인으로부터 매입한 금액이 총매입원가의 50%를 초과하고, ② 동일 국가나 지역 내에 소재하는 특수관계가 없는 자에게 판매한 금액이 총매출액의 50%를 초과하는 경우에는 조세피난과세제도를 적용하지 않도록 한 것이다.

그 후 2011년 국조법 시행규칙을 개정하면서 중국과 홍콩을 동일한 지역을 취급하도록 하였고 다시 2019년 국조법 시행규칙을 개정하면서 동남아시아국가연합ASEAN도 동일한 지역을 취급하도록 한 것도 같은 취지이다. 이와 같은 요건은 더욱 완화되어 2009년 시행령 개정 시에는 위 '①'의 요건마저 삭제되었고 결과적으로 현재는 '②'의 요건만 충족하면 조세피난과세제도를 적용하지 않는다.

도매업의 조세피난과세제도 적용 판정에 관한 또 하나의 입법적 보완은 도매업에서 발생하는 수입금액의 합계액이 총수입금액의 50%를 초과하는지 여부를 판정할 때 과거 1년 기준에서 3년 기준으로 전환했다는 점이다. 이와 같이 기준을 바꾼 이유는 어느 특정연도에 다른 업종의 수입금액이 줄거나 도매업의 수입금액이 늘어나 총수입금액의 50%를 초과하는 경우까지 조세피난과세제도를 적용하는 것은 불합리하기 때문이다.[267]

② 주된 사업을 구성하는 행위를 기준으로 판정하는 접근방법

특정외국법인이 국조법 제29조 제1항 제1호에서 열거하는 업종을 영위하지 않더라도 특정외국법인의 주된 사업(특정외국법인의 총수입금액 중 50%를 초과하는 수입금액을 발생시키는 사업)이 주식 또는 채권의 보유, 지적재산권의 제공, 선박 · 항공기 · 장비의 임대, 투자신탁 또는 기금에 대한 투자인 경우에는 조세피난처에 고정된 시설을 두고 실질적으로 사업을 영위하더라도 조세피난과세제도가 적용된다.

(3) 해외지주회사에 관한 특례

2006년 법령 개정 시 해외지주회사의 유보소득 배당간주에 관한 특례와 자회사 해당요건 등을 신설하여 해외지주회사에 대한 엄격한 규정을 완화하였다. 지주회사holding company의 주된 사업이 여러 회사의 주식 또는 출자지분을 보유함으로써 다수기업을 지배하는 것임을 감안하면 2006년 개정 전 국조법령에 지주회사라는 단어만 명시적으로 사용되지는 않았을 뿐 조세피난처에 소재하는 사실상 모든 형태의 지주회사는 조세피난과세제도의 적용대상이었다. 그 이유는, 지주회사는 거주지국에서의 조세회피 목적으로 악용될 소지가 크기 때문이었다.

그러나 2006년 국조법 개정 무렵 우리나라 대기업 중 일부는 외국의 다국적 기업들과 마찬가지로 해외투자의 위험부담을 최소화하고 진출 현지국의 연결납세제도 혜택을 받기 위한 일환으로 해외지주회사의 설립을 진지하게 검토하기에 이르게 되었다. 그런데 개정 전 국조법에서는 어떠한 형태의 해외지주회사라도 조

267 그러나 이와 같은 문제점은 반드시 도매업에만 발생되는 것이 아니므로 금융 및 보험업 등과 같이 조세피난과세제도가 적용되는 다른 업종에 대해서도 3년 기준을 적용해주는 것이 형평성 측면에서 필요한 것으로 보인다.

세피난과세제도가 적용되었으므로 이로 인한 과도한 세부담이 우리 기업의 전략적 해외투자에 장애물이 되었다. 그리하여 해외 지주회사를 이용한 조세회피를 지속적으로 방지하면서도, 우리 기업의 해외투자를 뒷받침하기 위한 방안을 외국 입법례를 참고하여 마련하였다.

이에 따라 2006년 법령 개정 시 '해외지주회사의 유보소득의 배당간주에 관한 특례'와 관련 '자회사 해당요건'을 규정하였다. 이후 몇 차례의 개정을 거치면서 현행 법령의 모습을 갖추게 되었는데, 조세피난처에 소재하는 해외 지주회사라도 자회사들의 지분을 40% 이상 보유하는 상황에서, 각각의 자회사들이 조세피난과세제도의 적용을 받지 않은 채 정상적인 해외투자 활동을 영위하고 있고, 해외지주회사가 동일 국가나 지역에 소재하는 자회사들로부터 받은 소득이 각 사업연도 말 현재 정상활동을 통한 사업소득 이외 소득의 90% 이상인 지주회사라면 해외지주회사가 국조법에서 정하는 조세피난처에 소재하더라도 조세피난과세제도가 적용되지 않는다.

(4) 진정한 산업적·상업적 활동을 영위하는 특정외국법인의 수동소득에 대한 과세특례

국조법 제29조 제2항은 다음과 같이 규정되어 있다.

> ② 제28조 제2호 및 이 조 제1항 각 호 외의 부분 단서에 따라 제27조를 적용받지 아니하는 특정외국법인의 경우에도 다음 각 호의 소득(이하 이 절에서 "수동소득"이라 한다)이 대통령령으로 정하는 기준을 갖춘 경우에는 해당 소득에 대하여 제27조를 적용한다.
> 1. 제1항 제2호 각 목의 행위에서 발생하는 소득
> 2. 제1항 제2호 각 목의 행위에서 발생하는 소득과 관련된 자산(같은 호 다목의 행위에서 발생하는 소득과 관련된 자산이 특정외국법인의 사업에 직접 사용되는 경우는 제외한다)의 매각손익

위 조항의 의미는 다음과 같다. 비록 특정외국법인이 ⅰ) 조세피난처(특정국

가등)에 사업을 위하여 필요한 사무소, 점포, 공장 등의 고정된 시설을 가지고 있고, ii) 그 법인이 스스로 사업을 관리하거나 지배 또는 운영을 하며, 그 특정국가등에서 주로(실질적으로) 사업을 하는 경우 또는 비록 도매업을 영위하는 특정외국법인이 같은 국가 또는 기재부령으로 정하는 같은 지역[즉 (i) 유럽연합EU 또는 (ii) 중국과 홍콩 (iii) 동남아시아국가연합ASEAN(국조칙 제37조)]에 있는 특수관계가 없는 자에게 판매한 금액이 총매출액의 50%를 초과하는 경우라고 하더라도, 특정외국법인의 소위 수동적 소득passive income – 즉, ① 주식 또는 채권의 보유, 지식재산권의 제공, 선박 · 항공기 · 장비의 임대, 투자신탁 또는 기금에 대한 투자를 행함에 따라 발생하게 되는 소득 및 ② 이러한 행위에서 발생하는 자산(특정외국법인의 사업에 직접 사용되는 선박 · 항공기 · 장비와 금융업 · 보험업에 속하는 특정외국법인이 해당 사업 수행과 관련하여 보유하는 주식 · 채권 제외)의 매각손익[268] – 에 대해서는 이들 수동소득의 합계가 해당 특정외국법인의 총수입금액의 5%를 초과할 때 조세피난과세제도가 적용되도록 하였다.

다만, 해당 특정외국법인의 자회사가 앞서 설명한 '업종을 기준으로 판정'하는 방법에 따라 조세피난과세제도가 적용되는 회사에 해당하지 않고, 이러한 회사의 주식을 10% 이상 보유한 경우에는[269] 그 주식에서 발생하는 배당금은 해당 수동소득의 합계에서 제외한다.[270]

이 규정은. OECD/G20가 주도하는 BEPS 방지 프로젝트가 한참 진행되던 2015년 당시 우리 과세당국이 BEPS Action 3 보고서(피지배외국법인Controlled Foreign Company : CFC에 대한 과세강화)의 영향을 받아 수동소득에 대한 과세를 좀 더 강화하는 방안을 우리나라 제도에 도입하고자 신설했던 규정으로 판단된다.

268 2021.1.1. 이후 개시하는 사업연도부터는 수동소득의 범위를 확대하여 이와 같이 수동소득을 발생시키는 자산의 매각소득(특정외국법인의 사업에 직접 사용된 선박 · 항공기 · 장비의 매각손익 제외)도 수동소득에 포함되도록 하였다.

269 다른 외국법인의 주식을 10% 이상 보유하는 경우에는 단순 포트폴리오 투자라기보다 피투자회사의 경영권에 참여하는 해외직접투자로 보기 때문이다.

270 국조법 시행령 제65조 제4항

특정외국법인의 배당 가능한 유보소득의 산출방법

특정외국법인의 배당 가능한 유보소득을 산출하는 방법은 국조법 시행령 제66조에서 규정하고 있다. 이 조항에 따르면 '배당 가능한 유보소득'은 해당 특정외국법인의 거주지국에서 재무제표 작성 시에 일반적으로 인정되는 회계원칙에 따라 산출한 처분 전 이익잉여금으로부터 특정사항에 대한 조정과 공제를 하고 난 금액이다. 그런데 만일 당해 거주지국에서 일반적으로 인정되는 회계원칙이 우리나라의 기업회계기준과 현저히 다른 경우에는 우리나라의 기업회계기준을 적용하여 배당 가능한 유보소득을 계산하여야 한다.

국조법 시행령 제66조, 동법 시행규칙 제38조, 별지 제30호 서식(특정외국법인의 유보소득 계산 명세서)(갑) · (을)에 규정된 내용을 종합 · 정리하여 배당 가능한 유보소득의 산출 공식을 작성해보면 다음과 같다.

배당 가능한 유보소득
=조정 이월이익 잉여금+당기순이익[271]
−1. 해당 사업연도 이익잉여금처분액 중 이익의 배당금(해당 사업연도 중에 있었던 이익잉여금 처분에 의한 중간배당액을 포함) 또는 잉여금의 분배금
−2. 해당 사업연도 이익잉여금처분액 중 상여금, 퇴직급여 및 그 밖의 사외유출
−3. 해당 사업연도 이익잉여금처분액 중 거주지국의 법령으로 정하는 의무적립금 및 의무적인 이익잉여금 처분액
−4. 해당 사업연도 개시 이전에 간주배당 과세된 금액 중 '1.'로 처분되지 않은 금액
−5. 제도가 적용되지 아니할 때 발생한 이익잉여금(제6호 금액은 제외) 중 '1.'과 '2.'로 처분되지 아니한 금액
−6. 주식 또는 출자증권의 평가이익 중 해당 사업연도 말 현재 실현되지 아니한 금액
−7. 최소금액(2억 원)
(1.~7. 국조법 시행령 제66조 제1항 각 호[272])

271 만일 당기 중에 법인부담세액이 실제발생소득의 16.8% 이하가 되는 등의 이유로 당기에

> 조정 이월이익잉여금=전기이월이익잉여금+전기 임의적립금 누계액−전기 임의적립금 이입누계액−(제도시행일(1997.1.1.) 전의 배당 가능한 유보소득−1997.1.1. 후에 있었던 국조법 시행령 제66조 제1항 제1호 및 제1호에 따른 이익잉여금 처분 누계액)

위 산출 공식들 가운데 '1.'은 '1. 이익잉여금처분에 의한 배당금 또는 분배금'을, '2.'는 '2. 이익잉여금처분에 의한 상여금, 퇴직급여 및 그 밖의 사외유출'을 각각 의미한다.

위 산식에서 중요한 사항 중 하나는 배당 가능한 유보소득 계산의 출발점이 특정외국법인의 이익잉여금처분계산서에서 구한 '처분 전 이익잉여금'이라는 점이다. 그런데 '처분 전 이익잉여금'은 '전기이월 이익잉여금' 및 손익계산서에서 구한 '법인세 차감 후 당기순이익'으로 구성되어 있다. 특정외국법인은 처분 전 이익잉여금에서 해당 사업연도에 주주들에게 실제 배당을 하거나, 상여금, 퇴직급여 및 그 밖의 사외유출과 같은 이익잉여금처분을 하거나, 거주지국의 법령에 따라 의무적으로 일정금액을 적립하거나 각종 의무적 이익잉여금 처분을 할 수 있다. 이와 같이 실제 사외유출되는 금액과 거주지국 법령으로 강제로 처분되는 금액은 특정외국법인에게 배당된다고 간주하는 배당 가능한 유보소득이 될 수 없으므로 특정외국법인의 처분 전 이익잉여금에서 공제를 해준다.

조세피난과세제도가 적용되지 않는다면 해당 당기순이익을 합산하지 않는다.

272 2013.2.15. 시행령 개정 시 그 전까지 산식에 포함되었던 평가손실이 삭제되었다. 우리나라의 상법상 배당 가능이익(제462조 제1항)에 자산 및 부채의 평가손익은 포함되나 주식 등 평가손실은 포함되어 있지 않으므로, 이 제도와 균형을 맞추기 위해서이다.

내국인에 대한 배당간주금액의 산출

(1) 배당간주금액의 계산

① 일반 규정

국조법 제30조에 따르면 내국인에 대한 배당간주금액은 다음과 같이 계산하여 구한다.

> 배당간주금액=특정외국법인의 각 사업연도 말 현재 배당 가능한 유보소득×해당 내국인의 특정외국법인 주식 보유비율

② 특례 규정

국조법 제29조(특정외국법인의 유보소득 배당간주의 예외적 적용) 제2항에서 규정하는 소위 수동소득에 대한 특례규정과 관련한 '배당간주금액'의 산출방법에 대해서는 국조법 제30조 제2항에 규정 되어 있다. 이 규정에 따르면, 제1항에도 불구하고, 제29조 제2항을 적용하는 경우의 배당간주금액은 다음 계산식에 따른 금액으로 한다.

$$\text{특정외국법인의 각 사업연도말 현재 배당 가능한 유보소득} \times \text{해당 내국법인의 특정외국법인 주식 보유비율} \times \frac{\text{(수동소득의 합계금액} - \text{대통령령으로 정하는 금액)}}{\text{특정외국법인의 총 수입금액}}$$

위 산식에서 맨 우측의 분자에 해당하는 항목, 즉 (수동소득의 합계금액－대통령령으로 정하는 금액)은 다음과 같이 계산한다. 우선 ① 국조법 제29조 제1항 제2호 각 목의 행위(즉, ㉠ 주식 또는 채권의 보유, ㉡ 지식재산권의 제공, ㉢ 선박·항공기·장비의 임대, ㉣ 투자신탁 또는 기금에 대한 투자)에서 발생하는 소

득 및 동 소득과 관련된 자산(선박 · 항공기 · 장비 제외)의 매각 손익의 합계금액을 구한다. 이 경우, 해당 특정외국법인의 자회사가 앞서 설명한 '업종을 기준으로 판정'하는 방법에 따라 조세피난과세제도가 적용되는 회사에 해당하지 않고, 이러한 회사의 주식을 10% 이상 보유한 경우에는[273] 그 주식에서 발생하는 배당금은 해당 수동소득의 합계에서 제외하고 계산한다.[274]

(2) 주식보유비율

내국인이 특정외국법인에게 직접적으로 출자하고 있는 경우의 내국인의 특정외국법인 주식 보유비율은 내국인이 특정외국법인에 대한 출자금액을 특정외국법인의 총납입자본금으로 나눔으로써 구할 수 있다.

내국인이 특정외국법인에게 간접적으로 출자하고 있는 경우의 내국인의 특정외국법인 주식 보유비율은 다음과 같은 방식으로 구한다. 우선 '내국인과 특정외국법인, 그리고 이들 사이의 하나 이상의 법인이 모두 하나의 일련의 주식소유관계를 통해 연결되어 있는 경우'에는 내국인의 특정외국법인 각 단계의 주식 보유비율을 모두 곱하여 산출한다.[275] 또한 '내국인과 특정외국법인 사이에 둘 이상의 일련의 주식소유관계가 있는 경우'에는 각 일련의 주식소유관계에 대하여 제1호에 따라 산출한 주식 보유비율을 모두 더하여 산출한다.[276] 이와 같은 내용을 예를 들어 설명해보자.

273 다른 외국법인의 주식을 10% 이상 보유하는 경우에는 단순 포트폴리오 투자라기보다 피투자회사의 경영권에 참여하는 해외직접투자로 보기 때문이다.

274 국조법 시행령 제67조 제4항

275 국조법 시행령 제67조 제1항 제1호

276 국조법 시행령 제67조 제1항 제2호

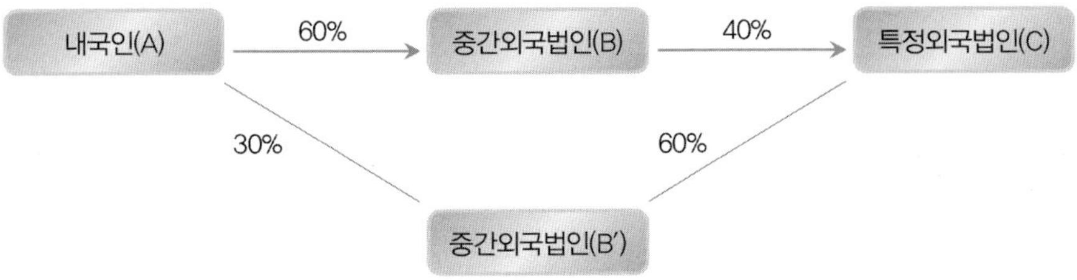

특정외국법인 C의 당해 사업연도 배당 가능한 유보소득금액이 100만 달러라고 한다면 내국인 A에 귀속되는 금액은 100만 달러×{(60%×40%)+(30%×60%)}=100만 달러×42%=42만 달러가 된다.

국조법 시행령 제67조 제2항에 따르면 동조 제1항 제1호를 적용함에 있어 내국인과 특정외국법인 사이에 주식 보유를 통하여 하나 이상의 내국법인이 끼어 있는 경우 내국인간 주식 보유비율은 없는 것으로 본다. 그 구체적인 의미를 다음의 예에서 설명한다. 가령 A · B가 내국법인이며, C가 미국에 있는 중간외국법인이고 D가 조세피난처에 소재하는 특정외국법인이라고 하자.

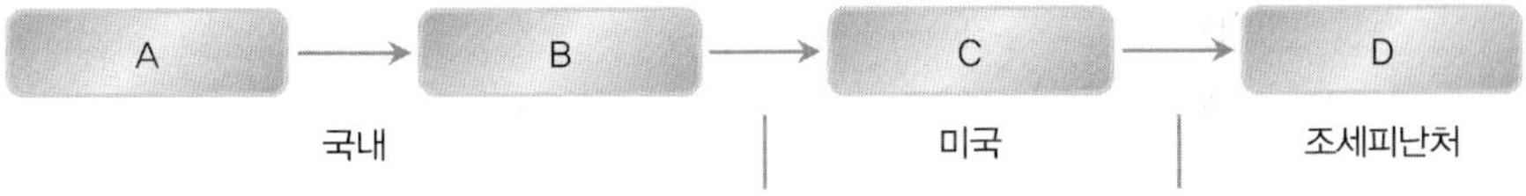

국조법 제27조 제1항의 규정에 의하면 내국법인 B가 미국법인 C를 거쳐 조세피난처에 있는 특정외국법인 D에게 투자한 경우(간접출자)에도 조세피난과세제도가 적용된다. 만일 국조법 시행령 제67조 제2항이 없다면 내국법인 B뿐 아니라 A까지도 조세피난과세제도의 적용대상이 된다고 해석될 소지가 있다. 이 경우 D의 배당 가능한 유보소득 발생 시 배당이 B뿐 아니라 A에게까지도 이루어지는 것으로 간주되어 이중과세 또는 다중과세가 발생할 수 있다. 이와 같은 문제점을 해결하기 위해 국조법 시행령 제67조 제2항은 A와 B 사이에는 배당간주금액을 산출하지 않도록 정하였다. 그런데 아래의 사례처럼 내국인 A가 특정외국법인 C에 대하여 직접 출자함과 동시에 내국법인인 중간외국법인 B를 통하여 C에 출자한 경우에는 주의할 점이 있다.

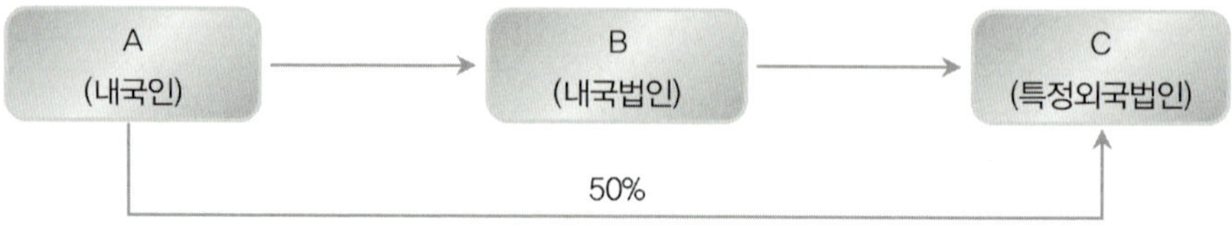

만일 당해 사업연도 특정외국법인C의 배당 가능한 유보소득이 100만 달러였다면 B에 대한 간주배당금액은 50만 달러가 된다. 이 경우 A에 대한 간주배당금액은 얼마일까? 위에서 설명한 바와 같이 국조법 시행령 제67조 제2항에 의하여 A가 B를 통하여 배당받은 금액에 대하여는 조세피난과세제도가 적용되지 아니한다. 그러나 국조법 시행령 제67조 제2항은 A가 C에 직접 출자한 50%의 지분에까지 효력이 미치지는 않는다. 따라서 C의 배당 가능한 유보소득 중 A가 C를 직접 소유하는 비율에 해당하는 금액인 50만 달러는 A의 과세소득에 합산하여야 한다.

간주배당의 시기와 외화환산

국조법 제27조 제1항에 따라 배당으로 간주된 금액은 특정외국법인의 해당 사업연도종료일의 다음날부터 60일이 되는 날이 속하는 내국인의 과세연도의 익금에 산입하며[277], 바로 그 날의 외국환거래법에 의한 기준환율 또는 재정환율로 환산한 금액이 익금에 가산된다.[278]

예를 들어 설명하면 다음과 같다. 만일 특정외국법인의 사업연도가 12.31.에 종료하고 특정외국법인에 출자한 내국법인의 사업연도종료일이 1.31.이라면 2023.12.31.의 특정외국법인 배당 가능한 유보소득은 2023.12.31. 다음날부터 60일이 되는 날인 2024.3.1.이 속하는 사업연도에 귀속된다. 따라서 2025.1.31. 내국법인의 과세표준 산정 시 특정외국법인의 배당 가능한 유보소득이 과세표준에

277 국조법 제31조

278 국조법 시행령 제67조 제3항

포함된다.

실제배당금액 등의 익금불산입방법

(1) 배당금액의 익금불산입방법

특정외국법인의 배당 가능한 유보소득이 배당된 것으로 간주하여 내국인에게 이미 과세하였는데, 특정외국법인이 유보소득의 일부를 실제로 내국인에게 배당하였다는 이유로 다시 과세하면 이중과세 문제가 생긴다. 그리하여 국조법 제32조는 이러한 경우 실제배당금액을 익금불산입 또는 비과세하고 있다. 이에 따르면 국조법 제31조에 따라 배당간주금액이 내국인의 익금등으로 산입된 후 해당 특정외국법인이 그 유보소득을 실제로 배당한 경우 내국인이 법인이라면 법인세법 제18조 제2호에 따른 익금에 산입하지 않는 소득, 내국인이 개인이라면 소득세법 제17조 제1항에 따른 배당소득에 해당하지 아니하는 것으로 본다.

이 경우 실제배당금액은 법인세법 제16조 각 호의 규정에 의한 배당금 또는 분배금을 포함한다. 그 결과 주주인 내국법인이 특정외국법인으로부터 받은 주식배당 또는 감자·합병·해산 및 잉여금의 전입 시 발생하는 의제배당도 실제배당의 범주에 포함된다.

국조법 제32조에 따라 구체적으로 익금불산입 계산방법을 정한 조항이 국조법 시행령 제68조(실제 배당금액의 익금불산입 방법)이다. 제1항에서는 특정외국법인이 내국인에게 실제로 배당을 한 경우에는 "배당 가능한 유보소득이 발생된 순서에 따라 동 유보소득으로부터 실제로 배당이 이루어진 것으로 본다"고 규정하고 있다. 앞서 설명하였듯이 유보소득금액에는 꼬리표가 달려 있지 않으므로 이와 같은 소득흐름에 대한 규정이 없다면 여러 가지 혼란이 발생할 수 있다. 그리하여 가장 자연스러우면서도 제도의 운영을 단순화할 수 있는 선이익 선배당원칙을 제1항에 명문으로 규정하였다.

제2항은 내국인이 중간외국법인인 어느 외국법인을 경유하여 조세피난처의 특정외국법인에 간접적으로 출자한 경우의 익금불산입방법을 규정한 것이다. 간접출자가 이루어진 상황에서 특정외국법인이 중간외국법인에게 실제배당을 한 후 중간외국법인이 내국인에게 실제배당을 하는 경우에는 실제배당금액을 우선적으로 법인세법 제18조 제2호에 따라 '익금에 산입하지 않는 소득'으로 보거나 소득세법 제17조 제1항에 따른 배당소득에 해당하지 아니하는 것으로 본다. 다만, 이와 같이 익금불산입하거나 배당으로 보지 않는 소득은 다음 산식에 따라 계산한 금액을 한도로 한다.

> [특정외국법인이 유보소득을 중간외국법인에 실제로 배당한 금액×실제 배당 당시의 내국인의 중간외국법인에 대한 주식 보유비율]의 합계액−과거 사업연도에 중간외국법인이 내국인에게 이미 실제로 배당하여 익금에 산입하지 않는 소득으로 보거나 배당소득에 해당하지 않는 것으로 본 금액

(2) 특정외국법인의 주식양도차익의 익금불산입

국조법 제31조에 따라 특정외국법인의 유보소득이 배당으로 간주되어 내국인의 익금 등으로 산입된 후 내국인이 해당 특정외국법인의 주식을 양도한 경우에는 양도차익을 한도로 '양도한 주식 등에 대한 배당간주금액의 합계액'에서 그 '양도한 주식에 대해 실제로 배당한 금액'을 차감한 금액[279]에 대하여 이를 익금에 산입하지 아니하는 소득(양도자가 내국법인의 경우)으로 보거나 주식양도소득[280](양도자가 거주자인 경우)에 해당하지 아니하는 것으로 본다.[281] 이 규정의 내용을 풀어서 설명하면 다음과 같다.

279 동 금액이 0 이하인 경우에는 0으로 간주된다.

280 2020년 소득세법 개정으로 2023.1.1.부터 주식양도소득은 금융투자소득의 일부로 취급되므로 이에 맞추어 2023.1.1.부터 해당 특정외국법인 주식의 양도소득도 금융투자소득으로 취급하는 법령개정이 2021년말에 이루어졌다.

281 국조법 제32조 제2항

일반적으로 특정외국법인의 배당 가능한 유보소득에 대하여 과세가 이루어진 다음 아직 완전하게 실제배당이 이루어지기 전에 특정외국법인의 주식을 매각하는 경우가 국내주주에게 종종 발생할 수 있다. 이 경우 국내주주 입장에서 보면 주식 매각 시 과세되는 양도가액이 과대평가되어 있다고 할 수 있다. 다시 말해 간주배당을 한 후 실제배당이 이루어진 주식의 양도가액은 실제배당액만큼 가치가 감소한다. 그런데 만일 실제배당을 하지 않았거나 일부만 하였다면 특정외국법인의 주주인 내국인 입장에서는 간주배당으로 인한 조세부담이 증가하면서도 이에 대응하여 주식 양도가액이 낮아지지 않아 그만큼 주식 양도소득이 과대평가된다. 그 결과 주주인 내국인은 주식 양도소득 중 간주배당으로 인한 세부담만큼 이중과세된다. 이러한 부담을 완화하여야 한다는 정책적 판단에 따라 주식양도 시점에 그때까지 배당으로 간주된 금액의 잔액에 해당하는 주식양도차익만큼을 익금에 산입하지 않는 소득으로 보아 익금불산입하거나(주주가 내국법인의 경우) 양도소득으로 보지 않음으로써(주주가 거주자인 경우) 그만큼 주식양도소득의 과세표준을 줄여주도록 하였다. 다만, 익금불산입하는 금액이 주식양도차익보다 큰 경우에는 초과금액이 없는 것으로 보므로 환급이 이루어질 가능성은 없다.

외국납부세액공제

국조법 제33조 및 국조법 시행령 제69조에 따르면, 조세피난과세제도에 따라 국내에서 과세를 하는 경우에도 내국주주의 일반외국납부세액공제와 특정외국법인의 간접외국납부세액공제를 각각 허용토록 하였다. 이에 따르면 특정외국법인이 내국인에게 배당을 지급하는 과정에서 원천징수를 하여 외국의 과세당국에 납부한 세액이 있는 경우 배당 시점에 외국납부세액공제를 적용하되, 그 귀속시기는 당초 유보소득을 배당으로 간주하여 익금에 산입한 사업연도로 한다. 또한 외국납부세액 공제한도액 계산에 관해서도 당해 국외원천소득이 내국인의 과세표준에 실제 포함된 사업연도(배당간주 익금산입연도)의 공제한도를 적용한다.

국조법 제32조 제1항에 따르면, 직접외국납부세액공제를 규정한 법인세법 제57조 제1항 및 제2항과 소득세법 제57조 제1항 및 제2항을 적용함에 있어 실제 배당 시 외국에 납부한 세액을 과거 배당간주시점의 외국납부세액에 포함시켜 외국납부세액공제액을 다시 계산한다. 또한 과거 사업연도에 배당으로 간주한 금액은 그 사업연도의 국외원천소득에 포함시켜 외국납부세액공제한도[282]를 다시 계산하도록 하였다.[283]

구체적인 경정청구절차는 국조법 시행령 제69조에서 정하고 있다. 직접외국납부세액공제를 적용받으려는 자는 실제로 배당을 지급받은 과세연도의 소득세·법인세 신고 시 시행규칙에서 정하는 외국납부세액공제세액계산서를 첨부하여 간주배당금액으로 익금에 산입한 과세연도의 소득세·법인세 과세표준 및 세액을 다시 계산하여 동 금액의 환급에 대하여 경정청구를 하여야 한다.[284] 외국정부의 배당소득에 대한 세액의 결정·통지가 지연되거나, 과세기간이 다르다는 사유 등으로 소득세·법인세 신고 시 경정청구를 할 수 없는 경우에는 외국정부의 국외배당소득에 대한 세액결정통지를 받은 날부터 3개월 이내에 증명서류를 첨부하여 경정을 청구할 수 있다.[285]

한편, 국조법 제33조 제3항은 간접외국납부세액공제에 대해 규정하고 있는데 그 내용을 살펴보기에 앞서 간접외국납부세액공제의 개념과 산출방법을 간략히 짚어보자. '간접외국납부세액공제'란 내국법인의 각 사업연도의 소득금액에 외국자회사로부터 받은 수입배당금액이 포함되어 있는 경우 그 외국자회사의 소득에 대해 부과된 외국법인세액 중 당해 수입배당금액에 대응하는 금액만큼을 내국법인의 납부세액 계산 시 공제토록 한 것을 말한다.

282 외국납부세액공제한도=당해 사업연도의 법인세액×(국외원천소득/당해 사업연도의 과세표준)

283 만일 납세자가 손금산입방식을 택한다면 외국납부세액을 배당간주 사업연도의 소득금액에서 차감한다.

284 국조법 시행령 제69조 제1항

285 국조법 시행령 제69조 제2항

간접외국납부세액 공제	= 외국자회사[286]의 해당 사업연도의 법인세액 ×	(수입배당금액 / (외국자회사의 해당 사업연도 소득금액 − 외국자회사의 해당 사업연도 법인세액))

국조법 제33조 제3항에 따르면 특정외국법인의 배당 가능 유보소득 중 내국주주에게 배당한 것으로 간주한 금액(배당간주금액)은 위 산식에서 배당으로 간주한 과세연도의 수입배당금액에 포함시킨다. 왜냐하면 특정외국법인의 배당 가능 유보소득은 외국에서 세금을 납부한 후의 당기순이익 누계치에서 비롯되므로, 배당 가능 유보소득을 배당한 것으로 간주하는 경우에는 특정외국법인의 기납부 법인세를 최소한 배당간주 시점에서 외국납부세액으로 공제하여야 이중과세를 막을 수 있기 때문이다.

지금까지 설명한 내용을 예를 들어 설명해보자. 내국법인 '갑'은 스위스 소재 특정외국법인 'A'(100% 소유)의 전기배당 가능한 유보소득은 없었으나(즉 CHF 0) 당기 발생한 배당 가능한 유보소득 CHF 1,000(@800)을 2016년도에 배당간주 익금에 산입하였고 동 유보소득 관련하여 A가 스위스에 납부한 법인세는 CHF 100(@800)라고 가정하자. 한편, 2016년 갑법인은 상기 유보소득 익금산입액을 포함한 과세표준 2,000,000원이 발생하여 440,000원의 법인세(2016년 최고 한계세율 : 22% 가정)를 납부했고, A는 2017년 상기 유보소득 중 CHF 500(@800)을 갑에게 실제 배당하면서 배당소득세 CHF 50을 원천징수하여 스위스 정부에 납부했다고 가정한다. 이 경우 내국법인 갑의 2016년과 2017년의 외국납부세액공제 방법을 살펴보면 다음과 같다.

286 외국자회사는 조세피난과세제도의 특정외국법인에 해당한다.

① 2016년 배당간주 익금산입 시 간접외국납부세액 공제액 계산

- 공제방법 : 2016년 귀속분 법인세 계산 시 공제
- 간접외국납부세액공제액=외국자회사의 당해연도 법인세액×(간주배당금)/(외국자회사의 당해연도 소득금액−외국자회사 당해연도 법인세액)
  =80,000×800,000÷(880,000−80,000)=80,000원
- 공제한도=당해 사업연도 법인세액×(국외원천소득/당해 사업연도 과세표준)
  =440,000×800,000÷2,000,000=176,000원

  간접외국납부세액공제액이 공제한도보다 적으므로 80,000원 전액이 세액공제된다.

② 2017년 실제 배당 시 일반외국납부세액 공제액 계산

- 외국납부세액(원천세) : CHF 50×@800=40,000원
- 공제방법 : 2017년 외국납부세액을 2016년 세액계산 시 공제하는 것이므로 2017년 귀속분 법인세신고 시 2016년분에 대해 경정청구한다.
- 2016년 잔여공제한도 : 176,000−80,000=96,000원
- 2016년 직접외국납부세액공제액=Min(40,000, 96,000)=40,000원

여기에 그동안의 환급가산금을 계산하여 환급을 신청할 수 있다.

특정외국법인에 대한 자료의 제출의무

국조법 제34조는 내국인이 특정외국법인에 대한 자료를 제출해야 하는 의무를 규정하고 있다. 즉, 국조법 제27조부터 제33조까지의 규정의 적용대상이 되는 내국인은 대통령령으로 정하는 바에 따라 다음 각 호의 서류를 소득세 신고기한 또는 법인세 신고기한(연결납세 신고기한 포함)까지 납세지 관할 세무서장에게 제출하여야 한다.

1. 특정외국법인의 재무제표
2. 특정외국법인의 법인세 신고서 및 부속서류
3. 특정외국법인의 유보소득 계산 명세서
4. 그 밖에 대통령령으로 정하는 서류

최종적으로 조세피난과세제도가 적용되는 내국인[즉, 국조법 제27조, 제29조(같은 조 제1항 각 호 외의 부분 단서에 해당하는 경우는 제외), 제30조부터 제33조까지에 따른 규정의 적용대상이 되는 내국인]은 다음 각 호의 서류를 모두 제출하도록 규정하고 있다(국조령 제37조).

1. 특정외국법인의 재무제표
2. 특정외국법인의 법인세 신고서 및 부속서류(특정외국법인이 소재한 국가 또는 지역의 과세당국이 요구하는 부속서류)
3. 기획재정부령으로 정하는 특정외국법인의 유보소득 계산 명세서
4. 기획재정부령으로 정하는 특정외국법인의 유보소득 합산과세 판정 명세서
5. 기획재정부령으로 정하는 특정외국법인의 유보소득 합산과세 적용범위판정 명세서
6. 기획재정부령으로 정하는 국외 출자 명세서

한편, 특정외국법인이 실효세율 15% 이하의 지역에 소재하더라도 출자한 특정외국법인에게 최종적으로 조세피난과세제도가 적용되지 않는 내국인은 위 열거한 서류 중 4호부터 6호까지에 해당하는 서류를 납세지 관할세부서상에세 제출하도록 되어있다. 납세자가 판단한 조세피난과세제도의 적용 배제가 적정한지 여부를 검증하기 위해 과세당국에게 필요한 자료를 제출하도록 한 것이다.

납세지 관할세무서장은 국조법 제34조 제3호에 따른 특정외국법인의 유보소득 계산 명세서('명세서')를 같은 조에 따라 제출하여야 하는 내국법인이 그 제출기한까지 제출하지 아니하거나 제출한 명세서의 전부 또는 일부를 적지 아니하는 등 제출한 명세서가 대통령령으로 정하는 불분명한 경우(즉 배당 가능한 유보소득금액을 산출할 때 적어야 하는 금액의 전부 또는 일부를 적지 아니하거나 잘못 적어 배당 가능한 유보소득금액을 잘못 계산한 경우)에 해당할 때에는 해당 특정외국법인의 배당 가능한 유보소득금액의 1천분의 5에 상당하는 금액을 가산한 금액을 법인세로서 징수하여야 한다(법인세법 제75조의 9 제1항). 이 경우 산출세액이 없는 경우에도 가산세는 징수한다(법인세법 제75조의 9 제2항). 다만, 이 경우 국세기

본법 제49조에 따라 가산세 한도는 1억 원(중소기업기본법 제2조 제1항에 따른 중소기업의 경우에는 5천만 원)이 된다. 국조법 제34조 제3호에 따른 특정외국법인의 유보소득 계산 명세서('명세서')를 같은 조에 따라 제출하여야 하는 거주자가 그 제출기한까지 제출하지 아니하거나 제출한 명세서의 전부 또는 일부를 적지 아니하는 등 제출한 명세서가 대통령령으로 정하는 불분명한 경우(즉 배당 가능한 유보소득금액을 산출할 때 적어야 하는 금액의 전부 또는 일부를 적지 아니하거나 잘못 적어 배당 가능한 유보소득금액을 잘못 계산한 경우)에 해당할 때에는 해당 특정외국법인의 배당 가능한 유보소득금액의 1천분의 5에 해당하는 금액을 해당 과세기간의 결정세액에 더해야 한다(소득세법 제81조의 13). 다만, 이 경우 국세기본법 제49조에 따라 가산세 한도는 1억 원(중소기업기본법 제2조 제1항에 따른 중소기업의 경우에는 5천만 원)이 된다.

4 거주자의 해외 재산 취득·보유·처분단계별 세무 이슈

거주자의 해외부동산 취득·보유·처분단계별 의무

(1) 취득단계

국내 부동산의 경우와 마찬가지로 거주자가 해외부동산(주택, 상가, 기타건물, 토지 등)을 취득하게 되면 '그 취득자가 취득자금 마련 과정에서 증여세를 누락한 것이 없는가?'라는 문제가 제기될 수 있다. 즉, 상증세법은 직업 · 연령 · 소득 및 재산상태 등으로 보아 자력으로 재산을 취득하였거나 채무를 상환하였다고 인정하기 어려운 경우에는 다른 사람으로부터 그 자금을 증여받은 것으로 추정하므로[287] 해외부동산 취득자금의 자금출처에 대한 소명 문제는 국내부동산의 경우와 마찬가지로 과세당국에 의해 제기될 수 있다.

만일 거주자가 해외자산을 국내 거주자에게 증여한다면 납세의무자는 상증법에 따라 수증자가 될 것이다. 따라서 증여일 현재 수증자가 거주자일 경우에는 증여자가 거주자인지 비거주자인지 여부와 관계없이 수증자가 국내외의 모든 증여재산에 대하여 납세의무를 부담한다.[288]

위 상증세법상의 의무와는 별도로, 거주자[289]와 내국법인은 해외부동산이나 이에 관한 권리(이하 "해외부동산 등")를 취득하고 그 물건별 취득가액이 2억원 이상인 경우에는 거주자의 과세기간 또는 내국법인의 사업연도 종료일이 속하는 달

287 상속세 및 증여세법(이하 "상증세법") 제45조 제1항

288 상증세법 제4조의2 제1항 제 1호

289 과세기간 종료일 10년 전부터 국내에 주소나 거소를 둔 기간이 5년 이하인 외국인 거주자는 동 제출의무가 면제된다.

의 말일부터 6개월 이내에 해외부동산 취득·투자운용(임대) 및 처분명세서를 제출해야 한다.[290] 이와 같은 신고의무 또는 자료제출 의무를 이행하지 않은 경우에는 해외부동산 등의 취득가액의 10% 이하의 과태료(1억원을 한도)가 부과된다.[291]

또한 거주자 또는 내국법인이 소명요구일 전 10년 이내에 해외부동산 등을 취득한 경우 거주자의 과세기간 또는 내국법인의 사업연도 종료일이 속하는 달의 말일부터 6개월 이내에 자료를 제출하지 아니하거나 거짓된 자료를 제출한 경우에는 해당 납세지 관할 세무서장은 그 거주자 또는 내국법인에게 해외부동산 등의 취득에 든 금액(「외국환거래법」 제18조에 따라 신고한 금액은 제외)의 출처에 대하여 소명을 요구할 수 있다.[292]

소명을 요구받은 거주자 또는 내국법인은 통지를 받은 날부터 90일 이내(이하 "소명기간")에 기획재정부령으로 정하는 취득자금 소명대상 금액의 출처 확인서를 납세지 관할 세무서장에게 제출해야 한다.[293] 이 경우 소명을 요구받은 거주자 또는 내국법인이 소명을 요구받은 금액의 80% 이상에 대하여 출처를 소명한 경우에는 소명을 요구받은 전액에 대하여 소명한 것으로 본다.[294] 거주자 또는 내국법인이 이에 대해 소명하지 아니하거나 거짓으로 소명한 경우에는 소명하지 아니하거나 거짓으로 소명한 금액의 20%에 상당하는 과태료를 부과한다.[295]

(2) 보유 및 운용 단계

해외부동산의 보유단계에서는 해외부동산 임대소득에 대해 종합소득세 신고를 했는지가 주된 이슈가 된다. 해외에 주거용 주택을 취득하고 실제로 취득자가

290 국조법 제58조 제2항 및 국조법 시행령 제98조 제2항
291 국조법 제91조 제2항
292 국조법 제59조 제1항
293 국조법 제59조 제2항 및 국조법 시행령 제99조 제1항
294 국조법 제59조 제2항 후단
295 국조법 제91조 제3항

해외주택에서 거주함으로써 소득이 발생하지 아니하는 경우 우리나라 과세당국에 신고할 필요는 없다. 그러나 거주자가 해외부동산을 취득한 후 그 부동산을 타인에게 임대하는 경우, 그 부동산으로부터 발생되는 임대소득에 대하여는 부동산 소재지국 세법에 따라 해당국 과세당국에 관련 소득세를 신고 · 납부하는 것과는 별도로 우리나라의 납세지 관할 세무서에 국내 · 외에서 발생된 타 소득과 합산하여 종합소득 신고를 하여야 하며 이 경우 해외부동산의 물건별 취득가액이 2억원 이상인 경우에는 해외부동산 취득 · 투자운용(임대) 및 처분명세서를 제출해야 한다.[296] 만일 이와 같은 신고의무 또는 자료제출 의무를 이행하지 않은 경우에는 해외부동산 등의 투자운용 소득의 10% 이하의 과태료(1억원 한도)가 부과된다.[297]

해외부동산 소재지국 세법에 따라 현지국가에서 납부한 임대소득 관련 외국납부 세액은 소득세법 제57조에 따라 해당 과세기간의 종합소득산출세액 또는 퇴직소득 산출세액에서 공제할 수 있다.[298]

해외에 소재하는 주택의 임대소득은 국내의 주택수에 관계없이 모두 과세대상에 해당하므로 국내 별도의 주택을 소유하고 있지 않은 경우에도 과세소득으로 취급된다.[299] 주택의 임대소득은 월세(年貰 포함)와 간주임대료이다. 월세는 해외주택의 규모나 수에 관계없이 1개의 해외주택이라도 과세되며, 간주임대료는 3주택 이상 보유자 중 전세보증금 합계가 3억 원을 초과하는 경우 또는 2주택(해당 과세기간의 기준시가가 12억원 이하인 주택 제외)을 소유하고 해당 주택의 보증금 등의 합계액이 3억원 이상의 금액으로서 대통령령으로 정하는 금액을 초과하는

296 국조법 제58조 제2항 및 국조법 시행령 제98조 제2항

297 국조법 제91조 제2항

298 다음 중 적은 금액을 해당 과세기간의 종합소득 또는 퇴직소득 산출세액에서 공제
① 해외부동산 임대소득 관련 외국납부세액
② 한도액 : 종합소득 또는 퇴직소득 산출세액×(해외부동산 임대소득금액/종합소득금액 또는 퇴직소득금액)

299 소득세법 제12조 제2호

경우에는 당해 전세금에 대하여 간주임대료를 과세한다.[300]

해외부동산 임대소득에 대한 결손금은 다른 소득금액에서 공제하지 않고 국내부동산 임대소득에 한하여 공제할 수 있으며 남은 미공제액은 이월공제금이 발생한 과세기간의 종료일로부터 10년간 이월공제가 가능하다.[301] 따라서 발생된 결손금을 공제 또는 이월시키거나, 이월결손금을 공제받으려면 반드시 비치 · 기록한 장부에 의하여 종합소득세 신고기간 내에 관련사항을 신고하여야 한다.

해외부동산 임대소득금액 계산과 관련하여 필요경비 입증서류가 없을 경우에는 소득세법에 의한 추계신고 방법으로 계산된 소득금액을 신고 · 납부할 수도 있다.[302]

(3) 처분단계

해외부동산의 처분단계에서는 동 재산을 양도했는지 아니면 상속이나 증여를 했는지에 따라 세목 및 적용 세법이 달라진다. 부동산의 양도소득에 대해서는 대부분의 조세조약에서 원천지국의 과세권을 포괄적으로 인정하고 있으므로 해외부동산의 양도소득에 대해서 해외에서 과세가 되는 않는 사례는 거의 없다고 할 수 있다. 한편 해외부동산 양도소득은 우리나라에서도 양도소득세 과세대상이 되고[303] 소득세법에 따라 6~42%의 누진세율이 적용된다.[304] 따라서 이 경우에는 국내에서 외국납부세액 공제를 적정하게 받지 않으면 이중과세가 될 가능성이 매우 높다고 할 수 있다.

한편 해외부동산을 처분하는 경우 그 처분가액이 2억 원 이상이면 종합소득세 확정신고 기한까지 해외부동산 취득 · 투자운용(임대) 및 처분 명세서를 납세지

300 소득세법 제25조 제1항
301 소득세법 제45조 제2항 및 제3항
302 소득세법 제70조 제4항 제6호
303 소득세법 제118조의2 제1호
304 소득세법 제118조의5 제1항

관할 세무서장에게 제출하여야 한다. 이를 위반하는 경우 처분가액의 10%(1억 원 한도)의 과태료가 부과된다.[305]

해외부동산을 친족 등에게 상속하거나 증여하는 경우에는 상증세법이 적용되므로 해당 재산 가액은 상속가액 또는 증여가액에 포함되어 과세되면 10%~50%의 누진세율이 적용된다. 상증세법의 경우에도 외국에서 납부한 상속세나 증여세에 대해 외국납부세액 공제가 적용된다.

[표 IV-3]는 거주자의 해외부동산 취득 · 보유 · 처분단계별 납세의무를 요약한 것이다.[306]

[표 IV-3] 거주자의 해외부동산 취득·보유·처분단계별 납세의무

구 분		취득단계	보유단계	처분단계	
관련세목		증여세	종합소득세	양도소득세	상속 · 증여세
내 용		취득자금 증여	투자운용(임대) 소득	부동산양도소득	상속(증여)가액
적용세율	내국세법	10%~50% (누진세율)	6%~42% (누진세율)	6%~42% (누진세율)	10%~50% (누진세율)
	외국세법	국가별로 상이	누진세율 등	누진세율 등	국가별로 상이
국내과세효과		과세해당분 전액	세율차이분	세율차이분	국가별로 상이

한편 아래 [표 IV-4]는 해외부동산 취득 · 보유 · 투자운용(임대) 및 처분 명세 제출대상을 금액기준으로 정리한 것이다.

305 국조법 제91조 제2항

306 국세청, "해외부동산과세금(개인투자자용)", 2018, 2면.

[표 IV-4] 해외부동산 취득·보유·투자운용(임대) 및 처분 명세 제출대상

<table>
<tr><th rowspan="3">취득가액</th><th colspan="5">자료 제출의무</th></tr>
<tr><th rowspan="2">취득 시</th><th rowspan="2">보유 시</th><th rowspan="2">투자운용
(임대) 시</th><th colspan="2">처분시</th></tr>
<tr><th>2억원 미만</th><th>2억원 이상</th></tr>
<tr><td>2억원 미만</td><td>×</td><td>×</td><td>×</td><td>×</td><td>○
(처분 명세)</td></tr>
<tr><td>2억원 이상</td><td>○
(취득 명세)</td><td>○
(보유 명세)</td><td>○
[투자운용
(임대)명세]</td><td>○
(처분 명세)</td><td>○
(처분 명세)</td></tr>
</table>

거주자의 해외주식·채권 등의 취득·보유·처분단계별 납세의무

거주자가 해외에서 해외주식 · 채권 등을 취득 · 보유 · 처분하는 경우에는 해외부동산을 취득 · 보유 · 처분할 때와 세무문제가 근본적으로 다른 것은 아니지만, 각국은 자국 세법 또는 조세조약을 통해 자국의 거주자가 아닌 자가 취득한 주식 등에 대한 소득(즉, 배당이나 이자) 또는 주식 · 채권 양도차익에 대해 비과세하거나 낮은 세율을 적용하는 경우가 종종 있으므로 이러한 점을 잘 활용하는 것이 절세전략 측면에서 중요하다고 할 수 있다.

또한 거주지국인 우리나라에서도 주식양도차익에 대한 세율은 부동산양도차익에 대한 세율뿐 아니라 종합소득세율보다도 낮고 채권양도차익은 소득세법상 비과세되기 때문에 이러한 점을 잘 활용하면 세후 투자수익을 높일 수 있는 고려요소가 된다고 할 수 있다.

(1) 취득단계

해외부동산 취득의 경우와 마찬가지로 해외 주식 · 채권 등을 취득하는 경우에도 증여세 적용여부를 판단하기 위해 과세당국은 자금출처 소명을 요구할 수 있다. 이 경우의 이슈는 해외부동산의 경우와 다를 바가 없으므로 여기서는 생략한다.

만일 거주자가 외국환거래법 제3조 제1항 제18호에 따른 해외직접투자[307]를 함으로써 해당 기업의 주식이나 지분을 취득하는 경우에는 아래의 내용이 포함된 "해외현지법인 명세서 등"을 납세지 관할 세무서장에게 제출하여야 한다.[308]

- 해외직접투자자의 명세
- 해외직접투자를 받은 외국법인의 재무상황(해외직접투자를 받은 외국법인이 투자한 외국법인의 재무상황을 포함)
- 해외직접투자를 한 거주자의 손실거래(해외직접투자를 받은 외국법인과의 거래에서 발생한 손실거래로 한정)
- 해외직접투자를 받은 외국법인의 손실거래(해외직접투자를 한 거주자와의 거래에서 발생한 손실거래는 제외)
- 해외 영업소의 설치현황

또한, 2023년말 법령개정으로 인해 2025.1.1. 이후에는 아래와 같이 해외신탁을 설정한 거주자 또는 내국법인은 해외신탁명세서를 납세지 관할 세무서에 제출해야 한다.

위와 같은 명세서를 제출하지 않은 경우, 거주자인 경우 건별 500만원 그리고 내국법인인 경우에는 건별 1천만원의 과태료가 부과된다.

납세지 관할 세무서장은 거주자나 내국법인이 해외현지법인 명세서 등을 제출하지 아니하거나 거짓된 해외현지법인 명세서 등을 제출한 경우에는 해외현지법인 명세서 등의 제출이나 보완을 요구할 수 있으나 자료제출 의무 기한 다음날

307 "해외직접투자"란 거주자가 하는 다음 각 목의 어느 하나에 해당하는 거래 · 행위 또는 지급을 말한다.
가. 외국법령에 따라 설립된 법인(설립 중인 법인을 포함한다)이 발행한 증권을 취득하거나 그 법인에 대한 금전의 대여 등을 통하여 그 법인과 지속적인 경제관계를 맺기 위하여 하는 거래 또는 행위로서 대통령령으로 정하는 것
나. 외국에서 영업소를 설치 · 확장 · 운영하거나 해외사업 활동을 하기 위하여 자금을 지급하는 행위로서 대통령령으로 정하는 것

308 국조법 제58조 제1항

부터 2년이 지난 경우에는 요구할 수 없다.[309] 이와 같은 자료제출 또는 보완을 요구받은 자는 요구받은 날부터 60일 이내에 해당 자료를 제출하여야 한다.[310]

거주자나 외국법인이 해당 기한(요구받는 날로부터 60일 이내)까지 해당 자료를 제출하지 아니하거나 거짓된 자료를 제출하였다면, 해당 거주자나 내국법인이 해외직접투자를 받은 법인의 발행주식 총수 또는 출자총액의 10% 이상을 직접 또는 간접으로 소유한 경우에는 5천만원 이하의 과태료가 부과된다.[311] 또한 거주자가 소명요구일 전 10년 이내에 해외직접투자를 받은 법인의 주식 또는 출자지분을 취득한 경우로서 종합소득세 신고기한까지 자료를 제출하지 아니하거나 거짓된 자료를 제출한 경우에는 해당 납세지 관할 세무서장은 그 거주자에게 해외직접투자를 받은 외국법인의 주식 또는 출자지분의 취득에 든 금액(「외국환거래법」 제18조에 따라 신고한 금액은 제외)의 출처에 대하여 소명을 요구할 수 있다.[312] 소명을 요구받은 거주자는 통지를 받은 날부터 90일 이내에 기획재정부령으로 정하는 취득자금 소명대상 금액의 출처 확인서를 납세지 관할 세무서장에게 제출해야 한다.[313] 이 경우 소명을 요구받은 거주자가 소명을 요구받은 금액의 80% 이상에 대하여 출처를 소명한 경우에는 소명을 요구받은 전액에 대하여 소명한 것으로 본다.[314] 거주자가 이에 대해 소명하지 아니하거나 거짓으로 소명한 경우에는 소명하지 아니하거나 거짓으로 소명한 금액의 20%에 상당하는 과태료가 부과된다.[315]

(2) 보유 및 운용 단계

우리나라 거주자가 외국법인이 발행한 해외주식을 소유함에 따라 외국법인으로 부터 받는 이익이나 잉여금의 배당 또는 분배금 등은 배당소득에 해당한다.[316]

309 국조법 제58조 제3항
310 국조법 제58조 제4항
311 국조법 제91조 제1항
312 국조법 제59조 제1항
313 국조법 제59조 제2항 및 국조법 시행령 제99조 제1항
314 국조법 제59조 제2항 후단
315 국조법 제91조 제3항

해외법인 자산의 50% 이상이 부동산으로 구성된 법인의 주식은 통상 '해외부동산 주식'이라고 불리는데, 이 경우에도 외국법인으로부터 받는 이익이나 잉여금의 배당 또는 분배금 등은 배당소득에 해당한다.[317] 한편, 우리나라 거주자가 외국법인이 발행한 채권 또는 증권의 이자와 할인액 그리고 국외에서 받는 예금의 이자는 이자소득에 해당한다.[318] 이들 소득에 적용되는 원천징수 세율은 해당 소득 발생지국의 국내세법에 불구하고 우리나라가 이들 국가들과 체결한 조세조약에서 규정한 제한세율(통상 0%~15%)을 초과하지는 않는다.

일반적으로, 국내증권사를 통해 외국법인의 주식이나 채권 등에 투자하여 외국법인으로부터 배당소득이나 이자소득을 수령할 경우 국내증권사는 국내세법에 의해 14%의 세율을 적용하여 산출한 세액(해외 현지에서 배당소득에 대하여 이미 원천징수하였다면 국내세법에 의한 세율 14%에서 현지 원천징수세율을 차감하여 산출한 세액)을 원천징수하게 된다.[319] 한편, 국외에서 받은 이자소득이나 배당소득이 국내에서 원천징수되지 않았거나, 연간 금융소득(이자소득 또는 배당소득을 말함)이 2천만 원을 초과하는 자는 다른 소득과 합산하여 종합소득세 확정신고를 해야 한다.

한편 국조법 제4장 제1절에서 규정하고 있는 '해외금융계좌의 신고제도'에 따르면 해외금융회사에 해외금융계좌를 개설 · 보유하고 있는 거주자나 내국법인이 신고대상 연도의 매월 말일 중 어느 하루의 보유계좌잔액(보유계좌가 복수인 경우에는 각 계좌잔액을 합산함)이 5억 원을 넘는 경우 해외금융계좌정보를 다음 연도 6월에 납세지 관할 세무서에 신고하여야 한다.[320] 그런데 신고 대상인 해외금융계좌의 범위에는 주식계좌와 같이 해외증권 거래를 위해 개설한 계좌, 파생

316 소득세법 제3조 및 제17조 제1항 제6호

317 국세청, "2018 해외부동산과 세금(개인투자자용)", 17면.

318 소득세법 제3조 및 제16조 제1항 제6호와 제7호

319 소득세법 제127조 제1항과 제5항 및 제129조 제4항

320 국조법 제53조 제1항

상품 거래나 가상자산등을 위해 개설한 계좌도 포함되므로[321] 매월 말일 기준으로 5억 원을 초과하는 해외주식이나 해외증권 기타 파생상품이나 가상자산 등을 보유 · 운용하는 경우에는 동 계좌를 신고해야 하는 의무가 발생하는 것에 유념해야 한다.

(3) 처분단계

해외주식 · 채권 등의 처분단계에서는 동 해외재산을 양도했는지 아니면 상속이나 증여를 했는지에 따라 세목 및 적용 세법이 달라진다. 해외주식이나 채권 기타 동산의 양도소득에 대해서는 대부분의 조세조약에서 원천지국의 과세권을 상당히 제한하고 있다. 예를 들면 대부분의 조세조약에 따르면 비거주자의 채권 등 동산의 양도소득에 대해서는 소득 발생지국에서는 과세권이 없고 거주지국에서만 과세권을 보유하는 것으로 규정되어 있다. 2000년대 초에 개정되어 현재까지 적용되는 OECD 모델 조세조약(또는 이를 모델로 하여 동 규정을 채택한 2000년 이후 대부분의 조세조약) 제13조 양도소득 조항에 따르면, 비거주자의 주식 양도소득에 대해서는 해당 주식을 발행한 회사의 지분이 주로 부동산으로 이루어져 있는 경우(이하 "부동산 주식")를 제외하고는[322] 소득발생지국에서는 과세권이 없고

---

321 국조법 제52조 제2호

322 조세조약상 부동산주식(지분) 처분에 대한 과세권 배분은 다음과 같다.
(1) 원천지국 과세권이 규정되어 있지 않는 조세조약(즉, 부동산주식 양도소득 발생국에서는 과세권이 없고 소득 귀속자의 거주지국에서 과세 가능) : 그리스, 남아프리카공화국 네덜란드, 덴마크, 라오스, 러시아, 루마니아, 말레이시아, 벨기에, 벨라루스, 불가리아 스리랑카, 슬로바키아, 아이슬란드, 알제리, 오만, 우즈베키스탄, 이집트, 인도네시아, 체코, 쿠웨이트, 크로아티아, 튀니지, 파푸아뉴기니, 포르투갈, 피지, 헝가리와 체결한 조세조약
(2) 원천지국 과세권이 규정되어 있는 조세조약(즉, 부동산주식 양도소득 발생국에서 과세 후 해당 주식 소득 귀속자의 거주지국에서 과세 가능) : 가봉, 네팔, 노르웨이, 뉴질랜드, 독일, 라트비아, 룩셈부르크, 리투아니아, 멕시코, 모로코, 몰타, 몽골, 미국, 미얀마, 바레인, 방글라데시, 베네수엘라, 베트남, 브라질, 브루나이, 사우디아라비아, 세르비아, 스웨덴, 스위스, 스페인, 슬로베니아, 싱가포르, 아랍에미리트, 아일랜드, 아제르바이잔, 알바니아, 에스토니아, 에콰도르, 에티오피아, 영국, 오스트리아, 요르단, 우루과이, 우크라이나, 이란, 이스라엘, 이탈리아, 인도, 일본, 조지아, 중국, 칠레, 카타르, 카자흐스탄, 캐나다 케냐, 콜롬비아, 키르기스스탄, 태국, 터키, 투르크메니스탄, 파나

거주지국에서만 과세권을 보유하는 것으로 규정하고 있다. UN 모델 조세조약(또는 이를 모델로 하여 동 규정을 채택한 조세조약)에 따르면, 이와 같은 부동산 주식 이외의 경우 및 일정 지분율(실제 조약에서는 25%의 지분을 채택하는 경우가 대부분임) 미만을 보유한 상황에서 발생한 주식양도소득에 대해서는 소득발생지국에서 과세권을 행사할 수 없고 거주지국에서만 과세권을 보유하도록 규정되어 있다.

한편 소득세법 시행령 제157조의 3(국외주식 등의 범위)에 따르면, 외국법인이 발행한 주식 등과 내국법인이 발행한 주식 등(국외 예탁기관이 발행한 증권예탁증권 포함)으로서 '증권시장과 유사한 시장으로서 외국에 있는 시장'에 상장된 주식 등이 과세대상 국외자산의 범위에 포함된다고 규정하고 있다. 따라서 거주자의 해외재산의 양도소득으로서 이러한 범위에 포함되지 않는 해외증권의 양도소득은 우리나라 소득세법에 의해 비과세된다고 할 것이다. 예를 들면 해외 채권의 양도소득은 우리나라에서 과세대상 양도소득에 포함되지 않는다.

해외주식 · 채권 등을 친족 등에게 상속하거나 증여하는 경우에는 상증법이 적용되므로 해당 재산 가액은 상속가액 또는 증여가액에 포함되어 과세되면 10%~50%의 누진세율이 적용된다. 상증법의 경우에도 외국에서 납부한 상속세나 증여세에 대해 외국납부세액 공제가 적용된다.

마, 파키스탄, 페루, 프랑스, 폴란드, 핀란드, 필리핀, 호주, 홍콩과 체결한 조세조약

5 국외전출세

2016년 12월 소득세법 개정을 통해 도입된 '국외전출세(일명 Exit Tax)'는 소득세와 구분되는 별도의 세목은 아니고 개인 거주자의 주식양도 차익에 과세되는 일종의 양도소득세이다. 즉, 거주자가 보유하고 있는 주식에 대하여 비록 주식을 실제로 처분 또는 양도하지 않았다고 하더라도 국외로 전출하는 시점에 주식을 양도했다고 간주하여, 전출시점의 주식 시가에서 과거 주식 매입 당시 실제 취득가액을 차감함으로써 자본이득을 산정하고 그 차익에 양도소득세율을 적용하여 산정한 양도소득세를 국외전출자에게 과세하는 것이다.

2016년 7월에 발표한 정부의 보도자료 중 문답자료[323]에 따르면, 정부가 국외전출세를 도입하는 이유는 '역외 조세회피 방지 및 국내재산에 대한 과세권 확보'라고 한다. 그 논거로서 OECD도 2015년 BEPS 대응방안 중 하나로 국외전출세 Exit Tax를 제시했고 EU도 2016년 2월에 역외탈세 방지를 위해 회원국에게 국외전출세 도입을 권고했다는 사실을 들고 있다. 또한 미국, 일본 등 선진국들에서도 비거주자 전환을 통한 역외탈세 방지를 위해 국외전출 시 자산평가이익에 대해 과세하는 제도인 국외전출세를 이미 운용중이라는 사실도 제시하고 있다.

그렇다면 이와 같은 비거주자 전환을 통한 조세회피는 어떻게 가능한 것일까? 우리나라 소득세법 제119조에 따르면 비록 비거주자라고 하더라도 주식양도차익에 대해 과세할 수 있는 근거가 마련되어 있으나 거주자의 경우에 비해 과세대상이 축소된다. 즉, 거주자의 신분일 경우에는 모든 비상장주식의 양도차익에 대하여 과세되고, 유가증권시장 등에 상장된 주식의 양도차익에 대해서는 소득세법상 대주

323 기획재정부, "2016년 세법개정안 문답자료", 2016.7.28, pp.65~66.

주에 해당하는 자[324]에 대해서만 양도소득세가 과세된다. 그러나 거주자가 일단 비거주자 신분이 되면 일반 주식의 양도차익의 경우 지분율 25% 이상을 소유한 주주인 경우에만 우리나라에서 과세된다. 기획재정부가 발표한 보도자료 중 문답자료의 내용을 보면 우리나라 거주자가 우리나라와 조세조약이 체결되어 있는 다른 국가의 거주자로 신분이 바뀌는 경우에는 조세조약에 의해 우리나라에서 아예 과세할 수 없기 때문에 조세회피가 발생하는 것처럼 기술되어 있다.[325] 그러나 거주자가 비거주자로 신분이 전환되어 비록 우리나라에서 과세할 수는 없다고 하더라도 거주지국에서 과세를 적정히 하는 경우에는 반드시 역외탈세 또는 국제적 조세회피가 발생한다고 할 수는 없다. 사실 대부분의 OECD 국가는 개인 거주자의 주식양도차익에 대해서는 과세를 하고 있으므로 OECD 모델을 따른 조세조약으로 인해 그 자체로 국제적 조세회피가 발생한다고 할 수는 없다. 문제는 국가에 따라 거주지국에서 이러한 소득에 대해 과세를 하지 않는 국가들이 있기 때문에 생겨난다. 예를 들면, 조세피난처로 알려져 있는 케이만 아일랜드, 버뮤다, 바하마, 라부안 등은 거주자든 비거주자이든 소득세를 전혀 과세하고 있지 않고, 홍콩이나 싱가포르의 경우에는 대부분의 역외에서 발생한 소득에 대해 비과세를 하고 있다. 대부분의 조세피난처 국가나 홍콩이나 싱가포르의 거주자로 자신의 거주지를 바꾼 납세자의 경우에는 지분율이 25% 이상인 경우에만 우리나라에서 과세 가능하기 때문에 지분율 25% 미만의 주주는 주식양도 차익에 대하여 어느 국가에서도 과세되지 않는 결과가 초래될 수 있다. 따라서 이와 같은 상황에서는 국제적으로 이중 비과세가 발생할 수 있으므로 국외전출세의 도입은 이러한 경우의 조세회피를 방지하는 데 도움이 된다고 할 수 있을 것이다.

324 예를 들어, 유가증권 시장에 상장된 주식의 경우 대주주는 2018.4.1. 이후 주식양도 시에는 지분율 1% 또는 종목별 시가총액 15억 원 이상인 주주를 가리키고, 2020.4.1. 이후 주식양도 시에는 지분율 1% 또는 종목별 시가총액 10억 원 이상인 주주를 가리킨다.

325 앞의 문답자료 p.65. OECD 모델조세조약에 따른 조세조약의 경우 일반적인 주식의 양도차익은 소득 발생지국이 아니라 소득자의 거주지국에서만 과세할 수 있도록 되어 있는 데, 우리나라가 체결한 조세조약 중 2/3 정도가 거주지국에서만 과세할 수 있도록 되어 있기 때문에 거주자가 비거주자로 신분이 전환되게 되면 우리나라에서 전혀 과세할 수 없는 경우가 종종 발생한다.

납세의무자

소득세법 제118조의 9(거주자의 출국 시 납세의무)에 따르면, 다음 요건을 모두 갖추어 출국하는 거주자("국외전출자")는 출국 당시 소유한 소득세법 제94조 제1항 제3호에 해당하는 주식 등(즉, 주권상장법인의 주식 및 주권비상장법인 주식 등)의 평가이익에 대하여 소득세를 납부할 의무가 있다.

① 출국일 10년 전부터 출국일까지의 기간 중 국내에 주소나 거소를 둔 기간의 합계가 5년 이상일 것
② 출국일이 속하는 연도의 직전 연도 종료일 현재 소유하고 있는 주식 등의 비율·시가총액 등을 고려하여 대통령령이 정하는 대주주에 해당할 것

여기서 "대통령령으로 정하는 대주주"란 다음의 어느 하나에 해당하는 자를 말한다.[326]

1. 주권 상장법인 대주주
2. 주권 비상장법인의 주주로서 다음 각 목의 어느 하나에 해당하는 자
   가. 주식등의 양도일이 속하는 사업연도의 직전 사업연도 종료일 현재 주주 1인 및 기타주주의 소유주식의 비율이 4% 이상인 경우 해당 주주 1인 및 기타주주. 이 경우 직전 사업연도 종료일 현재 4%에 미달하였으나 그 후 주식등을 취득함으로써 소유주식의 비율이 4% 이상이 되는 때에는 그 취득일 이후의 주주 1인 및 기타주주를 포함한다.
   나. 주식 등의 양도일이 속하는 사업연도의 직전 사업연도 종료일 현재 주주 1인 및 기타주주가 소유하고 있는 해당 법인의 주식 등의 시가총액이 10억원(「자본시장과 금융투자업에 관한 법률 시행령」 제178조 제1항에 따라 거래되는 「벤처기업육성에 관한 특별조치법」 제2조 제1항에 따른 벤처기업의 주식 등의 경우에는 40억 원으로 한다) 이상인 경우 해당 주주 1인 및 주권비상장법인기타주주

326 소득세법 시행령 167조의8 제1항

과세표준 및 산출세액

소득세법 제118조의 10(국외전출자 국내주식등에 대한 과세표준의 계산)에 따르면 과세표준은 출국일 당시 국외전출자 국내주식 등에 대한 평가금액(즉, 간주 양도가액)에서 필요경비를 차감한 후 연 250만 원을 공제한 금액으로 하고, 동법 제118조의 11에 따라 그 세율은 20%(과세표준이 3억 원을 초과하는 경우 25%)로 한다.

즉, 국외전출자 국내주식 등의 양도가액은 출국일 당시의 시가로 보되 그 시가를 산정하기 어려울 때에는 다음의 구분에 따른 방법에 의해 구한 가액으로 한다.[327]

i) 주권상장법인의 주식 등 : 소득세법 제99조 제1항 제3호, 제5호 및 제6호에 따른 기준시가(즉, 상속세 및 증여세법 제63조 제1항 제1호 가목을 준용하여 평가한 가액[328]으로 하되 "평가기준일 이전 · 이후 각 2개월"은 "양도일 · 취득일 이전 1개월"로 봄)

ii) 주권비상장법인의 주식 등 : 다음의 방법을 순차로 적용하여 계산한 가액
- ㉠ 출국일 전후 각 3개월 이내에 해당 주식 등의 매매사례가 있는 경우 그 가액
- ㉡ 법 제99조 제1항 제4호부터 제6호까지의 규정에 따른 기준시가(즉, 상속세 및 증여세법 제63조 제1항 제1호 가목을 준용하여 평가한 가액으로 하되 "평가기준일 이전 · 이후 각 2개월"은 "양도일 · 취득일 이전 1개월"로 봄)

양도가액에서 공제할 필요경비는 소득세법 제97조[329]에 따라 계산한다.[330] 양도

327 소득세법시행령 제178조의9 제2항

328 「자본시장과 금융투자업에 관한 법률」에 따른 유가증권시장과 코스닥시장에서 거래되는 주권상장법인의 주식 및 출자지분은 평가기준일 이전 · 이후 각 2개월 동안 공표된 매일의 거래소 최종 시세가액(거래실적 유무를 따지지 아니함)의 평균액. 다만, 평균액을 계산할 때 평가기준일 이전 · 이후 각 2개월 동안에 증자 · 합병 등의 사유가 발생하여 그 평균액으로 하는 것이 부적당한 경우에는 평가기준일 이전 · 이후 각 2개월의 기간 중 상증령 제52조의 2 제2항에서 정하는 바에 따라 계산한 기간의 평균액으로 한다.

소득금액은 위 양도가액에서 필요경비를 공제한 금액으로 한다.[331] 양도소득과세표준은 위 양도소득금액에서 연 250만 원을 공제한 금액으로 하며,[332] 종합소득, 퇴직소득 및 소득세법 제92조 제2항에 따른 양도소득과세표준과 구분하여 계산한다.[333]

조정공제

국외전출자가 출국한 후 실제로 양도한 가액이 출국일 당시 양도가액보다 낮은 경우에는 소득세법 제118조의 12에 따라 해당 세액을 산출세액에서 조정할 수 있다. 즉, 실제 양도가액이 위에서 산출한 양도가액보다 낮은 때에는 다음의 계산식에 따라 계산한 세액(이하 이 절에서 "조정공제액"이라 한다)을 산출세액에서 공제한다.

(제118조의 10 제1항에 따른 양도가액, 즉 국외전출자의 국내주식 등의 평가금액 −실제 양도가액)×제118조의 11에 따른 세율

위 조정공제를 받으려는 자는 국내주식 등을 실제 양도한 날부터 3개월 이내에 소득세법 시행규칙 103조 제10항 별지 제103호 서식 및 별지 제103호 서식 부표(국외전출자 양도소득세 세액공제신청서)를 납세지 관할 세무서장에게 제출(또는 국세정보통신망을 통해 제출)하여야 한다.

329 양도가액에서 공제할 필요경비는 다음에서 각 호에서 정하는 것으로 한다.
1. 취득가액. 다만, 가목의 실지거래가액을 확인할 수 없는 경우에 한하여 나목의 금액을 적용한다.
 가. 제94조 제1항 각 호의 자산 취득에 든 실지거래가액
 나. 대통령령으로 정하는 매매사례가액, 감정가액 또는 환산가액
2. 자본적 지출액 등으로서 대통령령으로 정하는 것
3. 양도비 등으로서 대통령령으로 정하는 것

330 소득세법 제118조의10 제2항

331 소득세법 제118조의10 제3항

332 소득세법 제118조의10 제4항

333 소득세법 제118조의10 제5항

외국납부세액의 공제

국외전출자가 국내주식 등을 실제 양도할 때 외국에서 과세하는 경우로서 이중과세가 조정되지 아니한 경우에는 소득세법 제118조의 13에 따라 국내에서 외국납부세액공제를 허용한다. 즉, 국외전출자가 출국한 후 국외전출자 국내주식 등을 실제로 양도하여 해당 자산의 양도소득에 대하여 외국 정부(지방자치단체를 포함)에 세액을 납부하였거나 납부할 것이 있는 때에는 산출세액에서 조정공제액을 공제한 금액을 한도로 다음의 계산식에 따라 계산한 외국납부세액을 산출세액에서 공제한다.

해당 자산의 양도소득에 대하여 외국 정부에 납부한 세액×[국내주식 등의 평가가액(또는 실제양도가액)－양도소득 필요경비]÷(실제양도가액－양도소득 필요경비)

그러나 다음의 어느 하나에 해당하는 경우에는 위 외국납부세액공제를 적용하지 않는다.[334]

① 외국 정부가 산출세액에 대하여 외국납부세액공제를 허용하는 경우
② 외국 정부가 국외전출자 국내주식 등의 취득가액을 소득세법 제118조의 10 제1항에 따른 양도가액(즉, 출국일 당시의 시가로 조정한 평가액)으로 조정하여 주는 경우

위 외국납부세액공제를 받으려는 자는 국내주식 등을 실제 양도한 날부터 3개월 이내에 소득세법 시행규칙 제103조 제10항 별지 제103호 서식 및 별지 제103호 서식 부표(국외전출자 양도소득세 세액공제신청서)를 납세지 관할 세무서장에게 제출(또는 국세정보통신망을 통해 제출)하여야 한다.

334 소득세법 제118조의13 제2항

비거주자의 국내원천소득 세액공제

국외전출자가 국내주식 등을 실제 양도할 때 국내에서 비거주자의 국내원천소득 으로 과세하는 경우에는 소득세법 제118조의 14에 따라 비거주자의 국내원천소득 관련 세액을 국외전출세의 산출세액에서 공제한다. 즉, 국외전출자가 출국한 후 국외전출자 국내주식 등을 실제로 양도하여 소득세법 제119조 제11호에 따른 비거주자의 국내원천소득으로 국내에서 과세되는 경우에는 산출세액에서 조정공제액을 공제한 금액을 한도로 제156조 제1항 제7호에 따른 금액(즉 주식매매가격의 10%와 주식양도차익의 20%중 적은 금액)을 산출세액에서 공제한다.[335] 이와 같이 비거주자의 국내원천소득관련 세액을 국외전출세의 산출세액에서 공제하는 경우에는 위 제118조의 13 제1항에 따른 외국납부세액의 공제를 적용하지 않는다.[336]

위 비거주자의 국내원천소득 세액공제를 받으려는 자는 국내주식 등을 실제 양도한 날부터 3개월 이내에 소득세법 시행규칙 제103조 제11항 별지 제103호 서식 및 별지 제103호 서식 부표(국외전출자 양도소득세 세액공제신청서)를 납세지 관할 세무서장에게 제출(또는 국세정보통신망을 통해 제출)하여야 한다.

국외전출세의 신고·납부

국외전출자는 국외전출자 국내주식 등의 양도소득에 대한 납세관리인과 출국일이 속하는 연도의 직전 연도 종료일 현재 국외전출자 국내주식 등의 보유현황을 출국일 전날까지 납세지 관할 세무서장에게 신고하여야 한다.[337] 이와 같은 신고를 하려는 자는 국세기본법 시행규칙 제33조에 따른 별지 제43호 서식(납세관리인신고서) 및 소득세법 시행규칙 제103조 제11항 별지 제104호 서식(국내전출자 국내

335 소득세법 제118조의14 제1항

336 소득세법 제118조의14 제2항

337 소득세법 제118조의15 제1항

주식 등 보유현황신고서)을 납세지 관할 세무서장에게 제출하여야 한다.

또한 국외전출자는 출국일이 속하는 달의 말일부터 3개월 이내에 소득세법 시행규칙 별지 제84호 서식(양도소득과세표준 신고 및 납부계산서)을 납세지 관할 세무서장에게 제출함으로써 국내주식 등의 양도소득세 과세표준을 신고해야 한다(소득법 제118조의 15 제2항).[338] 국외전출자가 양도소득과세표준을 신고할 때에는 산출세액에서 소득세법 또는 다른 세법에 따른 감면세액과 세액공제액을 공제한 금액을 납세지 관할 세무서장에게 납부하거나 국세징수법 제8조에 따른 납부서에 소득세법 시행규칙 별지 제84호 서식(양도소득과세표준 신고 및 납부계산서)을 첨부하여 한국은행 또는 체신관서에 납부하여야 한다.[339]

국외전출자가 국내주식 등의 양도소득세를 위와 같이 납부한 경우에는 국외전출자 국내주식 등을 제118조의 10 제1항에 따른 출국일 당시의 시가로 평가한 가액으로 양도하고 다시 취득한 것으로 본다.[340]

국외전출세의 신고 · 납부기한은 국외전출일이 속하는 달의 말일로부터 3개월 이내이며, 무신고 시 세액의 20%에 해당하는 무신고 가산세를 부과한다.

납부유예

국외전출자는 국세기본법 제29조[341]에 따른 납세담보를 제공하고 소득세법

338 소득세법 제118조의15 제2항

339 소득세법 제118조의15 제3항

340 소득세법 제118조의15 제4항

341 제29조【담보의 종류】세법에 따라 제공하는 담보(이하 "납세담보"라 한다)는 다음 각 호의 어느 하나에 해당하는 것이어야 한다.

1. 금전
2. 「자본시장과 금융투자업에 관한 법률」 제4조 제3항에 따른 국채증권 등 대통령령으로 정하는 유가증권(이하 "유가증권"이라 한다)
3. 삭제 〈2011.12.31.〉
4. 납세보증보험증권

제118조의 15 제1항에 따라 납세관리인을 납세지 관할 세무서장에게 신고하는 경우에는 소득세법 제118조의 15 제3항에도 불구하고 출국일부터 국외전출자 국내주식 등을 실제로 양도할 때까지 납세지 관할 세무서장에게 양도소득세 납부의 유예를 신청하여 납부를 유예받을 수 있다.[342]

위와 같이 국내주식 등에 대한 양도소득세 납부를 유예받은 국외전출자는 출국일부터 5년(국외전출자의 '국외유학에 관한 규정' 제2조 제1호에 따른 유학에 해당하는 경우에는 10년) 이내에 국외전출자 국내주식 등을 양도하지 아니한 경우에는 출국일부터 5년이 되는 날이 속하는 달의 말일부터 3개월 이내에 국외전출자 국내주식 등에 대한 양도소득세를 납부하여야 한다.[343] 또한 위와 같이 국내주식 등에 대한 양도소득세 납부를 유예받은 국외전출자는 국외전출자 국내주식 등을 실제 양도한 경우 양도일이 속하는 달의 말일부터 3개월 이내에 국외전출자 국내주식 등에 대한 양도소득세를 납부하여야 한다.[344]

한편 위와 같은 납부유예를 받은 국외전출자는 국내주식 등에 대한 양도소득세를 납부할 때 납부유예를 받은 기간에 대한 이자상당액(다음의 계산식에 따라 산출된 금액)을 가산하여 납부하여야 한다.

> 이자상당액=소득세법 제118조의 15 제3항에 따른 금액(즉, 산출세액에서 감면세액과 세액공제액을 공제한 금액) × 신고기한의 다음날부터 납부일까지의 일수×납부유예 신청일 현재 국세기본법 시행령 제43조의 3 제2항에 따른 이자율(연 1천분의 29)

5. 「은행법」에 따른 은행 등 대통령령으로 정하는 자의 납세보증서
6. 토지
7. 보험에 든 등기 · 등록된 건물, 공장재단, 광업재단, 선박, 항공기 또는 건설기계

342 소득세법 제118조의16 제1항

343 소득세법 제118조의16 제2항

344 소득세법 제118조의16 제3항

위와 같은 납부유예를 받으려는 자는 소득세법 시행령 제178조의11 제2항에 따른 양도소득과세표준신고서 및 납부계산서를 제출할 때 납부유예신청서를 납세지 관할 세무서장에게 제출하여야 한다.

국외전출자의 재전입등에 따른 환급등

국외전출자(다만, 아래 3호의 경우에는 상속인)는 아래의 어느 하나에 해당하는 사유가 발생하는 경우 1년 이내에 납세지 관할 세무서장에게 기 납부한 세액의 환급을 신청가능하거나 납부유예 중인 세액의 신청을 취소해야 한다(소득법 제118조의 17).

1. 국외전출자가 출국일부터 5년 이내에 국외전출자 국내주식 등을 양도하지 아니하고 국내에 다시 입국하여 거주자가 되는 경우
2. 국외전출자가 출국일부터 5년 이내에 국외전출자 국내주식등을 거주자에게 증여한 경우
3. 국외전출자의 상속인이 국외전출자의 출국일부터 5년 이내에 국외전출자 국내주식등을 상속받은 경우

위와 같은 신청을 받은 납세지 관할 세무서장은 지체 없이 국외전출자가 납부한 세액을 환급하거나 납부유예 중인 세액을 취소하여야 한다.[345] 한편 위 사유에 해당하여 국외전출자가 납부한 세액을 환급하는 경우에는 국세환급금에 국세환급가산금을 가산하지 아니한다.

345 소득세법 제118조의 17

5장 국제조세 관련 세무행정

1. 상호합의절차의 기능과 주요 내용
2. 상호합의절차의 주요 법률적 이슈
3. 상호합의절차의 일부로 채택된 중재절차
4. 조세정보교환 제도의 종류 및 운용 메카니즘
5. 조세정보교환 제도의 발전 과정 및 주요 이슈
6. 해외금융계좌 신고제도

1 상호합의절차의 기능과 주요 내용

모든 조세조약은 조약의 해석 및 적용에 관하여 발생할 수 있는 당사국 간의 분쟁을 해결하기 위한 장치로서 상호합의절차mutual agreement procedure라는 조항을 두고 있다. '상호합의절차'란 조세조약의 해석이나 부당한 과세처분 또는 과세소득의 조정에 대하여 우리나라의 권한 있는 당국과 체약상대국의 권한 있는 당국 사이에 협의를 통하여 해결하는 절차를 말한다.[346]

이와 같은 상호합의절차의 주요 특징으로는 ① 궁극적으로는 국가 간의 조세분쟁을 해결하는 절차라는 점, ② 분쟁해결의 효율성을 높이기 위해 국가 간의 분쟁해결절차임에도 불구하고 소위 외교채널을 통하지 않고 양국의 조세당국자가 직접 긴밀히 협의하여 어느 일방에 의해 제기된 문제를 해결해 나갈 수 있도록 한 절차인 점, ③ 납세자로서는 세법에 규정한 권리구제절차(행정심판 · 소송 등) 외에 또 하나의 권리구제절차로 활용할 수 있다는 점 등을 들 수 있다.

최근 들어 상호합의절차의 중요성이 과거보다 높아졌다고 할 수 있는 주된 이유는 OECD와 G20국가가 주도하는 BEPS 프로젝트의 진행에 따라 국제적 이중과세 및 이에 따른 과세분쟁이 발생할 가능성이 한층 높아졌기 때문이다. 다시 말해 BEPS 프로젝트 추진 결과 세계 각국이 조세회피 방지를 위한 조세조약 또는 국내세법 규정들을 앞다투어 제정하게 되면 결과적으로 국제거래 이중과세를 부담할 가능성이 높아지고, 그만큼 조세 관련 불확실성이 높아질 것으로 예견되므로 이러한 부작용을 최소화하기 위해 OECD는 현행 조세조약상 분쟁해결 절차의 문제점을 파악하고 그 개선방안을 Action 14 보고서를 통해 제시하였다. OECD

346 국조법 제2조 제1항 제10호

Action 14 보고서의 권고안 중 최소기준minimum standard으로 제시된 사항들은 BEPS 프로젝트 참여국에 대해 구속력을 가지게 된다. 즉 이러한 최소기준의 이행에 대해서 OECD 국세청장회의Forum on Tax Administration : FTA의 상호합의 포럼MAP Forum 그리고 2016년 6월 말에 설립된 'BEPS에 대한 포괄적 이행체계Inclusive Framework'를 통해 모니터링이 체계적 · 지속적으로 이루어지고 있다.

한편, 우리 경제의 국제화와 함께 해외 진출하는 우리 기업의 숫자 및 해외투자 규모가 날이 갈수록 증대하고 있는데, 해외 진출 기업 입장에서 보면 상호합의절차의 합리적 운영은 특히 중요하다. 일반적으로 우리나라 기업들이 진출하는 개도국의 경우 과세당국이 조세조약에 배치되는 무리한 과세를 시도하는 경우가 많고, 더욱이 중국과 같은 사회주의 국가들의 경우 조세소송과 같은 행정소송에 대해서는 해당 국가에서 사법적 권리구제를 기대하기 어려운 상황이기 때문에 상호합의절차의 활용이 매우 필요하다고 할 수 있다.

OECD 모델조세협약 주석서Commentaries on the Articles of the Model Tax Convention 중 '상호합의절차(제25조)'에 관한 해설을 살펴보면 권한 있는 당국은 상호 직접적으로 의견을 교환할 수 있으므로, 외교경로diplomatic channel를 거칠 필요가 없다. 또한 권한 있는 당국 간의 의견교환은 보통 서신으로 이루어질 수 있으나 필요한 경우 양국의 권한 있는 당국의 대표로 구성되는 공동위원회Joint Committee를 통해서 구두로 의견을 교환할 수 있다. 우리나라의 상호합의절차 실무 관행을 살펴보면 우리나라의 권한 있는 당국은 외교경로를 거치지 않은 채 체약상대국의 권한 있는 당국과 직접 접촉하며 서신, 대면회의, E-mail 등 다양한 방법으로 의견을 교환하고 있다. 앞서 언급했듯이 상호합의절차의 본질은 조세조약을 체결한 국가 사이의 조세분쟁 해결절차이므로 조세조약이 체결되지 않은 국가의 과세당국과는 원칙적으로 상호합의절차를 개시할 수 없다.

한편, 우리나라가 체결한 조세조약과 국조법의 상호합의절차 규정은 권한 있는 당국에게 상호합의에 도달하기 위해 최대한 노력할 의무를 부여하고 있다. 그러나 반드시 상호합의에 도달할 의무가 있는 것은 아니다. 이 점에서 상호합의절차는 납세자의 권리구제라는 측면에서 일정한 한계를 지니고 있다. 그리하여 납세자는 상호합의절차 이상의 분쟁해결절차를 추구하기도 하는데, 그 대표적인 예시가 1990.7.27. 체결된 EU의 다자간 중재협약Multilateral Arbitration Convention이다. 이에 따르면 양국 간의 상호합의절차에 의해 합의되지 못한 조세분쟁은 반드시 동 위원회에 제출되어 중재절차를 따르도록 되어 있다.

OECD 모델조세조약 제25조 제5항은 과세당국이 2년 이내에 상호합의에 이르지 못할 경우 납세자의 신청에 따라 중재에 회부할 수 있도록 정하고 있다. 중재결정을 집행하는 상호합의에 대하여 당사자가 반대하지 않으면 중재결정은 쌍방 체약국을 구속하며, 쌍방 체약국의 국내법상 제척기간에 불구하고 집행된다. 중재절차는 상호합의를 대체하거나 상호합의 이후에 추가로 진행되는 것이 아니며, 상호합의 과정에서 해결되지 않은 문제를 해결하는 상호합의의 연장이다.

상호합의전차의 기능

상호합의절차의 기능을 한마디로 표현하면 일방체약국에 의한 부당한 과세의 방지로 요약할 수 있다. 일반적으로 부당한 과세란 어느 일방체약국의 과세당국이 조세조약의 과세기준을 위배하여 과세한 결과 납세자에게 이중과세를 야기하는 것을 말하는 반면 상호합의절차에서 말하는 부당한 과세란 그 이상을 뜻한다. 예컨대 조세조약에서 명백히 규정하지 않더라도 결과적으로 이중과세를 야기하는 경우[347]와 장래 부당한 과세가 이루어질 것으로 예상되는 경우도 포함된다.[348] 이 가운데 후자의 사례로는 타방 과세당국이 세무조사를 진행하여 아직 추징세액을 통보하거나 부과처분을 하지는 않았지만 조만간 과세가 이루어질 것으로 예상되는 상황을 들 수 있다.

347 OECD 모델조세조약 제25조 제3항

348 OECD 모델조세조약 제25조 제1항

이러한 관점에서 보면 상호합의절차는 최종적인 부과처분을 전제하는 국내법의 권리구제절차(예 : 이의신청 · 심사청구 · 심판청구 등)보다 훨씬 효과적인 권리보호절차이다. 그 밖에 조세조약의 해석과 적용 과정에서 일어나는 어려움이나 의문점도 상호합의절차의 적용대상이다.[349] 조세조약의 해석이나 적용을 통하여 일방 과세당국의 부당한 과세를 사전에 예방할 수 있기 때문이다.

상호합의절차에서 말하는 부당한 과세가 반드시 이중과세의 발생을 전제하지는 않는다. 예를 들어 조세조약에서 특정 소득에 대하여 거주지국 과세원칙을 밝혔음에도 불구하고 특정 소득의 원천지국이 조세조약을 위배하면서까지 과세한다면 상호합의절차가 적용된다. 비록 이중과세가 발생하지는 않았더라도 여전히 부당한 과세가 인정되기 때문이다. 일방체약국의 국적을 가짐과 동시에 타방체약국의 거주자인 납세자가 타방체약국에서 차별적으로 취급될 때에도 상호합의절차를 적용할 수 있다.[350]

국조법상 상호합의절차의 내용과 의의

조세조약의 상호합의절차 규정은 상호합의절차에 관한 가장 기본적인 원칙만을 기술하고 있으며, 구체적인 내용과 방법은 국내의 절차적 규정에 따르도록 하고 있다. 우리나라의 경우 1995년 국조법에 상호합의절차 규정이 신설되기 이전에는 국세청 훈령 제1006호(1988. 2.1.)「조세협약에 의한 외국의 권한 있는 당국과의 상호합의절차의 시행에 관한 규정」에서 상호합의절차를 규정하고 있었다. 이 국세청 훈령은 훈령으로서의 한계로 인하여 행정적 절차만을 규정하고 있었고, 상호합의에 관하여 법규적 효력을 지니는 내용(예컨대 징수유예 및 불복청구 · 결정기간의 적용 특례 등)은 국세징수법 및 국세기본법 등에 산재하여 있었다. 그 결과 납세자(특히 조세조약의 적용을 받는 비거주자나 외국법인)가 조세조

349 OECD 모델조세조약 제25조 제3항

350 OECD 모델조세조약 제25조에 관한 주석서 13문단.

약의 상호합의절차를 활용하는 데 많은 혼란과 어려움을 겪었다.

위와 같은 혼란이나 어려움 중에서도 국조법 제정 당시 상호합의 결과를 소득할주민세 또는 법인할주민세에 적용하는 문제가 실무에서 가장 힘든 문제로 대두되었다. 당시 소득할주민세와 법인할주민세는 지방세법에 규정되어 있으나 그 세액은 소득세액과 법인세액에 따라 자동적으로 산정되었다.[351] 그런데 과거의 국세징수법은 오직 국세에 대해서만 상호합의절차와 관련된 징수유예 규정을 적용하였다. 그 결과 법인세와 관련된 상호합의절차가 개시되어 법인세가 징수유예되더라도 법인할주민세에 대해서는 징수유예의 법적 근거가 부족하였고 비거주자나 외국법인과 우리나라 과세당국 사이에 조세분쟁이 발생하는 경우 심각한 민원이 제기되기도 하였다. 또한 상호합의절차와 부과제척기간의 문제라든지 상호합의절차의 개시일과 종료일 등 법률적으로 중요한 개념들이 분명히 확립되지 않은 채 운영되어 왔다. 그 밖에 외국에서 부당한 과세처분을 받은 우리나라 거주자가 우리나라의 과세당국에게 상호합의를 제기하고자 하여도 그 절차와 효과를 쉽게 파악하기 어려웠다.

그리하여 상호합의제도의 원활한 운영과 납세자의 편의 제고를 위하여 기존에 산재되었던 관련 규정을 국조법에서 체계적으로 정비하였다. 이 과정에서 그동안 민원이 제기되었던 각종 문제점(예를 들어 상호합의절차 진행 중 체납처분 유예)에 대해서도 납세자 편의 위주로 해결함으로써 국제적인 기준에 부합하도록 하였다.

상호합의 절차의 주요 내용

(1) 상호합의절차의 개시 요건

우리나라가 체결한 조세조약과 국조법은 상호합의절차를 진행할 수 있는 주

351 소득할주민세 또는 법인할주민세는 해당 과세연도 소득세액이나 법인세액에 10%의 세율을 곱하여 산정한다.

체를 '권한 있는 당국competent authority'이라고 표현하고 있다. 우리나라의 권한 있는 당국은 기획재정부장관과 그 권한의 위임을 받은 자가 되고, 체약상대국의 경우에는 조세조약에서 권한 있는 당국으로 지정된 자를 말한다.[352]

상호합의절차는 일방체약국의 권한 있는 당국이 체약상대국의 권한 있는 당국에게 상호합의절차 개시를 요청하고 상대국이 이를 수락함으로써 진행된다. 상호합의절차의 제의는 일방체약국의 권한 있는 당국이 직권으로 하기도 하지만 대부분의 경우 납세자 또는 기타 관련자가 권한 있는 당국에게 상호합의절차의 개시 신청을 하고 권한 있는 당국이 이를 수용함으로써 개시된다. 따라서 우리나라의 거주자 또는 납세자에게 상호합의의 구체적인 절차를 알려 줄 필요가 있으며, 그에 관한 내용이 국조법 제42조 제1항에 상호합의절차의 개시 요건으로 정리되어 있다.

거주자 또는 내국법인과 비거주자 또는 외국법인은 다음과 같은 경우에 기획재정부 장관 또는 국세청장에게 상호합의절차의 개시를 신청할 수 있다(국조법 제42조 제1항).

① 조세조약의 적용 및 해석에 관하여 체약상대국과 협의할 필요성이 있는 경우: 기획재정부장관(제1호)
② 체약상대국의 과세당국으로부터 조세조약의 규정에 부합하지 아니하는 과세처분을 받았거나 받을 우려가 있는 경우: 국세청장(제2호)
③ 조세조약에 따라 우리나라와 체약상대국 간에 조세조정이 필요한 경우: 국세청장(제3호)

국조법 제42조 제1항 제2호에서 말하는 '조세조약의 규정에 부합하지 아니하는 과세처분'에는 ① 세법의 규정에 부합하지 아니하거나 과세방법이 잘못된, 체약상대국의 부당한 과세처분과 ② 형평에 크게 어긋나거나 차별적으로 이루어진

352 국조법 제2조 제1항 제9호

체약상대국의 부당한 과세처분이 포함된다.

국조법 제42조 제1항 제3호에 규정된 '조세조약에 따라 우리나라와 체약상대국 간에 조세조정이 필요한 경우'란 주로 외국납부세액공제 또는 이전가격세제에서의 대응조정 등을 가리킨다.

기획재정부장관은 국조법 제42조 제1항 제1호에 해당하는 경우에는 직권으로 체약상대국의 권한 있는 당국에 상호합의절차 개시를 요청할 수 있으며, 국세청장은 같은 조 제1항 제2호 및 제3호에 해당하는 경우에는 직권으로 체약상대국의 권한 있는 당국에 상호합의절차 개시를 요청할 수 있다.[353]

국조법 제42조 제1항 제2호와 제3호에서 국세청장에게 상호합의절차 개시 신청을 할 수 있도록 하고 체약상대국의 과세당국에게 상호합의 절차 개시를 요청하게 한 것은 비록 국조법에 명문의 규정이 없기는 하나 기획재정부장관이 그 권한의 일부를 국세청장에게 위임함으로써 국세청장 역시 권한 있는 당국으로 인정됨을 의미한다. 그 결과 조약의 적용·해석 등 일반적 사안에 대하여는 기획재정부장관이, 과세처분이나 조세조정 등과 같은 개별사안에 대한 상호합의절차는 국세청장이 각각 담당하도록 역할이 배분되어 있다. 기획재정부장관은 국세청장에게 권한을 위임하는 대신 국세청장으로 하여금 상호합의절차 개시 신청 및 진행현황에 대한 보고를 하도록 하고 있으며, 필요시 국세청장에게 상호합의절차와 관련된 지시를 할 수 있다.[354]

권한 있는 당국인 기획재정부장관과 국세청장이 상호합의절차 개시의 신청을 받으면 다음 각 호의 어느 하나에 해당하는 경우를 제외하고는 체약상대국의 권한 있는 당국에게 상호합의절차의 개시를 요청하고, 신청인에게는 그 요청 사실을 통지하여야 한다.[355]

353 국조법 제42조 제3항
354 국조법 제42조 제5항
355 국조법 제42조 제2항

① 국내 또는 국외에서 법원의 확정판결이 있는 경우. 다만, 체약상대국의 과세조정에 대한 대응조정이 필요한 경우 등 대통령령으로 정하는 경우는 제외(제1호)
② 조세조약상 신청 자격이 없는 자가 신청한 경우(제2호)
③ 납세자가 조세 회피를 목적으로 상호합의절차를 이용하려고 하는 사실이 인정되는 경우(제3호)
④ 과세 사실을 안 날로부터 3년이 지나 신청한 경우(제4호)

위 국조법 제42조 제2항 제1호에 대해서는 상호합의 결과와 확정판결의 충돌을 막기 위하여 과세당국이 법원의 확정판결을 존중하는 입장을 전제하고 있다. 그런데 단서 부분은, 2020~2021년 국조법령 개정 시 추가된 것인데, 이에 대해서는 다음 절(2. 상호합의절차의 주요 법률적 이슈) 설명하기로 한다.

국조법 제42조 제2항 제4호에서는 "과세 사실을 안 날로부터 3년이 지나 신청한 경우"라고 규정하고 있는 있는데, 이는 조세조약의 규정과도 밀접한 연관을 맺고 있다. 우리나라가 체결한 조세조약의 대다수는 상호합의절차 제기 기한을 3년으로 정하고 있는데, 이는 과세행정의 법적 안정성을 확보하기 위한 것이다. OECD 모델조세조약 제25조 제1항에 의하면 상호합의절차는 조세조약의 규정에 부합하지 아니하는 과세 조치를 최초로 안 날부터 3년 이내에 제기하여야 한다. 위 규정의 취지는 각 조세조약 체약국들이 동 시한을 3년 미만으로 축소시키지 못하도록 함에 있다. 따라서 만일 조세조약 체약국들이 국내세법에서 3년 이상의 시한을 두고 상호합의절차를 운영한다면 조세조약을 체결할 때 OECD 모델조세조약 제25조 제1항과 같은 규정을 별도로 포함시킬 필요가 없다.[356] 즉 OECD 모델조세조약 제25조 제1항을 조세조약에 포함시키지 않으면 체약국들은 국내법에 따라 상호합의절차를 운용하게 되는데, 국내법이 3년 이상의 기한을 두고 있을 경우에는 납세자에게 더욱 유리하게 된다는 것이다.

356 OECD 모델조세조약 제25조에 관한 주석서 20문단. 참고로 우리나라가 터키 · 덴마크 · 미국 · 브라질 등과 체결한 조세조약에는 이와 같은 규정이 없다.

다만, 우리나라가 1996년 OECD에 가입하기 이전에 체결한 필리핀과의 조세조약은 상호합의절차 개시 신청 시한을 2년으로 제한하고 있다. 우리나라에서 조세조약은 국내세법의 특별법적인 지위에 있으므로 필리핀의 경우에는 국조법 규정에도 불구하고 상호합의절차 개시 시한은 최대 2년이라는 주장도 가능하다.[357]

그 밖에 신청인이 과세사실을 안 날로부터 3년이 경과하여 신청한 경우(제4호)는 납세자에게 가장 유리한 방향으로 해석되어야 한다.[358] 예를 들어 원천징수되는 이자소득에 대하여 납세자가 상호합의절차를 제기하고자 할 때 3년의 기산일은 일반적으로 소득지불시점이 된다. 그러나 만약 납세자가 소득 지급일 이후 3개월이 된 시점에 원천징수 사실을 알게 되었고 이를 입증한다면 3년의 기산일은 위 사실을 안 날로 보아야 한다. 한편 국세부과제척기간이 이미 만료된 국세에 대해서는 상호합의절차를 개시할 수 없다.[359]

(2) 상호합의절차의 개시 신청방법

상호합의절차의 개시 신청을 하고자 하는 거주자 또는 내국법인(이하 '신청인')은 상호합의절차 개시 신청서에 다음의 서류를 첨부하여 기획재정부장관 또는 국세청장에게 제출하여야 한다.[360]

---

357 그러나 일반적으로 '조세조약은 국내세법상의 규정보다 납세자에게 더 불리하게 작용해서는 안된다'는 유지보장(preservation/ reservation)원칙이 우선적으로 적용되므로 한·필리핀 조세조약이 적용되는 상황에서도 국조법상의 3년의 개시 시한은 납세자에게 보장되어야 한다는 주장도 가능할 것으로 보인다.

358 OECD 모델조세조약 주석 25−21에 의하면 OECD 모델조세조약 제25조 제1항 중 "3년 기한의 기산점을 조세조약의 규정에 부합하지 아니하는 과세상의 결과를 초래하는 조치를 최초로 안 날"로 정한 규정은 납세자에게 가장 유리한 방향으로 해석되어야 한다. 국조법의 상호합의절차 규정 역시 동일한 맥락에서 해석되어야 한다.

359 재경부 국조 46017−131, 1998.10.2.

360 국조법 시행령 제82조

① 상호합의절차의 개시 신청과 관련된 결산서 및 세무신고서
② 국내 또는 국외에서 이의신청 · 심사청구 · 심판청구 또는 소송제기 등의 불복절차를 신청했거나 신청 예정인 경우 그 신청서
③ 상호합의절차 개시 신청 사유에 대한 신청인 의견서 등 그 밖에 기획재정부령으로 정하는 자료

기획재정부장관 또는 국세청장은 상호합의절차의 개시신청을 받은 경우 다음의 사항을 고려하여 신청을 받은 날로부터 3개월 이내에 상호합의절차 개시 신청의 수리 여부를 검토하여야 한다.[361]

① 국조법 제42조 제1항 제1호부터 제3호까지의 규정 및 같은 조 제2항 제1호부터 제4호까지의 규정에 해당하는지 여부
② 과세당국이 상호합의절차를 개시하지 아니하고도 필요한 조치를 함으로써 합리적 조정을 할 수 있는지 여부

위 '②' 기준에 대해서는 OECD 모델조세조약 제25조에 관한 32문단도 언급하고 있다. 이에 따르면 이의 제기를 받은 권한 있는 당국이 그 이의가 정당하다고 보고 해당 과세가 납세자의 거주지국의 조치에 전부 또는 부분적으로 기인한다고 판단할 경우 그에 따른 조정이나 감면을 통하여 가능한 한 신속하게 그 불만을 해소해야 한다. 이때 상호합의절차에 의하지 않고도 문제를 해결할 수 있는데, 체약상대국과의 정보교환 등이 그 예이다.

기획재정부장관 또는 국세청장이 위와 같이 검토한 결과 상호합의절차 신청요건을 충족하지 못한 경우에는 신청인에게 이를 보완하여 다시 신청하도록 요구할 수 있다.[362]

361 국조법 시행령 제83조 제1항
362 국조법 시행령 제83조 제3항

한편 2020.11.24. 개정한 국세청의 국제조세사무처리규정(국세청 훈령 제2537호) 제89조(사전상담)에 따르면 제1항에서 "국세청장(상호합의담당관)은 상호합의절차 개시신청 전에 신청인으로부터 상담요청이 있는 경우에는 이에 응할 수 있다. 이 경우 신청인은 자신의 이름을 공개하지 아니할 수 있다."라고 규정하고 있으며, 제2항에서는 "국세청장(상호합의담당관)은 필요한 경우 상호합의절차 신청의 대상이 된 처분을 하였거나 하여야 할 지방국세청장(소관과장, 감사관) 또는 세무서장(소관과장)에게 사전상담 참석을 요구할 수 있다."라고 규정하고 있다. 따라서 납세자는 비록 법령은 아닐지라도 위 규정을 활용하여 해당 상호합의와 사건과 관련된 국세청의 입장을 파악해 볼 수 있고 향후 상호합의 타결 전망에 대한 정보도 얻을 수 있을 것으로 보인다.

(3) 권한 있는 당국competent authority의 의무와 역할

OECD 모델조세조약 제25조 제2항은 '권한 있는 당국'의 의무와 역할을 정하고 있다. 이에 따르면 (납세자의) 이의가 정당하다고 판단되나 충분히 해결할 수 없는 경우, 권한 있는 당국은 조세조약에 부합되지 아니하는 과세를 회피하기 위하여 타방체약국의 권한 있는 당국과 상호합의에 의하여 해결하도록 노력하여야 한다.

다만, OECD 모델조세조약 제25조 제2항은 권한 있는 당국에게 상호합의절차 진행 중인 사안을 해결하도록 최선의 노력을 할 의무를 부과한 것에 불과하며, 반드시 합의에 도달하여야 할 의무가 있지는 않다.[363] 그러나 OECD 재정위원회Committee of Fiscal Affairs는 상호합의절차와 관련하여 각국의 권한 있는 당국이 준수하여야 할 의무에 대하여 다음의 사항을 권고하고 있다.[364]

363 OECD 모델조세조약 제25조에 관한 주석서 37문단
364 OECD 모델조세조약 제25조에 관한 주석서 41문단

① 상호합의절차와 관련된 형식적인 사항은 최소화되어야 하고, 불필요한 절차는 제거되어야 한다.
② 상호합의에 제기된 사안들은 각각 개별적인 관점에서 해결되어야 하며, 다른 사안들과의 균형이라는 관점에서 일괄 타결되어서는 안 된다.
③ 권한 있는 당국은 상호합의의 이용과 관련한 국내법 규정 절차를 제정하여 공표해야 한다.

기획재정부장관과 국세청장은 신청인의 구체적인 신청이 없어도 앞에서 설명한 상호합의절차의 개시 요건이 충족되는 경우에는 직권으로 체약상대국의 권한 있는 당국에 대하여 상호합의절차의 개시를 요청할 수 있다.[365] 이는 우리나라의 과세권 및 해당 납세자 보호를 위해 권한 있는 당국이 능동적인 역할을 수행할 수 있도록 하기 위한 규정이다.

기획재정부장관 또는 국세청장은 상호합의절차의 개시 신청이 있은 이후에도 신청인이 동의하는 경우에는 체약상대국에 상호합의절차의 개시를 요청하지 아니하거나 개시된 상호합의절차를 중단할 수 있다. 위 규정 역시 권한 있는 당국의 능동적 역할과 상호합의절차에 대한 유연한 대응을 도모하기 위한 것으로 볼 수 있다.

국세청장은 매분기 경과 후 15일 이내에 분기별 상호합의절차 개시 신청 및 진행 현황 보고서를 기획재정부장관에게 제출하여야 한다. 이 경우 진행 현황에는 체약상대국으로부터 개시 요청을 받은 상호합의의 진행 현황을 포함하여야 한다.[366]

기획재정부장관 또는 국세청장은 상호합의절차 개시 신청을 거부하는 경우에는 그 사실을 신청인 및 체약상대국에 통지하여야 한다.[367] 납세자의 권리보호 및

365 국조법 제42조 제3항 및 제4항
366 국조법 시행령 제84조
367 국조법 시행령 제83조 제5항

효과적인 분쟁해결을 위해 이와 같은 통지의무를 부과한 것이다.

(4) 상호합의절차의 개시일

국조법 제45조는 상호합의절차의 개시일을 다음과 같이 정하고 있다.

> ① 체약상대국의 권한 있는 당국으로부터 상호합의절차의 개시 요청을 받은 경우 : 이를 수락하는 의사를 체약상대국의 권한 있는 당국에 통보한 날
> ② 체약상대국의 권한 있는 당국에게 상호합의절차 개시를 요청한 경우 : 체약상대국의 권한 있는 당국으로부터 이를 수락하는 의사를 통보받은 날

위 조항의 내용을 요약하면 당사국의 권한 있는 당국 간에 상호합의절차 개시에 대한 의사합치가 이루어진 날이 개시일이다. 개시일은 다음 절에서 설명할 불복청구 · 결정기간의 적용특례 또는 징수유예 등의 적용특례의 기산일이라는 점에서 법률적으로 중요하므로 국조법에 명문 규정을 두게 된 것이다.

(5) 상호합의절차의 종료일

상호합의절차의 종료일은 우리나라와 체약상대국의 권한 있는 당국 간에 문서에 의하여 합의가 이루어진 날이다. 다만, 상호합의가 이루어지지 아니한 경우에는 개시일의 다음날부터 5년이 되는 날이 상호합의절차의 종료일이다. 또한 우리나라와 체약상대국의 권한 있는 당국 간에 상호합의절차를 계속 진행하기로 합의하는 경우에는 국조법 제46조 제1항 단서에도 불구하고 상호합의절차가 종료되지 않는다. 이때 상호합의절차의 종료일은 개시일의 다음날부터 8년을 초과할 수 없다.[368]

그러므로 국내법상 상호합의절차의 최장 한도는 원칙적으로 5년이되, 권한 있는 당국 간의 합의에 따라 8년까지 연장할 수 있다. 이처럼 상호합의절차 기간의

368 국조법 제46조 제1항 및 제2항

한도를 둔 이유는 ① 대부분의 상호합의절차 사례가 5년 이내에 해결된다는 것이 OECD 각국의 공통 관행인 점과 ② 납세자나 상대국 정부가 상호합의절차의 진행에는 비협조적이면서도 상호합의절차 진행 시 우리의 국내법이 허용하는 징수유예 등의 혜택을 부당하게 받는 사례를 미리 막을 필요가 있다는 점이 고려되었기 때문이다.

한편, 상호합의절차의 진행 중일 때에 법원의 확정판결이 있는 경우에는 법원의 확정판결을 우선적으로 존중한다는 취지에서 확정판결일이 상호합의절차의 종결일이 된다.[369] 이는 납세자가 상호합의절차와 소송을 동시에 진행하였다가 양자의 결과가 서로 달라 발생할 수 있는 법률적 혼란을 예방하기 위해 이와 같은 규정이 마련된 것이다. 그런데 법원의 확정판결이 있다고 하더라도 다음과 같은 경우에는 동 판결에도 불구하고 상호합의절차가 지속될 수 있도록 국조법령이 2021년 2월에 개정되었다.[370]

1. 체약상대국이 거주자(내국법인과 국내사업장을 포함)와 국외특수관계인의 거래가격을 정상가격으로 조정한 것에 대응하여 과세당국이 각 사업연도 과세표준 및 세액을 조정하여 계산할 필요가 있는 경우
2. 과세당국이 거주자와 국외특수관계인의 거래가격을 정상가격으로 조정한 것에 대응하여 체약상대국이 국외특수관계인의 각 사업연도 과세표준 및 세액을 조정하여 계산할 필요가 있는 경우

외국 법원의 확정판결이 있는 경우 그 판결은 우리나라 과세권을 자동적으로 기속하는 것은 아니므로 이러한 경우에는 법원의 확정판결에도 불구하고 대응조정의 필요성을 이유로 상호합의 절차를 종료하지 않도록 하는 행위는 법적으로 가능하고 한편으로 납세자 권리구제를 강화하는 효과를 가져올 것으로 생각된다. 마찬가지로 국내 법원의 확정판결이 있는 경우 그 판결이 외국 과세당국의 과세권

369 국조법 제46조 제3항 제1호

370 국조법 제46조 제3항 본문 단서 및 국조법 시행령 제83조 제2항

을 자동적으로 기속하는 것은 아니므로 이러한 경우에는 국내 법원의 확정판결에도 불구하고 상호합의 절차를 종료하지 않도록 하는 것이 법적으로 가능하고 납세자의 권리구제를 강화하는 데 도움이 될 것으로 보인다.

한편 상호합의절차 진행 신청인이 상호합의절차 개시 신청을 철회를 하는 경우에는 신청철회일이 상호합의 종료일이 된다.[371] 그 밖에 상호합의절차는 기획재정부장관이나 국세청장이 직권으로 종료하는 경우도 있는데 이때 상호합의절차의 종료일은 신청인이 해당 절차가 종료되었음을 통지받은 날이다.[372]

(6) 상호합의 결과의 시행

기획재정부장관이나 국세청장은 상호합의절차가 종결된 경우에는 과세당국, 지방자치단체의 장, 조세심판원장, 그 밖의 관계기관 및 상호합의절차 개시 신청인에게 그 결과를 상호합의절차의 종료일 다음날부터 15일 내에 통보하여야 한다. 또한 기획재정부장관은 조세조약의 적용 · 해석에 관한 상호합의 결과를 즉시 고시하여야 한다.[373]

기획재정부장관이나 국세청장은 상호합의절차를 개시하여 문서로 합의에 도달하고 다음의 요건을 모두 갖춘 경우에는 지체 없이 그 합의를 이행하여야 한다.[374]

> 1. 신청인이 상호합의 내용을 수락하는 경우
> 2. 상호합의절차와 불복쟁송(不服爭訟)이 동시에 진행되는 경우로서 신청인이 상호합의 결과와 관련된 불복쟁송을 취하하는 경우

상호합의의 이행 절차는 다음과 같다. 즉, ① 기획재정부장관 또는 국세청장은

371 국조법 제46조 제3항 제2호
372 국조법 제46조 제3항 제3호
373 국조법 제47조 제2항
374 국조법 제47조 제3항

체약상대국과 문서로 합의가 이루어진 경우에는 상호합의절차 종료일의 다음 날부터 15일 이내에 합의 내용을 신청인에게 통보해야 한다. ② 신청인은 이러한 통보를 받은 경우 상호합의 내용에 대한 수락 여부 및 관련 불복쟁송의 취하 여부를 그 통보를 받은 날부터 2개월 이내에 기획재정부장관 또는 국세청장에게 서면으로 제출해야 한다. ③ 신청인이 2개월 이내까지 합의 내용에 대하여 동의하지 않는다는 의사를 제출하거나 관련 쟁송을 취하하지 않는 경우 또는 수락 여부나 관련 불복쟁송의 취하 여부를 서면으로 제출하지 않는 경우에는 해당 상호합의절차 개시의 신청은 철회한 것으로 본다.[375]

과세당국이나 지방자치단체의 장은 상호합의 결과에 따라 부과처분, 경정결정 또는 그 밖에 세법상 필요한 조치를 하여야 하고 그 조치를 한 다음 날부터 15일 이내에 기획재정부장관 또는 국세청장에게 그 사실을 통보해야 한다.[376] 이와 같은 후속조치 규정은 당사국 간의 상호합의 결과를 차질 없이 이행하기 위한 것이다.

여기서 제기될 수 있는 문제는 상호합의가 부과제척기간(또는 조세소멸시효) 이후에 이루어졌을 경우 어떻게 그 시행을 담보할 수 있는가 하는 점이다. 이러한 문제가 제기되는 까닭은 OECD 모델조세조약 제25조 제2항과 우리나라가 체결한 조세조약의 규정에서 비롯된다. OECD 모델조세조약 제25조 제2항에 의하면 상호합의 결과는 체약국의 국내법상의 어떠한 시한에 관계없이 시행되어야 한다. 또한 우리나라가 핀란드 · 스웨덴 · 호주 · 모로코 · 노르웨이 등과 체결한 조세조약에서도 이와 같은 규정을 채택하고 있다. 이를 해결하기 위해 1993년 12월 말 국세기본법 제26조의 2 제2항을 개정하여 상호합의절차가 진행되는 경우 부과제척기간이 예외적으로 연장될 수 있도록 하였다. 그 구체적인 내용을 살펴보면 조세조약에 부합하지 아니하는 과세의 원인이 되는 조치가 있는 때에는 그 조치가 있음을 안 날로부터 3년 이내(조세조약에서 달리 규정하는 경우에는 그에 따름)에,

375 국조법 시행령 제89조 제3항

376 국조법 제47조 제4항 및 국조법 시행령 제88조 제3항

그 조세조약에 의한 상호합의절차의 개시 신청이 있는 것으로서 이에 대한 상호합의가 있는 경우에는 국세부과제척기간에 불구하고 상호합의 종료일부터 1년 이내에 경정결정 기타 필요한 처분을 할 수 있도록 한 것이다.

국세기본법은 오직 국세에만 적용되고 국세에 부수되어 부과되는 지방세에는 적용되지 아니하므로 앞서 설명한 상호합의절차 진행 시 부과제척기간을 연장시키는 규정을 구 지방세법 제30조의 4 제2항에 신설하였다. 그 후 1995년 국조법이 제정되면서 당시의 국조법 제25조에 부과제척기간의 특례조항이 만들어졌다(2020년 국조법 전면 개정으로 국조법 제51조로 그 내용이 이관되었다). 그 내용을 보면 체약상대국과 상호합의절차가 개시된 경우에는 상호합의절차 종료일의 다음날부터 1년의 기간과 국세기본법 제26조의 2 제1항부터 제4항까지의 규정에 따른 부과제척기간(국세의 경우) 또는 지방세기본법 제38조 제1항의 규정에 따른 부과의 제척기간(지방세의 경우) 중 나중에 도래하는 기간의 만료일 후에는 국세 또는 지방세를 부과할 수 없다.

국세기본법 제26조의2(국세의 부과제척기간) 제6항과 국조법 제51조(부과제척기간의 특례)의 관계를 요약하면 다음과 같다. 국세기본법 제26조의 2 제6항에 따르면 상호합의가 진행되는 경우 제1항의 부과제척기간에도 불구하고 상호합의 종결 후 1년이 지나기 전까지 동 상호합의에 따라 경정이나 그 밖의 필요한 처분을 할 수 있다. 한편 국조법 제51조는, 상호합의 절차가 개시된 경우에 ① 상호합의절차 종료일의 다음 날부터 1년의 기간과 ② 국세기본법상의 부과제척기간 중 나중에 도래하는 기간의 만료일 이후에는 국세나 지방세를 부과할 수 없도록 규정하고 있다. 여기서 '국세기본법 제26조의 2 제6항은 국조법 제51조와 중복되지 않는가?'라는 의문이 들 수 있다. 그런데 국세기본법 제26조의 2는 경정이나 그 밖의 필요한 처분을 할 수 있도록 규정하고 있는 바, 이는 과세당국이 일단 조사를 종료하여 납세자에게 이미 부과처분 결과를 고지한 이후에 상호합의절차가 개시된 상황을 전제로 하고 있다. 따라서 앞의 사례처럼 과세당국의 부과처분 전에 국세기본법 제26

조의 2 제1항에 의해 부과제척기간이 도래하는 경우에는 제6항에 의한 특례규정으로도 문제점을 해결할 수가 없어 국조법 제51조가 부득이 필요하게 된다.

(7) 상호합의 결과의 확대 적용

상호합의가 종결된 후 상호합의절차의 개시를 신청한 자가 상호합의 종결 통보서를 받은 날부터 3년 이내에 상호합의 결과를 신청인과 상호합의 대상국 외의 국가에 있는 특수관계인 간의 거래에 대해서도 적용해 줄 것을 신청하는 경우 과세당국이나 지방자치단체의 장은 다음의 요건을 모두 갖춘 경우에 그 상호합의 결과를 상호합의 대상국 외의 국가에 있는 특수관계인과의 거래에 대해서도 적용할 수 있다(국조법 제48조 제1항).[377]

① 상호합의 결과와 같은 유형의 거래일 것
② 상호합의 결과와 같은 방식으로 과세되었을 것
③ 정상가격 산출시 적용한 통상의 이윤 또는 거래순이익률이 같을 것

이때 신청인은 상호합의 결과 확대적용신청서와 국조법 제48조 제2항 각 호의 요건을 갖추었음을 증명하는 서류를 갖추어 과세당국 또는 지방자치단체의 장에게 제출하여야 한다.[378] 상호합의 결과의 확대적용 신청이 받아들여져 상호합의 대상국 외의 국가에 있는 특수관계인에게 확대적용되는 경우에는 국조법 제47조(상호합의 결과의 시행)를 준용하여 시행한다.[379] 여기서 유념할 것은 이와 같은 확대적용은 납세자의 신청에 의해 자동적으로 적용되는 것은 아니고, 납세자가 신청한 내용에 대해 국세청이 그 신청 내용의 타당성과 향후 여타 국가의 상호합의 제기 가능성을 종합 · 판단하여 가부를 결정한다는 것이다.

377 국조법 제48조 제1항
378 국조법 시행령 제90조 제1항
379 국조법 제48조 제3항

2 상호합의절차의 주요 법률적 이슈

불복청구·결정기간의 적용특례

국조법 제50조에 따르면 상호합의절차가 개시된 경우 상호합의절차의 개시일부터 종료일까지의 기간은 심사청구 및 심판청구의 청구기간 및 결정기간에 포함시키지 아니한다. 위 규정은 1994년 12월 말 국세기본법 및 지방세법 개정 시 이미 도입되었다. 그 후 1995년 국조법 제정과 함께 각 법에 산재한 상호합의절차 관련 조항이 국조법 제6장 상호합의절차에 통합되면서 위 규정이 국세기본법과 지방세법에서 삭제되고 국조법 제24조에 신설(2020년 국조법 전면 개정 시 제50조로 이관)되었다.

현행 국조법 제50조의 입법 취지는 납세자의 권리구제 기회를 좀 더 확대시키는 데 있다. 위 특례가 도입되기 전에는 상호합의절차 진행 중에 심사청구와 심판청구의 청구기간 또는 결정기간이 종료되어 사실상 이와 같은 불복절차가 제 기능을 발휘할 수 없었다. 왜냐하면 상호합의절차는 수년씩 장기간이 소요되는 반면 심사청구나 심판청구는 기한의 제약을 받아 수개월 내에 종료되는 것이 일반적인데, 심사청구나 심판청구의 심판관들은 해당 사건이 상호합의절차에서 심도있게 다루어질 것이라는 전제하에 납세자들의 주장을 수용하기 보다는 처분청의 과세처분을 인정해주는 판결을 내리는 경향이 있었기 때문이다. 아마도, 심사청구나 심판청구에서 납세자의 주장이 인용되게 되면 병렬적으로 진행되고 있는 상호합의 진행 중인 사건들에 대한 양국 권한있는 당국들간의 상호합의절차 협상 실익이 사라지게 되는 것을 우려했기 때문이었을 것으로 추정된다. 이처럼 종전에 형식적으로 운용되었던 심사청구나 심판청구에서 납세자 권리 구제 기능이 실질적으로 제고되도록 하기 위해 상호합의절차 진행 중에는 심사 · 심판청구의 진행을 중단하였다가, 상호합의절차 종료 후에 납세자가 여전히 그 결과에 불복하는 경우 심사청구나 심판청구가 진행될 수 있도록 제도를 개선한 것이다.

이를 위해 국조법 제50조 제1호에서 '상호합의의 절차의 개시일부터 종료일까지의 기간'은 국세기본법 제56조 제3항[380]에서 규정하는 행정소송의 청구기간에 산입하지 아니한다고 규정하였다.

한편 상호합의 절차가 국제거래의 조세분쟁 해결절차의 하나로 우리나라 국내 세법에 도입된다고 하더라도 상호합의 절차가 헌법 제27조[381]에 규정된 '국민의 재판을 받을 권리'를 침해하지 않도록 해야 할 필요가 있었는데, 상호합의절차 개시일로부터 종료일까지의 기간(즉, 상호합의절차 진행기간)은 행정소송의 청구 불변기간 90일 산정 시 동 기간에서 제외하도록 함으로써 '국민의 재판을 받을 권리'가 보다 실효성있게 보호받을 수 있도록 한 것이다.

징수유예 등의 적용특례

우리나라의 경우 소득세는 과세기간(12월 31일) 종료 후 5월 말일까지, 그리고 법인세는 사업연도의 종료일이 속하는 달의 말일부터 3개월 이내에 세액을 신고납부하여야 한다. 신고납부금액에 대하여 과세당국이 탈루혐의가 있다고 판단하면 세무조사를 실시하고 적출소득에 대하여 납기를 정하여 세액을 납세자에게 고지한다. 만일 납세자가 고지서에 명기된 일자까지 납부하지 아니하면 가산금 부과와 압류 · 공매 등 징수절차가 진행된다. 국조법 제49조에 따르면, 조세조약에 의한 상호합의절차가 진행 중인 경우에는 체약국이 상호합의절차 진행 중에 납

380 ③ 제2항에 따른 행정소송은 「행정소송법」 제20조에도 불구하고 심사청구 또는 심판청구에 대한 결정의 통지를 받은 날부터 90일 이내에 제기하여야 한다. 다만, 제65조 제2항 또는 제81조에 따른 결정기간에 결정의 통지를 받지 못한 경우에는 결정의 통지를 받기 전이라도 그 결정기간이 지난 날부터 행정소송을 제기할 수 있다.

381 ① 모든 국민은 헌법과 법률이 정한 법관에 의하여 법률에 의한 재판을 받을 권리를 가진다.

부기한등의 연장(또는 징수유예) 및 압류 · 매각의 유예(또는 체납처분유예)를 적용한다(상호주의)는 전제 아래 해당 국세 및 지방세에 대하여 납부고지의 유예, 납부기한등의 연장 또는 압류 · 매각의 유예를 허용할 수 있다. 다만, 조세회피 또는 조세이연 효과를 목적으로 동 조항을 남용하는 사례를 방지하기 위하여 징수유예기간 중에도 이자상당액의 가산금은 징수하도록 하였다.

납세지 관할세무서장 또는 지방자치단체의 장은 납부할 세액의 고지 전에 상호합의절차가 개시된 경우에는 상호합의절차의 종료일까지 세액의 고지를 유예하거나 결정한 세액을 분할하여 고지할 수 있다. 이 경우 해당 세무서장 및 지방자치단체의 장은 납부할 세액을 상호합의절차의 종료일의 다음날부터 30일 이내에 고지를 하여야 한다.

또한 국조법 제49조 제3항에 따르면 납세지 관할세무서장 또는 지방자치단체의 장은 납세자가 납세의 고지 또는 독촉을 받은 후 상호합의절차가 개시된 경우에는 상호합의절차의 개시일부터 종료일까지는 납부기한등의 연장 또는 재산의 압류나 압류재산의 매각을 유예할 수 있다. 이 경우 해당 세무서장 및 지방자치단체의 장은 상호합의절차의 종료일의 다음날부터 30일 이내에 납부기한을 다시 정하여 유예된 세액을 징수하여야 한다.

납부고지의 유예, 납부기한등의 연장 또는 압류 · 매각의 유예의 특례를 적용받으려는 자는 다음의 서류를 갖추어 납세지관할세무서장 또는 지방자치단체의 장에게 신청하여야 한다.[382]

> ① 기획재정부령으로 정하는 납부기한등의 연장 등의 적용특례신청서(별지 제44호 서식)
> ② 국세청장이 발행한 상호합의절차 개시 통보서 사본

382 국조법 시행령 제91조 제1항

그러면 위와 같은 신청을 받은 세무서장과 지방자치단체의 장은 신청된 납부기한의 연장 등을 반드시 허용해 주어야 하는가? 그렇지 않다. 세무서장 또는 지방자치단체의 장은 납세자의 거주지국(회사의 경우에는 본사 소재지국)에서 우리나라와 유사한 징수유예제도를 두고 있어 실제로 우리 기업이 징수유예 혜택을 받을 수 있는지를 살펴본 후[383], 다음의 어느 하나에 해당하는 경우에는 납부고지의 유예 · 납부기한등의 연장 또는 압류 · 매각의 유예("고지유예 등")를 허용하여서는 안 된다. 만일 이와 같은 고지유예 등이 이미 허용되었다면 이를 즉시 취소하고 유예에 관계되는 세액과 체납액을 한꺼번에 징수해야 한다.[384]

① 신청인이 고지유예 등의 신청일 현재 국세나 지방세를 체납하고 있는 경우
② 신청인이 다음 자료 제출의무를 이행하지 않은 경우
- 국조법 제16조 제1항에 따른 국제거래정보통합보고서
- 국조법 제16조 제2항 제1호에 따른 국제거래명세서
- 국조법 제16조 제4항에 따라 과세당국이 제출을 요구하는 자료

③ 조세를 징수할 수 없게 될 가능성이 매우 높은 경우

당초 선의의 납세자를 위하여 도입된 고지유예 등의 제도가 조세회피 또는 과세이연을 의도하는 불성실한 납세자에 의해 남용되는 것을 방지하고 세금 징수의 중립성을 도모하기 위하여, 국조법 제49조 제5항과 동법 시행령 제91조 제3항에 따라 납부기한등의 연장 또는 압류 · 매각의 유예가 허용되는 경우(고지유예는 제외) 다음의 산식에 의하여 이자 상당 가산액을 산정하고 이를 징수하도록 하고 있다.

383 국조법 제49조 제4항
384 국조법 시행령 제91조 제2항

> 이자 상당 가산액=납부기한등의 연장 또는 압류 · 매각의 유예를 한 해당 국세 또는 지방세 금액(상호합의절차에 의한 조정이 이루어진 경우에는 그 조정금액)×세액의 납부기한의 다음날 또는 상호합의절차 개시일 중 나중에 도래하는 날부터 상호합의절차 종료일까지의 기간(이하 "유예기간")×22/100,000[385](유예기간이 2년을 초과하는 경우 그 초과기간에 대해서는 연 1.29%[386] 적용)[387]

여기서 고지유예가 이자 상당 가산액의 산정에서 제외되는 이유는, 상호합의절차 결과 만일 일정금액을 우리나라 과세당국이 추징하기로 결정이 되었다면 추가세액의 고지가 이루어지는 시점에서 과소신고가산세와 납부지연가산세가 적용되기 때문이다. 예를 들어 사업연도 종료일이 12월 말인 외국법인 A가 2018년의 사업소득에 대하여 2019.3.31.까지 세액을 산출 · 납부한 후 2021.5.부터 세무조사를 받는 경우를 상정해 보자. 세무조사가 진행되던 2021.8.1. 상호합의절차가 개시되어 고지유예가 이루어졌다가 2024.7.31. 상호합의절차가 종료되면서 A가 5천만원의 세금을 과소신고한 것으로 합의하였다고 가정한다. 이때 관할세무서장은 2024.8.31.까지 해당 조세를 납부하도록 고지서를 발부하는데, A에게는 2018년의 사업소득에 대한 과소신고가산세[388]와 납부지연가산세[389]가 적용된다. 특히 납부지연가산세의 경우 그 계산 방법이 고지가 유예된 금액에 대해 사실상 지연 납부 이자로서의 성격이 있다는 점[390]을 감안하면 고지유예의 경우에는 별도의 이자 상당

385 국세기본법 시행령 제27조의 4에 따른 이자율

386 국세기본법 시행령 제43조의 3 제2항 본문에 따른 이자율

387 1일 25/100,000은 국세기본법 시행령 제27조의 4에 규정된 이율이고, 연 1.2%는 국세기본법 시행령 제43조의3(국세환급가산금) 제2항 및 국세기본법 시행규칙 제19조의3(국세환급가산금의 이율)에서 규정된 이율이다. 이와 같이 상호합의 절차 기간이 2년을 초과하는 경우 그 초과분에 대한 이자율에 대하여는 상대적으로 낮은 이자율을 적용하도록 한 것은 2020년 2월 국조령 개정이후 부터이다. 이와 같은 법령 개정 취지는, 상호합의절차 장기화로 인한 납세자의 과도한 이자상당가산액 부담을 완화하기 위함이다.

388 국세기본법 제47조의3

389 국세기본법 제47조의4

390 납부지연가산세 금액은 다음과 계산식에 따라 산출한다.

가산액에 관한 규정을 두지 않아도 납세자가 기간의 이익을 볼 수 없으므로, 국조법에서는 고지유예를 이자 상당 가산액 부과대상에서 제외된 것이다.

고지 또는 독촉을 받은 후 상호합의절차 개시로 인한 그 개시일부터 종료일까지의 징수유예는 체납액의 징수유예로서, 가산하는 이자상당액은 가산금 또는 중가산금에 해당한다.[391]

상호합의절차와 소송의 관계

상호합의절차는 납세자가 여러 가지 권리구제수단(심사청구 · 심판청구 및 행정소송)을 활용하는 것을 제약하지 아니한다. 오히려 비거주자나 외국법인이 소득원천지국에서 위 권리구제수단을 충분히 활용하기가 현실적으로 어렵기 때문에 납세자의 다른 권리구제수단을 보완한다는 측면에서 상호합의절차가 활용되고 있다. 따라서 납세자가 스스로의 권리구제를 위해 법원의 소송절차에 의존하여 해당 문제를 해결하고자 할 때 권한 있는 당국은 납세자로 하여금 상호합의절차가 진행되고 있거나 동 절차를 거쳤다는 이유로 납세자의 이러한 활동을 제약해서는 안 된다.

그런데 법원에 의한 최종판결이 내려진 후에도 납세자는 상호합의절차에 해당 사안을 제기하여 자신의 입장을 주장할 수 있는가? 이에 대하여는 국가마다 그 취급이 다르다. 일부 국가의 경우 권한 있는 당국은 법원 결정과 별도로 상대국가의 권한 있는 당국과 만족할 만한 해결책에 도달할 수 있으나 어떤 국가에서는 권한 있는 당국의 행위가 법원의 결정에 기속된다. 우리나라는 후자의 입장을 취하고 있다.

납부하지 아니한 세액 또는 과소납부 세액×납부기한의 다음날부터 납부일까지의 기간 (납부고지일부터 납부고지서에 따른 납부기한은 제외)×금융회사 등이 연체대출금에 대하여 적용하는 이자율 등이 고려하여 대통령령으로 정하는 이자율(현행은 1일 10만분의 22)

391 재국조 46017－88, 2002.6.4.

국조법 제22조 제2항 제1호에 의하면 국내 또는 국외에서 대응조정을 하는 경우의 예외는 있으나 원칙적으로는 국내 또는 국외 법원의 확정판결이 있을 경우, 납세자가 상호합의절차의 개시 신청을 하더라도 상호합의절차를 반드시 개시해야 할 의무는 없다. 또한 국조법 제23조 제4항에서는 상호합의절차가 진행 중인 때에 법원의 확정판결이 있는 경우 그 확정판결일을 국내 또는 국외에서 대응조정을 하는 경우의 예외를 제외하고 원칙적으로는 상호합의절차의 종료일로 정하고 있다. 이는 우리나라의 권한 있는 당국이 법원의 결정에 기속되도록 한 것인데, 여기서 말하는 법원이란 국내법원을 가리킨다고 보아야 할 것이다.

정부는 또한 2020년말 국조법 개정시 제47조의 내용을 개정하여 기획재정부장관이나 국세청장은 상호합의절차를 개시하여 체약 상대국의 권한있는 당국과 문서로 합의에 도달한 경우 ① 신청인이 상호합의 내용을 수락하고 ② 상호합의절차와 불복쟁송不服爭訟이 동시에 진행되는 경우로서 신청인이 상호합의 결과와 관련된 불복쟁송을 취하하는 경우에 비로소 합의된 상호합의 결과를 시행하는 것으로 규정을 마련하였다. 이와 같은 규정을 통해 상호합의절차와 수송절차의 관계가 보다 명확해질 것으로 기대된다. 그러나 한편으로 국조법상의 이 개정 규정은 우리나라 헌법 제27조 제1항에서 보장된 사법행위청구권을 침해하는 조항으로 해석될 소지가 있다는 점이 우려된다.

3 상호합의절차의 일부로 채택된 중재절차

2020년말에 전면 개정된 국조법의 제43조에 상호합의에 따른 중재에 관한 규정이 다음과 같이 신설되었다. 정부는 이러한 중재 규정을 국조법에 규정한 이유를 '조세조약 상 중재 도입을 위한 세법상 근거 마련' 때문이라고 설명하고 있다.[392]

> ① 신청인은 상호합의절차 개시 이후 조세조약에서 정한 기간이 지날 때까지 우리나라와 체약상대국의 권한 있는 당국 사이에 합의가 이루어지지 못한 경우 조세조약에서 정하는 바에 따라 권한 있는 당국이 각각 선정한 중재인단을 통하여 분쟁을 해결(이하 "중재")하는 절차의 개시를 기획재정부장관이나 국세청장에게 요청할 수 있다.
> ② 중재의 신청 대상, 신청 시기, 적용 가능 사건의 범위, 중재인의 구성, 의사결정 방법, 중재 결정의 효력 등 중재에 관한 구체적인 사항은 조세조약에서 정하는 바에 따른다.
> ③ 중재 신청 절차, 중재인 임명, 비용의 부담 등 중재에 관한 구체적인 사항을 정하고 있는 조세조약을 시행하기 위한 구체적인 절차는 대통령령으로 정한다.

과세당국이 그 동안 중재제도 도입에 소극적이었으나, 중재제도 도입을 위한 국내법적 근거 조항을 마련함으로써 우리나라 조세조약에 중재제도가 도입될 가능성이 높아졌다. 이러한 점에서 2020년 국조법 개정 조치는 향후 우리나라 국제조세 행정의 확실성certainty을 제고하는 데 큰 기여를 했다고 평가된다.

의무적 중재제도의 도입 필요성은 상호합의 절차제도의 한계에서 쉽게 확인할 수 있다. OECD 모델조세조약 또는 UN 모델조세조약은 조세조약의 해당 규정

392 기획재정부, "(보도자료2) 2020년 세법개정안 상세본", 2020.7.22., 112면.

에서 각국의 권한 있는 당국들competent authorities에게 대하여 상호합의 타결을 위해 노력할 의무만 규정하고 있을 뿐 상호합의가 제기된 사건들이 반드시 일정기간 내에 타결되도록 강제 또는 의무화하고 있지는 않다. 이와 같은 규정은 우리나라를 포함한 세계 각국의 조세조약에서 일반적으로 채택하고 있고 그 결과, 세계 각국의 권한 있는 당국들이 처리해야 하는 상호합의 사건의 재고inventory는 나날이 증가하고 있다. 경우에 따라서는 과세당국들과 납세자가 오랫동안 시간과 금전을 투입하여 노력했음에도 불구하고 상호합의가 결렬되는 경우도 발생한다.

이런 상황에서, 의무적 중재제도 규정이 조세조약에 도입이 되는 경우 납세자가 기대할 수 있는 직접적인 혜택은 '상호합의절차의 보다 신속한 진행과 타결'이라고 말할 수 있다. 왜냐하면, 각국의 권한 있는 당국들이 조세조약에 규정된 시한 내에 상호합의 절차를 타결하지 못하게 되는 경우 중재인단으로 사건이 이관되게 되는 데, 그렇게 되면 해당국들의 권한 있는 당국들은 해당 사안에 대한 실질적 결정권을 상당부분 포기하는 결과가 되므로 이러한 상황에 직면하지 않기 위해 상호합의 절차를 통한 조세분쟁의 타결에 보다 적극적인 노력을 기울이기 때문이다.

정부는 2020년 정부가 발의한 세법개정안에 '상호합의 개시일 이후 조세조약에서 규정한 기간이 지나도록 해결되지 않는 상호합의 사건은 납세자의 신청에 따라 당사국들의 권한 있는 당국이 선정한 각 1인과 제3자(총3인)로 구성된 중재인단을 통하여 중재가 가능하도록 하는 규정'을 포함하였던 것이다.[393] 위와 같은 국조법 개정의 후속조치로서 정부는 2021년 초 국조법 시행령 개정 시 다음과 같은 중재 진행 절차 규정을 마련하였다.

(1) 중재절차의 개시 신청

중재절차의 개시 신청을 하려는 자(이하 "중재신청인")는 중재절차 개시 신청

393 현행 국조법령에서는 중재인단 구성에 관한 자세한 규정은 두고 있지 않으나, 전게한 기획재정부 보도자료 112면에 중재인단이 '당사국들의 권한 있는 당국이 선정한 각 1인과 제3자(총3인)로 구성'된다는 문구가 포함되어 있다.

서(국조칙 별지 제41호 서식)을 기획재정부장관 또는 국세청장에게 제출해야 한다. 기획재정부장관 또는 국세청장은 중재절차의 개시 신청을 받은 경우에는 중재신청인에게 중재절차의 진행에 필요한 서류를 제출하도록 요구할 수 있다.[394]

(2) 중재절차에 대한 의견제출

중재신청인은 조세조약에서 정하는 바에 따라 중재절차의 개시일부터 종료일까지의 기간 동안 조세조약의 해석 및 적용, 소득금액의 조정, 중재인 선정 및 그 밖에 중재절차의 진행 등에 관한 의견을 기획재정부장관 또는 국세청장에게 제출할 수 있다. 또한 중재신청인은 조세조약에서 정하는 바에 따라 중재절차에서 직접 서면으로 의견을 제출하거나 구두口頭로 의견을 개진할 수 있다. 이 경우 의견제출 등과 관련하여 발생하는 비용은 모두 중재신청인이 부담한다(국조법 시행령 제86조).[395]

(3) 중재인의 자격 요건

기획재정부장관 또는 국세청장은 조세 · 법률 · 회계분야에 관한 전문지식과 경험이 풍부하게 있는 등 기획재정부장관이 정하는 기준을 충족하는 사람으로서 중재절차의 공정성 및 독립성을 확보할 수 있는 사람을 중재인으로 임명해야 한다. 다만, 중재신청인 및 상호합의 대상 과세처분 등과 관련하여 이해관계가 있는 자 등 기획재정부장관이 정하는 사람은 제외한다.[396]

정부안대로 2020년 정기국회에서 중재에 관한 세법 개정이 이루어졌으므로, 이제 향후에 추진해야 하는 일은 우리나라의 조세조약에서 중재에 관한 조항을 실제로 도입하는 것이다. 이를 위해서는 첫째로 OECD 모델조세조약 제25조(상호

394 국조법 시행령 제85조

395 국조법 시행령 제86조

396 2024. 3월말 현재 기획재정부령인 국조법 시행규칙은 중재인의 자격요건에 대한 규정을 마련하지 않은 상태이다. 2021년 초에 발간한 개정세법 설명자료에 따르면 '중재인 자격에 대한 세부요건'과 '중재인 제외사유'에 대해서는 기획재정부 고시로 규정할 것임을 예정하고 있다. 이 설명자료는 '중재 신청인의 소속직원, 사건 결과에 이해관계가 있는 자, 현재 당사자에게 자문을 제공하는 자 등'은 중재인에서 제외 '될 것이라고 기재하고 있다.

합의절차) 제5항(중재제도 관련 문안)을 조세조약에 포함시키는 것을 우리나라가 지금까지 명문으로 유보한 사항[397]을 철회해야 한다. 또한 OECD 다자간 모델조세조약과 관련하여 우리나라가 2020년 5월 OECD사무국에 비준서를 기탁한 우리나라의 다자간 조세조약안 중 현행 유보를 하고 있는 중재제도 부분에 대하여 역시 중재관련 유보사항을 철회하는 절차를 밟아야 한다.

또한 향후 조세조약 체결을 염두에 두고 중재에 관한 우리나라의 표준 문안을 마련할 필요가 있다. 이러한 문안은 우리나라가 OECD회원국이라는 점에서 주로 OECD 모델조세조약에 포함된 문안을 벤치마킹해야 하겠지만 우리나라가 개도국과 조세조약 협상을 하는 경우도 있다는 점을 감안하여 UN모델조세조약의 문안을 어느 정도까지 수용할 수 있을 것인지에 대한 검토도 사전에 마련해두는 것이 필요하다.

397 OECD, *Model Tax Convention on Income and on Capital (as it read on 21 November 2017)*, 2017. P466.

4 조세정보교환 제도의 종류 및 운용 메카니즘

디지털경제의 도래와 함께 전자상거래e-commerce, 컴퓨터 클라우딩computer clouding, 핀테크fintech 등을 활용한 국제거래들이 급속히 발전하고 있으며, 투자 · 금융의 국제화가 빠르게 진행되고 있다. 이에 따라 투자자의 경제적 효용이 크게 증대되기는 하였으나, 다른 한편으로 국제적 조세회피가 훨씬 용이해질 수 있다는 우려도 제기되고 있다. 국제적 조세회피가 용이해진 오늘날의 상황에 효과적으로 대응하기 위해서 세계 각국은 국가 간 조세 및 금융정보 교환제도의 효율적 운용에 많은 관심을 가지고 있다.

국가 간 조세 및 금융정보 교환을 적기에 효율적으로 이행하고 수집된 정보를 효과적으로 활용하기 위해서는, 각국이 조세 관련 정보를 상호 긴밀히 교환하는 체제를 구축하여야 한다. 이를 위해 OECD 모델조세조약과 UN 모델조세조약뿐 아니라 각국의 조세조약은 과거보다 대폭 강화된 정보교환Exchange of Information 규정을 두고 있으며, 최근에는 정보교환협정Tax Information Exchange Agreement 및 다자간 행정협정 등처럼 국가 간 조세 또는 금융정보 교환을 위한 법적 토대를 마련하여 왔다. 우리나라 역시 많은 국가들과 조세조약 및 각종 정보교환 관련 협정을 체결하였다. 또한 이들 조약과 협정상 의무사항을 원활히 이행하고 수집된 정보를 효율적으로 관리할 목적으로 국조법 제36조의 규정들을 보완하여 국가 간 조세정보 및 금융정보 교환에 관한 법적 근거를 보강하였다.

국가 간 조세정보교환은 제공방식에 따라 다음의 세 가지 유형으로 나뉜다.

① 요청에 의한 정보교환exchange of information on request

국제거래를 이용한 조세회피 혐의가 있을 때 일방체약국의 과세당국이 그 혐의사실의 확인을 타방체약국의 과세당국에서 먼저 요청하고 타방체약국의 과세당국이 이에 대하여 그 정보를 제공하는 경우이다.

② 자동적 정보교환automatic exchange of information

일방체약국의 거주자가 타방체약국의 여러 원천으로부터 수취하는 소득에 대한 정보가 법적 제도에 의하여 타방체약국으로부터 일방체약국에게 제공되는 경우이다. 대개의 경우 이러한 정보는 대량으로 제공되므로, 구체적 · 개별적 요청이 아니라 미리 정한 표준양식a standard form and format에 따라 자동적으로 교환된다.

③ 자발적 정보교환spontaneous exchange of information

거래내용이나 증빙으로 보아 외국의 거래상대방에게 탈세 또는 조세회피 혐의가 있을 경우 체약상대국의 정보교환 요청이 없었음에도 불구하고 자발적으로 체약상대국에게 정보를 제공하는 형태를 말한다. 이와 같은 유형의 정보는 대개 정보를 제공하는 국가의 과세당국이 국내 납세자의 국제거래를 조사하는 과정에서 발생한다. 자발적 정보교환을 하는 경우 상대국으로부터 그 처리 결과에 대한 회신feedback을 받을 필요가 있다.

아래에서는 위에서 언급한 조세정보교환제도의 종류별 운용 메커니즘을 설명한다.

요청에 의한 정보교환exchange of information on request:

최근 들어 조세정보 자동교환을 위한 국가 간 협정을 본격적으로 체결하기 전까지는, 조세조약 또는 조세행정공조협약에 따라 양 체약국간에 정보교환은 주로

'요청에 의한 정보교환'이 중심이 되었다. 이러한 조세조약이나 조세행정협약에서 정보교환 대상으로 규정하는 것들은 다음과 같다.

① 조세조약의 규정과 관련된 사항, 즉 해당 조세조약의 제반 규정을 효율적으로 시행하고 납세자의 부정한 행위 및 탈세를 방지하기 위하여 필요한 정보
② 해당 조세조약에서 대상으로 하고 있는 조세를 취급하는 국내법 규정(조세조약의 규정과 상충되지 않을 것)의 시행에 필요한 정보 등

정보교환의 인적대상 범위는 반드시 상대국의 거주자에 한정되지는 않는다. 상대국에 체재하는 비거주자의 정보가 자국의 납세자에 대한 과세와 밀접한 연관을 가지고 있다면 이에 대해 상대국에게 정보교환을 요구할 수 있다.

정보교환의 대상조세는 협약의 대상조세와 일치한다. 따라서 정보의 교환이 「소득(자본)에 대한 이중과세방지협약」에 따라 이루어지면 동 교환대상 정보는 소득(자본)에 대한 조세정보로 한정된다. 그러나 정보의 교환이 OECD의 「조세문제에 관한 상호행정협조를 위한 협약」에 따라 이루어지는 경우에는 교환대상 정보 역시 소득세 · 법인세는 물론 소비세 등에 관한 조세정보까지 확대된다. 동 협약은 대상조세에 소득 · 이윤 · 순자산 · 사회보장기금 · 부가가치세 등 각종 소비세까지 폭넓게 포함시키고 있기 때문이다.

국조법 제36조 제1항에 따르면 국세청장은 조세의 부과와 징수, 조세불복에 대한 심리審理 및 형사 소추 등을 위하여 필요한 조세정보[납세의무자를 최종적으로 지배하거나 통제하는 개인(이하 "실제소유자"라 한다)에 대한 정보를 포함한다)]와 국제적 관행으로 일반화되어 있는 조세정보를 다른 법률에 저촉되지 아니하는 범위 내에서 체약상대국과 교환할 수 있다. 이러한 조세정보에는 납세의무자를 최종적으로 지배하거나 통제하는 개인("실제소유자")에 대한 정보를 포함한다. 이 조항은 우리나라가 체약국의 권한 있는 당국과 앞서 열거한 조세정보를 상호교환할 수 있는 국내법적 근거가 된다. 이와 같이 과세당국은 조세정보의 교환

을 위하여 필요한 경우 납세의무자의 실제소유자 정보를 납세의무자에게 요구할 수 있는데, 이 경우 요구할 수 있는 실제소유자 정보의 범위는 다음과 같다.[398]

1. **납세의무자가 법인 또는 단체인 경우** : 「특정 금융거래정보의 보고 및 이용 등에 관한 법률 시행령」 제10조의 5 제2항부터 제4항 본문까지의 규정에 따른 확인 대상자(소유주식 또는 출자지분을 기준으로 실제소유자를 판단하기 어려운 경우에는 해당 법인 또는 단체의 대표자 및 임원을 말하며, 사실상 지배하는 사람이 따로 있는 경우에는 그 사람을 포함한다)의 성명, 생년월일, 주민등록번호(외국인의 경우 국적 및 여권번호 또는 외국인등록번호)
2. **납세의무자가 「신탁법」에 따른 신탁에 관여한 경우** : 다음의 구분에 따른 개인의 성명, 생년월일, 주민등록번호(외국인의 경우 국적 및 여권번호 또는 외국인등록번호)
   가. 「신탁법」에 따른 위탁자, 수탁자, 수익자, 신탁관리인 및 신탁을 실질적으로 통제하는 사람
   나. 가목에 해당하는 자가 법인 또는 단체인 경우에는 제1호에 따라 확인하는 사람

실제소유자 정보의 제공을 요구받은 자가 정당한 사유 없이 이를 제공하지 아니하거나 거짓으로 제공하는 경우에는 3천만 원 이하의 과태료를 부과한다.[399]

한편, 국조법 제36조 제3항에 따르면 권한 있는 당국은 체약상대국의 권한 있는 당국이 조세조약에 따라 거주자 · 내국법인 또는 비거주자 · 외국법인의 금융정보[「금융실명거래 및 비밀보장에 관한 법률(이하 "금융실명법")」 제2조 제3호에 따른 금융거래의 내용에 대한 정보 또는 자료를 가리킴]를 요청하는 경우 금융실명법 제4조(금융거래의 비밀보장)에도 불구하고 다음 항목에 해당하는 금융정보의 제공을 금융회사 등(금융실명법 제2조 제1호에 따른 금융회사 등)의 특정 점포(상증세법 제83조 제1항에 해당하는 경우와 체약상대국의 권한 있는 당국이 요청하는 정보가 특정 금융거래와 관련된 명의인의 인적 사항을 특정할 수 없는 집

398 국조법 제31조 제2항 및 국조법 시행령 제73조
399 국조법 제61조 제1항

단인 경우에는 금융회사 등의 장[400]을 말함)에 대하여 요구할 수 있으며, 그 금융기관에 종사하는 사람은 이를 거부하지 못하도록 되어 있다.

1. 조세에 관한 법률에 따라 제출 의무가 있는 과세자료에 해당하는 금융정보
2. 상속·증여재산의 확인에 필요한 금융정보
3. 체약상대국의 권한 있는 당국이 조세탈루 혐의를 인정할 만한 명백한 자료의 확인에 필요한 금융정보
4. 체약상대국 체납자의 재산조회에 필요한 금융정보
5. 체약상대국의 권한 있는 당국이 「국세징수법」 제9조 제1항 각 호의 어느 하나에 해당하는 사유[401]로 필요한 금융정보

과거에는 소득세나 법인세의 경우 원칙적으로 인적사항을 특정하여 특정 점포에 한정하는 경우에만 정보를 교환하도록 교환대상 정보의 범위를 제한하였다. 그러나 2010년 개정 OECD 모델조세조약 제26조에 관한 주석서에서 집단적 정보요청(소위 Group Request라고 하며 예를 들면 '조세회피 가능성이 높은 특정금융상품 가입자'에 대한 정보요청)이 정보교환대상에 포함될 수 있도록 관련 문구를 확대 해석하고 그 운용에 대한 명확한 지침을 제시함에 따라 우리나라도 체약상대국과 이러한 정보요청을 할 수 있는 국내법적인 토대를 마련할 필요가 있었고 해당 내용을 국조법령에 반영한 것이라고 할 수 있다.

국조법 제36조 제3항은 은행의 비밀보호 규정bank secrecy을 이유로 해서 조세

400 결국 본점을 가리킨다.

401 그 내용은 '납기 전 징수' 사유로서 다음과 같다.
1. 국세의 체납으로 체납처분을 받을 때
2. 지방세 또는 공과금의 체납으로 체납처분을 받을 때
3. 강제집행을 받을 때
4. 「어음법」 및 「수표법」에 따른 어음교환소에서 거래정지처분을 받은 때
5. 경매가 시작된 때
6. 법인이 해산한 때
7. 국세를 포탈(逋脫)하려는 행위가 있다고 인정될 때
8. 납세관리인을 정하지 아니하고 국내에 주소 또는 거소를 두지 아니하게 된 때

정보교환을 거부해서는 안 된다는 OECD의 최근 정보교환 원칙을 우리 국조법에서 수용한 것이다. 이 조항은 국조법 제정 당시에는 없었으나, 이후 OECD의 정보교환 요구수준이 높아짐에 따라 2002년 말 국조법 개정 시 비거주자(외국국적을 가진 거주자 포함) 또는 외국법인의 정보는 금융실명법 규정에도 불구하고 외국의 권한 있는 당국에 제공할 수 있도록 개정되었다. 2010.1.1. 법 개정으로 그 정보제공 범위를 거주자 또는 내국법인의 정보까지 확대하였다. 그 밖에도 국조법은 조세정보 또는 금융정보와 관련하여 비밀유지의무 기타 정보제공 방해나 지연을 금지시키는 규정을 다음과 같이 두고 있다.

국조법 제38조【비밀유지의무 등】

① 다음 각 호의 어느 하나에 해당하는 자는 제36조에 따른 조세정보 또는 금융정보의 획득, 교환 또는 제공을 부당하게 방해하거나 지연시켜서는 아니된다.
  1. 제36조 제1항 · 제3항 · 제4항 및 제6항에 따른 조세정보 또는 금융정보와 관련된 자
  2. 제36조 제7항에 따른 금융거래 상대방

② 금융회사등에 종사하는 사람은 제36조 제3항 · 제4항 및 제6항을 위반하여 금융정보의 제공을 요구받으면 그 요구를 거부하여야 한다.

③ 제36조 제3항 · 제4항 · 제6항 및 제7항에 따라 금융정보를 알게 된 사람은 그 금융정보를 체약상대국의 권한 있는 당국 외의 자에게 제공 또는 누설하거나 그 목적 외의 용도로 이용해서는 아니 되며, 누구든지 금융정보를 알게 된 사람에게 그 금융정보의 제공을 요구해서는 아니 된다.

④ 제3항과 제36조 제3항, 제4항 및 제6항을 위반하여 제공되거나 누설된 금융정보를 취득한 사람은 그 위반 사실을 알게 된 경우 그 금융정보를 타인에게 제공하거나 누설해서는 아니 된다.

이와 같이 우리나라는, 금융기관의 고객 비밀보호 의무에도 불구하고 국가 간 정보교환을 국제기준에 따라 수행할 제도적 장치를 충분히 갖추었다고 할 수 있다.

자동적 정보교환automatic exchange of information

2013.1.1. 개정된 국조법에는 우리나라가 이미 체결한 정보교환협정 및 OECD 다자간 조세행정공조협약에 규율된 자동정보 교환 이행을 위한 근거조항이 마련되어있다. 즉, 국조법 제36조 제3항에 따르면 조세조약에 따라 체약상대국과 상호주의에 따른 정기적인 금융정보의 교환을 위하여 필요한 경우 「금융실명거래 및 비밀보장에 관한 법률」 제4조에도 불구하고 체약상대국의 조세 부과 및 징수와 납세의 관리에 필요한 거주자 · 내국법인 또는 비거주자 · 외국법인의 금융거래 내용 등 금융정보의 제공을 금융회사 등의 장에게 요구할 수 있다.

이 경우 정보제공 요구를 할 때마다 표준양식에 명의인의 인적사항 등을 매번 기재해야 하는 일반적 금융정보제공 요구와 달리, 다른 금융정보자동교환요구의 특례사항을 규정하였다. 즉, 권한 있는 당국(과세당국)은 요구내용 및 요구대상 금융회사 등의 변동이 있는 경우를 제외하고는 금융거래정보제공요구서에 요구 · 제공과 관련한 기간을 정한 경우에는 그 금융거래정보제공요구서로 그 기간 중의 정보제공 요구를 갈음할 수 있다.[402] 또한 이 경우 금융정보를 제공하는 금융회사 등에 종사하는 사람은 국세청장에게 정보제공명세서를 해당 금융회사 본점에서 일괄하여 작성 · 제출하도록 하였고, 그 제공기한도 요구받은 날로부터 3개월 이내(최초의 요구서로 갈음하는 경우에는 요구서에서 지정한 날까지)로 정하였으며 제출방식도 정보통신망을 통하여 제출하도록 규정하였다.[403]

한편 국조법 제36조 제3항에 따라 금융정보를 제공하여야 하는 금융회사 등의 장은 금융거래의 상대방에게 조세조약에 따라 인적 사항 등의 확인에 필요한 자료의 제출을 요청할 수 있다.[404]

402 국조법 시행령 제75조 제1항
403 국조법 시행령 제75조 제3항
404 국조법 제36조 제8항

한편, 자료 제출의 요청을 받은 금융거래 상대방이 요청받은 자료를 제출하지 아니하여 금융회사 등의 장이 금융정보를 권한 있는 당국에 제공할 수 없거나 인적 사항 등을 확인할 수 없는 경우에는 해당 금융거래 상대방의 계좌 개설을 거절할 수 있다.[405]

권한 있는 당국(과세당국)은 국조법 제36조 제3항에 따라 금융회사 등으로부터 제공받은 정보에 명백한 오류가 있다고 판단되거나 체약상대국의 권한 있는 당국이 같은 항에 따라 교환받은 정보에 대하여 조세조약에 따라 그 오류의 시정을 요구하는 경우에는 금융회사 등의 장에게 지체 없이 해당 정보의 오류에 대한 시정을 요구하여야 한다.[406] 이는, 금융회사의 불성실한 정보제공을 시정할 수 있는 요구권을 과세당국에게 부여한 것이다. 이에 대하여 금융회사는 정보시정을 요구받은 날로부터 30일 이내에 시정된 정보를 정보통신망을 활용하여 제출하거나 제출한 정보에 오류가 없음을 소명해야 한다. 이 경우 금융회사 등의 장은 기한 내에 해당 명세서를 제출할 수 없거나 소명할 수 없는 경우 30일의 범위에서 그 제출기한의 연장을 신청할 수 있다.[407]

국조법 제36조 제7항은 "금융회사 등은 국가 간 금융정보의 교환을 지원하기 위하여 권한 있는 당국의 제3항에 따른 요구가 없는 경우에도 그 사용 목적에 필요한 최소한의 범위에서 해당 금융회사 등의 금융거래 상대방(조세조약에 따른 체약상대국이 아닌 다른 국가의 금융거래 상대방을 포함)에 대한 납세자번호(개별 국가에서 납세자를 식별하기 위한 고유번호를 말함)를 포함한 인적 사항 등을 미리 확인 · 보유할 수 있다."고 규정하고 있다.

한편 과세당국의 금융회사에 대한 질문 · 확인권 규정이 국조법 제37조에 신설되었다. 이 조항에 근거하여, 세무공무원은 국조법 제36조 제6항 따른 금융정보

405 국조법 제36조 제9항

406 국조법 시행령 제75조 제5항

407 국조법 시행령 제75조 제7항

의 제공에 관하여 필요하다고 인정할 때에는(즉, 조세조약에 따라 체약상대국과 상호주의에 따른 정기적인 금융정보의 교환을 위하여 필요한 경우에) 금융회사 등에 종사하는 사람에게 금융거래 상대방의 인적 사항 등의 확인에 대하여 질문을 할 수 있으며 서류 등을 확인할 수 있도록 하고 있다. 만일 금융회사 등에 종사하는 사람이 과세당국의 질문 · 검사에 불응하거나 거짓 응답 시 과세당국은 2천만 원 이하의 과태료를 부과할 수 있다.[408] 한편 세무공무원은 이와 같은 질문 또는 확인을 하는 경우 직무상 필요한 범위 외에 다른 목적 등을 위하여 그 권한을 남용하여서는 아니 된다.[409]

금융정보의 제공을 요구받은 금융회사 등이 정당한 사유 없이 이를 제공하지 아니하거나 거짓으로 제공하는 경우에는 3천만 원 이하의 과태료를 부과하도록 되어 있다.[410]

자발적 정보교환spontaneous exchange of information

'자발적 정보교환'이란 세무공무원이 조사 또는 서면분석을 하는 과정에서 파생된 자료로서 체약상대국에서 조세회피방지 측면에서 유용할 것으로 판단되는 자료를 상대국의 요청이 없음에도 불구하고 상대국에게 통보하는 것을 말한다. 이와 같은 자발적 정보교환은 상대국 과세당국에 유용한 탈세정보가 될 수 있기 때문에 체약상대국들이 서로 성의를 가지고 적극 협조해야 하는 분야이다.

자발적 정보교환의 개념을 사례를 들어 설명하면 다음과 같다. 예컨대 한국 기업 A가 2005년에 미국에 소재하는 미국 기업 B에게 수수료commission fees를 지급하였고, 우리나라 과세당국이 미국 과세당국에게 이에 관한 정보를 자발적으로 제공하였다고 가정한다. 그런데 미국 과세당국이 위 정보를 바탕으로 미국 기업 B

408 국세기본법 제88조

409 국조법 제37조 제2항

410 국조법 제61조 제1항

에게 확인해 본 결과 B가 수수료를 지급받은 적이 없다. 만일 미국 과세당국이 위와 같은 사실을 우리나라의 과세당국에게 재통보해 준다면 우리나라 과세당국은 A가 B에게 지급하였다는 수수료를 손금부인할 수 있어 세무조사의 실효성을 제고할 수 있다.

이처럼 자발적 정보교환의 재회신 신청은 과세행정상 중요한 역할을 하는 경우가 많다. 그러므로 상대국에게 자발적으로 정보를 제공할 경우에는 그 회신을 요청하는 것이 필요하다.

이러한 맥락에서 국세청 훈령 제2537호(2022.11.24. 시행)인 '국제조세사무처리규정' 제97조와 제97조의 2는 국세청장(역외탈세정보담당관)으로 하여금 자발적 통보자료를 해당국의 과세당국에 확인해 주도록 요청하거나 또는 과세자료로 활용하도록 통보할 수 있게끔 다음과 같이 규정하고 있다.

제97조(자발적 정보교환자료 통보) ① 지방국세청장 또는 세무서장은 비거주자(외국법인을 포함한다)의 탈세혐의가 확인되어 체약상대국의 권한 있는 당국에 통보가 필요하다고 판단하는 경우 국세청장(역외정보담당관)에게 자료 통보를 요청할 수 있다.
② 국세청장(역외정보담당관)은 제1항에 따라 요청받은 내용이 조세조약 상 정보교환 요건에 부합하는지를 검토하여 이를 체약상대국의 권한 있는 당국에 통보할 수 있다.

제97조의2(자발적 정보교환자료 수보 및 활용결과 보고) ① 국세청장(역외정보담당관)은 체약상대국의 권한 있는 당국으로부터 국내 거주자 또는 내국법인의 탈세혐의와 관련된 내용을 수보한 경우 납세지 관할 지방국세청장 또는 세무서장에게 통보할 수 있다. 다만, 통보 받은 정보와 관련된 납세자에 대한 세무조사가 진행 중인 경우 해당 지방국세청장 또는 세무서장에게 통보할 수 있다.
② 지방국세청장 또는 세무서장은 제1항에 따라 통보받은 자료를 검토하여 「조사사무처리규정」에 따라 세무조사를 실시하거나 「법인세사무처리규정」등에 따라 과세자료로 활용할 수 있다.
③ 제2항에 따라 통보받은 자료를 세무조사 등에 활용한 지방국세청장 또는 세무서장은 세무조사 종결 또는 과세자료 활용 후 7일 이내에 그 결과를 국세청장(역외정보담당관)에게 보고하여야 한다.

5 조세정보교환 제도의 발전 과정 및 주요 이슈

조세피난처는 주로 작은 섬이나 연안 등에 위치하는 국가 또는 지역으로서 대부분 천연자원 등이 부족하여 산업이 발달할 수 없는 환경을 갖고 있다. 그리하여 조세피난처 국가 또는 지역은 법인의 설립 등에 관한 규제 완화, 기업에 대한 두터운 비밀보호, 획기적인 세제혜택을 유인책으로 삼아 외국의 명목회사를 대거 유치하여 관련 수수료 수익을 누리는 데 주력하였다. 그 결과 다국적 기업이나 주요 금융기관들이 조세피난처에 명목회사를 집중적으로 설립하였다. 그런데 조세피난처는 유치 기업에 관한 각종 정보를 공개하기 않았기 때문에 조세피난처에 유입된 자산 또는 조세피난처로 인한 세수일실의 정확한 규모조차 제대로 파악하기 어려웠다.

한편, 1990년경부터 많은 나라들은 역외투자, 특히 다국적 기업을 유치하기 위하여 경쟁적으로 세율을 내리기 시작하였다. 다만, 모든 납세자에 대하여 세율을 일률적으로 낮출 경우에는 세원기반이 잠식될 수 있으므로 낮은 세율은 역외투자 또는 역외거래에 한정하여 적용하는 경우가 많았으며, 위 역외투자나 역외거래에 대해서는 국가 간 조세정보 교환을 거부하는 사례도 빈번하였다.

위와 같은 흐름에 대응하기 위하여 세계 각국은 국내 세법에 조세피난과세제도 또는 이전가격세제를 도입하였으나 그 정책적 효과는 당초 예상만큼 크지 않았다. 조세피난처 소재 기업에 관한 정보를 정확히 알지 못 하는 상태에서 조세피난과세제도를 도입하거나 세계 각국의 협력 없이 일부 국가 위주로 세율 인하 등의 조세경쟁을 자제하는 것은 어디까지나 미봉책에 불과하였기 때문이다.

OECD의 유해조세경쟁 프로젝트Harmful Tax Practice Project

1996년 OECD 각료 이사회는 OECD 차원에서 조세피난처와 조세경쟁에 대한 구체적인 대책을 마련하도록 촉구하였다. 1998년 4월 OECD는 "유해한 조세경쟁–국제적 문제Harmful Tax Competition–An Emerging Global Issue"라는 보고서를 발표하였다. 동 보고서에서는 조세피난처와 유해한 조세우대조치의 판단 기준을 제시하였다.

먼저 조세피난처tax haven는 ① 세금이 없거나 명목적으로 과세될 것, ② 과세당국의 정보접근이 제한되어 정보교환이 이루어지지 않을 것, ③ 관련 법령이나 행정 규정 등에 투명성이 결여되어 있을 것, ④ 해당 기업이 실질적인 활동을 하지 않을 것 등을 기준으로 판단한다.

또한 조세우대조치가 유해한지 여부의 판단 기준으로는 ① 세금이 없거나 낮은 유효세율일 것, ② 해당 국가의 거주자를 우대조치에서 제외하거나 설령 우대조치를 받더라도 국내시장의 진입을 금지하는 등의 방법으로 우대조치를 국내시장과 절연시킬 것, ③ 우대조치를 운영하는 과정에서 투명성이 결여되어 있을 것, ④ 과세당국의 정보접근이 제한되어 정보교환이 이루어지지 않을 것 등이 제시되었다.

OECD 재정위원회 산하 유해조세경쟁포럼Forum on Harmful Tax Practices은 2000년 6월 발간한 보고서에서 OECD회원국 중 21개국의 47개 조세우대조치를 '잠재적으로 유해한 세제potentially harmful preferential tax regimes'로 분류하였고, 2003년 4월까지 구체적인 지침에 따라 철폐하도록 권고하였다. 또한 위 보고서에서는 리히텐슈타인 등 35개의 국가 또는 지역이 조세피난처로 분류되어 유해한 조세우대조치를 철폐하도록 권고받았다. 이후 OECD는 조세피난처와 유해한 조세우대조치에 관하여 계속 협의하였고, 2001년 보고서에서 그동안 합의 사항을 정리하였다.

일부 OECD 회원국뿐 아니라 조세피난처가 이와 같은 OECD의 움직임에 반대하자 OECD도 기존의 입장에서 물러나 조세피난처 판단 기준을 완화하는 등 보다 전향적인 태도를 보였다. 다시 말해, 1998년 4가지 요건에서 '①'과 '④'의 기준은 제외시키고 '②'와 '③'의 기준, 즉 정보교환 및 투명성에만 역점을 두는 것으로 방향을 전환하였다. 이후 대부분의 조세피난처 국가들이 협력할 것을 약속함으로써 2002년 5월에는 안도라, 리베리아, 리히텐슈타인, 모나코, 나우루, 마셜제도, 바누아투의 7개 국가만이 비협조적 조세피난처uncooperative tax havens로 남게 되었다. 그러나 조세피난처들이 정보교환 등의 약속을 하여 목록에서 제외된 이후로도 당초의 약속을 이행하지 않은 채 실질적 변화를 거의 보여주지 않았기 때문에 2000년대 초반 OECD의 규제정책은 실패한 정책이라고 평가받기도 했다.

조세정보교환에 관한 OECD 기준제정

(1) 2002년 OECD 조세정보교환협정TIEA 표준모델 제정

OECD가 2001년 보고서에서 조세피난처에게 요구했던 개선 사항을 협정서의 형태로 정리한 것이 2002년 OECD가 발표한 Agreement on the Exchange of Information on Tax Matters(이하 "OECD 조세정보교환협정")이다. 2002년 OECD 조세정보교환협정은 어디까지나 협정서(안)이므로 OECD 국가들을 직접적으로 구속하는 법적 효력은 없다. 다만, OECD 국가들이 조세조약 또는 Tax Information Exchange Agreement이하 "TIEA"를 체결할 때 정보교환 분야에 관하여는 OECD 조세정보교환협정을 모범으로 삼고 있다.

OECD 조세정보교환협정이 체결된 국가와는 제5조 제4항에 따라 아래와 같은 정보의 교환을 요청할 수 있다.

> ① 은행, 기타 금융기관, 대리인 또는 수탁자가 보유하고 있는 정보
> ② 회사·파트너십·트러스트·재단 등의 법적 및 수익적 소유에 관한 정보

정보요청국에서는 정보요청 시 ① 조사대상자의 인적사항, ② 정보요청국이 받고자 하는 정보의 성격과 형식 등에 관한 설명, ③ 정보를 요청하는 조세상 목적, ④ 요청하는 정보를 피요청국이 보유하고 있다고 믿는 근거 또는 피요청국의 관할권에 있는 人에 의해 소유 · 지배되고 있다고 믿는 근거 등을 피요청국에 제공해야 한다.[411]

한편, 피요청국은 이 협정에 부합하지 않는 정보요청에 대해서는 협력을 거부할 수 있다.[412] 또한 각국은 이 협정에 따라 교환된 정보에 대하여 비밀을 유지하여야 하며, 조세의 부과 또는 징수, 세무조사 또는 고발, 불복결정에 관련된 당국(법원 및 행정기관 포함)에게만 공개될 수 있다.[413]

(2) OECD 모델조세조약 제26조의 개정

OECD는 2002년 OECD 조세정보교환협정을 제정한 데 이어 2005년 OECD 모델조세조약 제26조를 개정하면서 제4항과 제5항에서 정보교환에 관한 내용을 추가하였다. 구체적인 내용을 살펴보면 정보교환 요청을 받은 국가 입장에서 관련 정보를 필요로 하지 않더라도 정보교환 요청에 응하여야 하는 의무가 명문화되었다(OECD 모델조세조약 제26조 제4항). 또한 정보교환 요청을 받은 대상이 금융기관 등이 보유하는 정보이더라도 정보교환 요청을 거부할 수 없다(OECD 모델조세조약 제26조 제5항). 특히 제5항은 소위 은행비밀 보호bank secrecy라고 하여 그동안 전통적으로 금융정보교환의 실효성을 약화시켰던 장애요인을 제거한 것으로서, 정보교환에 있어 괄목할 만한 진전이 이루어진 것이라 할 수 있다.

이후 2008년 개정 UN 모델조세조약이 OECD 모델조세조약 제26조 제4항 및 제5항과 동일한 내용을 반영하였다. 이로써 정보교환에 관한 OECD 입장은 OECD 회원국뿐 아니라 비회원국에게도 모범적 기준으로 자리 잡게 되었다.

411 OECD 정보교환협정 제5조 제5항
412 OECD 정보교환협정 제7조 제1항
413 OECD 정보교환협정 제8조

우리나라 역시 2006년부터는 조세조약 제정 또는 개정협상을 할 때 위의 개정된 OECD 정보교환 조항을 포함시키는 것을 원칙으로 하고 있다. 이에 따라 최근 개정된(또는 개정 중에 있는) 조세조약으로는 스위스, 싱가포르, 벨기에, 이태리, 룩셈부르크, 호주, 말레이시아, 오스트리아 등과 체결한 조세조약 등이 있다.

(3) 조세행정 공조를 위한 다자간 협약

1980년대 들어 OECD와 EC 회원국들 사이의 경제적 관계가 긴밀해지면서, 여러 나라가 조세행정 문제에 대하여 통일된 기준을 적용함으로써 조세회피와 탈세를 막고자 하였다. 이에 따라 OECD는 조세행정 공조협약Convention on Mutual Administrative Assistance in Tax Matters을 공표하였다. 조세징수협조뿐 아니라 정보교환·동시세무조사 등 조세행정 전반에 걸쳐 국가 간 협력이 필요한 사항을 하나의 다자간 협약에서 규정하여 여러 나라가 서명한 후 사무국에 기탁하도록 한 것이다.[414] 이후 2010년에는 새로운 경제 환경의 특성은 물론 조세행정 공조협약의 시행 과정에서 드러나 문제점을 반영한 개정의정서Protocol Amending the Convention on Mutual Administrative Assistance in Tax Matters가 채택되었다. 그런데 조세행정공조협약의 문안은 1980년대에 작성되었으므로, 그 후에 반영된 OECD 모델조세조약이나 모델 정보교환조약 내용—특히 은행의 고객비밀보장bank secrecy이나 정보수집국가의 세무상 필요성domestic tax interest requirement 등이 국가 간 정보교환을 제한할 수 없다는 원칙—이 반영되지 않았다. 그리하여 2009년 런던에서 개최된 G20 정상회담에서 조세행정 공조협약을 개정하기로 합의하였고, 2010년 OECD와 EU집행위원회는 조세행정 공조협약을 개정하는 내용의 개정의정서Protocol Amending the Convention on Mutual Administrative Assistance in Tax Matters를 채택하였다.[415]

---

414 조세행정공조협약은 소득세·법인세 등 외에 부가가치세 등 소비세, 상속·증여세, 심지어 의무적 사회보장보험료(social contributions)까지 적용될 수 있다. 또한 가입국간에 실행가능한 정보교환의 종류에는 요청에 의한 정보교환, 자동 정보교환, 자발적 정보교환이 포함된다. 그 밖에 동시세무조사와 해외파견조사를 할 수 있으며, 가입국 간 조세채권 회수를 위해 보전조치 등의 징수협조도 가능하다.

조세행정 공조협약과 개정의정서는 우리나라에서는 2012.7.1.부터 발효되었으며, 조세행정 공조협약과 개정의정서 규정에 포함된 내용 중 대부분은 이미 국조법에 반영되었다. 예를 들어 정보교환, 동시세무조사, 해외파견조사, 조세채권의 회수 또는 보전조치 등은 국조법 제3장 제1절(국가간 조세협력)에 규정되어 있다.

조세행정 공조협약 제7조 제1항에 따르면, 각국 과세당국은 다른 나라의 사전 요청이 없더라도 일정한 경우에는 이미 파악한 정보를 전달하여야 한다. 협약 발효 당시에는 이에 대한 국내법적 근거가 없었으나, 현행 국조법 제36조 제3항을 통하여 자동금융정보교환에 관한 국내법적 근거를 마련하였다.

한편, 우리나라는 조세행정 공조협약과 개정의정서를 비준하면서 몇 가지 조항을 유보하였다. 첫째, 조세행정 공조협약 제2조 제1항은 소득에 대한 지방자치단체의 조세, 의무적 사회보장보험료, 자동차·동산의 사용 및 소유와 관련된 조세, 지방자치단체의 부동산 등에 대한 조세를 협약의 적용대상으로 삼고 있다. 그러나 우리나라는 이들 조세에 대해서 비준을 유보하였다. 그 결과 우리나라의 여러 가지 세목 중 소득에 관한 국세와 부가가치세가 조세행정 공조협약 및 개정의정서의 적용 대상이 된다. 둘째, 조세행정공조협약 제17조에 의하면 피요청국은 대상조세에 관한 판결문 등의 서류를 납세자에게 송달할 의무를 지며, 당사국은 우편을 통하여 다른 당사국의 영역에 있는 개인 또는 법인에게 직접 서류를 송달할 수 있다. 그러나 우리나라는 조세에 대한 판결문 등의 서류에 대한 송달 협조와 사법적 판결에 관한 우편 송달에 대한 비준을 유보하였다.

415 2015.11. 현재 조세행정공조협약의 현재 시행국은 호주, 벨기에, 벨리즈, 코스타리카, 체코, 캐나다, 덴마크, 핀란드, 프랑스, 가나, 그리스, 아이슬란드, 이탈리아, 아일랜드, 인도, 한국, 일본, 멕시코, 몰도바, 몰타, 네덜란드, 노르웨이, 폴란드, 슬로베니아, 스페인, 스웨덴, 영국, 미국, 아르헨티나, 아제르바이잔, 조지아, 우크라이나, 나이지리아, 남아공, 뉴질랜드, 라트비아, 러시아, 룩셈부르크, 인도네시아, 오스트리아, 사이프러스, 카자흐스탄, 포르투갈, 헝가리 등 67개국이고, 아직 시행은 되지는 안았으나 서명을 완료한 국가는 독일, 리히텐슈타인, 모로코, 브라질, 사우디, 스위스, 싱가포르, 칠레, 터키 등 20개국이다.

OECD 글로벌 포럼의 구축과 공정한 경쟁 환경의 조성

앞에서 언급한 바와 같이 OECD는 조세피난처 및 유해조세 경쟁에 관한 강력한 규제를 하려고 했지만 조세피난처의 반발에 부딪히자, 비회원국 및 조세피난처 지역과 대화를 통한 문제해결을 시도하는 정책으로 전환했다. 이러한 대화의 장으로서 조세에 관한 글로벌 포럼을 설치하였다. 홍콩, 중국, 싱가포르 등과 같은 중요한 비회원국들other significant non-OECD economies도 참여하였다.[416] 회원국과 비회원국들은 조세목적의 투명성 및 정보교환의 개선을 위한 작업을 실행하기로 합의하였고, 이후 국가마다 노력이나 진척상황에서 차이를 보이자, 될 수 있으면 많은 국가들이 참여하고 구체적 실행을 유도하기 위해서 각국의 진척상황을 객관적으로 평가하는 작업을 주기적으로 실시하기로 하였다. 즉, 글로벌 포럼 참가국들이 각자의 개선사항을 객관적으로 평가하는 작업을 정기적으로 시행하기로 합의하였고, 2004년 베를린 글로벌 포럼에서는 투명성 향상 및 실질적 정보교환을 위한 구체적 방안으로 ① 개별적 조치(individual actions 국내법의 개정 및 실무지침의 적정화), ② 쌍무적 조치(bilateral actions : OECD 모델조세조약 제26조를 포함한 조세조약 또는 TIEA의 체결), ③ 집단적 조치(collective actions : OECD 포럼 등 국제회의 참여)를 제시하였다.

OECD 글로벌 포럼은 2006년 "조세 협력-공정한 경쟁 환경의 조성을 위하여 Tax Cooperation Towards a Level Playing Field"를 발표하였다. 위 보고서는 보고서 작성에 참여한 82개 국가의 투명성 및 정보교환에 관한 현황을 담고 있다. 이후에도 OECD 글로벌 포럼은 국가별로 감독 및 평가 작업을 계속하였고, 2007년부터 2015년까지 매년 개선사항과 현황을 발표하고 있다. 예를 들어 오스트리아 · 룩셈부르크 · 스위스 등 3개 OECD 회원국과, 사이프러스 · 리히텐슈타인 · 파나마 · 싱가포르 소재 금융센터들의 경우에는 여전히 조세 목적으로 은행정보에 접근하

416 글로벌 포럼의 회원국은 창립 당시 32개 국가에 불과했지만 2016.1. 현재 130개국이 참가하는 조직으로 성장하게 되었다.

는 데 상당한 제약이 있었으나, 벨기에가 당시에 체결한 조세조약에서 은행정보의 교환을 허용하기로 서명하는 등 은행정보 분야에서 상당한 성과가 있었다.

OECD 글로벌 포럼에서는 회원국이나 비회원국 모두 동일한 의사결정권을 가지며 합의가 이루어진 기준을 지속적으로 이행하도록 참가국들이 서로 모니터링을 한다. 지금까지 OECD가 일방적으로 주도하던 방식에서 참가국 모두의 협의를 통하여 합의를 도출하는 방식으로 바뀐 사실은, 조세 정보교환에 관한 공정한 경쟁의 장a level playing field을 마련하였다는 점에서 중요한 의미를 가진다.

2008년 글로벌 금융위기와 이후의 주요 변화

(1) 일련의 국제적 탈세사건과 조세투명성 문제

2008년 2월과 5월에 발생한 리히텐슈타인 LGT 사건[417]과 스위스 UBS 사건[418]은 전례가 없었던 규모의 국제적 탈세 사건으로서 2008년 9월에 발생한 세계적인 금융위기와 맞물려 조세피난처 문제를 국제정치의 화두로 만든 중요한 계기가 되었다. 이후 개최된 일련의 G20 정상회담에서 각국 정상들은 조세회피 및 조세피난처에 대해서 강경한 입장을 밝혔다. 예를 들어 2009년 4월에 열린 런던 G20 정상회담에서는 조세피난처에 대하여 일정한 제재 조치를 취하여 한다는 점과 이를 위하여 OECD가 조세피난처에 대하여 평가한 목록을 발표하여야 한다는 선언이 채택되었다.[419]

---

417 독일 과세당국은 조세피난처인 리히텐슈타인 소재 최대 금융기관인 LGT(Liechtenstein Global Trust)은행의 고객명부를 내부자로부터 확보하여 LGT은행 계좌명의자에 대하여 대대적으로 탈세 조사를 하였다.

418 스위스은행 UBS(Union Bank of Switzerland) 직원이 2008년 11월경 미국 고객의 자산을 은닉하면서 조세포탈에 관여한 혐의로 기소되었다. 이 과정에서 미국 과세당국은 UBS 은행에게 미국고객의 UBS 계좌공개를 요청하였고, 결국 UBS는 2009년 8월경 탈세 혐의가 있는 미국 고객 약 4,000명의 계좌 내역을 미국 과세당국에 제공하였다.

419 2009.4.20. G20 런던회담에서 은행비밀의 시대가 끝났음(The era of banking secrecy is over)을 선언했다. 런던회담에서 당시 조세피난처로 여겨졌던 많은 국가들이 조세 정보교환협정에 준수하겠다는 뜻을 발표하였다.

(2) OECD의 새로운 조세피난처 분류와 TIEA 체결 건수의 증가

OECD는 2009년 4월 "국제적으로 합의된 조세기준에 관한 OECD 글로벌 포럼에 의한 진척상황 보고서Progress Report on the Jurisdictions surveyed by OECD Global Forum in Implementing the Internationally Agreed Tax Standard"를 발표했다. 위 보고서에서는 OECD 모델조세조약 제26조의 준수 여부를 기준으로 세계 각국을 ① white list(국제적으로 합의된 조세기준을 실질적으로 실시하고 있는 국가 또는 지역), ② gray list(국제적으로 합의된 조세기준의 준수를 약속하였지만 실질적으로 실시하고 있지 않는 국가 또는 지역), ③ black list(국제적으로 합의된 조세기준의 준수를 약속하지 않는 국가 또는 지역)로 나누었다.

위 gray list에서 white list로 재분류되기 위해서는 OECD 모델조세조약 제26조가 반영된 조세조약 또는 이와 유사한 내용을 가진 TIEA를 12개 이상 국가와 체결 · 서명하여야 한다. 그리하여 많은 국가들이 조세조약 또는 TIEA를 체결하였다. 실제로 2008년에는 TIEA의 체결 건수가 46건에 불과하였으나, 런던 G20 정상회의와 OECD의 새로운 조세피난처 분류를 거치면서 2010년에는 TIEA 체결 건수가 379건에 이르게 되었고 그 후에는 500개 이상으로 늘어나게 되었다.

우리나라 역시 조세조약 미체결국과 조세정보교환협정 체결을 적극적으로 추진해 왔다. 그 결과 2020년 2월 현재 12개국(마셜제도, 쿡아일랜드, 바하마, 버뮤다, 저지, 건지, 영국령 버진아일랜드, 사모아, 안도라, 모리셔스, 바누아투, 코스타리카)과 체결한 협정은 이미 발효되었고 케이만제도, 라이베리아, 세인트루시아, 앵귈라, 세인트 빈센트 그레나딘 및 지브롤터와의 협정은 가서명은 완료되었고 현재 서명 또는 국회비준 동의 절차가 진행 중이다.

(3) 국가 간 금융정보자동교환제도에 관한 국제 기준

① 한·미 금융정보자동교환협정

2010년 3월 미국은 해외금융회사에 대해 자국 납세자의 금융정보 보고를 의무화하는 조항을 신설하고, 금융정보 교환을 위하여 2012년부터 다른 나라들과 정부 간 협정 체결을 추진하였다. 우리나라는 2012년 4월 한・미 재무장관 회의에서 상호교환 방식으로 '금융정보 자동교환협정'을 체결하는 방향으로 협상을 진행한 결과, 2014년 3월 협정문에 합의한 후 2015년 6월 정식 서명하였다. 또한 정부는 국조법과 동법 시행령을 개정하여 정기 금융정보 교환을 위한 국내법적 근거를 마련하였다. 국내 금융회사들은 2014년 7월부터 시행된 「정기 금융정보 교환을 위한 조세조약 이행규정」에 의거하여 미국 거주자 및 시민권자들의 금융계좌정보를 확인하고 있다. 동 협정에 대해 2016.9.7. 국회 비준동의안이 통과되었고 2016.9.8.부터 발효되었다. 이에 따라, 2016년 9월 국세청은 위 정보를 미국 국세청과 예정대로 교환하게 되었다. 이와 같이 미국과의 금융정보자동교환이 이루어지게 되면서 국내 금융회사들은 미국 FATCA에서 정한 원천징수 30% 제재 대상에서 제외되게 되었다.

② 다자간 금융정보자동교환협정

미국이 양자 간 금융정보자동교환을 추진한 이후, OECD 및 G20을 중심으로 각국의 거주자인 고객의 금융정보를 상호교환하기 위한 '다자간 금융정보자동교환협정'[420]이 추진되었고, 2014년 10월 독일 베를린에서 우리나라를 포함한 총 51개국이 서명하였다. 각국의 금융정보자동교환에 관한 의무는 OECD가 제정한 금융계좌 보고기준 및 고객 실사 절차에 관한 공통보고기준CRS : Common Reporting Standard을 바탕으로 이행된다. 2015년 12월 현재 '다자간 금융정보자동교환협정'에 서명한 국가 및 지역은 총 77개국으로 앞으로 계속 확대될 전망이다. 우리나라를 포함한 총 53개국의 자동정보교환 조기이행그룹은 2016년부터 금융회사들이 외국 거주자의 국내 금융정보를 확인하고, 2017년부터 각국 과세당국과 금융정보를 교환하고 있다.

420 MCAA(Multilateral Competent Authority Agreement on Automatic Exchange of Financial Account Information)

6 해외금융계좌 신고제도

많은 국가들은 역외탈세에 대한 과세강화를 위해 조세피난과세제도등과 같은 실체법적 수단뿐만 아니라 납세자들의 역외 소득정보 수집을 위한 여러 가지 절차법적 수단을 강구하고 있다. 그 대표적인 사례 중의 하나가 납세자에게 일정한 거래에 대해서는 그 정보를 신고하도록 하여 국제거래의 투명성을 향상시키는 것이다.

역외정보는 여러 경로를 통하여 파악할 수 있다. 첫째, 납세자를 통해서 정보를 획득하는 방법으로 납세자가 스스로 과세당국에게 역외정보를 제공하도록 하고 이를 준수하지 않는 경우에 가산세 등을 통해서 제재를 가한다. 둘째, 제3자를 통해서 정보를 획득하는 방법으로 납세자와 관계있는 제3자에게 납세자의 정보를 과세당국에 제공하도록 한다. 셋째, 해외 과세당국으로부터 정보를 획득하는 방법으로 조세조약 등에 의해서 미리 정보교환을 약정하고 이에 기초하여 상대방 국가로부터 정보를 얻는다.

이들 방법들은 상호 보완적으로 활용될 때 효과가 높아진다. 해외금융계좌 신고제도는 조세피난처 등 상대방 국가로부터 조세정보교환협정을 통한 정보교환이 이루어져 과세당국이 금융정보를 다른 방법으로 파악할 수 있다는 인식을 납세자가 가질 때 실효성이 제고된다.

해외금융계좌의 신고제도는 미국 · 프랑스 · 호주 · 아일랜드 · 노르웨이 등 여러 국가에서 이미 시행하고 있으며, 최근 일본 정부도 국외재산조서 제출제도를 도입하였다. 미국의 경우 제도 도입 후 30여 년 동안 역외금융계좌 신고비율이 저조하였으나,[421] 2000년대 들어와서 조세정보교환협정을 체결하는 수가 늘어나

고, 2008년 이후 과세당국이 금융정보를 얻게 되면서 그 실효성을 높이 평가받고 있다.[422]

이와 같은 외국제도 특히 미국제도를 벤치마킹하여 정부와 국회는 2010년 말 국조법을 개정하여 해외금융계좌신고제도를 도입하였고 그 후로 동 제도를 지속적으로 보완 · 강화하고 있다.

제도의 개요

해외금융회사등에 해외금융계좌를 개설 · 보유하고 있는 거주자 및 내국법인이 신고대상연도의 매월 말일 중 어느 하루의 보유계좌잔액(보유계좌가 복수인 경우에는 각 계좌잔액을 합산함)이 5억 원을 넘는 경우 해외금융계좌정보를 다음 연도 6월 1일부터 30일까지 납세지 관할 세무서에 신고하여야 한다.[423]

여기서 해외금융회사등'이란 국외에 소재하는 금융 및 보험업과 이와 유사한 업종을 하는 금융회사로서 외국의 금융 관련 법령에 따라 설립된 금융회사와 이와 유사한 금융회사등 그리고 '특정 금융거래정보의 보고 및 이용 등에 관한 법률(이하 특금법)' 제2조 제1호에서 규정하는 가상자산사업자 또는 외국의 가상자산 관련 법령에 따라 설립된 가상자산사업자(이하 "가상자산사업자등"이라 한다)를 말한다.[424]

421 미국의 역외계좌신고제도는 1970년 도입되어 Financial Crime Enforcement Network (FinCen)와 미국 국세청(IRS)이 역할을 분담하여 운영하였다. 역외계좌신고 유도 강화 및 운영의 효율성을 제고하기 위해 2003년 신고 및 운영을 IRS로 일원화하였고, 2008년 금융위기를 전후로 하여 IRS가 역외금융소득에 대한 세무조사를 강화하면서 역외금융계좌의 자진신고가 증가하고 있다.

422 2008년 현재 미국은 다른 나라와 36건의 Tax Information Exchange Agreement를 체결하였다.

423 국조법 제53조 제1항

424 국조법 제52조 제1호 및 국조법 시행령 제92조 제1항

또한 '해외금융계좌'란 해외금융회사등과 금융거래[425] 및 가상자산거래[426]를 위하여 해외금융회사에 개설한 계좌를 말한다. 이 해외금융계좌의 범위에는 거래 실적 등이 없는 계좌, 연도 중에 해지된 계좌 등 해당 연도 전체 기간 중에 보유한 모든 계좌들이 포함된다.

신고의무자가 신고기한 내에 해외금융계좌정보를 신고하지 아니하거나 과소 신고한 경우에는 해당 납세지 관할 세무서장은 그 신고의무자에게 신고기한 내에 신고하지 않은 금액이나 과소 신고한 금액(신고의무 위반금액)의 출처에 대하여 소명을 요구할 수 있다.[427] 소명을 요구받은 신고의무자(개인 및 법인 포함)가 신고의무 위반금액의 출처에 대하여 소명하려는 경우에는 통지를 받은 날부터 90일 이내("소명기간")에 '해외금융계좌 신고의무 위반금액 출처 확인서'를 납세지 관할 세무서장에게 제출하여야 한다.

신고기한 내에 해외금융계좌정보를 신고하지 않거나 과소신고한 경우에는 미(과소)신고금액의 20% 한도 내에서 과태료를 부과한다.[428] 해외금융계좌정보의 신고의무자로서 신고기한 내에 신고하지 아니하거나 과소신고한 금액("신고의무 위반금액")이 50억 원을 초과하는 경우에는 2년 이하의 징역 또는 신고의무 위반금액의 13%~20% 이하에 상당하는 벌금에 처한다.[429] 징역형과 벌금형은 병과할 수 있으나 벌칙으로 처벌되는 경우 또는 통고처분[430]을 받은 경우에는 국조법 제

425 「금융실명거래 및 비밀보장에 관한 법률」 제2조 제3호의 금융거래 및 이와 유사한 거래를 포함

426 「특정 금융거래정보의 보고 및 이용 등에 관한 법률」 제2조 제2호 라목의 가상자산거래 및 이와 유사한 거래를 포함

427 국조법 제56조 제1항

428 국조법 제62조 제1항

429 2014년 및 2015년 해외금융계좌 미(과소)신고에 대해서는 벌금부과율이 10%이었다. 벌금의 하한(13%)이 적용되는 것은 2019.1.1. 이후 해외금융계좌 신고의무를 불이행한 경우부터 적용된다.

430 통고처분에 따른 벌금상당액도 벌금형에 준하는 제재임을 고려하여 벌금과 과태료의 이중처벌 가능성하기 위해 2019년 말 세법개정 시 반영되었으나, 2019.1.1. 이후 통고처분하는 분부터 소급 적용된다.

62조 제1항에 따른 과태료는 부과하지 아니한다(국조법 제62조 제4항).[431]

아래에서는 주요 사항에 대해 좀더 상세히 설명한다.

해외금융계좌 신고의무자 및 신고요건

해외금융계좌의 신고의무자는 신고대상 연도 종료일 현재 거주자 또는 내국법인으로서 해외금융회사에 예 · 적금 등 은행업무와 관련된 계좌 또는 증권거래와 관련된 계좌를 보유하는 자로서 신고대상 연도의 매월 말일 중 어느 하루라도 그 해외금융계좌에 보유된 현금, 상장주식(예탁증서 포함), 해외파생상품, 가상자산 등의 평가액의 합이 5억 원을 초과한 자를 말한다. 여기에서 '거주자'란 소득세법 제1조의 2 규정에 의해 국내에 주소를 두거나 1년 183일 이상 거소를 둔 개인을 말한다. 또한 개인이 ① 계속하여 183일 이상 국내에 거주할 것을 통상 필요로 하는 직업을 가진 때 또는 ② 국내에 생계를 같이하는 가족이 있고, 그 직업 및 자산 상태에 비추어 계속하여 183일 이상 국내에 거주할 것으로 인정되는 때에는 국내에 주소를 둔 것으로 보아 거주자에 해당한다.[432]

내국법인의 해외지점은 내국법인의 일부이므로 신고의무자에 해당하나, 해외현지법인은 외국법인이므로 신고의무가 없다. 국가기관이나 공공기관을 제외한 비영리법인은 신고의무면제자에 해당하지 않기 때문에 원칙적으로 해외금융계좌를 신고하여야 한다.

외국인이 비거주자라면 신고의무가 없으나 외국인이 거주자인 경우에는 신고대상연도 말일 10년 전부터 국내에 주소나 거소를 둔 기간의 합계가 5년을 초과한 경우에는 신고의무가 있다.

우리나라 국민으로서 외국의 영주권을 취득한 자 또는 영주할 목적으로 외국

431 국조법 제62조 제4항

432 소득세법 시행령 제2조 제3항

에 거주하고 있는 자를 '재외국민'이라고 하는데, 재외국민의 경우 신고대상연도 종료일 2년 전부터 국내에 거소를 둔 기간의 합계가 183일 이하인 경우에는 신고 의무가 면제된다.

해외금융계좌의 명의자와 실질적 소유자가 다른 경우 또는 해외금융계좌가 공동명의계좌인 경우에는 둘 다 신고의무자에 해당한다. 이때 명의자와 실질적 소유자(공동명의 계좌인 경우 각 공동명의자)는 해당 계좌의 잔액 전부를 각각 보유한 것으로 본다.[433] 여기서 말하는 실질적 소유자는 해당 계좌의 명의와는 관계없이 해당 해외금융계좌와 관련된 거래에서 경제적 위험을 부담하거나 이자 · 배당 등의 수익을 획득하거나 해당 계좌를 처분할 권한을 가지는 등 해당 계좌를 사실상 관리하는 자를 말한다.[434] 또한 우리나라와 조세조약 미체결국 또는 미시행국에 소재하는 외국법인의 해외금융계좌의 경우에는 거주자나 내국법인이 그 외국법인의 의결권 있는 주식의 100%를 직접 또는 간접으로 소유한 경우[내국인과 「국세기본법」 제2조 제20호 가목(친족관계) 또는 나목(임원·사용인 등 경제적 연관관계)의 관계에 있는 특수관계인이 직접 또는 간접으로 소유한 경우 포함]에 해당 거주자 또는 내국법인도 실질적 소유자의 범위에 포함된다.[435]

해외금융계좌 신고방법

신고의무자는 해외금융계좌 정보를 해외금융계좌 신고서(국조칙 별지 제45호 서식)에 기재하여 신고대상연도 다음해 6월 1일부터 30일까지 납세지 관할 세무서장에게 제출하거나 홈택스www.hometax.go.kr를 이용하여 전자신고할 수 있다.

해외금융계좌 신고의 관할 세무서 기준이 되는 거주자의 납세지는 주소지이며 주소지가 없는 경우 거소지이다. 내국법인의 납세지는 법인의 등기부상의 본

433 국조법 시행령 제92조 제6항

434 국조법 시행령 제96조 제2항

435 국조법 시행령 제94조 제1항

점 또는 주사무소의 소재지이며, 국내에 본점 또는 주사무소가 없는 경우에는 사업의 실질적 관리장소의 소재지이다.

신고의무자의 매월 말일 보유계좌잔액은 신고의무자가 보유한 각 해외금융계좌의 자산에 대하여 다음 각 호의 구분에 따라 산정한 금액을 해당 표시통화의 환율(외국환거래법에 따른 일별 기준환율 또는 재정환율을 말함)로 각각 환산한 후 합산하여 산출한다.[436]

1. **현금** : 해당하는 매월 말일의 종료시각 현재의 잔액
2. **「자본시장과 금융투자업에 관한 법률」에 따른 증권시장 또는 이와 유사한 해외 증권시장에 상장된 주식과 그 주식을 기초로 발행한 예탁증서** : 해당하는 매월 말일의 종료시각 현재의 수량×해당하는 매월 말일의 최종가격(해당하는 매월 말일이 거래일이 아닌 경우에는 그 직전 거래일의 최종가격)
3. **「자본시장과 금융투자업에 관한 법률」에 따른 증권시장 또는 이와 유사한 해외 증권시장에 상장된 채권** : 해당하는 매월 말일의 종료시각 현재의 수량×해당하는 매월 말일의 최종가격(해당하는 매월 말일이 거래일이 아닌 경우에는 그 직전 거래일의 최종가격)
4. **「자본시장과 금융투자업에 관한 법률」에 따른 집합투자증권 및 이와 유사한 해외집합투자증권** : 해당하는 매월 말일의 종료시각 현재의 수량×해당하는 매월 말일의 기준가격(해당하는 매월 말일의 기준가격이 없는 경우에는 해당하는 매월 말일현재의 환매가격 또는 해당하는 매월 말일 전 가장 가까운 날의 기준가격)
5. **「보험업법」에 따른 보험상품 및 이와 유사한 해외보험상품** : 해당하는 매월 말일의 종료시각 현재의 납입금액
6. **가상자산사업자등으로서 본점 또는 주사무소가 외국에 있는 국외 가상자산사업자등(사업의 실질적 관리장소가 국내에 있지 않는 경우만 해당한다)이 보관·관리하는 「특정 금융거래정보의 보고 및 이용 등에 관한 법률」 제2조 제3호의 가상자산 및 이와 유사한 가상자산** : 해당하는 매월 말일의 종료시각 현재의 수량 × 해당하는 매월 말일의 최종 가격(해당하는 매월 말일이 거래일이 아닌 경우에는 그 직전 거래일의 최종 가격)
7. **'1.'부터 '6.'까지에서 규정한 자산 외의 자산** : 해당하는 매월 말일의 종료시각 현재의 수량×해당하는 매월 말일의 시가(시가산정이 곤란한 경우에는 취득가액)

---

436 국조법 시행령 제93조 제1항

이 경우 종료시각의 판정 등은 우리나라 시간을 기준으로 하는 것이 아니라 각국(지역)에서 공식적으로 사용하는 시간을 기준으로 한다. 하루 동안 입출금이 여러 번 있더라도 그날의 최종 잔액으로 평가한다.

국조법 제53조 제1항의 신고기한 내에 해외금융계좌정보를 신고한 자로서 과소신고한 자는 과세당국이 국조법 제62조 제1항에 따른 과태료를 부과하기 전까지 해외금융계좌정보를 수정신고할 수 있다. 이때 해외금융계좌 수정신고서에는 처음 신고한 해외금융계좌정보와 수정신고하는 해외금융계좌정보를 적어 납세지 관할 세무서장에게 제출하여야 한다.[437]

국조법 제53조 제1항의 신고기한 내에 해외금융계좌정보를 신고하지 아니한 자는 과세당국이 국조법 제62조 제1항에 따른 과태료를 부과하기 전까지 해외금융계좌정보를 기한 후 신고서를 납세지 관할 세무서장에게 제출함으로써 기한 후 신고를 할 수 있다.[438]

신고의무 불이행에 대한 제재

(1) 과태료 부과

해외금융계좌 신고의무자가 신고기한 내에 해외금융계좌정보를 신고하지 않거나 과소신고한 경우에는 신고 대상 계좌별로 미(과소)신고금액의 20% 한도 내에서 과태료를 부과한다. 과태료는 다음의 기준에 따라 부과된다.[439]

437 국조법 제55조 제1항 및 시행령 제96조 제1항
438 국조법 제55조 제2항 및 시행령 제96조 제2항
439 국조법 시행령 제147조 제1항 제1호

[표 V-1] 해외금융계좌정보 미신고 · 과소신고에 대한 과태료 부과 기준

미신고 · 과소신고한 금액	과태료
가. 미신고·과소신고한 금액이 20억원 이하인 경우	
1) 미신고한 경우	미신고금액×10퍼센트
2) 과소신고한 경우	(신고한 금액－신고해야 할 금액)×10퍼센트
나. 미신고·과소신고한 금액이 50억원 이하인 경우	
1) 미신고한 경우	2억원＋(미신고금액－20억원)×15퍼센트
2) 과소신고한 경우	2억원＋(신고한 금액－신고해야 할 금액－20억원)×15퍼센트
다. 미신고·과소신고한 금액이 50억원 초과인 경우	
1) 미신고한 경우	[6억 5천만원＋(미신고금액－50억원)×20퍼센트]와 20억원 중 작은 금액
2) 과소신고한 경우	[6억 5천만원＋(신고한 금액－신고해야 할 금액 －50억원)×20퍼센트]와 20억원 중 작은 금액

※ 위 〈표 V-1〉 '미신고한 금액' 또는 '과소신고한 금액'은 신고 대상 계좌별로 산정한 '미신고 금액의 합계액' 또는 '과소신고 금액의 합계액'을 말한다.

위 기준 중 미신고 · 과소신고한 금액이 50억원 초과하는 경우 과태료 상한이 2021년 초에 국조법 시행령 개정 시 20억원으로 설정되었다.[440] 위 기준에 따라 산정된 과태료는 그 위반행위의 정도, 위반횟수, 위반행위의 동기와 결과 등을 고려하여 해당 과태료 금액의 50% 범위에서 줄이거나 늘릴 수 있다. 다만, 늘리는 경우에는 과태료 상한액인 미(과소)신고금액의 20%를 초과할 수 없다.[441]

전년도(예: 2017년)에 신고한 계좌에 금액변동이 없더라도 금년도(2024년)에 다시 신고해야 하며, 이를 신고하지 않으면 과태료가 부과된다. 과태료는 매년 신고의무자가 신고의무를 불이행할 때마다 부과되며, 연속으로 여러 해를 누락하였다면 각 연도마다 과태료가 부과된다.

과태료의 부과 · 징수, 재판 및 집행 등의 절차에 관해서는 「질서위반행위규제

440 20억원의 과태료 상한액 적용은 2017.2.17. 이후 과태료를 부과하는 분부터 적용된다.

441 국조법 시행령 제147조 제2항

법」이 적용된다. 과태료 부과에 불복하는 자는 과태료 부과 통지를 받은 날부터 60일 이내에 국세청에 서면으로 이의제기를 할 수 있다.[442]

(2) 벌칙

해외금융계좌정보의 신고의무자로서 신고기한 내에 신고하지 아니하거나 과소신고한 금액("신고의무 위반금액")이 50억 원을 초과하는 경우에는 2년 이하의 징역 또는 신고의무 위반금액의 13%~20% 이하에 상당하는 벌금에 처한다. 징역형과 벌금형은 병과할 수 있으나 벌칙으로 처벌되는 경우 또는 통고처분[443]을 받은 경우에는 국조법 제90조 제1항에 따른 과태료는 부과하지 아니한다.

내국법인의 대표자, 내국법인 또는 거주자의 대리인, 사용인, 그 밖의 종업원이 그 내국법인 또는 거주자의 해외금융계좌 신고의무와 관련한 범칙행위를 하면 그 행위자를 벌할 뿐만 아니라 그 내국법인 또는 거주자에게도 벌금형을 과科한다. 다만, 내국법인 또는 거주자가 그 위반행위를 방지하기 위하여 해당 업무에 관하여 상당한 주의와 감독을 게을리하지 아니한 경우에는 그러하지 아니하다.[444]

(3) 명단공개

국세청장은 해외금융계좌정보의 신고의무자로서 신고기한 내에 신고하지 아니하거나 과소신고한 금액이 50억 원을 초과하는 자의 인적사항과 포탈세액 등을 공개할 수 있다.[445] 즉, 해외금융계좌정보의 미(과소)신고 금액이 50억 원을 초과하는 경우 국세청은 국세정보공개심의위원회 심의 등의 절차를 거쳐 명단공개 대상자를 선정한다. 대상자로 선정되면 성명 · 법인명, 나이, 직업, 주소, 신고의무

442 질서위반행위규제법 제20조

443 통고처분에 따른 벌금상당액도 벌금형에 준하는 제재임을 고려하여 벌금과 과태료의 이중처벌 가능성하기 위해 2019년 말 세법개정 시 반영되었으나, 2019.1.1. 이후 통고처분하는 분부터 소급 적용된다.

444 조세범처벌법 제18조

445 국세기본법 제85조의 5 제1항

위반금액 등이 국세정보통신망 등을 통하여 게시된다. 다만, 위원회가 신고의무자의 신고의무 위반에 정당한 사유가 있다고 인정하는 경우에는 명단공개 대상에서 제외된다.

(4) 해외금융계좌 정보제공에 대한 포상금제도

국세청장은 해외금융계좌 신고의무 위반행위를 적발하는 데 중요한 자료(즉, 해외금융계좌정보를 제공함으로써 과태료 부과 또는 조세범처벌법 제16조에 따른 벌금부과등의 근거로 활용할 수 있는 자료[446])를 제공한 자에게 20억 원의 범위 내에서 포상금을 지급할 수 있다.[447] 포상금을 지급하는 경우, 과태료금액 또는 벌금액에 다음의 지급률을 곱하여 계산한 금액을 포상금으로 지급할 수 있다. 다만, 포상금이 20억 원을 초과하는 부분은 지급하지 아니한다.[448]

[표 V-2] 해외금융계좌 정보제공에 대한 포상금 지급률

과태료 금액	포상금 지급률
2천만 원 이상 2억 원 이하	15%
2억 원 초과 5억 원 이하	3천만 원+2억 원 초과금액의 10%
5억 원 초과	6천만 원+5억 원 초과금액의 5%

2015.1.1. 이후 자료를 제공하는 경우부터는 탈세 신고 포상금 및 체납자 은닉재산신고 포상금 수령과 관계없이 해외금융계좌 신고 포상금을 별도로 지급받을 수 있다.[449]

446 국세기본법 제84조의 2 제2항 제2호.

447 국세기본법 제84조의 2 제1항 제6호.

448 국세기본법 시행령 제65조의4 제17항

449 따라서 탈세 신고 포상금(30억 원)을 지급받는 경우에는 최대 50억 원의 포상금을 지급받을 수 있다.

저자소개

■ 이경근

現 ▌서울과학종합대학원 경영학과 교수 / 법무법인(유) 율촌 고문
서울과학종합대학원 국제조세센터장
세계은행 산하 국제투자분쟁해결기구 한국 조정위원
『BEPS 대응지원센터』 자문위원회 위원
조세일보 객원 논설위원

前 ▌한국국제조세협회 이사장(2019.1.~2020.2.)
기획재정부 세제발전심의위원(2013~2015)
UN Tax Expert Committee 부의장(2005~2009)
이전가격 소위원회 위원(2010~2013)
재정경제부 세제실 소득세과장/법인세과장/국제조세과장/
재정경제부 국제심판원 과장 역임(2003~2007)

[주요저서·논문]

이전가격과 디지털세 Guide Book(2023)
국제조세 이해와 실무(2022)
"Tax Policy Options Enhancing Neutrality in the International Financial Markets (2002)"
국제조세조정에 관한 법률의 이론과 실무(1998) 등 다수 논문

국제조세 강의노트
The CORE

2024년 4월 12일 | 제1판 1쇄 인쇄
2024년 4월 19일 | 제1판 1쇄 발행

지 은 이 | 이경근
발 행 인 | 김은중
발 행 처 | 서울경제경영출판사
북 디 자 인 | (주)우일미디어디지텍

주 소 | 03767 서울특별시 서대문구 신촌로 205, 506호
전 화 | 02)313-2682
팩 스 | 02)313-8860

등 록 | 1998년 1월 22일 제5-63호

ISBN 979-11-6282-122-0 93320 정가 32,000원